Wolfgang Schwartz

Kanalinseln

Jersey · Guernsey · Herm · Sark · Alderney

40 ausgewählte Touren

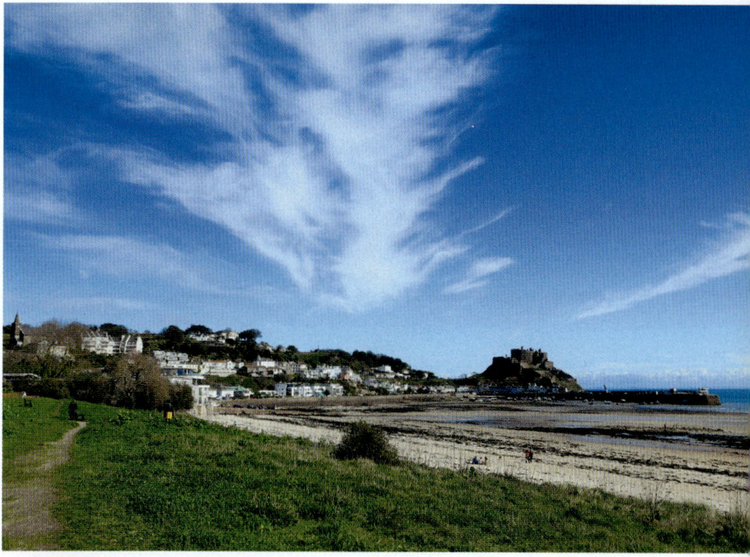

ROTHER
BERGVERLAG

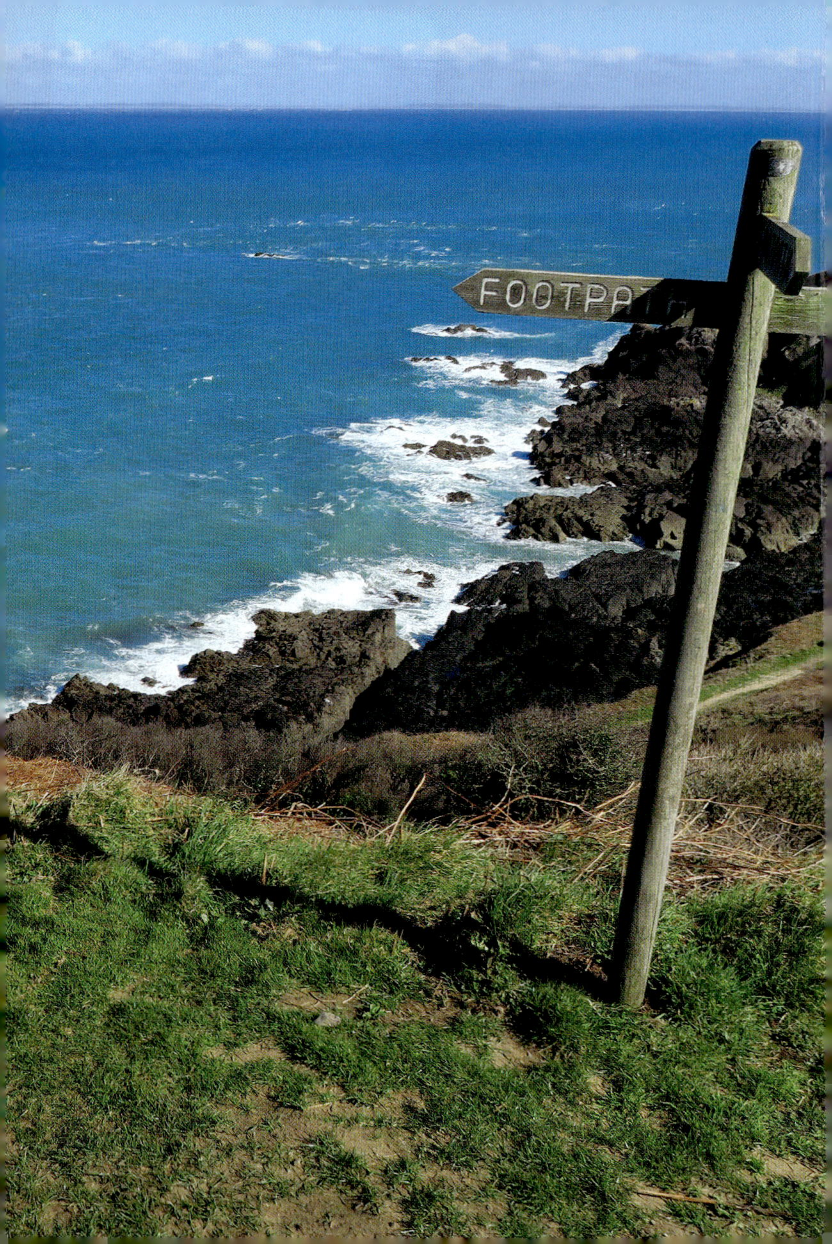
FOOTPA

VORWORT

Vor der französischen Normandie gelegen, präsentieren sich die britischen Kanalinseln nicht nur als vermeintliches Steuer-, sondern ebenso als Wanderparadies. Charakteristisch für die »Channel Islands« ist der gewaltige Tidenhub des Ärmelkanals – der Unterschied zwischen Niedrig- und Hochwasser kann hier bis zu zwölf Meter betragen. Entsprechend vielseitig präsentiert sich die Küstenlandschaft: Bei Hochwasser ragt das Wasser bis an die Felsklippen oder Strandmauern heran, bei Niedrigwasser lädt vor der Küste der kilometerbreite trocken gefallene Meeresboden zum Strand- und Wattwandern ein – mit entsprechender Vorsicht natürlich, denn das Wasser kehrt schnell wieder zurück. Dank des Golfeinflusses herrscht ein mildes Klima mit subtropischer Vegetation, die sich in vielen Parks und Gärten vor allem auf Jersey bestaunen lässt. Beeindruckend ist auch die Gesteinsvielfalt durch die zeitlich weit zurückreichende geologische Entstehungsgeschichte. Auf Jersey laufen Bestrebungen zur Bewerbung und Anerkennung als UNESCO Global Geopark.

Das Buch beschreibt 40 Wandertouren auf den fünf Hauptinseln – Jersey, Guernsey, Herm, Sark und Alderney. Wie auf Inseln nicht anders zu erwarten, dominieren Küstenwanderungen; fast alle Inseln (außer Sark) lassen sich auf Rundwegen großteils direkt in Ufernähe umrunden. Lediglich auf kurzen Teilstücken sind kleine Abstecher in das Landesinnere oder bei niedrigem Wasserstand über den Strand nötig.

Auf den kleinen überwiegend von Tagesbesuchern aufgesuchten Inseln Alderney, Sark und Herm sind ausschließlich Rundtouren beschrieben. Anders auf den beiden größten Inseln Jersey und Guernsey: Hier sind im jeweils ersten Abschnitt Streckentouren entlang der Küste nacheinander im Uhrzeigersinn aufgeführt und danach Rundwanderungen entlang der Küste sowie im Inselinneren.

Alle Touren sind gut mit dem öffentlichen Nahverkehr erreichbar – per Schiff sowie auf Jersey und Guernsey mit dem gut ausgebauten Busnetz.

Ich wünsche schöne und abwechslungsreiche Wandertouren auf den Kanalinseln.

Tiendeveen, Sommer 2024 — Wolfgang Schwartz

77 km lang zieht sich der Coastal Path um die Insel Jersey, hier an der zerklüfteten Nordküste nahe Les Platons.

INHALTSVERZEICHNIS

SYMBOLE

Symbole im Tourenkopf
- mit Bahn/Bus erreichbar
- mit Fähre erreichbar
- Einkehrmöglichkeit
- für Kinder geeignet

Symbole im Höhenprofil
- Ort mit Einkehrmöglichkeit
- Einkehrmöglichkeit
- Parkplatz
- Bushaltestelle
- Fährhafen
- Abzweigung
- Abzweigung
- Brücke
- Leuchtturm
- Aussichtsplatz
- Aussichtsturm
- Kirche, Kapelle
- Burg, Schloss, Ruine
- Archäologische Stätte
- Mühle
- Bademöglichkeit

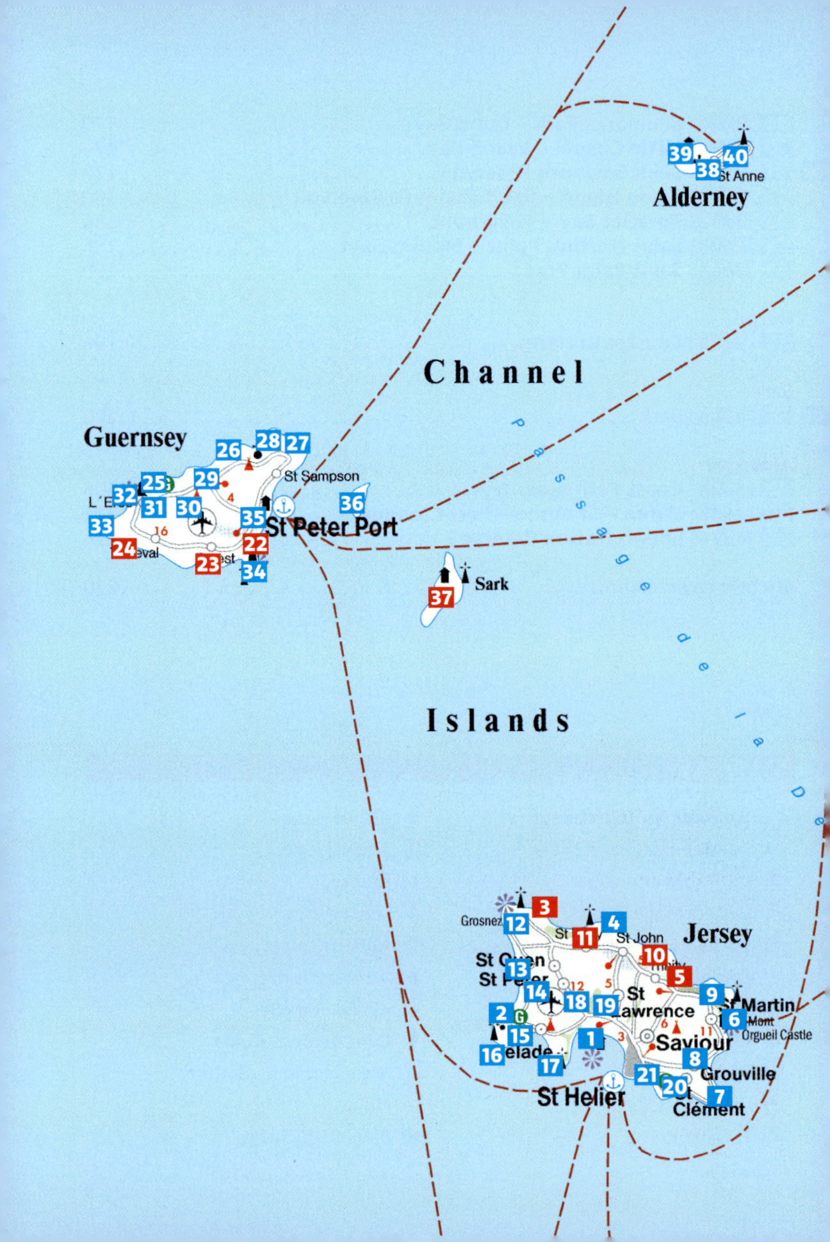
Alderney
St Anne
39
38
40
Channel
Passage de la Dé
Islands
Guernsey
26
28
27
25
29
St Sampson
32
31
30
33
35
St Peter Port
36
24
22
23
34
Sark
37
Jersey
3
Grosnez
12
4
11
St John
10
13
5
14
18
19
St Martin
9
2
6
Mont Orgueil Castle
15
1
Saviour
16
8
17
21
Grouville
20
7
St Helier
Clément

WICHTIGE HINWEISE FÜR UNTERWEGS

Anforderungen

Die Summe der Anforderungen, die eine Tour unter normalen Bedingungen stellt, drückt sich in der Farbe der Tournummer aus. Die Touren auf den Kanalinseln sind mit zwei Kategorien farblich gekennzeichnet, die sich vor allem an der Gesamtsteigung, der Länge und Steilheit der Anstiege sowie der Wegbeschaffenheit orientieren.

SCHWIERIGKEITSKATEGORIEN

■ = Leicht

Wanderungen auf großteils markierten Wegen und Pfaden ohne besondere technisch-konditionelle Anforderungen und mit mäßigen An- und Abstiegen, deren Steigungen in der Summe etwa unter 300 Höhenmeter auf 10 km Strecke liegen, am Stück aber selten über 50 Höhenmeter. Diese Touren sind überwiegend auch für Kinder und Senioren geeignet.

■ = Mittel

Touren auf Wegen und Pfaden, die wegen ihres Untergrundes (Felsen, Steine, hohe Stufen) schwieriger zu gehen sind, sowie Touren mit steileren und in der Summe häufigeren – aber nur mäßig langen – An- bzw. Abstiegen. Die Summe der Höhenmeter dieser Touren liegt etwa zwischen 300 und 550 Höhenmeter.

Gehzeiten

Die Stundenangaben beziehen sich auf die reine Gehzeit ohne Pausen, die natürlich vor allem vom Gelände abhängig ist. Die berechnete Gehzeit liegt etwa zwischen 2 und 4 km/h, je nach Gelände und Anstiegen sowie Wegbeschaffenheit.

Weitere Faktoren, die die tatsächliche Gehzeit beeinflussen, sind Temperatur, Windstärke, aktueller Wegzustand (etwa stellenweise aufgeweichter Boden oder wuchernde Vegetation), Gezeiten und natürlich die persönliche Verfassung. Bei Strandwanderungen an der Wasserlinie wurden die Gehzeiten nach der mittleren Hochwasserlinie berechnet; bei Niedrigwasser können sich die Gehzeiten verlängern, wenn man weiter vor der Küstenlinie über den Wattboden wandert. Bei Strandwanderungen kann auch der (stellenweise sehr weiche) Sandboden die Gehzeit verlängern.

Gezeiten

Der Rhythmus der Gezeiten bestimmt das Erscheinungsbild der Küste und beeinflusst den Verlauf einiger Küstenwanderungen. Die Gezeiten oder Tiden sind die periodischen Wasserstandsschwankungen, die durch das

komplexe Zusammenspiel der Anziehungs- und Fliehkräfte von Mond, Erde und Sonne erzeugt werden. Im Wechsel der halbtägigen Hauptmondtiden überflutet das Meer weite Teile der Gezeitenküste. Nirgendwo sonst in Europa ist der Tidenhub so groß wie am Ärmelkanal. Dieser Unterschied zwischen Hoch- und Niedrigwasser liegt in der Bucht von St. Malo mit den Kanalinseln bei bis zu 12 m (zum Vergleich Wattenmeerküste in der Deutschen Bucht: etwa 3 m).
Von einem Hochwasser zum nächsten vergehen etwa 12 Stunden und 25 Minuten. Dazwischen entleert sich der Kanal, so dass vor den Inseln kilometerlange Abschnitte zum Strand- und Wattwandern einladen. Allerdings sollte man immer auf Sichtweite zur Küste gehen und die Zeiten von Hoch- und Niedrigwasser im Kopf haben.
Gezeitentabellen finden Sie vor Ort, im Internet sowie zahlreichen Apps, etwa »Gezeiten in meiner Nähe«.

Ausrüstung

Alpine Wanderausrüstung ist auf den Kanalinseln natürlich nicht nötig, aber angesichts felsiger Passagen mit Stufen sind feste Wanderschuhe/-stiefel angeraten. (Teleskop-)Stöcke sind kein Muss, aber möglicherweise für manche Wanderer hilfreich, gerade bei Stufen oder Felsen.
Wie bei allen Inseln muss immer mit plötzlichen Wetterumschwüngen gerechnet werden. Daher sollte regenfeste Kleidung, auch hilfreich bei kühlem Wind, nicht fehlen. Dünne und lange Kleidung ist ein wirksames Mittel gegen zu viel UV-Strahlung der Sonne.

Felsige Nordküste von Alderney.

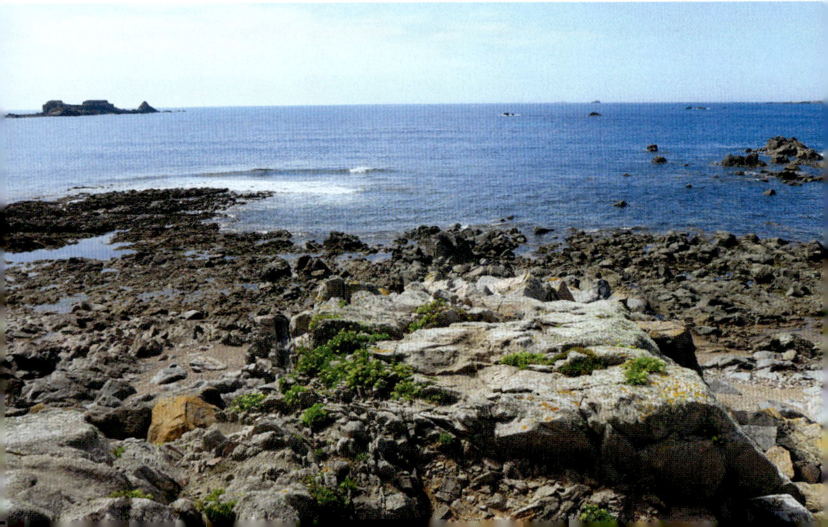

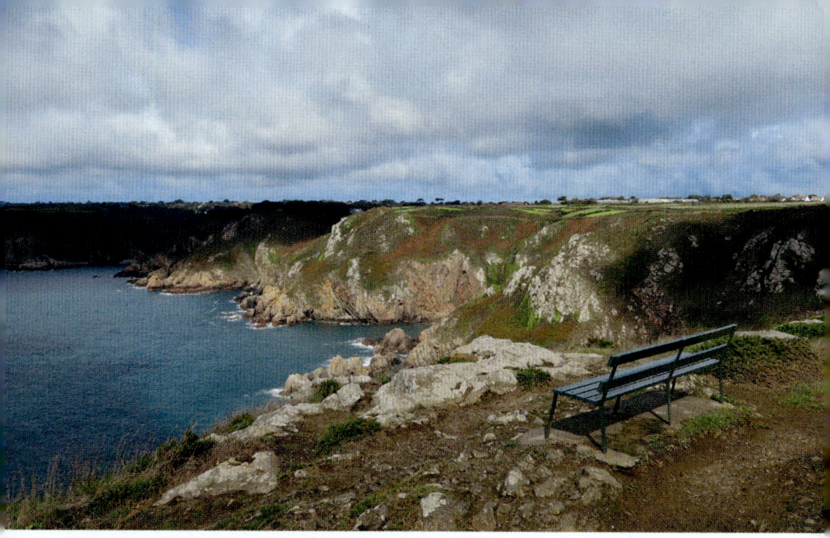

Panorama von der Icart-Halbinsel auf die Südküste.

Plagegeister wie Zecken kommen ebenfalls vor, am häufigsten im hohen Gras. Schützend sind Schuhe mit höherem Schaft bzw. lange Hosen.

Wandern mit Kindern

Die großteils leichten und nicht allzu langen Wanderungen (max. 14 km) sind überwiegend auch für Kinder gut geeignet. Das bezieht sich vor allem auf die Rund- und etwas weniger auf die längeren Streckenwanderungen. Die meisten Wanderungen können abgekürzt werden, sind abwechslungsreich und bieten oft weitere Höhepunkte, die Kindern Spaß machen.

Wandern mit Hund

Bei der Mitnahme eines Vierbeiners nach Großbritannien sind besondere Vorschriften zu beachten. Beispielsweise muss der Hund einen Mikrochip und EU-Pass haben sowie gegen Bandwurm behandelt und gegen Tollwut geimpft sein, wobei der Zeitpunkt der Impfung mindestens 21 Tage vor der Einreise liegen muss.

Wer Hunde mitnimmt, sollte am besten aktuell die offizielle Website von Jersey zur Hundeeinreise konsultieren, auch wenn das Thema dort unter Industrie und Finanz etwas (wie angegeben) versteckt ist (EU-Länder gehören dort zu Liste 1):

gov.je > Business, industry and finance > Pets and livestock > Pet movements > Bringing your dog, cat or ferret to Jersey from the EU or the rest of the world

Bei vielen Wanderungen dürfen Hunde mit, müssen aber angeleint sein. Strengere Vorschriften (Hundeverbot) gelten an vielen Stränden sowie in geschützten Gebieten, vor allem in der Brutsaison im Frühjahr. Die Verwendung von Hundekotbeuteln in besiedelten Bereichen, auf beweideten Flächen und entlang der Küste versteht sich von selbst.
Auf Jersey müssen Hunde im Sommerhalbjahr tagsüber an der Leine geführt werden (1.5. bis 30.9. zwischen 10.30 und 18.00 Uhr). Außerhalb der genannten Zeiten sowie im Winterhalbjahr dürfen sich Vierbeiner am Strand frei austoben.
Guernsey wirbt als hundefreundliche Insel, auf der Vierbeiner an mehreren Stränden frei laufen dürfen. Auf manchen allerdings nur im Sommer, da im Winterhalbjahr brütende Vögel Schutz vor Vierbeinern benötigen. Die offizielle Website Guernseys informiert ausführlich über die Hundeeignung von Guernseys Stränden: gov.gg/dogsonbeaches.

Wegenetz und Markierungen

Um alle Inseln führen großteils Küstenpfade, die aber nicht durchgehend markiert sind, bei den beiden Hauptinseln Jersey und Guernsey jeweils in mehreren Tagesetappen. Diese sind in diesem Buch so aufgeteilt, dass die Etappen sich dank Busverbindungen am Start- und Endpunkt (oft auch dazwischen) gut als tagestourtaugliche Streckentouren gehen lassen. Ausgenommen ist auf Guernsey der Norden von St. Peter Port. Dort ist die Küste zwar begehbar, allerdings großteils direkt neben der Hauptstraße – es sei denn, man geht bei Niedrigwasser über den Meeresboden weit vor der Küste.

Nicht immer sind die Wege so gut markiert wie hier an Jerseys Nordküste.

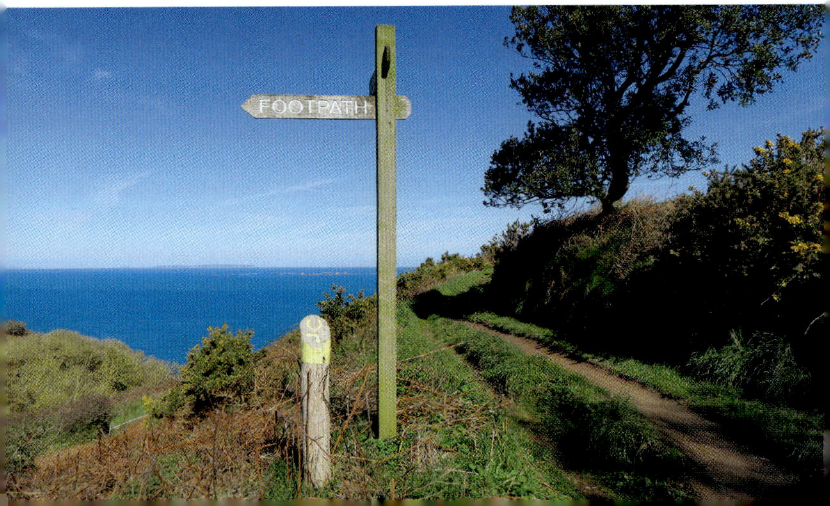

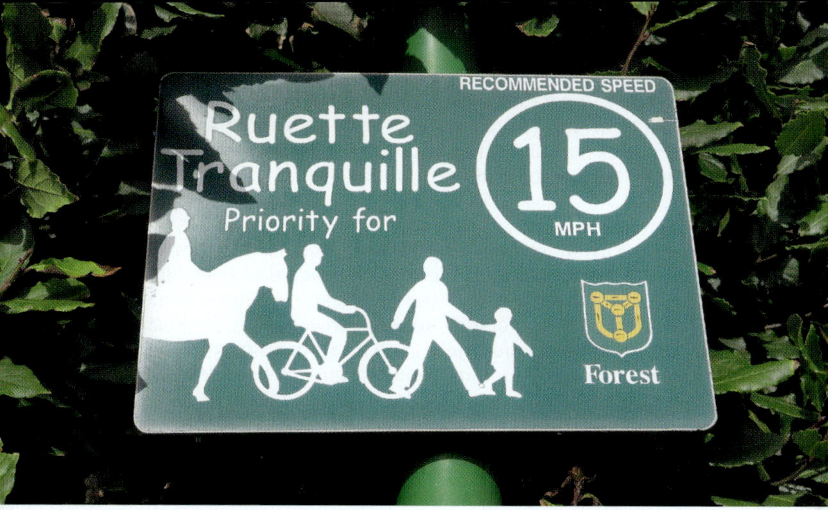

Auf einer Ruette Tranquille haben Fußgänger, Radfahrer und Reiter Vorrang.

Der Küstenweg auf Jersey umrundet die Insel mit einer Länge von 77 km, auf Guernsey misst er 63 km, ist aber als solcher oft nicht ausgewiesen. Im Südosten Guernseys begegnet man dem Hinweis »Cliff Path«, einem Netzwerk von 46 km besonders schöner Küstenwege.

Alle Küstenpfade sind überwiegend in gutem Zustand und werden regelmäßig gepflegt, um nicht zu verbuschen. Auf Guernsey sind regelmäßig Teams im Einsatz und schneiden auf manchen Abschnitten – wie etwa bei der Landspitze von Le Gouffre (Tour 23) – wuchernde Vegetation zurück.

Das Wegenetz auf Alderney wird großteils vom Alderney Wildlife Trust mit seinen Angestellten und Freiwilligen unterhalten. Der Küstenrundweg dort ist mit Entfernungsangaben durchgehend gut markiert.

Mit Ausnahme von Alderney beschränken sich die Markierungen auf Richtungsschilder ohne Entfernungsangaben. Recht häufig sind allgemeine Schilder mit dem Hinweis »Footpath«, »Coast Path«, »Coastal Path« oder »Cliff Path«. Auf Jersey weisen zudem oft grün markierte Pfähle den Weg für Wanderer, während Pfähle mit gelben Markierungen (und Hufeisen) Reitwege kennzeichnen, die im Übrigen auch für (rücksichtsvolle) Wanderer zugänglich sind und in der Regel nicht oft von Pferden genutzt werden.

Bei Buchten ist es oft angenehm, auf dem Sandstrand oder dem trocken liegenden Meeresboden bei Ebbe statt auf der oft straßennah verlaufenden Uferpromenade zu gehen. Auf Teilen des Sandstrandes fällt das Gehen relativ schwer. Manchmal (aber nicht immer!) wandert man weiter unten am Strand auf dem dort oft härteren Sandboden angenehmer als auf dem trockeneren Sand weiter oberhalb.

Die Hauptinseln Jersey und Guernsey bieten im Landesinnern ein dichtes Netz an Straßen, von denen viele – mit einem grünen Schild gekennzeichnet – Radfahrern und Fußgängern Vorrang gegenüber Autos bieten, die dort nur 15 miles per hour fahren dürfen. Auf Jersey heißen diese Straßen »Green Lane«, auf Guernsey »Ruette Tranquille«.

Gefahren

Wie bei allen Küstengebieten sind schnelle Änderungen des Wetters keine Seltenheit. Beachten Sie die Wettervorhersage und seien Sie besonders vorsichtig bei starkem Wind, der etwa das Wasser bei Flut schnell auflaufen lässt. Starke Windböen sind auch auf Klippenwegen an der Küste nicht zu unterschätzen und besonders gefährlich an stark ausgesetzten Stellen.
Starker Wind kann nicht nur Ihre Wander-, sondern auch Reisepläne durcheinanderwirbeln. Ab etwa Windstärke 4 bis 5 verkehren keine Hochgeschwindigkeitsfähren mehr oder nur sehr eingeschränkt, bei noch stärkeren Winden kann es auch zu Einschränkungen im Flug- und Fährverkehr kommen.
Beachten Sie bei Wanderungen an bzw. vor der Küste den Rhythmus der Gezeiten; von einem Hochwasser zum nächsten vergehen etwa 12 Stunden und 25 Minuten. Aber das Wasser kehrt oft schneller zurück, als man denkt, und bei auflaufendem Wasser können sich wenige Stunden vorher harmlos erscheinende Rinnsale mit Wasser schon als reißende Ströme präsentieren. Kehren Sie bei langen Touren Richtung See daher rechtzeitig wieder zum Land zurück: als grobe Faustregel spätestens 1 Stunde vor dem niedrigsten Wasserstand (Low Tide). Und bleiben Sie immer in Küstennähe, also keine Watttouren bei Nebel! Gezeitentabellen finden Sie vor Ort sowie im Internet sowie zahlreichen Apps.
Noch eine ganz banale Empfehlung zum Verkehr: Denken Sie beim Queren von und Gehen auf Straßen an die vom europäischen Festland abweichenden Fahrtrichtungen; also erst rechts, dann links schauen!

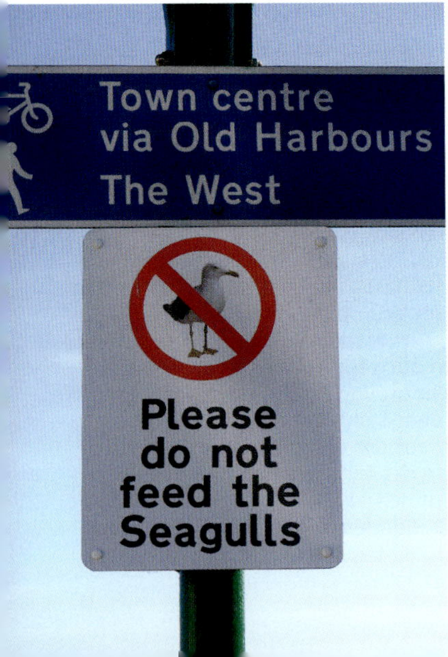

Links: Möwen sollten lieber nicht gefüttert werden.
Rechts: Der Meeresboden bei Jersey erscheint bei Ebbe als felsige Mondlandschaft.

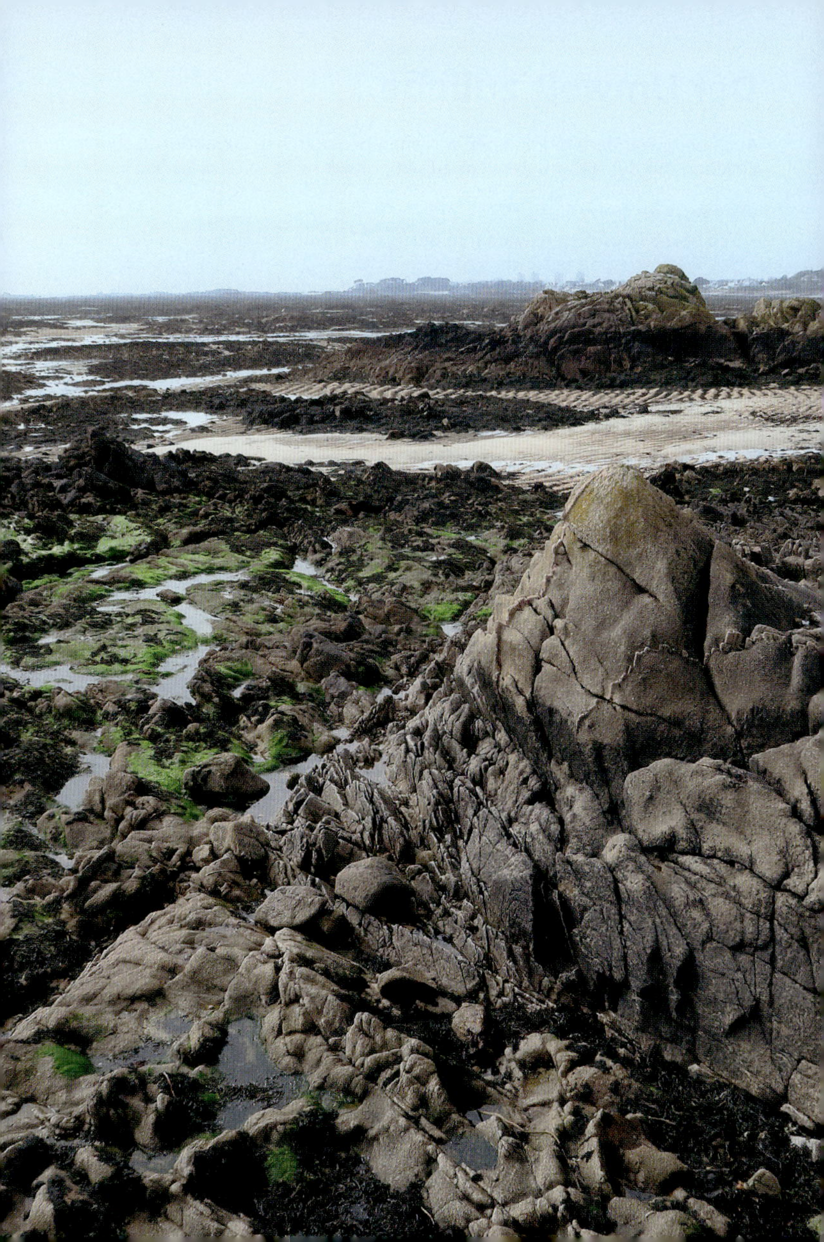

Der Umwelt zuliebe ...

Auch beim Wandern hinterlassen wir einen ökologischen Fußabdruck, aber im Einklang mit der Natur unterwegs zu sein, ist gar nicht so schwer!

VORBEREITUNG UND ANFAHRT

- Sich vorab informieren, worauf in Bezug auf Natur und Umwelt in der jeweiligen Wanderregion besonders zu achten ist.
- Soweit möglich mit Bahn und Bus anreisen, Wander- und Rufbusse nutzen.
- Ist eine Anfahrt mit dem Auto nötig, Fahrgemeinschaften bilden.
- Bei weiten Anfahrten Mehrtagestouren planen oder von einem Quartier vor Ort aus mehrere Touren absolvieren.
- Flugreisen möglichst reduzieren und durch Beiträge zu Klimaschutzprojekten kompensieren.

KLEIDUNG UND AUSRÜSTUNG

- Beim Kauf von Outdoor-Kleidung auf umweltfreundliche und faire Herstellung achten und Kleidungsstücke möglichst viele Jahre nutzen.
- Ausrüstung kann man eventuell auch gebraucht kaufen oder ausleihen.
- Reparieren statt neu kaufen.

VERPFLEGUNG

- Beim Einkauf Bio-Ware, regionale und saisonale Erzeugnisse bevorzugen.
- Hütten und Gasthäuser auswählen, die regionale Produkte verwenden.
- Auf Einwegflaschen und Plastikverpackungen verzichten, stattdessen wiederverwendbare Trinkflaschen und Brotzeitboxen benutzen.

ÜBERNACHTUNG

- Bei lokalen Anbietern buchen, damit Menschen vor Ort profitieren.
- Auf Hütten und in anderen Unterkünften Strom und Wasser sparen.

UNTERWEGS

- Wege benutzen und Abkürzer vermeiden.
- Sperrungen von Wegen und Schutzgebieten respektieren.
- Keine Blumen pflücken und keine Pflanzen entnehmen.
- Waldbrandgefahr beachten.
- Müll wieder mit nach Hause nehmen und dort entsorgen.
- Toilettengänge in freier Natur möglichst vermeiden.
- Lärm vermeiden.
- Hunde an die Leine nehmen.

ROTHER
BERGVERLAG

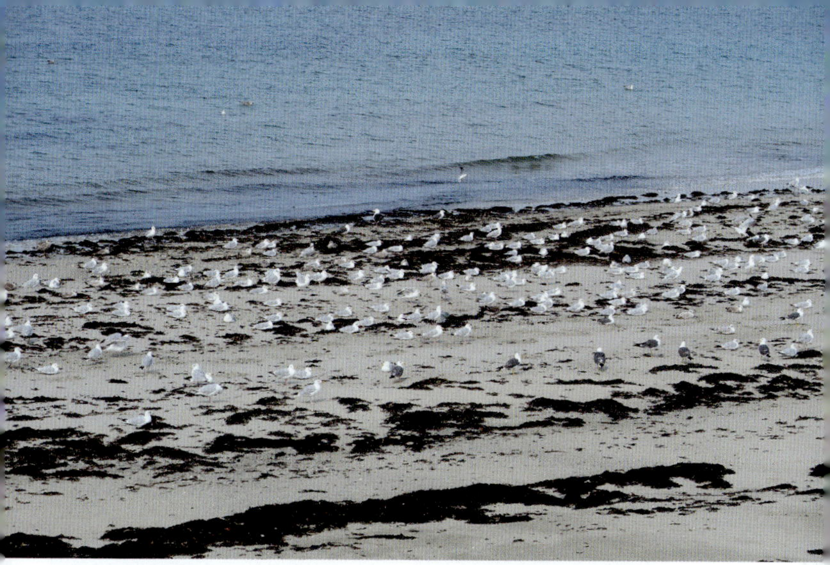

Hering- und Silbermöwen versammeln sich an der Nordküste Guernseys.

Gefährliche Tiere

Vögel können auf den Kanalinseln nicht im Sinne des Wortes gefährlich werden, aber immerhin den Appetit verderben bzw. buchstäblich die Butter vom Brot nehmen, das Brot inklusive. Das betrifft Möwen als exzellente Kulturfolger, die gelernt haben, dass es in Menschennähe immer etwas zu essen gibt. Besonders intelligente Möwen machen sich anfangs gar nicht die Mühe, direkt ein Sandwich zu schnappen, sondern belassen es bei einem Sturzflug in Richtung menschliches Opfer. Die vor Schreck fallen gelassene Leckerei wie Sandwich oder Eis geht an die Vögel.

Badefreunde sollten beachten, dass an den Küsten der Kanalinseln vor allem im Sommer Quallen vorkommen können, von denen einige Menschen verletzen können mit ähnlichen Symptomen wie bei Brennnesseln. Recht häufig ist die Kompassqualle (Compass jellyfish), seltener sind die Leuchtqualle (Mauve stinger) oder Blaue Nesselqualle (Blue jellyfish). Bei Bekanntschaft mit folgenden zwei – selten auftretenden – Quallenarten sollte man besser ärztliche Hilfe aufsuchen, letztere mit ihrem für Menschen aber nur selten tödlichen Gift gilt als eines der gefährlichsten Meerestiere überhaupt: Die auch in Deutschland vorkommende gelblich-rötliche Gelbe Haarqualle (Lion's Mane jellyfish), auch Feuerqualle genannt, sowie die Portugiesische Galeere (Portuguese Man o' War). Die Lungenqualle (Barrel jellyfish) besticht zwar durch ihre Ausmaße (bis zu 35 kg schwer), ist aber nur mäßig giftig, allerdings schmerzhaft.

TOP-TOUREN

Der Archipel bietet abwechslungsreiche Wanderungen, vornehmlich entlang der Küste. Bei den ausgewählten Top-Touren sind auch welche im Inselinneren dabei. Die Auswahl ist eine gleich gewichtete Mischung aus Strecken- und Rundtouren auf drei Inseln: fünf auf Jersey, vier auf Guernsey und eine auf Sark.

L'Étacq – Devil's Hole
Die dritte Etappe des Küstenpfads auf Jersey führt entlang der felsenreichen Nordostküste mit Küstenheide, vielen Höhlen, Strandbuchten sowie einem riesigen geflochtenen Papageientaucherpaar *(Tour 3, 5.00 h).*

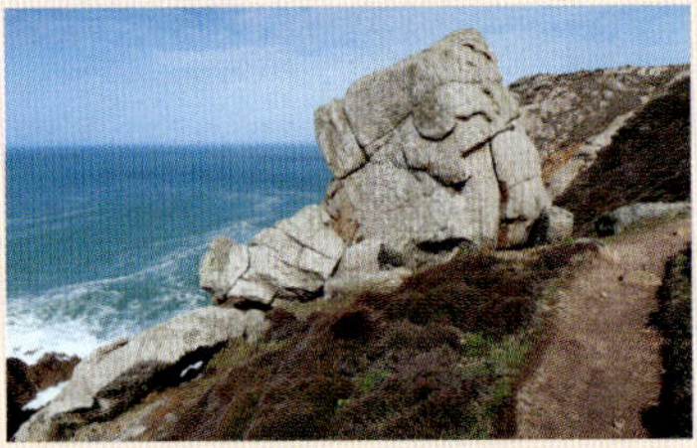

Bonne Nuit Bay – Rozel Bay
Der schroffe Norden mit der höchsten Erhebung Jerseys macht das Wandern auf dieser fünften Küstenwegetappe zu einem besonderen Erlebnis; unterwegs gibt es tolle Ausblicke, üppig bewachsene Seitentäler und sogar eine Teeplantage *(Tour 5, 4.00 h).*

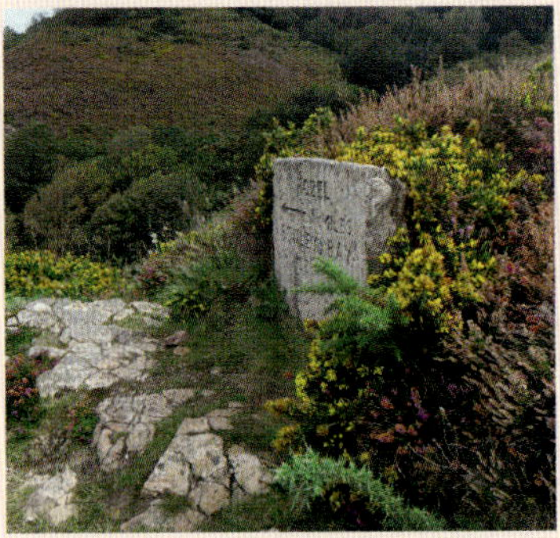

Val de la Mare
Ein aussichtsreicher Rundweg führt um das jüngste Wasserreservoir von Jersey oberhalb der St. Quen's Bay. Daran schließt sich eine botanische Weltreise durch ein geografisch gegliedertes Arboretum in einem Seitental an *(Tour 14, 1.30 h).*

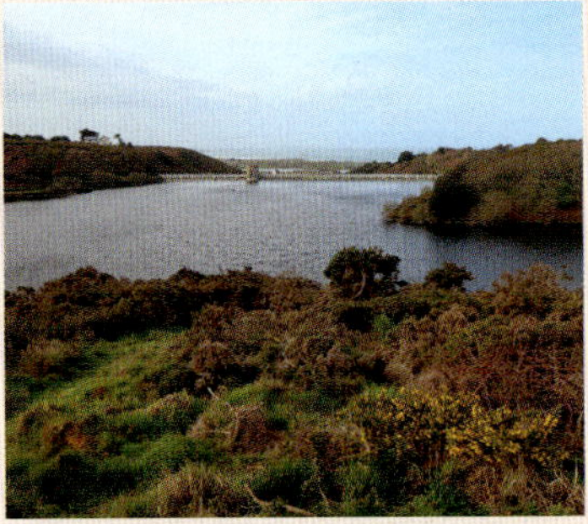

Saint Aubin – Noirmont Point – Corbiere Lighthouse
Diese Rundwanderung erschließt den Südwesten Jerseys mit abwechslungsreicher Küste, einer alten Kirche und Badebuchten. Vom Wendepunkt am Corbiere Lighthouse geht es zurück entlang einer alten Bahntrasse *(Tour 15, 6.00 h).*

Saint Lawrence – War Tunnels
Diese Rundwanderung im Inland von Jersey bietet eine Zeitreise. In einem üppig begrünten Tal erzählen alte Wassermühlen vom Mühlenboom zwischen dem Mittelalter und dem 19. Jh., am Startpunkt erinnert unter Tage ein Netz aus 1 km langen Tunnels an die Zeit der deutschen Besatzung *(Tour 18, 2.30 h).*

Saint Peter Port – Saint's Bay
Die Südostküste von Guernsey mit ihrem Wechsel aus Felsen und kleinen Buchten ist ein landschaftlicher Genuss, die Bucht bei Moulin Huet inspirierte den französischen Impressionisten Renoir zu mehreren Gemälden *(Tour 22, 3.30 h).*

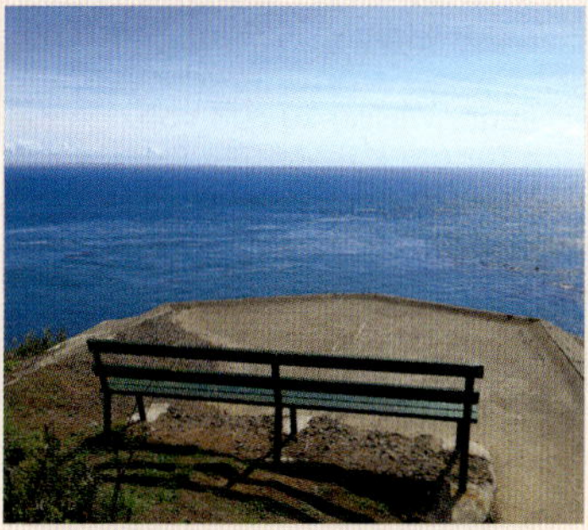

Saint's Bay – Prévôte Tower
Die zweite Etappe des Cliff Path auf Guernsey erschließt die stellenweise schwer erreichbare felsige Südküste mit tollen Aussichtspunkten, einsamen Buchten und urigen Seitentälern *(Tour 23, 3.30 h).*

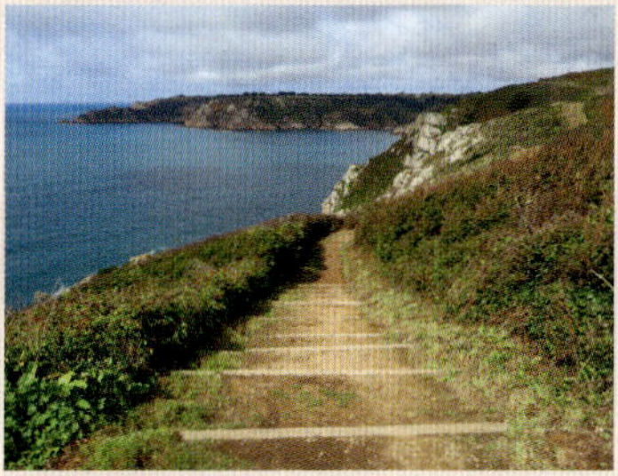

Le Grand Havre Bay – Bordeaux Harbour
Eine weniger schroffe, aber nicht weniger eindrucksvolle Küstenszenerie erwartet Wanderer auf dem nordwestlichen Küstenabschnitt mit Badebuchten, aussichtsreichen Halbinseln, kleinen Dünen und einem Megalithgrab bei einem Abstecher in das Landesinnere Guernseys *(Tour 27, 3.00 h).*

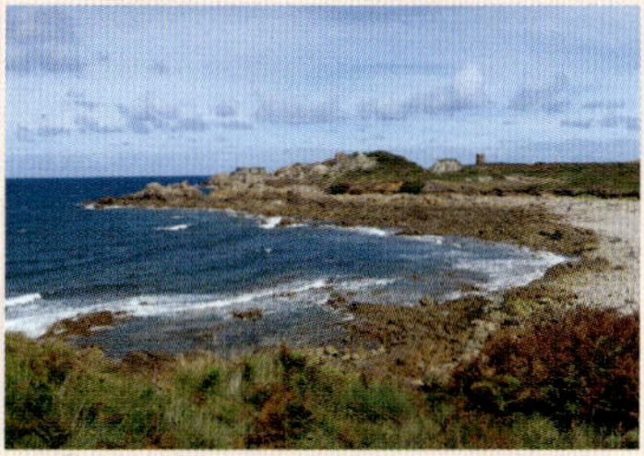

Saint Saviour Reservoir
Das größte Wasserreservoir Guernseys erhielt zur Jahrtausendwende einen Rundweg, der entspanntes Wandern mit Seeblick bietet. Der Zuweg von Saint Saviour mit sehenswerter Dorfkirche leitet durch ein beschattetes Bachtal *(Tour 31, 1.30 h).*

Sark
Die abgelegene autofreie Insel Sark ist mit einem dichten Wanderwegenetz durchzogen, auf dem sich dieses kleine auf einem Felsplateau gelegene Eiland mit vielen Varianten erkunden lässt. Südlicher Wendepunkt ist die einsame Halbinsel Little Sark *(Tour 37, 4.30 h).*

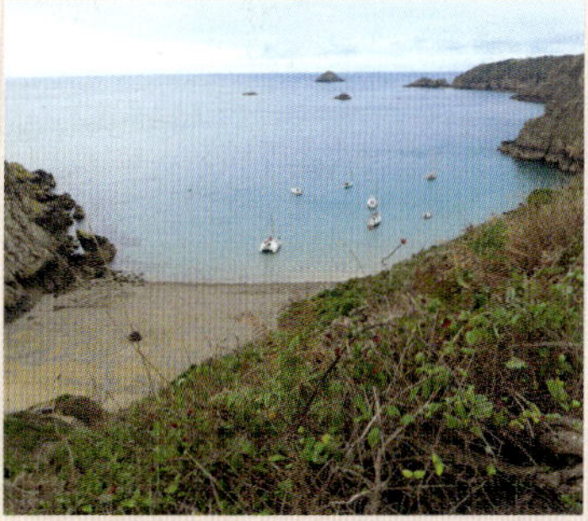

DIE REGION

Geografie

Nur rund 30 km vor der französischen Küste liegen im Ärmelkanal die zur britischen Krone gehörenden Kanalinseln. Dieser Archipel besteht aus sieben besiedelten Inseln sowie weiteren unbesiedelten, wobei auf die beiden Hauptinseln Jersey und Guernsey mit 92 % der gesamten Fläche 99 % der Einwohner entfallen. Die Hauptinseln mit ihrer jeweiligen Einwohnerzahl in Klammern: Jersey (103.000), Guernsey (63.000), Alderney (2100), Sark (500), Herm (60). Neben Sark liegt Brecqhou (2).

Daneben gibt es Gezeiteninseln, die bei Niedrigwasser zu Fuß von den Kanalinseln erreichbar sind. Charakteristisch für die Kanalinseln wie für den gesamten Ärmelkanal ist der gewaltige Tidenhub – einer der größten überhaupt. Dieser Unterschied zwischen Hoch- und Niedrigwasser liegt in der Bucht von St. Malo mit den Kanalinseln bei bis zu 12 m (→ Gezeiten, S. 7).

Der Archipel besteht aus zwei Verwaltungsbezirken: dem Bailwick of Jersey mit Jersey und dem Bailwick of Guernsey mit Guernsey und den restlichen bewohnten Inseln. Die beiden Hauptinseln wiederum werden in Gemeinden aufgeteilt (Parishes); 12 auf Jersey und 10 auf Guernsey.

Der britische Union Jack weht auf Mont Orgueil Castle.

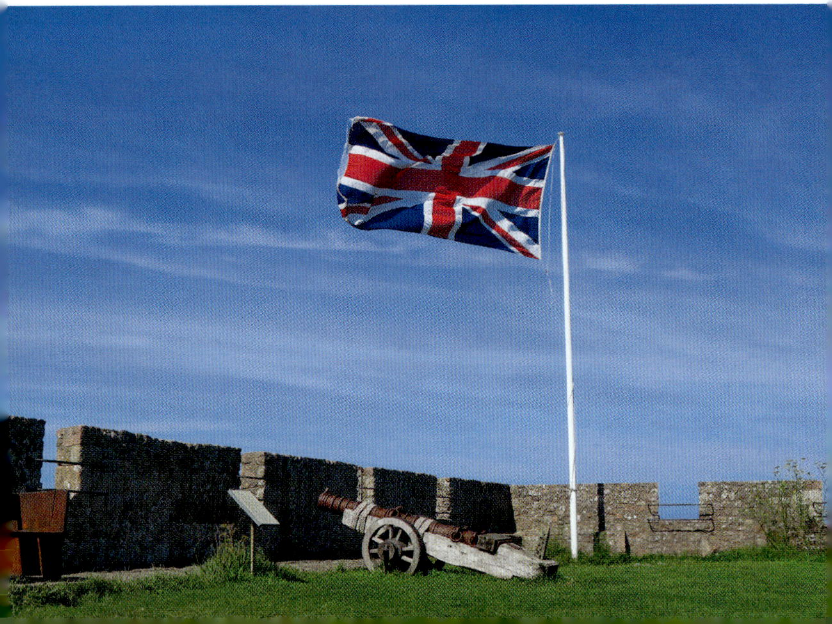

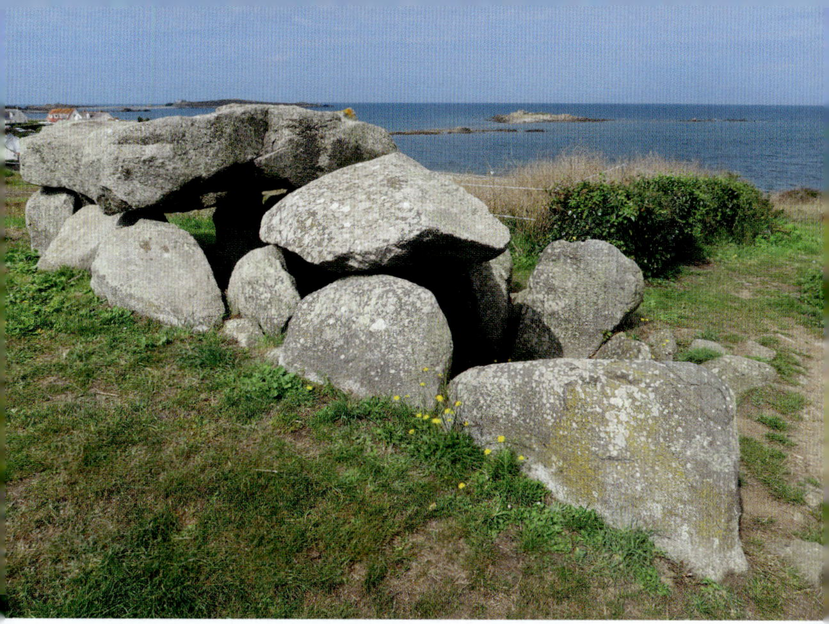

Der Dolmen Le Trepied an der Nordküste Jerseys ist rund 5000 Jahre alt.

(Vor-)Geschichte

Mehrere Höhlen deuten auf eine altsteinzeitliche Besiedlung hin, darunter vor allem zwei auf Jersey: im Norden die »Ziegenhöhle« La Cotte à la Chèvre (Touren 3 und 12) und im Süden die Cotte de St. Brelade, eine der bedeutendsten frühgeschichtlichen Fundstätten des Paläolithikums in Europa. Archäologen förderten hier seit 1881 ähnlich viele altsteinzeitliche Fundstücke zutage wie die Zahl der Jahre, die die Besiedlung zurückreicht: rund 200.000 Funde aus den untersten Schichten der bis zu 40 m hohen Sedimente. Darunter befindliche Knochenreste von Mammuts weisen auf eine mögliche Besiedlung durch jagende Neandertaler hin.

Damals gehörte der Archipel noch zum europäischen Festland, denn die Kanalinseln bildeten sich erst vor rund 7000 Jahren nach dem Abschmelzen der eiszeitlichen Gletscher und als Folge dem Anstieg des Meeresspiegels. Seit 5000 v. Chr. ist eine intensive menschliche Besiedlung nachweisbar in Form mehrerer jungsteinzeitlicher Grabanlagen auf Jersey und Guernsey.

Spuren römischer Besiedlung sind selten, etwa auf Alderney mit einem spätrömischen Militärlager an der Longis Bay (Tour 38). Seit dem 6. Jh. wurden die Inseln christianisiert. Auf den bekanntesten Missionar Helerius (engl. Helier) geht der Name der Hauptstadt Jerseys zurück, wo der Eremit auf einer Insel vor dem heutigen Elizabeth Castle lebte (Tour 21).

Die Kanalinseln gehören seit dem Mittelalter zum Gebiet des Herzogs der Normandie. Die engen Bindungen zu Frankreich zeigen sich bis heute in vielen Orts- und Flurnamen sowie dem eng an das Französische angelehnten Dialekt Patois. Seit Wilhelm der Eroberer in der Schlacht von Hastings 1066 die Angelsachsen bezwang und sich zum englischen König krönen ließ, trägt das englische Staatsoberhaupt automatisch den Titel »Herzog der Normandie«. Das änderte sich auch nicht, als 1244 die Normandie an Frankreich fiel; die Inseln blieben in englischer Hand. Die Kanalinseln unterstehen bis heute direkt der britischen Krone, allerdings nicht der britischen Regierung und verwalten sich weitestgehend selbst.

Napoleonische Zeit

Im 18. Jh. griff der im amerikanischen Unabhängigkeitskrieg eskalierende Konflikt zwischen der französischen und britischen Kolonialmacht auf den alten Kontinent über und die vor Frankreich liegenden Kanalinseln wurden das Ziel französischer Angriffe. Zwei konnten abgewehrt werden: 1779 in Quen's Bay und 1781 im Südosten Jerseys. Rund um die Inseln Jersey, Guernsey und Alderney entstand ein Netz an Verteidigungsanlagen: hochgerüstete Festungen sowie Türme, sogenannte »Martello-Türme«. Diese im Grundriss runden kleinen Festungen errichtete das britische Empire an 164 Stellen nach 1800 – großteils in Südengland, vielfach aber auch in Kolonien rund um den Globus. Diese Wehrtürme waren 12 m hoch und wurden von 20 Mann mit einem schweren Geschütz auf der Dachplattform vertei-

Die Clarence Battery schützt seit 1780 den Hafen von Guernsey (Tour 22).

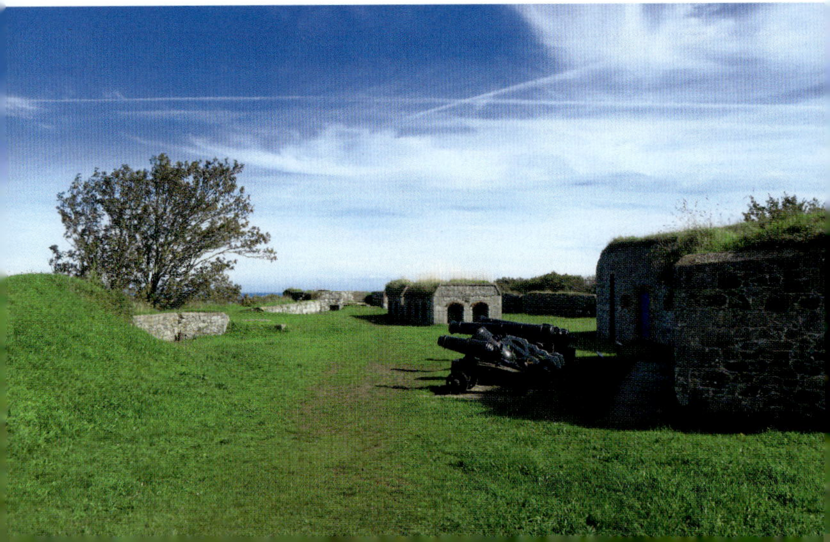

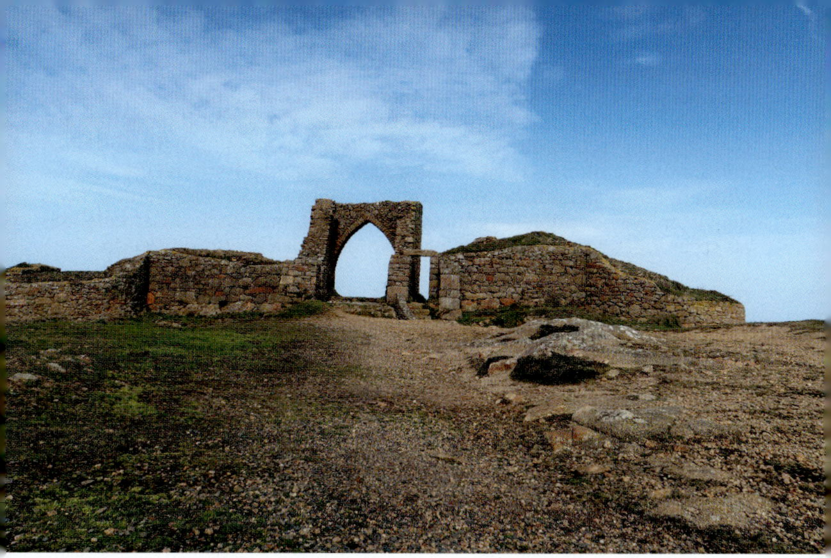

Grosnez Castle im Norwesten Jerseys geht auf das Mittelalter zurück.

digt. Der Name geht zurück auf einen als Vorbild dienenden runden genuesischen Festungsturm aus dem 16. Jh. im korsischen Mortella, der 1794 einem britischen Angriff mit mehr als 100 Kanonen standgehalten hatte. Die bewusst falsche Schreibung »Martello« könnte in Anlehnung an das identische italienische Wort für »Hammer« Absicht gewesen sein.

Auf Guernsey entstanden drei Martello-Türme zusätzlich zu 15 Vorgängertürmen, und zwar im Zusammenhang mit Festungen: Fort Grey, Fort Hommet and Fort Saumarez. Die seit 1778 erbauten 15 Vorgängertürme heißen wegen ihrer Schießscharten »loophole towers«. Zwei von ihnen sind mit kleinen Ausstellungen zugänglich: Petit Bot (Tour 23) und Rousse Tower (Tour 26). Auf Jersey wurden acht Martello-Türme erbaut, zusätzlich zu 20 bereits existierenden runden Wachtürmen. Letztere entstanden seit 1780 auf Anordnung des Gouvernours von Jersey, Genereal Seymour, und waren aus Verteidigungsgründen nur per Leiter durch eine Tür im ersten Stock zugänglich.

Aber viele Franzosen kamen in friedlicher Absicht: Im 19. Jh. waren die Kanalinseln anlässlich der französischen Revolution ein beliebtes Emigrationsziel wohlhabender Franzosen, die sich vor allem auf Guernsey in St. Peter Port luxuriöse Häuser erbauen ließen. Als bekanntester französischer Exilant verbrachte der politisch engagierte Schriftsteller Victor Hugo 15 Jahre auf Guernsey, dessen Residenz heute besichtigt werden kann (Tour 35).

Viktorianische Zeit

Die Anlage der militärischen Befestigungen im 19. Jh. brachte einen erheblichen Ausbau der Infrastruktur mit sich: Häfen, Straßen und sogar Bahnen. Die Baubranche boomte, genauso wie die lokalen Steinbrüche, in denen der Granit u. a. für die vielen Türme abgebaut wurde. Fischerei und Handel blühten, durch steuerliche Maßnahmen begünstigt. So verarbeiteten etwa die vielen Wassermühlen im Inland Jerseys osteuropäisches Getreide, das als steuerfrei gemahlenes Mehl nach Nordamerika exportiert wurde.

Deutsche Besatzungszeit

Zwischen 1940 und 1945 besetzten die Deutschen die strategisch günstig gelegenen Kanalinseln als einzigen britischen Boden. Zuvor waren zahlreiche Insulaner nach Großbritannien evakuiert worden: insgesamt rund 25.000, mehr als ein Drittel der Einwohner von Guernsey (17.000 von 41.000), rund 6000 von Jersey und beinahe die gesamte Inselbevölkerung von Alderney. Während der deutschen Herrschaft wurden die Inseln allerdings weiterhin von den lokalen Behörden verwaltet.

Den Deutschen sollten die Kanalinseln – vergeblich – als Sprungbrett für weitere Eroberungen in Großbritannien dienen, wurden aber zusehends zu Verteidigungszwecken ausgebaut mit Bunkern, Beobachtungstürmen, Geschützen und unterirdischen Vorratslagern, später teilweise umgebaut zu Lazaretten. Die Kanalinseln waren wesentlicher Teil des geplanten 2700 km langen atlantischen Verteidigungswalls, der die Landung der Westalliierten (vergeblich) verhindern sollte. Alleine auf Guernsey mit seinen Hunderten Bunkern, Tunnels und Festungsmauern wurden rund 10 % des gesamten

Literatur zur Zeit der deutschen Besatzung ist weit verbreitet.

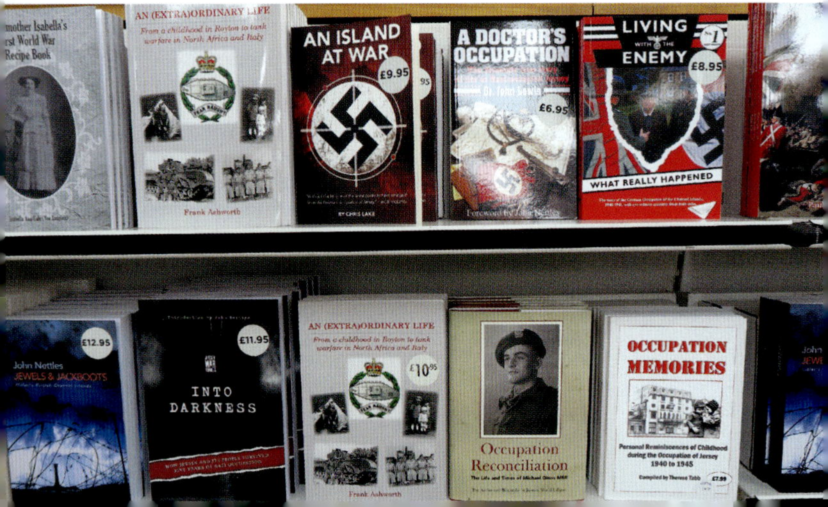

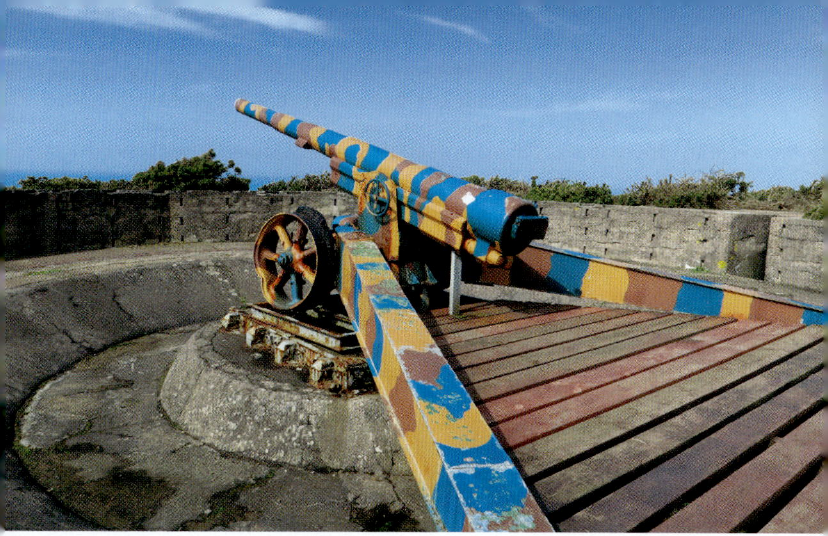

Die Battery Moltke wurde von den deutschen Besatzern angelegt.

Betons für den Atlantikwall verbaut (616.000 m³, umgerechnet ein Würfel mit 85 m Kantenlänge). Das war nur mithilfe völkerrechtswidriger Zwangsarbeit möglich; die berüchtigte Organisation Todt setzte Tausende von Kriegsgefangenen ein, auf den Kanalinseln vor allem russischer Herkunft.
Es wurden auch »legale« Arbeiter der Insel beschäftigt, vorzugsweise für zivile Infrastrukturprojekte wie Straßenbau, um die örtliche Bevölkerung nach Absprache mit örtlichen Behörden mit Arbeitsbeschaffungsmaßnahmen bei Laune zu halten. Alleine auf Jersey waren 2000 Menschen durch die Blockade von der britischen Insel arbeitslos geworden. Dabei wurde die Infrastruktur den deutschen Besatzern angepasst, etwa in Guernsey mit der Umbenennung von Ortsnamen wie »Petershafen« für St. Peter Port, dem Bau einer Feldbahn entlang der Nordküste für die Anlage von Verteidigungsanlagen sowie einem deutschen Straßensystem mit Nummern, die heute noch zuweilen an Abzweigungen erkennbar sind.
Die vielen von den Deutschen gebauten Tunnel dienten vornehmlich als Munitionsdepot, einige auch als Soldatenunterkunft oder Lazarett. Nach dem Krieg wurden einige mit altem deutschen Material gefüllt, so dass im Laufe der Zeit Legenden von vermeintlichen »Schätzen der Nazis« aufkamen. Inzwischen wurde alle Tunnel gründlich untersucht, von Schätzen keine Spur. Die Tunnel werden heute vielseitig genutzt, etwa als Lager oder Museum, vor allem Lazarette (Tour 18). Etwas exotischer waren bzw. teilweise sind Nachnutzungen von Tunnels als Aquarium (Guernsey) sowie zur Champignonzucht oder als Bob-Trainingsbahn (Jersey).

Die deutsche Besatzungszeit beleuchten zahlreiche Museen und Ausstellungen → Museen, S. 51). Vor Ort bieten Agenturen Besichtigungen der Betonbunker und anderer deutscher Bauten an, etwa History alive – Jersey Military Tours (historyalive.je) oder Jersey War Tours (jerseybunkertours.com).

Wirtschaft

Lange Zeit lebten die Inseln vornehmlich von Fischerei und Landwirtschaft. Tomatenanbau hatte eine große Bedeutung in den 1960er-Jahren, als etwa 7 % der Inselfläche Guernseys von Gewächshäusern bedeckt waren (→ Guernsey, S. 33). Auf Jersey mit seinem etwas milderen Klima wurden und werden Tomaten im Freien angepflanzt, oft in Kombination mit Frühkartoffeln, zu deren Anbau große Teile Jerseys im Frühjahr mit Plastikfolien überzogen sind. Insgesamt werden rund die Hälfte der Inselfläche landwirtschaftlich genutzt. Von Bedeutung ist auch die Milchwirtschaft; das Jersey-Rind wird wegen des hohen Fettgehaltes der Milch von 5 – 6 % geschätzt.

Seit dem 19. Jh. entwickelte sich der Tourismus, gefördert durch verbesserte Verkehrsverbindungen sowie dem Eisenbahnbau auf Jersey. Heute besuchen rund 500.000 Touristen jährlich Jersey (umgerechnet 5 pro Einwohner), davon etwa 100.000 Tagesbesucher. Deren Anzahl ist auf Guernsey noch höher durch die jährlich etwa 100 einlaufenden Kreuzfahrtschiffe mit alleine rund 100.000 Passagieren. Dennoch ist die wirtschaftliche Bedeutung des Tourismus marginal: auf Jersey rund 4 % der Wirtschaftsleistung (auf Guernsey 2 %) gegenüber 40 % auf beiden Inseln durch die wachsende Finanzindustrie (mit rund 23 % der Arbeitsplätze).

Manx-Loaghtan-Ram-Schafe wurden 2008 zur Landschaftspflege eingeführt.

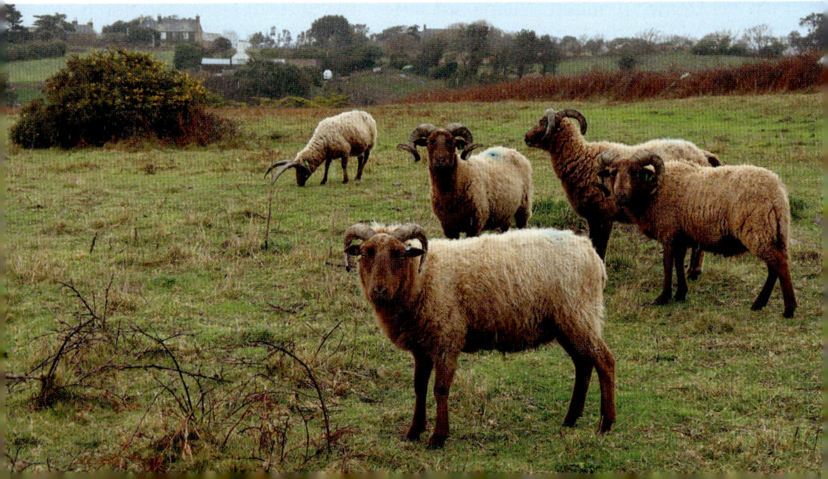

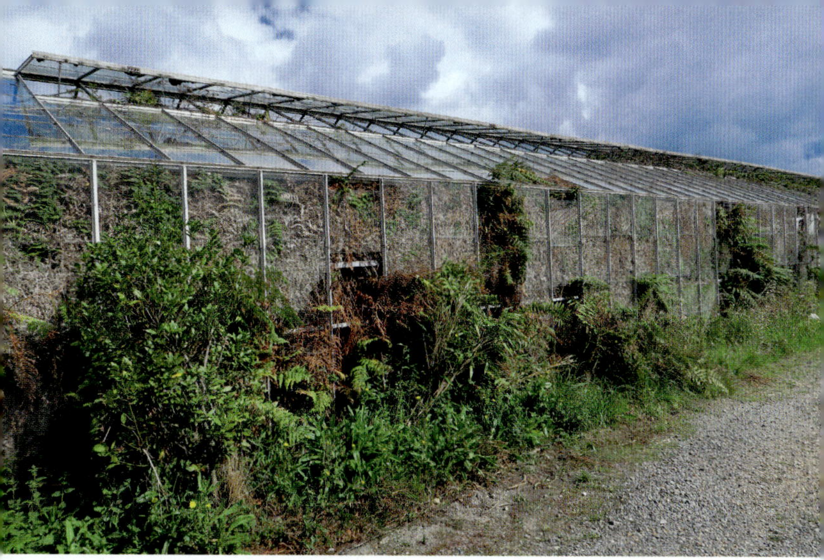

Glashaus-Ruinen erinnern auf Guernsey an den Tomatenboom.

Dank entgegenkommender Steuerpolitik mit vielen Privilegien für Firmen entwickelten sich die Kanalinseln seit Anfang der 1960er-Jahre zu einem internationalen Finanzzentrum, viele Medien sprechen auch vom Steuer- und Geldwäscheparadies.
Auf den Inseln ansässige Unternehmen zahlen keine oder nur minimale Steuern auf ihre Gewinne, wovon zahlreiche (Schatten)Firmen moralisch zweifelhaft profitieren und entsprechend Steuersparmodelle entwickelt haben. Nach einem Bericht des Handelsblatts waren die Kanalinseln 2018 die beliebteste Steueroase deutscher Sparer; rund 218 Mrd. € wurden auf Jersey geparkt, mehr als etwa in der Schweiz (133 Mrd. €) oder Luxemburg (126 Mrd. €) – umgerechnet kamen so auf einen Insulaner rund 180.000 € deutsches Anlagevermögen. Der mittlere Saldo deutscher Kontoinhaber auf Jersey soll bei 15 Mio. € gelegen haben.
Die Stromversorgung ist traditionell in lokaler Hand – durch Dieselgeneratoren. Seit den 1990er-Jahren sind die Hauptinseln Jersey (1984) und Guernsey (1998) durch Unterwasserkabel an das französische Stromnetz angeschlossen und beziehen damit überwiegend Atomstrom – anders ausgedrückt nach Angaben des Versorgers Jersey Electricity »low-carbon electricity«.
Die Selbstständigkeit der Kanalinseln zeigt sich nicht nur beim Steuerrecht, sondern im Finanzwesen auch ganz profan beim Bargeld (→ Währung, S. 43).

Geologie

Die Entstehung der Kanalinseln ist im Zusammenhang mit dem Armorikanischen Massiv der Normandie zu sehen, mit der die Inseln als Gipfelreste des Massivs bis nach dem Abschmelzen des Gletschereises der letzten Eiszeit vor rund 7000 Jahren verbunden waren. Jersey und Sark bestehen aus Plateaus mit stellenweise Kliffküsten, während Guernsey, Alderney und Herm im Süden relativ gebirgig sind und zum Norden hin flach abfallen.
Die Entstehung der Inseln reicht 2 Milliarden Jahre zurück. Der Großteil der Steine sind aber vor allem vor rund 500 Millionen Jahren entstandene Tiefengesteine. Damals lag das Armorikanische Massiv am Nordrand des Urkontinents Gondwana auf der südlichen Erdhalbkugel und wurde infolge der Plattentektonik nordwärts verschoben. Maßgebend waren zwei Gebirgsbildungsphasen, bei denen die meisten der heute auf den Kanalinseln vorherrschenden Steine entstanden sind: die cadomische Orogenese im späten Neoproterozoikum vor etwa 550 Millionen Jahren und die variszische Orogenese im Oberkarbon vor etwa 320 Millionen Jahren – in letzterer Phase entstanden auch viele deutsche Mittelgebirge.
Während der cadomischen Orogenese entstanden die heute vorherrschenden magmatischen Gesteine der Kanalinseln wie Granit, Rhyolith sowie Diorit und Gabbro, letztere oft als Einschlüsse.

Gesteine der Inseln

Die geologische Karte von Jersey präsentiert sich als buntes Mosaik mit überwiegend Granit im Nord- und Südwesten sowie im Südosten zwischen Gorey und St. Helier. Im letztgenannten Bereich ist auch Diorit anzutref-

Bunte Gesteinsformationen am Meeresboden, hier im Watt vor Guernsey.

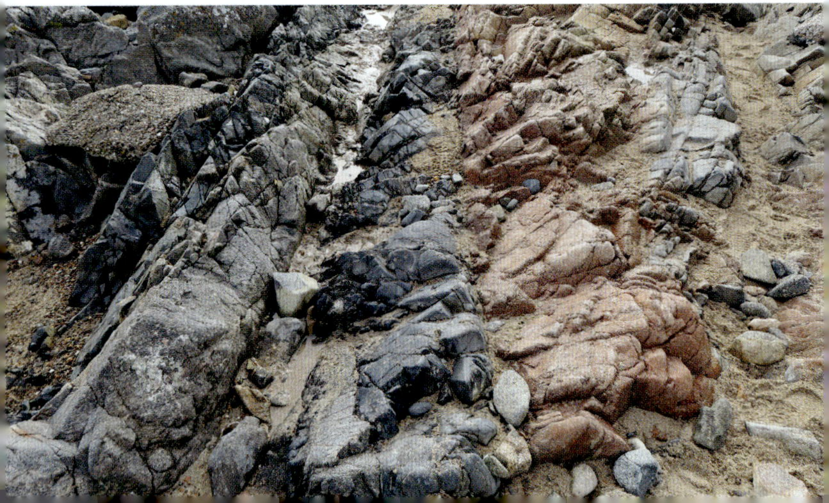

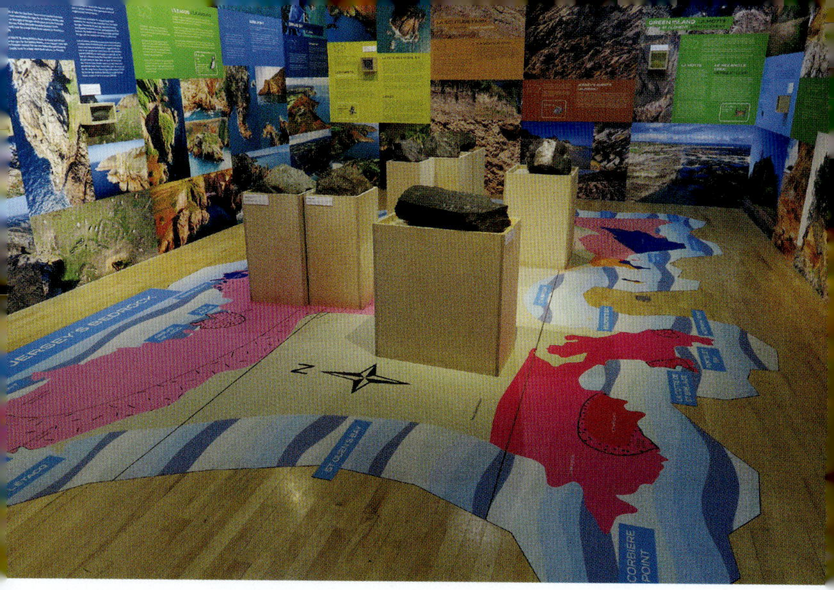

Geologische Karten im Jersey Visitor Centre mit Originalgestein.

fen – genauso wie ganz im Norden bei Sorel Point. Im Mittelteil der Insel dominiert vulkanischer Andesit und westlich davon – bis zur St. Quen's Bay Turbidit, ein vor mehr als 550 Millionen Jahren entstandenes Sedimentgestein des Bioverianischen Meeres.

Im Nordosten Jersey zieht sich zwischen der Giffard Bay und Gorey ein Band aus dem Tiefengestein Rhyolith. Ganz im Nordosten der Insel besteht das Rozel Konglomerat aus 1 bis 60 cm großen zementartig verbackenen Steinen. Dieser entstand vor 400 Millionen Jahren durch Ablagerungen von Sand sowie Kieselsteinen aus Andesit, Rhyolith und Granit.

Guernsey wird in der südlichen Hälfte großteils aus metamorphem Gneis gebildet, entstanden durch Umformung (Metamorphose) von rund 2 Milliarden Jahre altem Granit. Der Norden Guernseys zwischen Cobo Bay und Bordeaux Harbour besteht großteils aus Diorit und der östliche Küstenabschnitt zwischen St. Peter Port und St. Samson aus Gabbro. Das älteste Gestein, Icart-Gneiss im Süden, entstand durch die Verformung von 2 Milliarden Jahre altem Granit.

Auf Alderney dominieren im Mittelteil – rund um die Braye Bay bis hin zur Südküste – Diorit und Gabbro, während der West- und Ostteil aus Sandstein gebildet werden. Im Norden bei Bibette Head sowie im Süden bei der Telegraph Bay ist an der Küste Granit vorherrschend. Sark besteht großteils aus Gneis und Granit, auf Herm dominiert Granodiorit.

Flora

Dank des vom Golfstrom begünstigten milden Klimas mit frostfreien Wintern gedeiht auf den Kanalinseln eine Vegetation mit Pflanzen gemäßigter Breiten und subtropischer Zonen. Noch im Winter sorgen Narzissen für gelbe Farbteppische auf Feldern und an Straßenrändern. Vor allem an der Südküste sowie in Seitentälern mit geschütztem Mikroklima begegnen uns Exoten wie Palmen, Kamelien, Kakteen, Bambus, Baumfarn oder Drachenbäume. Allgegenwärtig an den Küsten sind Ginster und Brombeeren, während Farne in schattigeren Gegenden wie Tälern sowie an Nordhängen – etwa der Nordküste Jerseys – oft das Bild bestimmen.

An windexponierten Stellen gedeiht die atlantische Küstenheide. Das Naturreservat Le Noir Pré im Hinterland der St. Quen's Bay auf Jersey erfreut sich bei Botanikern wegen seiner mehr als 60.000 Orchideen großer Beliebtheit mit mehreren Knabenkraut-Arten sowie Natternkopf.

In direkter Nähe zum Meerwasser und zeitweise im Wasser gedeihen salztolerante Pflanzen der Salzwiesen und Seegraswiesen.

Beispiele für invasive Pflanzen auf den Kanalinseln sind neben dem genannten Stechginster das Silberne Pampasgras, das Indische Springkraut (Himalayan balsam), der Japanische Staudenknöterich (Japanese knotweed) oder die Essbare Mittagsblume. Diese im Englischen »Sour fig« oder »Hottentot fig« genannte dickfleischige Pflanze verbreitete sich seit 2000 von wenigen Hausgärten aus vor allem entlang der Süd- und Westküsten. Bei »Hottentot fig bashing days« auf allen größeren Inseln wird die Mittagsblume mechanisch zurückgedrängt.

Stechginster taucht im März die Inseln in gelbe Farben, hier auf Jersey.

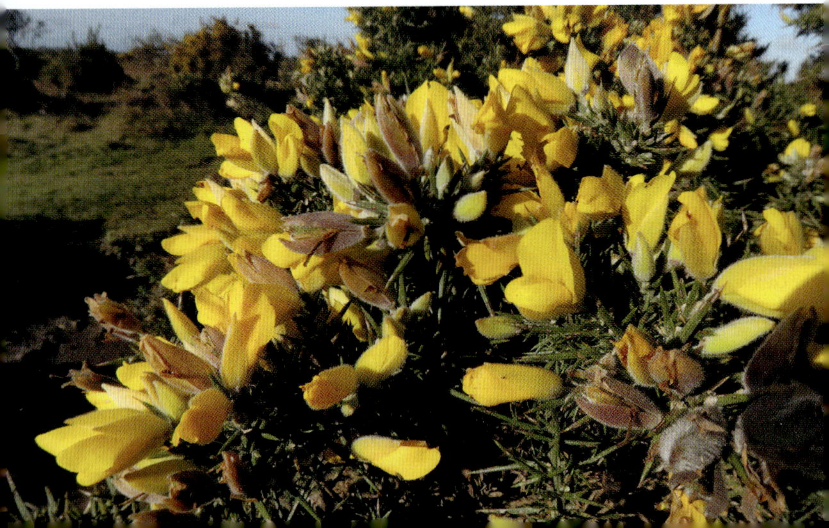

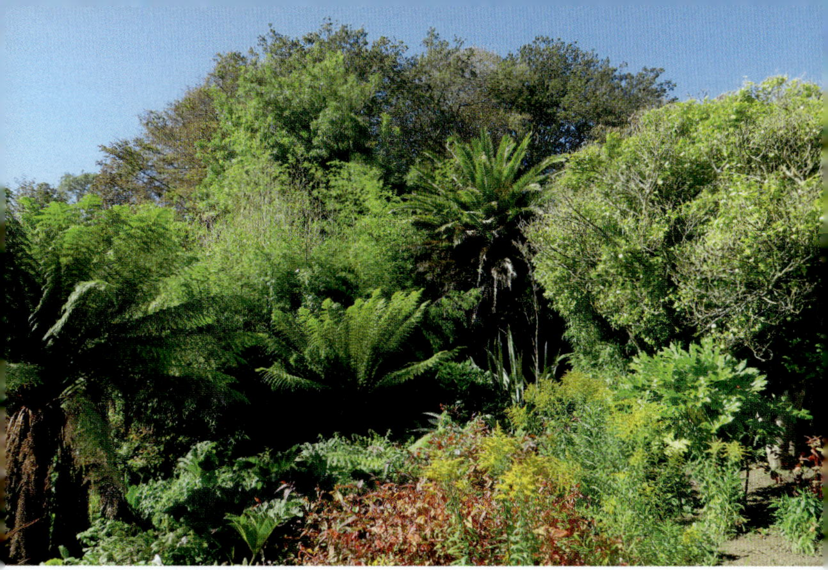

Subtropische Vegetation in den Candie Gardens auf Guernsey (Tour 35).

Im Meer verbreitet sich der Japanische Beerentang. Diese bis zu 10 m lange Braunalge reiste zusammen mit Zuchtaustern in die Region und beeinträchtigt den Bootsverkehr und das Badevergnügen.

Fauna

Die Kanalinseln sind vor allem für Wasservögel bekannt. Der Papageientaucher *(Puffin, Fratercula arctica)* mit seinem dicken bunten Schnabel ist eine Art Symbol für den Archipel. Allerdings ist die Zahl dieser Alkenvogelart in den letzten Jahrzehnten stark geschrumpft; heute besuchen rund 200 Paare die Inseln zum Brüten (April bis August), vor allem auf Burhou vor Alderney, in der Puffin Bay bei Herm, auf der Felseninsel L'Etac bei Little Sark und an der Nordküste von Jersey. In größerer Zahl brüten Basstölpel (Northern Gannet, *Morus bassanus*) von Februar bis September vor den Inseln – mit rund 2 % der Weltpopulation. Richtige Basstölpelkolonien sind die westlich vor Alderney liegenden unbewohnten Inseln Les Etacs mit rund 6000 und Ortac mit 2500 Paaren. Zur Nahrungssuche tauchen Basstölpel bis zu 100 km/h schnell in das Wasser ein und überraschen damit ihre Beute – Fische. Neben diesen beiden Arten wurden rund 370 Vogelarten auf den Kanalinseln registriert, von denen aber nur ein kleiner Teil dort brütet. Die Reptilienvorkommen sind überschaubar (Grüne Smaragd- und Mauereidechse, Westliche Blindschleiche, Ringelnatter) genauso wie Amphibien (Erdkröte, Springfrosch, Faden- und Teichmolch).

Bei Landsäugetieren gelten nur einige Mausarten als heimisch. Viele andere Säugetierarten wurden später eingeführt, freiwillig und unfreiwillig. Darunter Kaninchen, Ratten, Eichhörnchen, Igel, Maulwürfe, Hermeline – letztere sind inzwischen wieder ausgestorben. Von den sieben auf den Inseln vorkommenden Fledermausarten ist die Zwergfledermaus die häufigste. Ein nach Jersey benanntes großes Nutztier, das wegen der hohen Milchleistung geschätzte Jersey-Rind, gilt nur bedingt als heimisch, da es zwar auf Jersey gezüchtet wurde (seit 1830), allerdings von Rinderrassen, die vorher von der Normandie nach Jersey verschifft wurden.

Im Meer und an den Küsten können mehrere auffällige Meeressäuger beobachtet werden, etwa Seehunde oder die etwas größeren Kegelrobben mit ihrer spitzeren Kopfform. Seehunde sind besonders häufig an der Insel Burhou vor Alderney. Rund um die Inseln können gelegentlich Wale beobachtet werden, vor allem kleinere Arten wie Gemeine Delfine, Große Tümmler, letztere etwa im Südwesten Jerseys beim Corbiere Point. Größere Arten wie die bis zu 18 m langen Finn- sowie Pottwale kommen auch vor, sind aber äußerst selten.

Andere Arten sind die auch anderswo in Europa bekannten Einwanderer wie Wanderratte, Frettchen, Flusskrebs oder asiatische Hornisse. Invasive Tierarten setzen auch den heimischen Meeresbewohnern zu, vor allem die in Kulturen eingesetzte Pazifische Auster (Pacific Oyster, *Crassostrea gigas*) und in deren Gefolge die Amerikanische Pantoffelschnecke (Slipper Limpet, *Crepidula fornicata*). Erstere verbreitet sich von den Kulturen und verdrängt dabei zunehmend heimische Muschelarten.

Bei Niedrigwasser lässt sich trockenen Fußes die Meeresfauna erkunden.

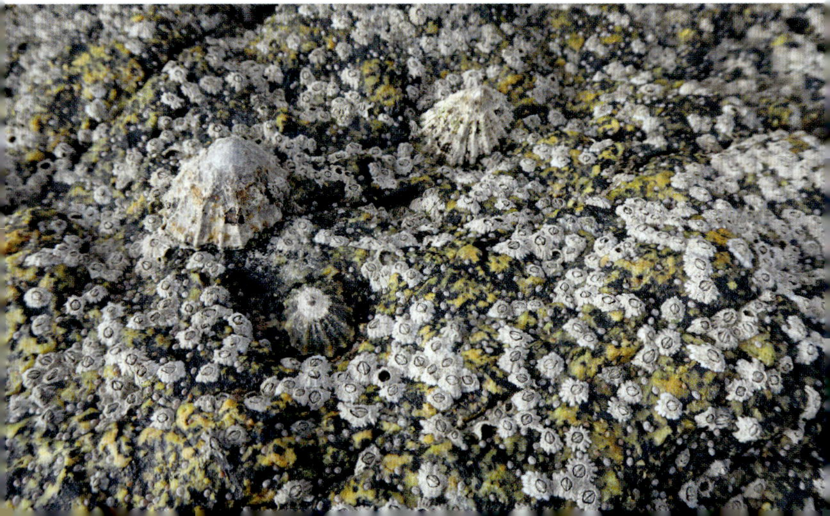

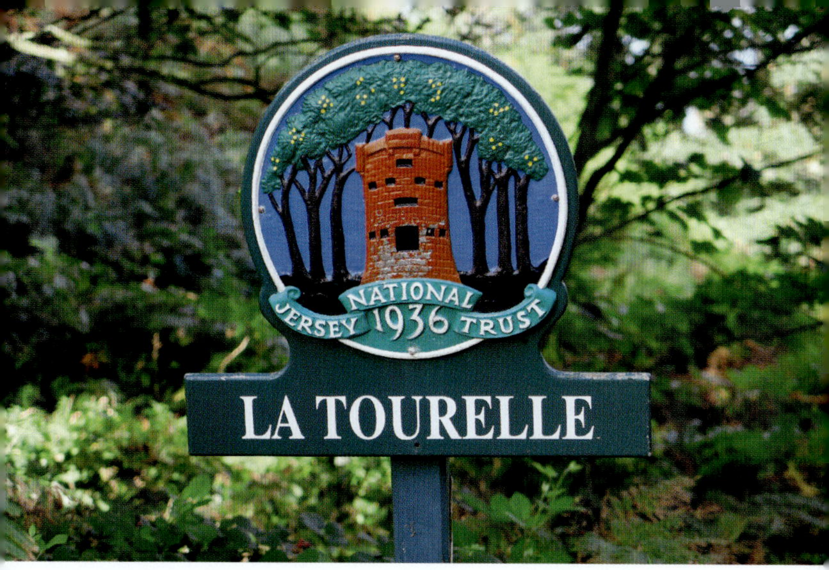

Der Jersey National Trust besitzt und verwaltet Natur- und Kulturschätze.

Naturschutz

Naturschutzgebiete der größeren Inseln werden großteils von privaten Naturschutzorganisationen betreut, die in Großbritannien eine lange Tradition haben und sich wegen ihrer Expertise allgemeiner Anerkennung erfreuen.

Der **National Trust Jersey** kümmert sich neben Kulturdenkmälern um geschützte Flächen auf Jersey, etwa St. Ouen's Pond mit dem Wetland Centre (Touren 2 und 13) oder Grouville Marsh mit Feuchtwiesen, Schilfgürtel und Moor (nationaltrust.je). Ein großer Teil der Küste Jerseys ist als Nationalpark ausgewiesen, rund 48 km Küstenlinie überwiegend im Norden und Westen der Insel (jerseynationalpark.com).

Auf Guernsey betreut die **La Societe Guernesiaise** zehn Naturreservate mit zusammen einer Fläche von 65 ha – rund 1 % der Inselfläche (societe.org.gg/wp/nature-reserves), etwa im Südwesten Plemont mit Ginster und Küstenheide (Touren 24 und 33) oder im Nordosten Vale Pond am früheren Gezeitenkanal Braye du Valle mit See und Schilfgürtel (Touren 26 – 28).

Der **Alderney Wildlife Trust** hat einen breiten Fokus. Neben Themen wie Plastikmüll in Meeren und Fledermausmonitoring hat die Organisation in der Inselmitte das 17 ha große Community Woodland auf 2 % der Inselfläche seit 2011 mit mehr als 12.000 Bäumen bepflanzt. Die Website bietet viele Infos, darunter Livebilder von Papageientauchern und Basstölpeln (alderneywildlife.org > Wildlife Webcams).

Jersey

Jersey ist mit 119 km² und 103.000 Einwohnern die größte der Kanalinseln und mit 860 Menschen pro km² fast so dicht besiedelt wie Guernsey. Jersey misst 16 km in der Breite und 8 km von Nord nach Süd. Die Insel steigt zum Norden deutlich an, der auch dünner besiedelt und v. a. landwirtschaftlich geprägt ist, während der Südosten mit dem Ballungsraum um St. Helier eher verstädtert erscheint. Die Küste ist im Süden und Westen überwiegend flach mit langen Sandstränden, während der Norden sowie kleine Abschnitte im Südwesten von Felsküste geprägt sind. Im Westen gibt es ein größeres Dünengebiet. Der südöstliche Küstenabschnitt zwischen St. Helier und Gorey wird mit einem fast durchgehenden Sandstrand beinahe ununterbrochen von einem Siedlungsband begleitet.

Über ganz Jersey verteilt stehen zwölf sogenannte »Millenium Stones«. Diese von der Société Jersiaise gestifteten obeliskartigen Steinsäulen wurden im Jahr 1999 zur Feier der Jahrtausendwende an markanten Punkten in jeder der zwölf Gemeinden Jersey aufgestellt.

Die 70 km lange Küstenlinie Jerseys wird wie diejenige von Guernsey von Wachtürmen und Festungsanlagen aus napoleonischer Zeit und dem Zweiten Weltkrieg geprägt. Vor 1800 entstanden 20 Wachtürme, denen im 19. Jh. acht Martello-Türme (→ Geschichte, S. 19) sowie weitere Festungsanlagen zum Schutz vor französischen Angriffen hinzugefügt wurden. Bis auf wenige stehen die Türme noch und werden unterschiedlich

Vom Mont Orgueil Castel bietet sich ein prächtiger Blick auf Gorey.

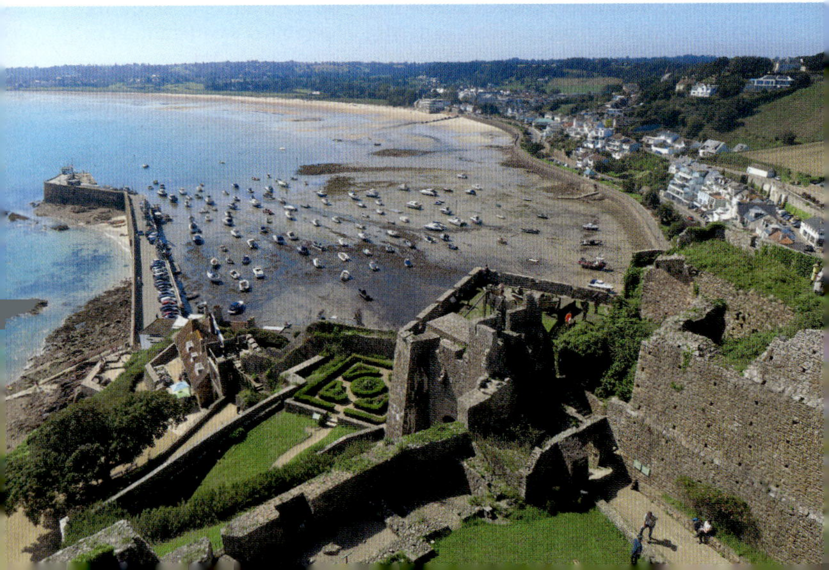

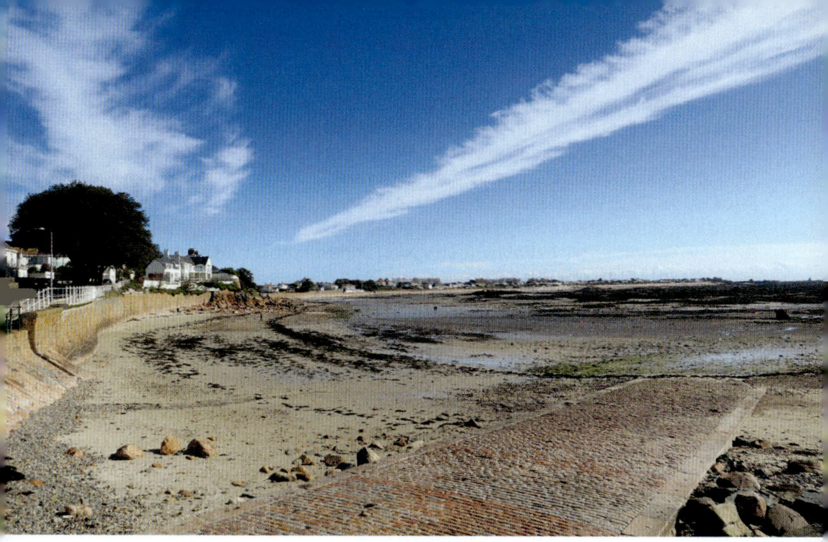

Flache Küste im Südosten Jerseys beim Le Hocq Tower.

genutzt: für Ausstellungen, als privater Wohnraum, als Navigationshilfe für die Seefahrt sowie zur Vermietung als einfache Unterkunft für Familien und Kleingruppen. Mindestens zwei Nächte kosten ab etwa 500 £, ohne Strom und fließend Wasser 350 £ (jerseyheritage.org).

Guernsey

Guernsey ist mit einer Fläche von 62 km² und 62.000 Einwohnern die zweitgrößte Insel des Archipels und mit 1000 Menschen pro km² ausgesprochen dicht besiedelt (zum Vergleich: auf der größten deutschen Nordseeinsel Sylt sind es 180). Der Osten ist am dichtesten besiedelt, im Norden und Westen sind die längsten Sandstrände zu finden. Der Süden bietet mit seinen Felsklippen die spektakulärste Küstenlandschaft.
Guernsey bestimmt regelmäßig mit (Negativ-)Nachrichten über Steuerparadiese und -schlupflöcher die Schlagzeilen. Bevor die Insel zum Finanzplatz aufstieg, sorgten Fischerei und Landwirtschaft für den Unterhalt der Bevölkerung. Mehr als 100 Jahre lang war die Tomate einer der wichtigsten Wirtschaftsfaktoren, von der viktorianischen Zeit bis zu den 1970er-Jahren. In der Blütezeit um 1960 bedeckten die Gewächshäuser der »Guernsey Tom« 7 % der Inselfläche. Rund 2000 Züchter lieferten bis zu 500 Mio. Tomaten jährlich für den britischen Markt mit einem Anteil von rund 15 %. Günstigere Konkurrenzprodukte aus den Niederlanden und Spanien leiteten den schnellen Rückgang ein. Gelegentlich erinnern heute heruntergekommene Gewächshäuser an den Tomatenboom.

Der Tourismus entwickelte sich seit viktorianischer Zeit mit dem ersten Reiseführer im Jahr 1834. Seit der Positionierung der Insel als Kreuzfahrtdestination stieg die Zahl der Tagestouristen erheblich. Heute ankern jährlich etwa 100 Kreuzfahrtschiffe vor St. Peter Port und booten rund 100.000 »Kreuzfahrer« aus. Diese verteilen sich zum Glück jedoch nur auf wenige Punkte, so dass Wanderer nur wenig davon bemerken.
Rund um die Küste von Guernsey prägen Festungsanlagen und Bunker das Bild; zwölf von einst 15 Festungstürmen mit Schießscharten (»loophole tower«) sind noch erhalten, zwei davon mit kleiner Ausstellung: Petit Bot Tower (Tour 23) und Rousse Tower (Tour 26).

Alderney

Alderney liegt am weitesten von der Hauptinsel Jersey und nur 15 km vom französischen Festland entfernt; daher ist es außerhalb der touristischen Sommersaison nur relativ aufwendig per Schiff erreichbar. Als militärischer Vorposten der Briten zu Europa wurde die Insel im 19. Jh. mit 18 Festungen und Batteriestellungen befestigt, die zur Zeit der deutschen Besatzung teilweise überbaut wurden. Die deutschen Bunker und Festungen prägen große Teile der Küste, darunter auch die 6 m hohe Panzerabwehrmauer in der Bucht von Longis. Vor der deutschen Besatzung wurde die Insel fast komplett evakuiert und die 1400 Bewohner mit sechs Schiffen der Royal Navy nach England ausgeschifft. Auf Alderney waren die einzigen deutschen Lager auf britischem Boden, benannt nach deutschen Urlaubsinseln: Die zwei Konzentrationslager Sylt und Norderney sowie zwei Arbeitslager Helgoland und Borkum. Diese wurden von der Organisation Todt gebaut, die die Verteidigungsanlagen mit Zwangsarbeitern und überwiegend russischen Kriegsgefangenen errichtete. Vor der Rückkehr der britischen Bewohner im Dezember 1945 mussten erst mehr als 30.000 Minen geräumt werden.

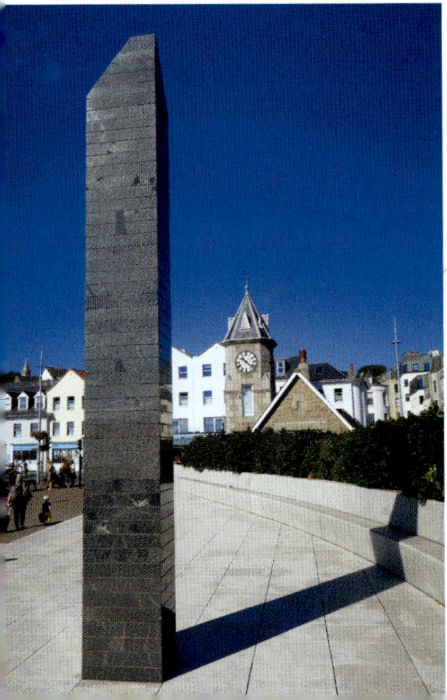

Links: Auf Guernsey erinnert das Liberation Monument an das Kriegsende 1945. Rechts: Der Saint Bay Tower 14 auf Guernsey ist einer von zwölf erhaltenen Türmen aus der Zeit Napoleons. Folgende Doppelseite: Fischerboote am Hafen St. Peter Port.

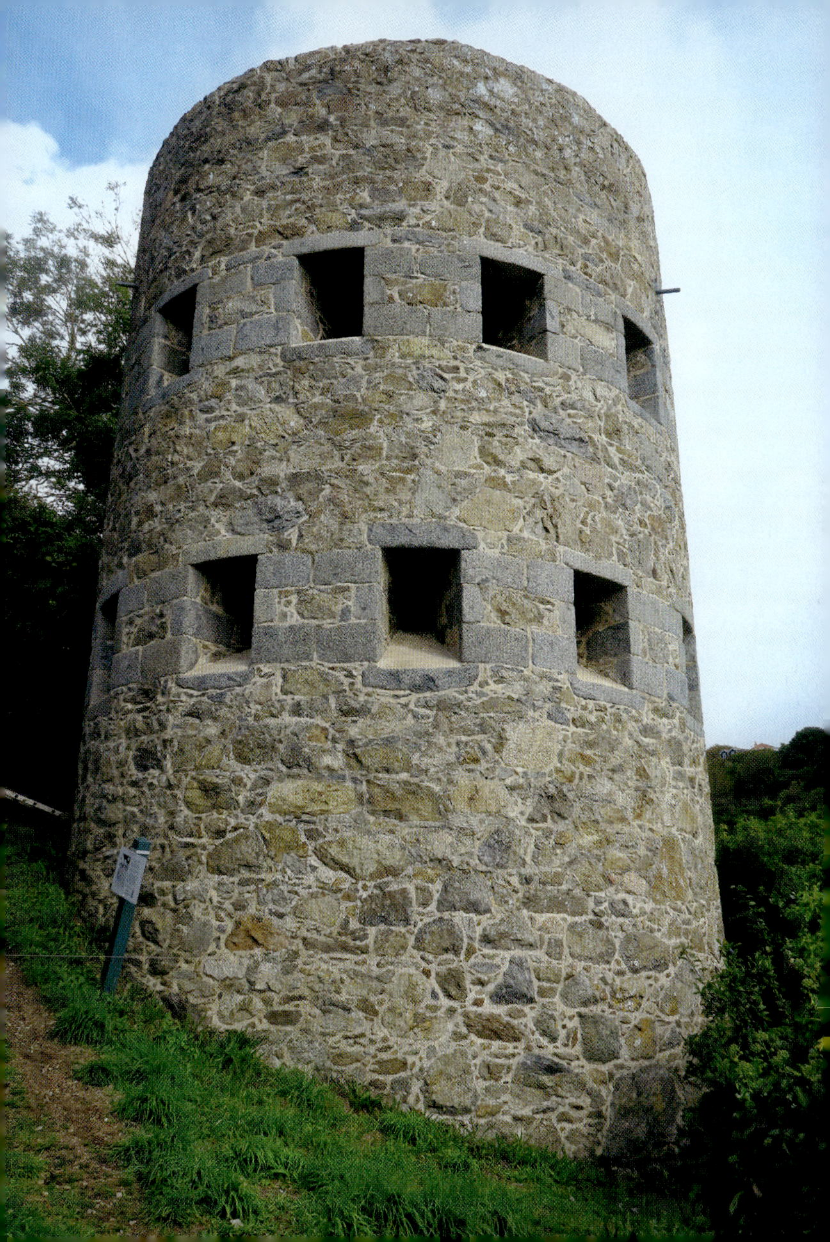

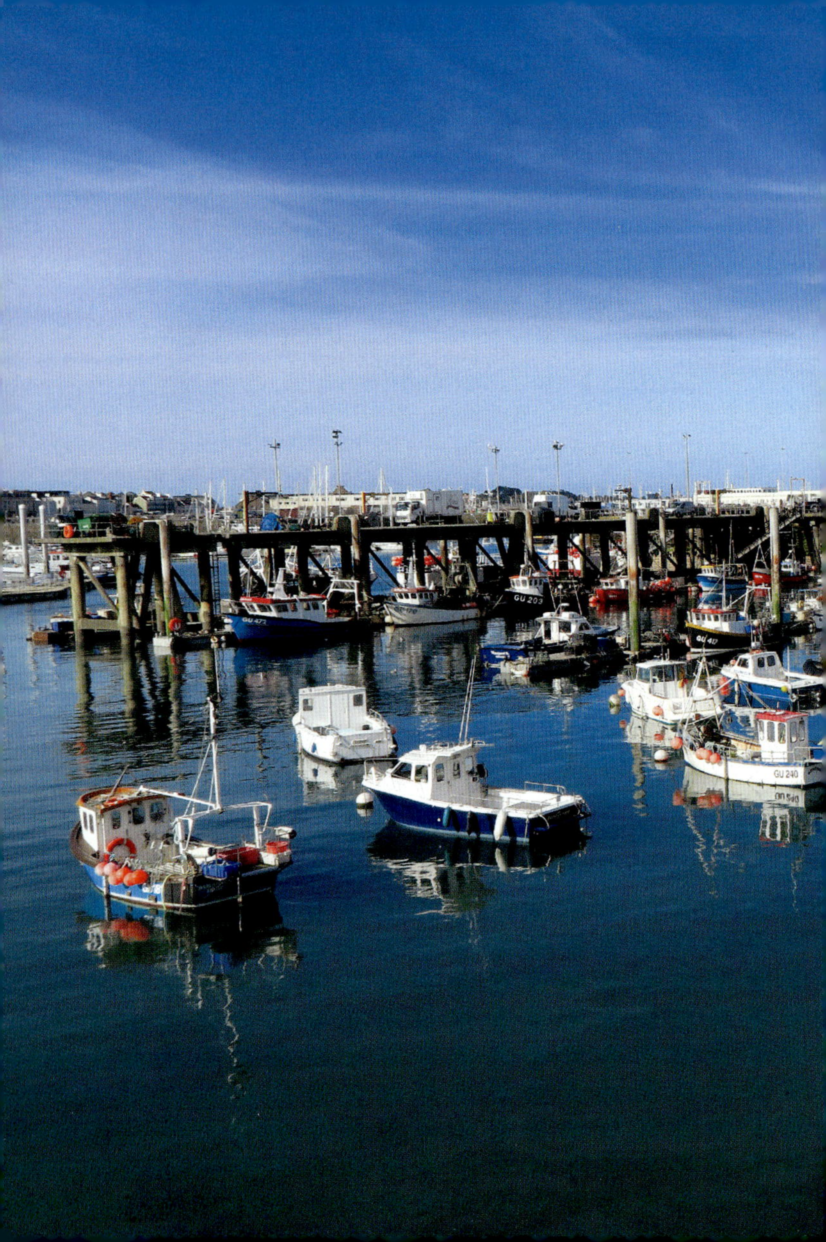
GU 203
GU 240

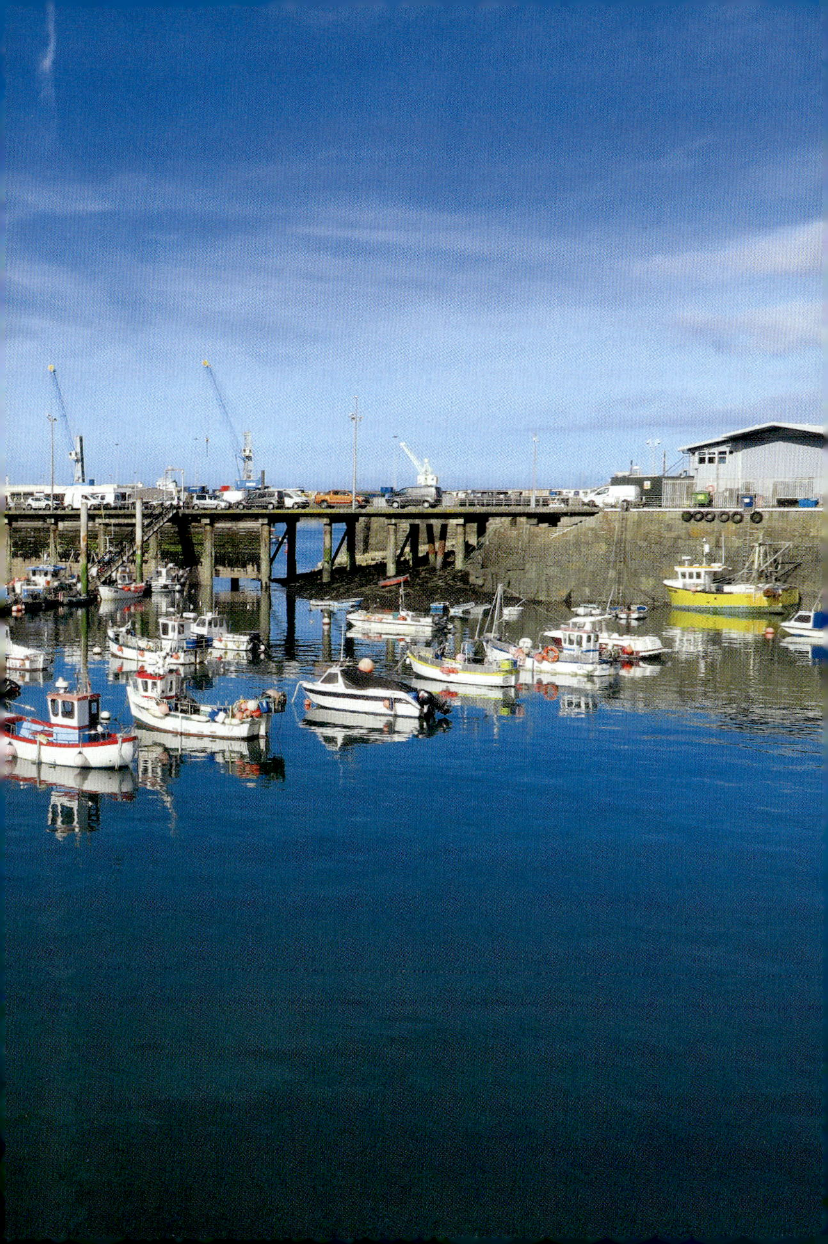

INFO

Beste Reisezeit

Vom Wetter her sind die Kanalinseln im Prinzip ganzjährig zu bewandern, allerdings sind im Winterhalbjahr viele Einkehrmöglichkeiten sowie Museen und andere Sehenswürdigkeiten geschlossen. Die Touristensaison dauert von Ostern bis Ende Oktober, dann sind die meisten Sehenswürdigkeiten zugänglich. Manche Strandbars sind nur in in den Sommermonaten Juli und August geöffnet, und auch die Schiffsverbindungen sind dann am besten (La Manche Express verkehrt von Mai bis September). Im Winterhalbjahr wird der sowieso ausgedünnte Fährplan der Condor Ferries durch häufige Stürme weiter eingeschränkt; der Autor saß beispielsweise im März eine Woche auf Jersey fest infolge von Stürmen (und eines Streiks in Frankreich).
Sehr schön ist der frühe September, wenn die Hauptsaison vorüber ist, aber noch viele Bars und Einrichtungen geöffnet sind und außerdem Heide und Stechginster blühen.

Klima

Der Golfstrom begünstigt das Klima mit milden und großteils frostfreien Wintern, in denen es durchschnittlich 10 bis 15 Grad warm ist. Im Sommer liegen die durchschnittlichen Tageshöchsttemperaturen in der Regel über 20 Grad. Der Großteil des jährlichen Niederschlags von rund 900 mm fällt im Winterhalbjahr.

Am Flughafen von Alderney geht es beschaulich zu.

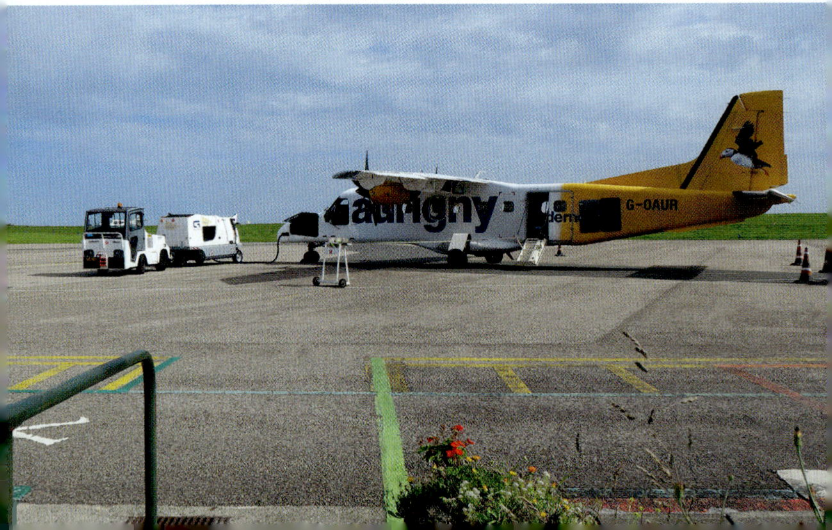

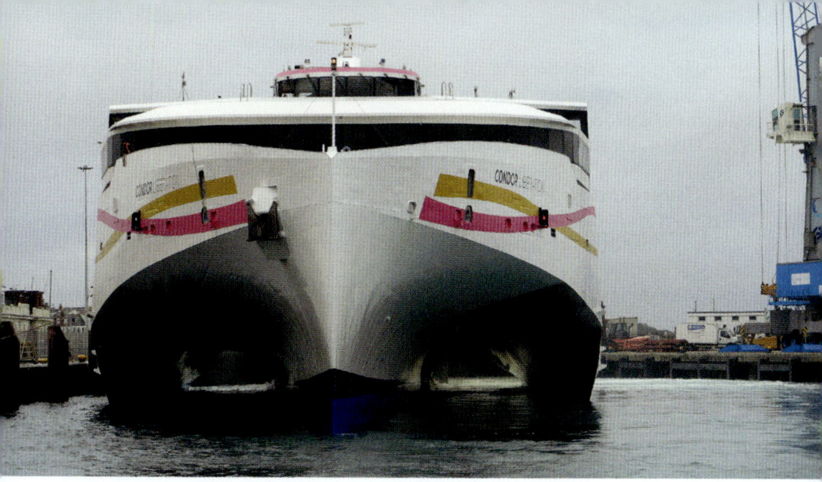

Die Condor Liberation verbindet die Inseln mit dem britischen Poole.

Auf Jersey mit seiner geschützten Lage ist das Klima etwas milder mit wärmeren Sommertemperaturen und mehr Sonnenstunden als auf den anderen Kanalinseln, gemittelt rund 1880 im Jahr.

KLIMATABELLE JERSEY

		Jan	Feb	Mrz	Apr	Mai	Jun	Jul	Aug	Sep	Okt	Nov	Dez
Mittl. Tagesmaximum	**°C**	8	9	10	13	17	19	21	2	19	16	12	10
Mittl. Tagesminimum	**°C**	4	4	5	7	9	12	14	14	13	11	7	6
Wassertemperatur	**°C**	9	8	8	10	12	14	15	16	16	15	13	11
Sonnenstunden/Tag	**h**	2	3	5	7	8	8	8	8	6	4	2	2
Tage mit Regen		19	16	14	13	12	11	10	11	14	16	19	19

Anreise

Die einfachste und schnellste Anreise ist mit dem **Flugzeug.** Direktflüge von Deutschland nach Jersey gibt es ab München (lufthansa.de) oder Düsseldorf (eurowings.de). Gelegentlich bietet Easyjet Direktflüge auf das europäische Festland an, etwa nach Amsterdam (easyjet.com). Außerdem fliegt Blue Islands manchmal im Sommer für Reiseveranstalter direkt von/zu mehreren süddeutschen Flughäfen; diese Flüge sind aber meistens nicht direkt buchbar. Die häufigste Alternative sind Umsteigeflüge via London, von dort mit Easyjet oder British Airways nach Jersey oder mit Aurigny (aurigny.com) nach Guernsey. Zwischen den Inseln sowie von/zu anderen britischen Städten fliegen die auf den Hauptinseln ansässigen Gesellschaften Blue Islands (blueislands.com) und Aurigny (aurigny.com).

St. Malo und Granville sind per Bahn gut von Deutschland aus erreichbar: ab Köln in rund 8 Stunden mit mindestens einmal Umsteigen, auf jeden Fall in Paris-Nord (bahn.de, sncf-connect.com). In den meisten Fällen wird eine Übernachtung am Hafenort nötig sein.

Schiffsverbindungen

Zwischen den Inseln verkehren zwei Gesellschaften; allerdings nicht besonders häufig, und vor allem in der Nebensaison gibt es manchmal nur wenige Verbindungen in der Woche.

Condor Ferries: einzige Firma mit Autofähren zwischen den Inseln sowie nach England (Portsmouth und Poole) und St. Malo in Frankreich. Im Einsatz sind »normale« Autofähren sowie Hochgeschwindigkeitsfähren; erstere benötigen für die Strecke zwischen Jersey und Guernsey 2 Stunden, letztere 1 Stunde. Fußgänger müssen ihr (schweres) Gepäck wie beim Flugzeug aufgeben.

In der Sommersaison verkehren zwischen den Inseln Jersey, Guernsey, Alderney und Sark sowie zum französischen Festland Schnellschiffe von **La Manche Express**, allerdings nur für Fußgänger, darunter die bis 2014 zwischen Bornholm und Schweden verkehrende »MV Granville«. (Schweres) Gepäck muss man – anders als bei Condor Ferries – selbst mit an Bord nehmen.

Bei allen genannten Schifffahrten sollte man mindestens 1 Stunde vor Abfahrt des Schiffes bereit stehen.

Leider bieten die Hafenterminals der Inseln keine Gepäckaufbewahrung. Beim Verkehrsknotenpunkt St. Helier auf Jersey gibt es immerhin zwei

Das Personenschiff von LaMancheExpress verkehrt nur im Sommerhalbjahr.

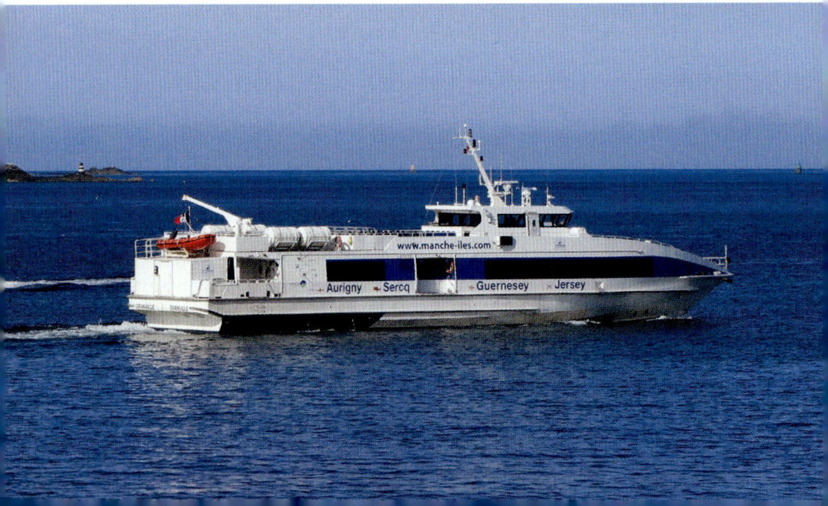

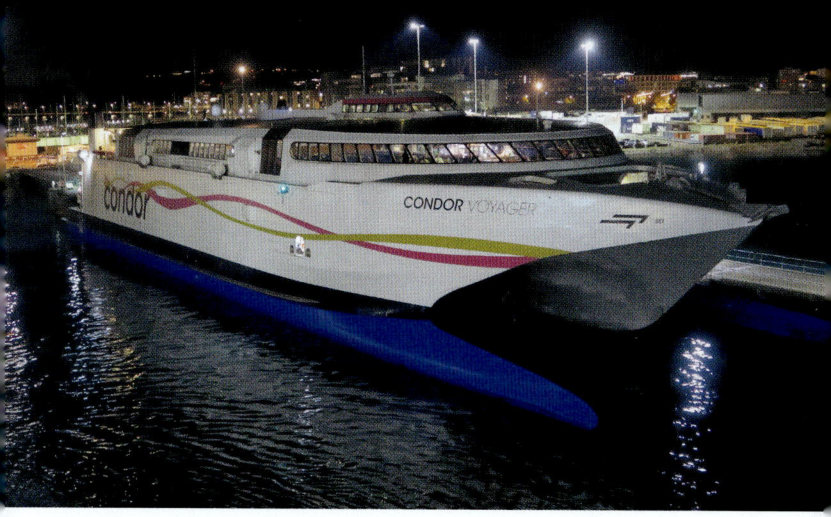

Die Condor Voyager pendelt zwischen Guernsey und St. Malo via Jersey.

Möglichkeiten gegenüber der Busstation, die beide aber alles andere als ein Schnäppchen sind (Preise von 2024): der moderne Radverleih Bike Hire (10 £) sowie drei Häuser rechts daneben die Ausflugsagentur »Jersey Bus & Coach Tours« (5 £).

Linienbusse auf Jersey und Guernsey

Die beiden Hauptinseln Jersey und Guernsey verfügen über gute öffentliche Busverbindungen, die fast alle Orte der Insel erschließen, meistens im Stundentakt. Dabei starten/enden die meisten Buslinien in den Hauptorten und fahren von dort radial in alle mögliche Richtungen. Eine Ausnahme von diesem System ist der beliebte Ringbus auf Guernsey (Linien 91 und 92). Nachdem dieser sogar bei Kreuzfahrtschiffen als Tipp für billige Inselrundfahrten gehandelt wurde, platzten die Busse förmlich aus allen Nähten. So sah sich die Busfirma gezwungen, für Rundfahrer der Linien 91 und 92 einen höheren Tarif einzuführen, der Gelegenheitsfahrer abschrecken soll (die Tageskarte für 10 £). Für kurze Abschnitte auf diesen Linien gilt aber weiterhin der übliche Bustarif.
Das Busfahren ist generell günstig; die einfache Fahrt kostet auf Guernsey 1,50 £, auf Jersey mit Karte 2,35 £ oder bar 2,80 £ (Stand: 2024). Auf Jersey ist Umsteigen inklusive (man muss nur beim Ticketkauf deutlich auf ein – nicht teureres – »transfer ticket« hinweisen), auf Guernsey muss bei Umstiegen ein neues Ticket gelöst werden.

Auf beiden Inseln kann im Bus ein einfaches (teureres) Ticket gekauft werden (auf Guernsey im Bus nur Kartenzahlung!). Für Vielfahrer lohnen sich Karten im Bankpassformat für mehrere Fahrten bzw. Tage (u. a. erhältlich bei den Büros der Busbetriebe, an den Flughäfen und Touristinfos):

- **Karten** für mehrere Fahrten **mit Guthaben** (AvanchiCard PAYG auf Jersey, Puffinpass Pay-As-You-Go auf Guernsey): Man kauft eine Karte mit einem bestimmten Guthaben (zzgl. 4 bzw. 5 £ Gebühr für die Karte), die man jederzeit aufladen kann. Jede Fahrt mit dieser Karte wird beim Fahrer gescannt (auch mehrere Personen pro Karte möglich); der Fahrpreis ist bis zu 50 % günstiger als der reguläre (2 £ auf Jersey, 1 £ auf Guernsey).
- **(Mehr)tageskarten**: auf Jersey »Discover Jersey Pass« genannte Tageskarte 9 £ und Wochenkarte 35 £, auf Guernsey Tageskarte 10 £ inkl. Inselrundfahrt mit Linie 91/92, Wochenkarte 25 £ zzgl. 4 £ Kartengebühr
- Die Busfirmen betreiben jeweils an den Hauptbushaltestellen Büros mit Info- und Verkaufsschaltern:
- **Jersey**: CT Plus Jersey Limited t/a LibertyBus, Liberation Station, St. Helier, Tel. +44 1534 828555, libertybus.je.
- **Guernsey**: CT Plus, Les Banques, St. Peter Port, Zrl. +44 1481 700456, buses.gg.

Der Busbahnhof Town Terminus liegt direkt am Hafen von Guernsey.

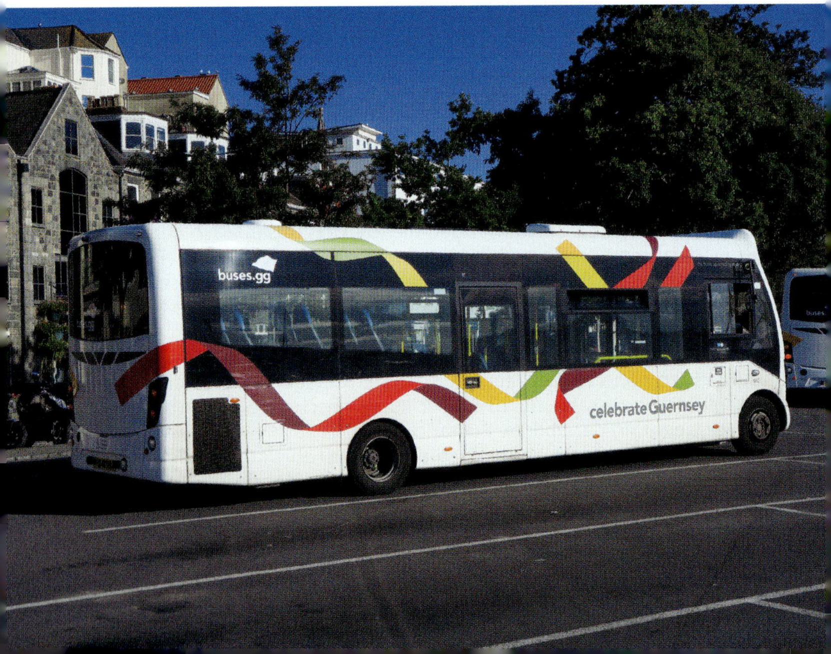

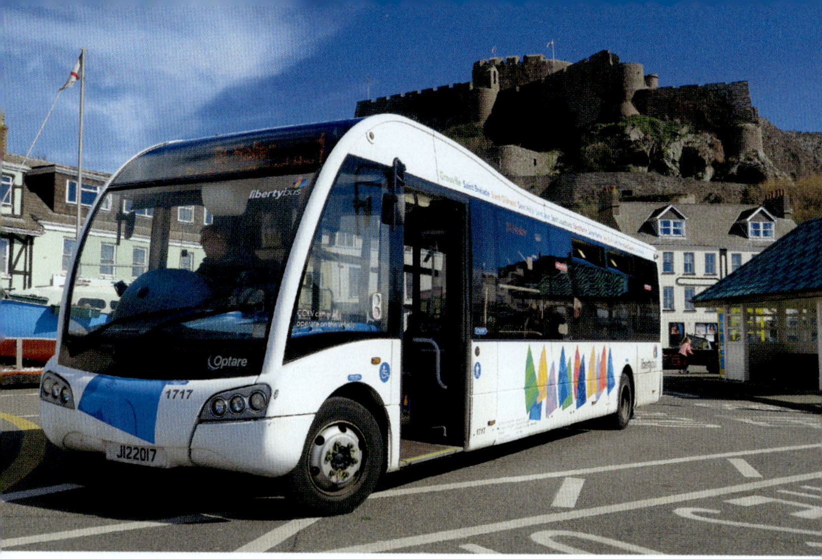

Jersey bietet gute Busverbindungen, auch ab Gorey.

Autofahren auf den Inseln

Abgesehen von der Gewöhnung an den Linksverkehr und die Geschwindigkeitsanzeige in »miles per hour« statt km/h (25 mph entsprechen etwa 40 km/h) müssen sich Autofahrer auf enge und kurvenreiche Straßen einstellen, die gelegentlich beidseitig von Hecken oder Mauern eingefasst sind.

Auf Jersey und Guernsey werden stellenweise Parkgebühren erhoben, die am einfachsten mit der App PayByPhone zu zahlen sind. Die damit korrespondierenden »locations codes« sind an den jeweiligen Parkplätzen angegeben. Auf manchen freien Parkplätzen gelten zeitliche Begrenzungen: Parkuhr/Parkscheibe bereit halten!

Währung

Die offizielle Währung ist zwar das britische Pfund (£), aber die Inseln Jersey und Guernsey geben jeweils eigene Banknoten heraus, die gegenseitig meistens anerkannt werden (aber nicht von allen Geschäften!), allerdings nicht im Rest Großbritanniens. Ein Rücktausch in Deutschland ist in der Regel nicht möglich. Banken auf den Kanalinseln wechseln die Banknoten in der Regel problemlos in »normale« britische Pfund um.

Allerdings kommt man auf den Kanalinseln (fast) überall auch ohne Bargeld gut zurecht, manchmal sogar ausschließlich (etwa in den Linienbussen auf Guernsey).

TOURISTISCHE INFORMATIONEN

Jede Insel hat ihre eigene touristische Anlaufstelle und Website:

Jersey
Visitor Information Jersey, Liberation Station, Esplanade, St. Helier, Jersey, Tel. +44 1534 859000, jersey.com

Guernsey
Guernsey Information Centre, North Esplanade, St. Peter Port, Guernsey, Tel. +44 1481 223552, visitguernsey.com

Herm
Herm Island (kein Touristbüro vor Ort), Administration Office, Tel. +44 1481 750000, herm.com

Sark
Sark Visitor Centre, The Avenue, Sark, Tel. +44 1481 832345, sark.co.uk

Alderney
Visit Alderney, 51 Victoria Street, Saint Anne, Alderney
Tel. +44 1481 822333, visitalderney.com

Denken Sie bei der Anreise an einen gültigen Reisepass – seit dem Austritt Großbritanniens aus der EU obligatorisch!

Informative Internet-Adressen

jerseyheritage.org – Website des Jersey Heritage zu zwölf bedeutenden Sehenswürdigkeiten auf Jersey und mit weiteren Infos
museums.gov.gg – Museen und andere Sehenswürdigkeiten auf Guernsey

Vor Herm liegen mehrere unbewohnte Inseln wie Jethou.

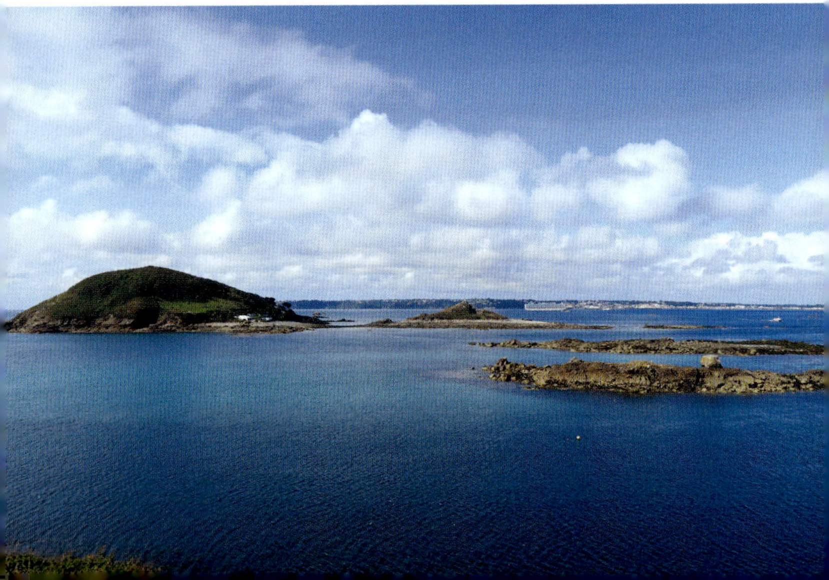

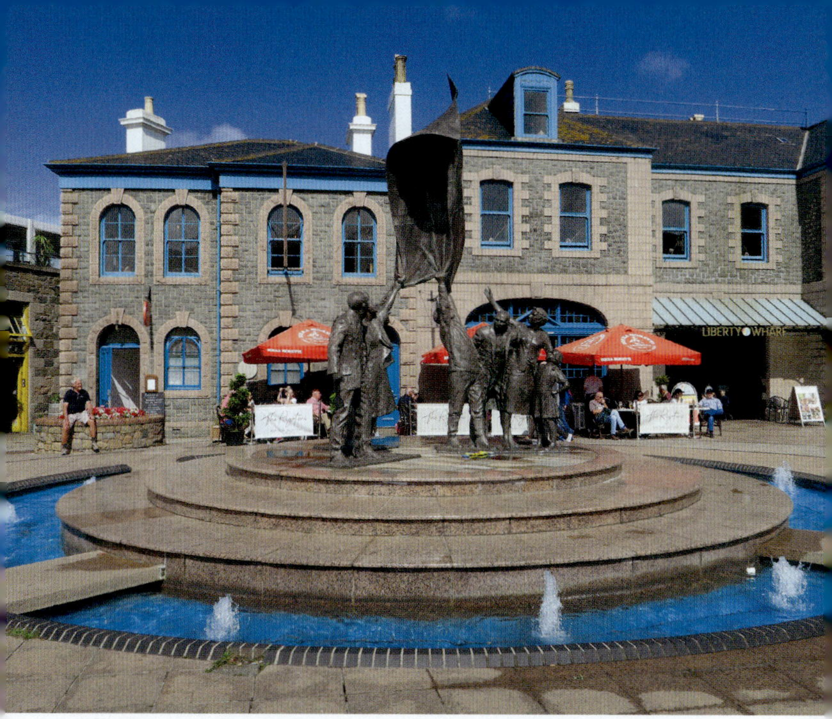

Oben: Ein Denkmal vor Liberty Wharf in St. Helier erinnert an die Befreiung 1945.
Folgende Seite: Im Churchill-Park von St. Brelade rauscht ein Wasserfall abwärts.

gov.je: offizielle Seite zu Jersey mit vielen praktischen Infos, z. B. zu Natur und Umwelt, zum Parken, Wetter- und Gezeitenvorhersage (Letzteres unter »weather«)
gov.gg: offizielle Seite zu Guernsey mit vielen praktischen Infos, z. B. zu Natur und Umwelt, zu Straßenbauarbeiten, Wetter- und Gezeitenvorhersage
tide-forecast.com > Jersey, Gezeitenvorhersage für die nächsten 30 Tage
theislandwiki.org: Jerripedia – ein informaties Online-Nachschlagewerk zu den Inseln in Wikipedia-Manier
Diejenigen, die sich gerne mit Google Street View vorab ein Bild von ihrem Urlaubsziel machen wollen, gehen auf Guernsey großteils leer aus: Nach Protesten und tätlichen Übergriffen auf Kamerawagen von Google Street View in den Jahren 2010 und 2011 beendeten lokale Behörden die Aufzeichnungen des Internetkonzerns, sodass bis heute bei Googlemaps keine originalen Street View-Fotos von Google erscheinen, sondern nur von privaten Nutzern eingestellte.

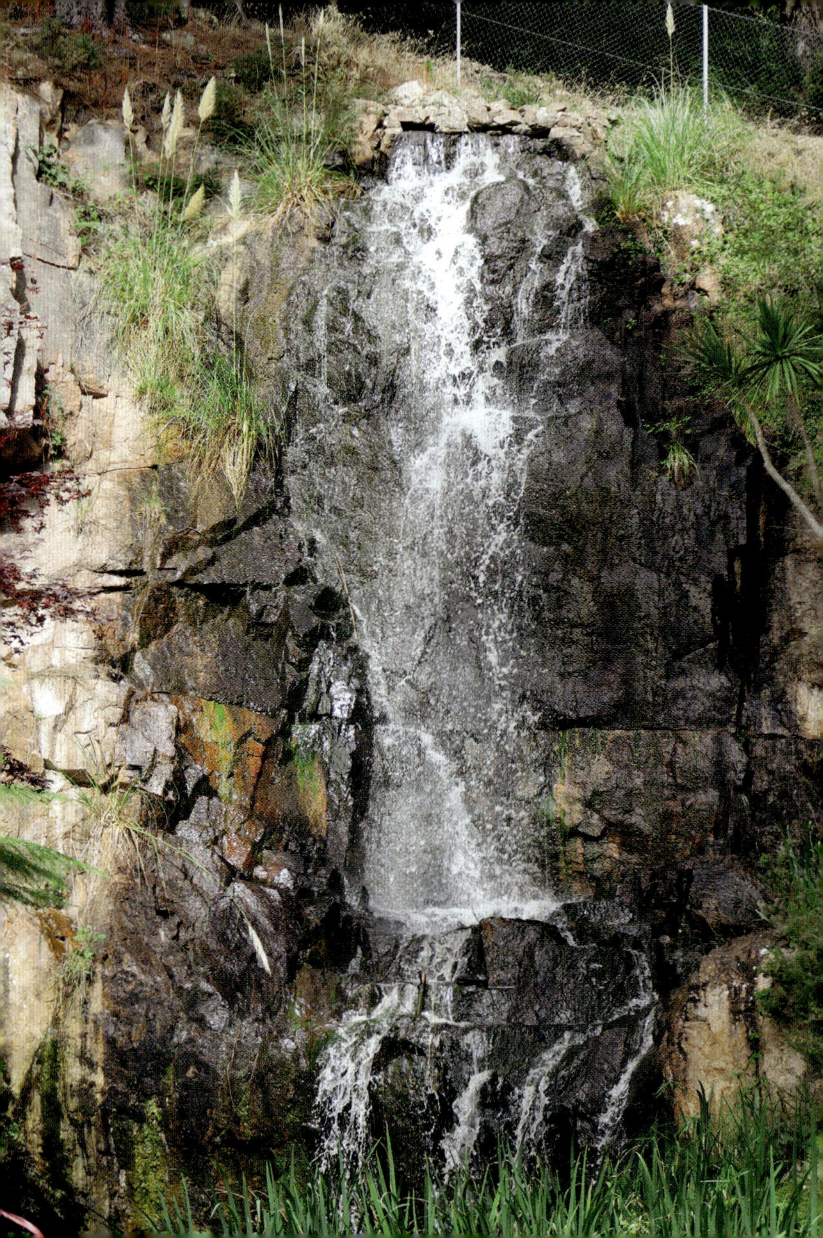

Literatur und Karten

Wanderkarten

Vor Ort sind mit Ausnahme von Herm zu allen Inseln gratis Karten erhältlich, die zusammen mit den Beschreibungen dieses Buches sowie Tracks oder/und einer Karten-App ausreichen, aber natürlich keine topographische Karten ersetzen, da z. B. Höhenlinien fehlen. Allerdings gibt es wegen des Digitaltrends kaum noch aktuelle (gedruckte) Karten.
Gratis-Karten, erhältlich bei Touristbüros, an Flughafen, Häfen und Verkaufsschaltern für Schifffahrten:

- **Jersey: Visitor Map – Cycling & Walking**, Maßstab offiziell 1:23.000, tatsächlich ca. 1:28.000, jährlich neu, mit besonderer Kennzeichnung der Green Lanes, auf der Rückseite Detailkarten zu der Nordküste und St. Helier
- **Guernsey: Essential Guernsey**, Maßstab 1:30.000, jährlich neu, auf der Rückseite Detailkarte St. Peter Port
- **Alderney: Offizielle Landkarte** (deutsche Ausgabe), Maßstab ca. 1:11.000, mit Detailskizze zu St. Anne, auf der Rückseite deutschsprachige Beschreibungen der Sehenswürdigkeiten
- **Sark: Isle of Sark**, Maßstab ca. 1:15.000
- **Herm**: eher skizzenartiger Plan im A4-Format, Maßstab ca. 1:15.000 (geringe Gebühr)

Karten im Buchhandel

- **Imray Laurie Norie & Wilson: Chart C33A: Channel Islands (North)**, zwischen 1:9000 und 1:50.000 variierende Maßstäbe, ISBN 978-1846238505
- **Ordnance Survey: Jersey Official Leisure Map**, 1:25.000, ISBN 978-0955934131 (8,50 £ bei shop.ordnancesurvey.co.uk)
- **Ordnance Survey: Map of The Bailiwick of Guernsey**, 1:15.000, ISBN 978-0955934117 (8,50 £ bei shop.ordnancesurvey.co.uk)

GPS-TRACKS UND KOORDINATEN DER AUSGANGSPUNKTE

Auf **gps.rother.de** stehen zu diesem Wanderführer GPS-Tracks und die Koordinaten der Ausgangspunkte zum kostenlosen Download bereit. Dieser QR-Code führt direkt zum Download.
1. Auflage, Passwort: **475001zLt**
Die GPS-Tracks können in die **Rother App** importiert werden. In der App kann man unterwegs stets sehen, wo man gerade ist und wo es langgeht. **Anleitungen dazu: rother.de/gps**
Trotz sorgfältiger Prüfung können wir Fehler und zwischenzeitliche Veränderungen nicht ausschließen. Verlassen Sie sich für die Orientierung niemals einzig und allein auf die GPS-Daten, sondern beurteilen Sie die Verhältnisse vor Ort.

SPORT- UND FREIZEITANGEBOTE

Organisierte Reisen

Pauschale Wanderreisen mit Übernachtung

Mehrere Veranstalter bieten von deutschsprachigen Ländern aus organisierte Wanderreisen auf den Kanalinseln an, wobei überwiegend in Gruppen gewandert und in Hotels auf den Inseln übernachtet wird. Beispiele:
Wikinger Reisen: geführte Gruppenwanderungen als einwöchige Wanderreise auf Jersey oder zweiwöchige Reise auf Guernsey und Jersey, wikinger.de
Abenteuerwege: individuelle Wanderreisepakete auf Jersey und/oder Guernsey, abenteuerwege.de

Geführte thematische Touren auf den Inseln:

Besatzungsgeschichte: History alive – Jersey Military Tours (historyalive.je) oder Jersey War Tours (jerseybunkertours.com).
Watt- und Strandwanderungen tags und nachts, Letzteres mit einem »Full-Moon-Walk« zum Seymour Tower. Mitinhaberin Trudie stammt aus Deutschland und ist Reiseführer-Autorin zu den Kanalinseln (jerseywalkadventures.co.uk).

Radfahren

Radfahrer finden auf den Inseln ausreichende Möglichkeiten, wenn man die Touren gut plant. Auf Jersey und Guernsey kann vom Radfahren auf den stark befahrenen und oft schmalen und stellenweise schwer einsehba-

Die »Corsaire de Serq« verbindet mehrmals täglich Sark mit Guernsey (Tour 37).

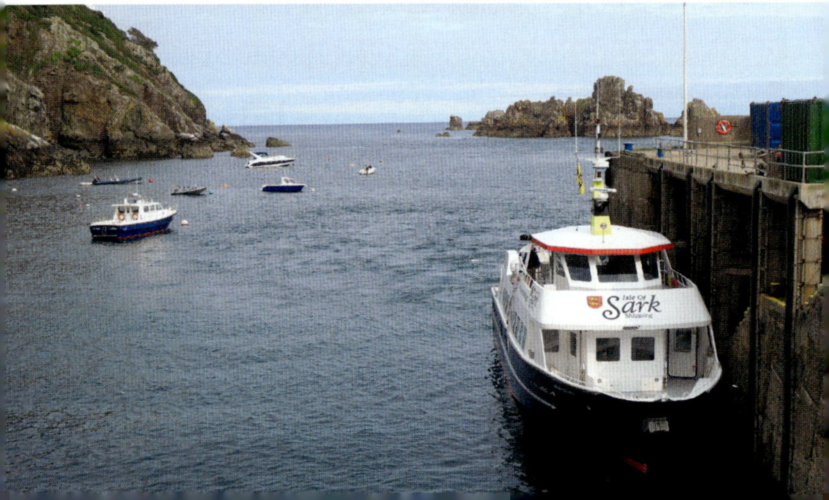

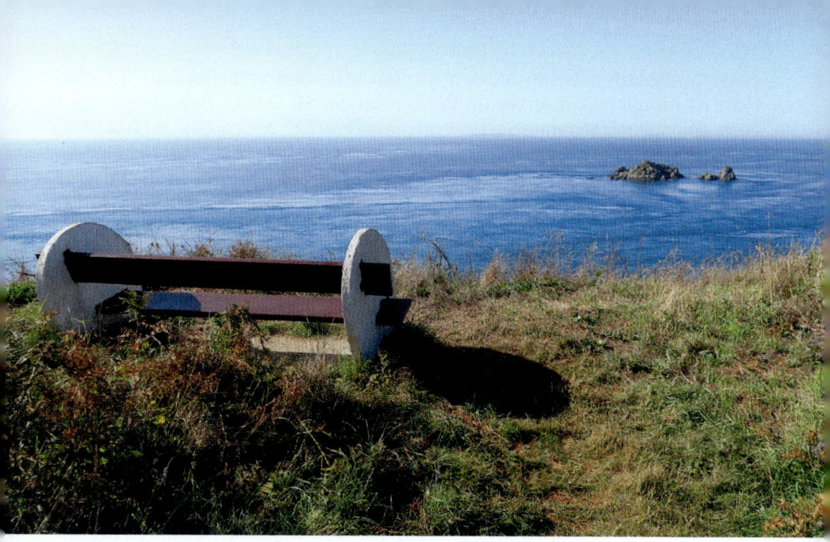
Diese Bank bietet einen Meerblick vom Süden Alderneys (Tour 38).

ren Hauptstraßen nur abgeraten werden. Ideal zum Radeln sind die beinahe flächendeckend vorhandenen Nebenstraßen: auf Jersey die Green Lanes und auf Guernsey die Ruettes Tranquilles. Dort haben Radfahrer und Fußgänger Vorrang gegenüber Autos, welche dort nur 15 mph fahren dürfen. Die drei anderen Inseln sind wegen des sehr spärlichen Verkehrs ideal zum Radeln, allerdings ist man auch schnell durch.
Eine beliebte Radstrecke auf Jersey, der Corbiere Walk (Tour 15) führt im Südwesten der Insel über die ehemalige Bahntrasse zwischen St. Aubin und dem Corbiere Point.
Radvermieter gibt es auf allen Inseln außer Herm; die Radmiete beginnt bei etwa 15 £ pro Tag.

Wassersport

Die Inseln bieten zahlreiche Strände, von denen einige allerdings nur bei Niedrigwasser zugänglich sind, etwa die Plémont Bay auf Jersey. Dadurch bieten sich unterwegs zahlreiche Möglichkeiten zum Abkühlen. Man muss es dann ja nicht gleich so ehrgeizig angehen wie beim Round Jersey swim, bei dem die besten Langstreckenschwimmer die Insel in rund 10 Stunden umrunden!
Generell sollten beim Baden im Meer die infolge des starken Tidenhubs starken Strömungen beachtet werden, insbesondere bei ablaufendem Wasser.
Ansonsten bieten die Strände viele Möglichkeiten für Wassersportler; Surf-

oder Kiteboards werden an den großen Stränden verliehen, auch Unterricht ist möglich: Auf Jersey im Westen an der St. Quen's Bay (thesurfyard.com, splashsurf.uk, laneezjersey.com, jerseysurfschool.co.uk), auf Guernsey im Norden an der Vazon Bay (guernseysurfschool.co.uk).
Tauchsport: Für Freunde der Unterwasser-Perspektive gibt es Tauchschulen auf den beiden Hauptinseln, jeweils an der Nordküste: in Guernsey an der L'Ancresse Bay (donkey-divers.com), in Jersey an der Bouley Bay (scubadivingjersey.com).

Parks/Gärten

Jersey Zoo: Auf dem Gelände des Augre's Manor gründete der bekannte Zoologe und Tierschriftsteller Gerrald Durrel 1958 einen Wildlife Park, der später umgetauft wurde. Der Fokus liegt auf der Förderung seltener und gefährdeter Tiere. Daher stehen viele der 130 Arten des Zoos weit oben auf der Roten Liste vom Aussterben bedrohter Tierarten. durrell.org/visit-jersey-zoo
Saumarez Park auf Guernsey (Tour 29): Der größte Park der Insel wurde im 19. Jh. vom weitgereisten Baron James Saumarez angelegt. Höhepunkte sind ein japanischer Garten und Pavillon, Rosengarten, Kamelien-Park, ein Bambus-Pfad sowie der Victorian Walled Kitchen Garden, ein im Stil des 19. Jhs. wiederhergestellter Gemüsegarten. nationaltrust.gg/places/folk-costume-museum

Der Japanische Pavillon im Saumarez Park wurde 2021 grundlegend saniert.

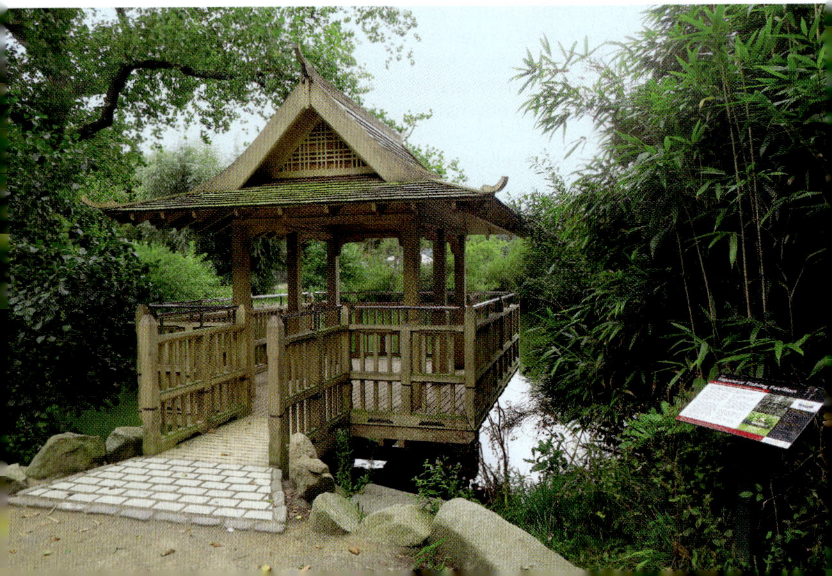

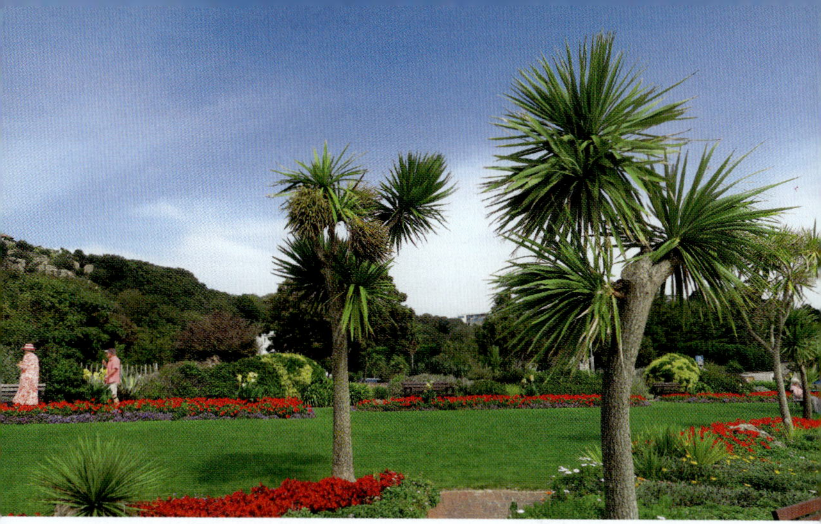

Der Churchill-Park ist eine öffentliche Grünanlage im Süden Jerseys.

Sausmarez Manor auf Guernsey (Tour 34): Das Das Guthaus bei St. Martin im Südosten von Guernsey ist bekannt für seinen subtropischen Garten mit dem 1998 eröffneten Skulpturenpark mit rund 200 Kunstwerken. sausmarezmanor.co.uk

Museen

Die Kanalinseln bieten zahlreiche Museen, von denen sich rund die Hälfte der strategisch wichtigen Lage und Geschichte entsprechend mit militärischen Inhalten bzw. Verteidigungsanlagen befasst, ein gutes Drittel dokumentiert auch die Zeit der deutschen Besatzung.

Jersey

Jersey Museum, Art Gallery & Victorian House (Tour 20): Das Jersey Museum in St. Helier dokumentiert im frei zugänglichen Erdgeschoss die Inselgeschichte und veranschaulicht die Gesteine des (angestrebten) Geoparks Jersey. Weitere Ausstellungen thematisieren Fischerei, Schifffahrt, Ernährung und Sklavenhandel. Ein viktorianisches Haus mit Kunstwerken erzählt eine tragische Familiengeschichte zur damaligen Zeit. jerseyheritage.org > Jersey Museum.

Maritime Museum & Occupation Tapestry Gallery (Tour 20): Am Hafen in St. Helier veranschaulicht das Schifffahrtsmuseum die Geschichte der Seefahrt auf den Kanalinseln. Höhepunkte sind historische Schiffe im Museumshafen sowie ein 13-teiliges gewebtes Wandgemälde von Insulanern aus der Zeit der deutschen Besatzung. jerseyheritage.org > Maritime Museum

16 New Street Georgian House (Tour 20): Das vom National Trust restaurierte 16 New Street Georgian House gegenüber der St. Pauls Church in St. Helier entführt in die Pracht und Eleganz eines georgianischen Stadthauses um 1800, nationaltrust.je > 16 New Street Georgian House. nationaltrust.je > 16 New Street Georgian House

Elizabeth Castle (Tour 21): Die Burganlage beschützt seit dem 16. Jh. den Hafen von St. Helier auf einer Gezeiteninsel. Elizabeth Castle ist mit »Ferry« genannten Amphibienfahrzeugen oder bei Niedrigwasser zu Fuß erreichbar und bietet tolle Hafen- und Stadtblicke. Die Gemäuer und Ausstellungen erzählen die Militär- und damit Inselgeschichte. jerseyheritage.org > Elizabeth Castle

Mont Orgueil Castle (Touren 6 und 7): Die oberhalb von Gorey an der Ostküste gelegene Burg Mont Orgueil geht auf das 14. Jh. zurück und diente u.a. als Gefängnis, Gouverneurs-Amtssitz, Exilort französischer Aristokraten nach der Revolution sowie um 1600 als Sitz der Inselverwaltung. Die vielen Räumlichkeiten mit Ausstellungen erzählen die wechselvolle Geschichte. Ein Höhepunkt ist die Aussicht von oben. jerseyheritage.org > Mont Orgueil Castle

Jersey War Tunnels (Tour 18): Dieses Tunnelsystem im Inselinnern vermittelt einen eindrucksvollen, aber auch beklemmenden Eindruck unter Tage vom Zweiten Weltkrieg. Denn 5000 Zwangsarbeiter mussten für die deutschen Besatzer dieses bis zu 50 m tiefe unterirdische Labyrinth aus insgesamt rund 1 km langen Tunneln anlegen – geplant als Schutzbunker, aber 1943 umgewidmet in ein Lazarett. jerseywartunnels.com

Graues Bunkerambiente bietet das Channel Islands Military Museum.

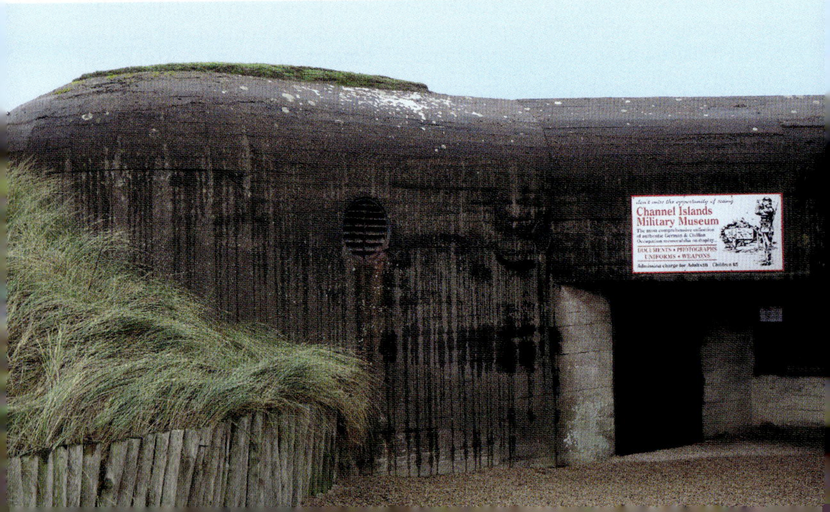

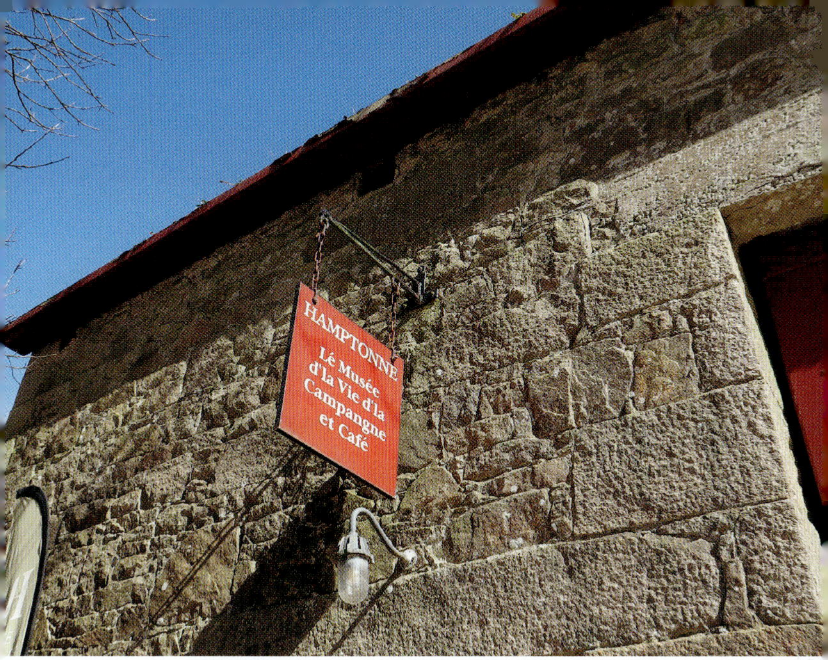

Auf Jersey dokumentiert das Hamptonne Country Life Museum das Landleben.

Channel Islands Military Museum (Touren 2 und 13): In einem eher unscheinbaren Schutzbunker an der Westküste erzählen militärische und zivile Exponate die Geschichte der fünf Jahre währenden deutschen Besatzung.

Hamptonne Country Life Museum (Tour 19): Auf einem Hofgebäude in der Inselmitte aus dem 15. Jh. veranschaulichen mehrere Gebäude und Originalgeräte das von der Landwirtschaft geprägte ländliche Leben der letzten Jahrhunderte. jerseyheritage.org > Hamptonne Country Life Museum

La Hougue Bie: Diese zwischen St. Helier und Gorey gelegene Megalithanlage entführt in die Jungsteinzeit. Ein 11 m langer Gang führt in eine 9 m lange und fast 2 m hohe Kammer unter einem 14 m hohen Steinhügel mit darauf zwei Kapellen und weitem Ausblick. Gezeigt werden außerdem die Ausstellung »Searching for Jersey's Celts«, ein rekonstruiertes jungsteinzeitliches Langhaus sowie ein rund 5500 Jahre jüngerer deutscher Kommandobunker. Der eigene Anspruch der Ausstellung, »eines der zehn ältesten Gebäude der Welt« zu zeigen, ist nicht allzu ernst zu nehmen bzw. hängt vor allem von der Definition eines Gebäudes ab. jerseyheritage.org > La Hougue Bie Museum

Guernsey

Guernsey Museum (Tour 35): Am Candie Garden zeigt das Guernsey Museum Ausstellungen zur Inselgeschichte und Archäologie. museums.gov.gg > Guernsey Museum at Candie

Castle Cornet (Tour 35): Die vor dem Hafen von St. Peter Port gelegene Burganlage diente 800 Jahre lang dem Schutz des Hafens. Heute infomieren Ausstellungen über Inselgeschichte, Militärwesen und Seefahrt. museums.gov.gg > Castle Cornet

Folk & Costume Museum im Saumarez-Park (Tour 29): Im Saumarez Park veranschaulicht der National Trust of Guernsey den Alltag der Inselbewohner in den letzten 250 Jahren mit alten Textilien und anderen Gebrauchsgegenständen. nationaltrust.gg/places/folk-costume-museum

German Occupation Museum (Tour 23): Das Museum informiert mit zahlreichen Originalexponaten über die deutsche Besatzung und dokumentiert dabei den Alltag der Insulaner im Zweiten Weltkrieg. germanoccupationmuseum.co.uk

La Vallette Underground Museum (Tour 22): In den Tunneln eines ehemaligen Treibstoffspeichers für deutsche U-Boote zeigt dieses Museum allerlei Kriegsgerät aus den beiden Weltkriegen. lavalette.tk

Victor Hugo House (Tour 35): Das äußerlich modernisierte ehemalige Wohnhaus des franözischen Schriftstellers Victor Hugo kann (mit Führungen) besichtigt werden. Während seiner 15 Exiljahre auf Guernsey richtete

Das Guernsey Museum gibt einen geschichtlichen Überblick.

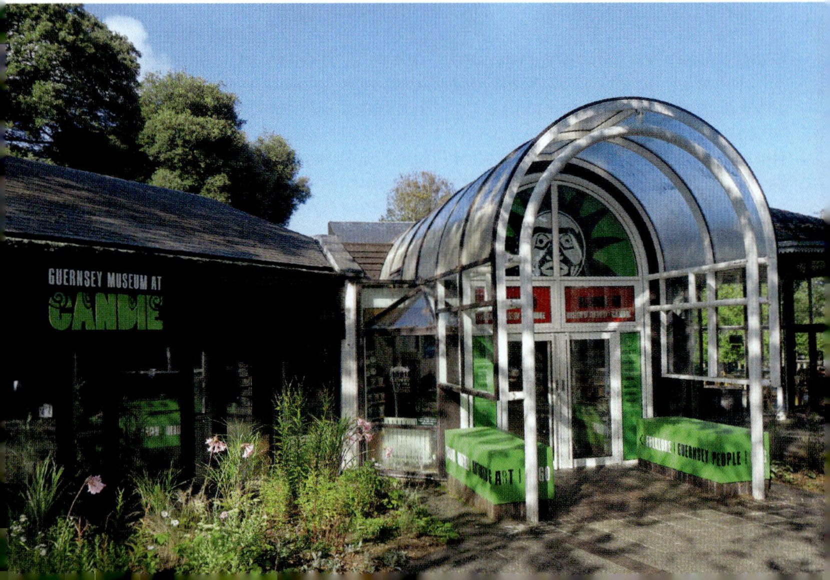

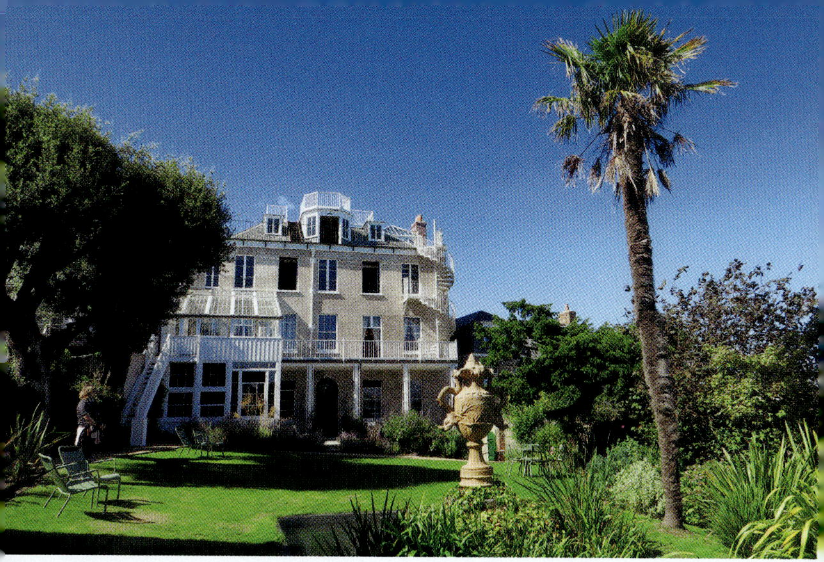

Oben: Das Victor Hugo House zeigt, wie der französische Schriftsteller im Exil lebte. Folgende Doppelseite: Zwischen Greve De Lecq und Devil's Hole fällt die Küste Jerseys steil ab.

Vigo das Haus selbst ein. Sehenswert ist auch der Garten. maisonsvictorhugo.paris.fr > Guernsey

Shipwreck Museum Fort Grey (Touren 24, 25): An der für Schiffsstrandungen berüchtigten Westküste zeigt dieses Museum in einer alter Festung aus napoleonischer Zeit Reste von Schiffswracks. museums.gov.gg > Fort Grey

German Underground Hospital (nahe Tour 30): Dieses riesige unterirdische Labyrinth von Tunneln war ursprünglich als Soldatenunterkunft geplant und wurde später in ein Lazarett umgewandelt. Der aus zwei »Hohlgangsanlagen« bestehende Komplex kann besichtigt werden. germanundergroundhospital.co.uk

Sausmarez Manor (nahe Tour 34): Das auf das Mittelalter zurückgehende Manor House kann mit Führungen besichtigt werden (ein- bis zweimal täglich), die Subtropical Gardens mit Skulpturenpark sind durchgehend täglich geöffnet. sausmarezmanor.co.uk

German Naval Signals HQ (nahe Tour 35): Das im oberen Stadtteil von St. Peter Port gelegene Collinett-Hotel wurde zur Zeit der deutschen Besatzung als Funk-Hauptquartier genutzt, wobei die legendäre Enigma-Codiermaschine genutzt wurde. Die unterirdischen original ausgestatteten Räumlichkeiten können besichtigt werden. museums.gov.gg/GNSHQ

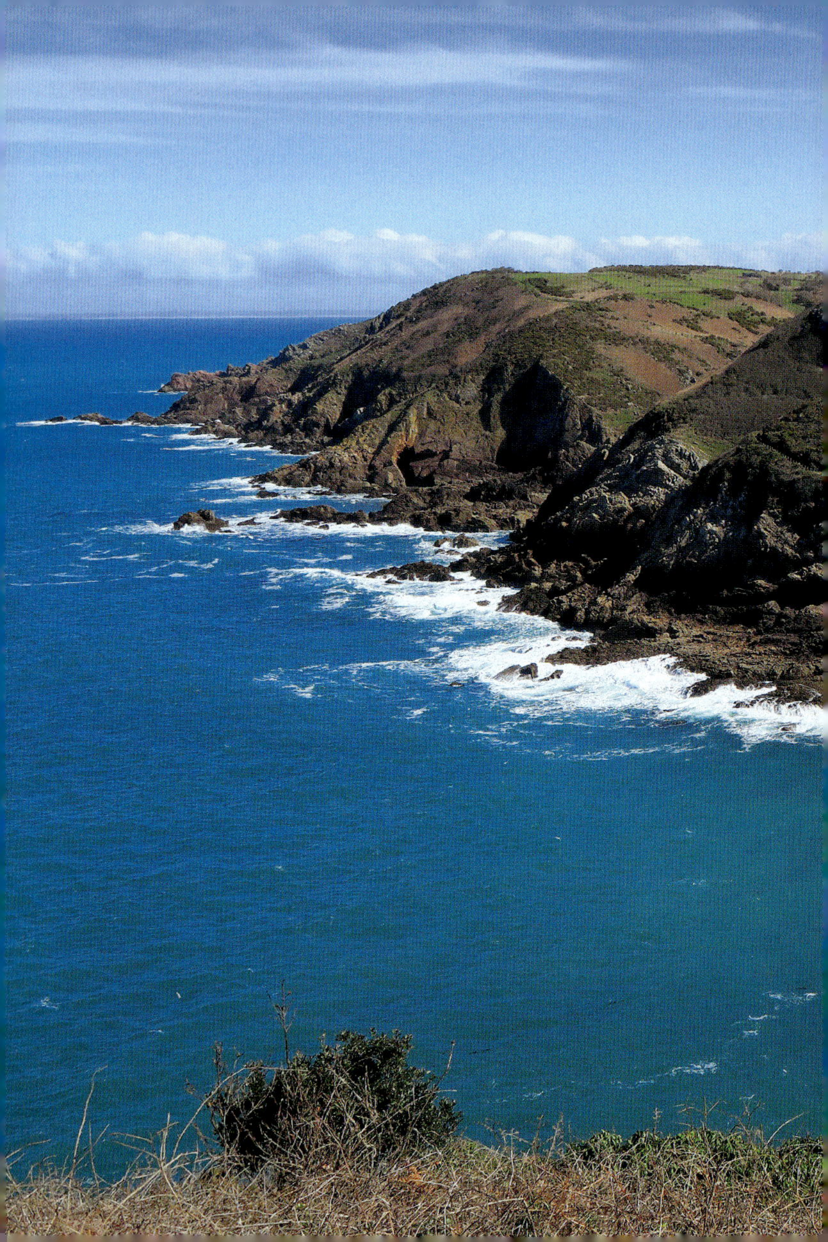

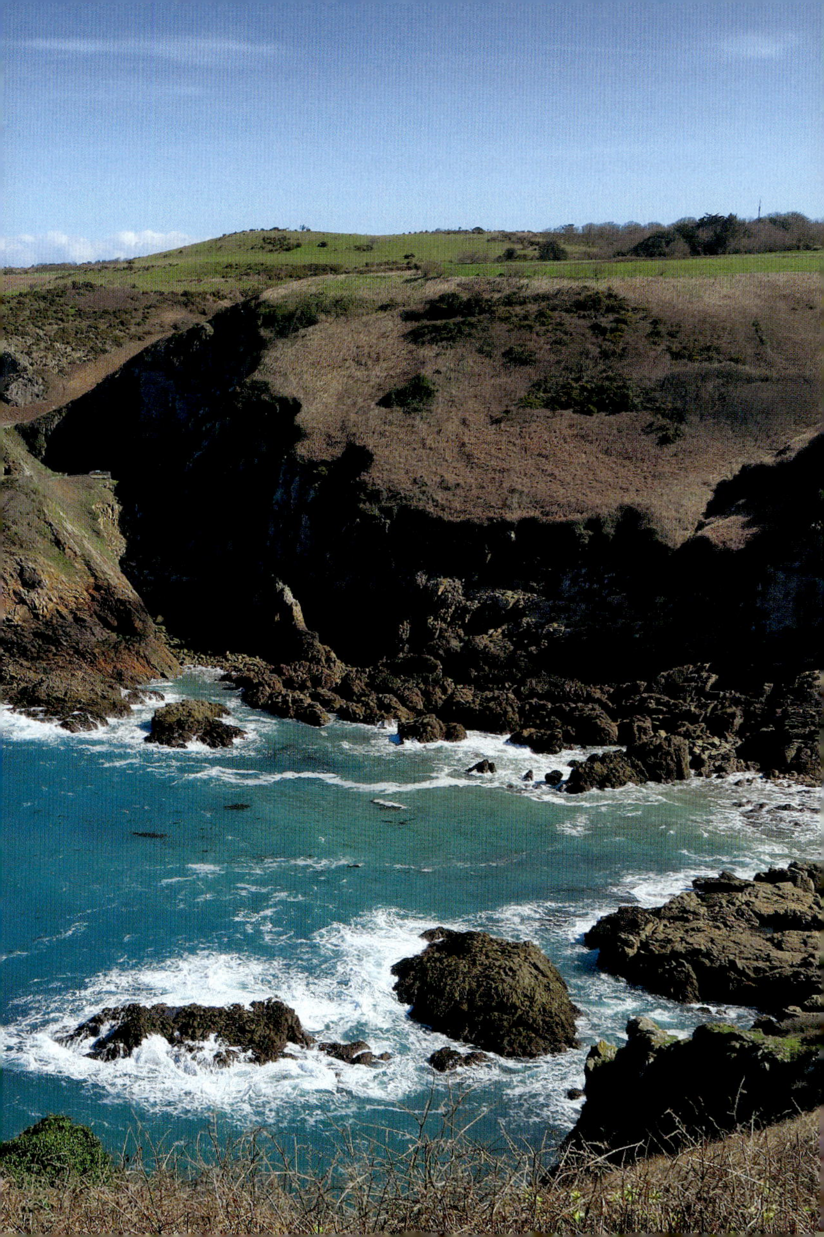

↗ 200 m | ↘ 200 m | 12,5 km

1 Coastal Path 1: Saint Helier – Saint Brelade

4.00 h

Küstenwanderung im Süden von Jersey

Die St. Aubin's Bay bietet mit langem Strand und Uferpromenade den ersten Abschnitt dieser Küstenwanderung. Blickfänger in der Bucht sind zwei Gezeiteninseln mit Burgen, die zum Schutz der Häfen erbaut wurden: Elizabeth Castle vor St. Helier und das St. Aubins Fort, beide bei Niedrigwasser zu Fuß erreichbar. Nach dem Fischerdorf St. Aubin, einst der wichtigste Hafen der Insel, erwartet uns die Halbinsel Noirmont Point mit felsiger Kliffküste und Kommandobunker aus dem Zweiten Weltkrieg. Am Ende führen wahlweise der Strand oder die Uferpromenade entlang der Brelade's Bay zum Ziel.

Ausgangspunkt: Kleiner Park Les Jardins de la Mer mit Brunnen bei gleichnamigem Parkplatz am Beginn des Dammes zum Elizabeth Castle (Navi: Les Jardins, Esplanade, Saint Helier JE2 3QA).
Endpunkt: St. Brelade mit Woodford-Parkplatz am Churchill Park (Navi: La Route de la Baie, Jersey JE3 8EF).
ÖPNV: Bushaltestelle Westpark Slipway am Anfangs- und St. Brelades Bay am Endpunkt. Zwischen beiden verkehrt Buslinie 12A je nach Jahreszeit und Wochentag stündlich bis halbstündlich, im Sommerhalbjahr außerdem Linie 14. Linie 12A hält unterwegs auch beim Portelet Inn zwischen ❹ und ❺, beide Linien sowie weitere auch in St. Aubin, libertybus.je.
Anforderungen: Leichte Wanderung über Uferpromenaden oder Strand sowie Kliffwege. Vor ❻ nach dem Abstieg bei Hochwasser (Wasserstand über 10 m) kurze Kletterei über Felsen nötig (Umgehung auf Straße möglich).
Markierung: Stellenweise Wegweiser sowie Pfähle mit grüner Wanderwegmarkierung.
Einkehr: Einkehrgelegenheit am Start und Ziel sowie bei ❷ und ❻.
Varianten: 1. Abstecher zu Fort St. Aubin (2 x 500 m): In St. Aubin ❷ ist bei Niedrigwasser das Fort über einen Dammweg ab dem Parkplatz südlich des Hafens neben dem Jacht-Club erreichbar.
2. Schleife um den Südwestzipfel der Halbinsel Normoint Point bei Portelet Common (1 km): ab ❺ bei der Gabelung links und kurz danach vorbei an einem grünen Metallgatter. Nach 5 Minuten bei x-förmiger Kreuzung mit Gatter links und danach in einer Schleife rechts haltend um die südliche Landspitze. Nach 500 m bei der bekannten x-förmigen Kreuzung halb links auf Klippenweg zum beschriebenen Abstieg nach Quaisne bei der Höhle La Cotte de St. Brelade.
3. Vermeiden der Steigung über den Felsriegel in der St. Brelades Bay (nur bis zu 3 Stunden vor und nach Niedrigwasser): vor dem Felsriegel links abwärts zum Strand, auf dem trockenen Meerboden links um den Felsriegel herum und dahinter wieder zur Promenade – oder weiter entlang dem Strand zum Ziel.
Kombi-Tipp: Küstentour 2 weiter westwärts sowie Rundwanderungen Tour 21 in St. Helier am Startpunkt, Tour 17 bei Noirmont Point und Tour 16 am Endpunkt.
Tipps: Sehenswürdigkeiten in St. Helier, bei ❸ Kommandobunker der früheren Festung Lothringen (in Sommersaison zu besichtigen), in St. Brelade Churchill-Park oberhalb am Parkplatz sowie mit kleinem Abstecher Brelades Church.

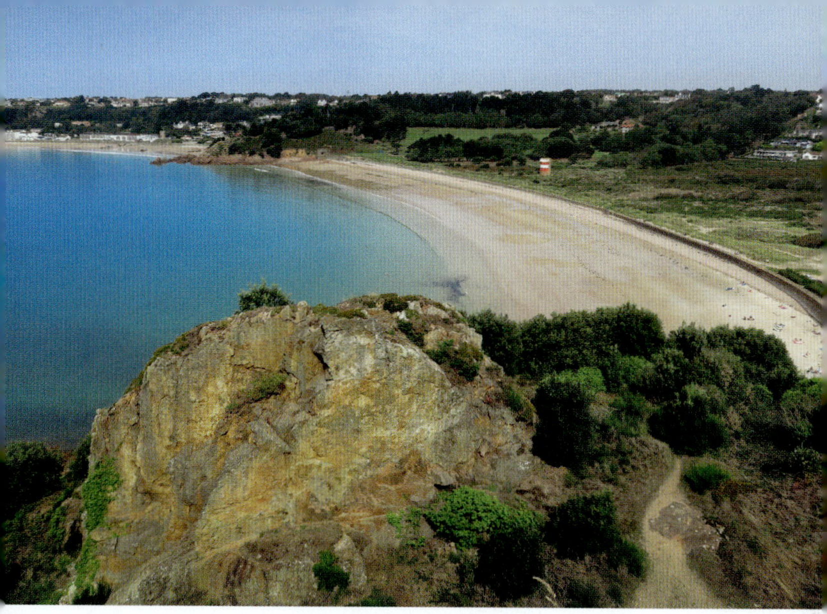

Quaisne Bay bietet einen geschützten großen Sandstrand.

Der kleine Park Les Jardins de la Mer liegt an der Uferpromenade am Nordwestrand des Hafens von **St. Helier** ❶, dort wo der Dammweg zur Gezeiteninsel mit dem Elizabeth Castle ins Meer führt. Der erste Teil der Tour führt entlang der Promenade zwischen der Straße und dem langgestreckten Strand der St. Aubin's Bay, von 1870 bis 1936 Strecke einer Bahnline zwischen St. Helier und der Südostspitze Jerseys.
Bei Niedrigwasser lässt es sich ruhiger – weil abseits der Straße – unten am Strand gehen. Das nächste Zwischenziel liegt am anderen (westlichen) Ende der Bucht: **St. Aubin** ❷, früher das Fischerei- und Handelszentrum der Insel. Die Promenade führt direkt an dessen Hafen heran, vom Strand führen am Ortsanfang Stufen herauf. In St. Aubin umgehen wir den Hafen rechtsseitig – früher der größte von Jersey, bis 1840 der Fähranleger in St. Helier zum jetzigen Haupthafen Jerseys ausgebaut wurde.

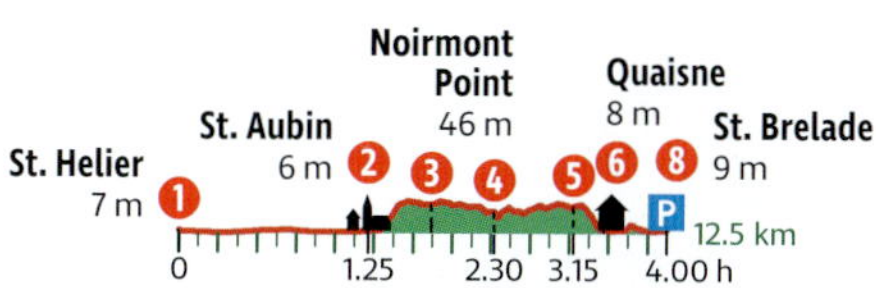

Am Südende des Hafens folgen wir der Straße vor dem Royal Channel Islands Yacht Club durch die Rechtskurve – mit dem Rücken zum Beginn des Dammwegs zum Fort St. Aubin. Nach einer weiteren Rechtskurve geradeaus aufwärts (Tempo 15) auf der Green Lane zwischen Mauern (Mont es Tours), bei einer Zufahrt durch die scharfe Linkskurve und weiter aufwärts. Die Straße endet bei der Zufahrtsstraße zur Halbinsel Normoint Point, der wir links folgen, links vorbei an der **Chestnut Farm** ❸ u.a. mit Pferden, Eseln und Ziegen. Nach einer querenden Straße halb links in den Waldpfad (Holzschild »Footpath« und grün-gelbe Markierung). Bei Abzweigungen halten wir uns links und gelangen nach längerer Passage rechts neben einem Zaun auf den südwärts führenden Kliffweg. Die ersten Bunkeranlagen kündigen die einst militärisch stark befestigte Südspitze der Halbinsel an, ehe wir bei **Noirmont Point** ❹ die aussichtsreiche **Battery Lothringen** aus dem Zweiten Weltkrieg erreichen, unter anderem mit zu besichtigendem Kommandobunker, Marinepeilstand und Munitionsmagazin.

Vom Parkplatz folgen wir zunächst der Zufahrtsstraße 150 m nordwärts und zweigen dann links in den Fußweg mit dem Schlagbaum, der oberhalb des Kliffs entlangführt. Nach 5 Minuten lohnt sich in der Rechtskurve ein Abstecher nach links zu einem schönen Panoramapunkt mit Bank. Der Weg führt nordwärts zum Portelet Inn, wo wir bei einem Parkplatz mit Bushaltestelle links in die Portelet Lane abzweigen, links vorbei am Inn. Gegenüber der Einkehrgelegenheit zweigt links der Zuweg zum Portelet Beach ab.

Weiter entlang der Privatstraße und rechts haltend an einem Metallgatter mit Wegweiser »Footpath« vorbei. Bei der folgenden Abzweigung rechts, rechts an der modernen Wohnanlage vorbei und am Ende links in die von

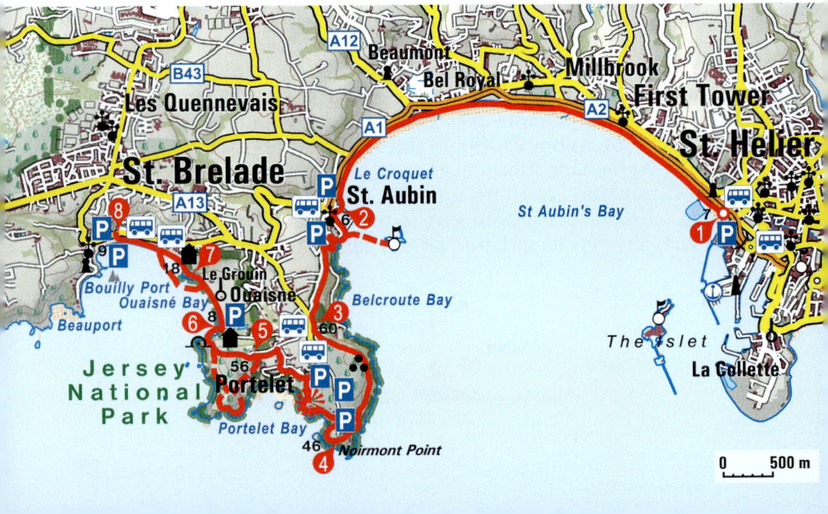

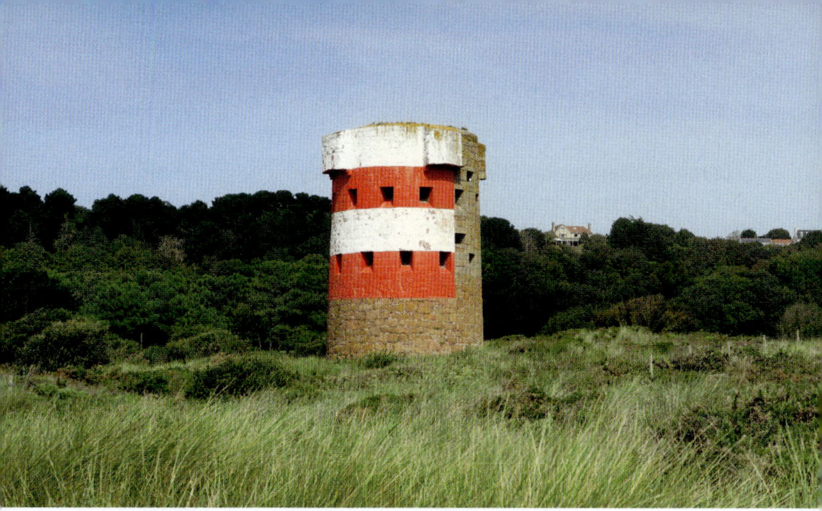

Der Quaisne Tower aus napoleonischer Zeit dient heute als Seezeichen.

einer Mauer gesäumte Le Chemin de Portelet. Die Straße endet bei einem Parkplatz von **Portelet Common** ❺. Dort rechts haltend weiter Richtung St. Brelade's Bay. Der Weg führt an die St. Brelade's Bay heran, in die schließlich ein kleiner kurviger Pfad steil hinabführt (Schild »Footpath to Quaisné«). Links vor dem Abstieg liegt die Höhle **La Cotte de St. Brelade**. Archäologen haben hier mehr als 200.000 steinzeitliche Fundstücke ausgegraben. Die Funde lassen darauf schließen, dass vor rund 250.000 Jahren Neandertaler in dieser Region gelebt haben.

Unten muss ein schmaler Streifen mit Felsen und Steinen gequert werden, um danach auf dem Sand rechts Richtung Strandaufgang zu gehen – bei Hochwasser balancieren wir alternativ auf den Steinen nach rechts. Ab dem Strandaufgang bei **Quaisne** ❻ mit Einkehrgelegenheit, WC und Parkplatz geht es oberhalb der von den deutschen Besatzern errichteten Panzerabwehrmauer entlang der Bucht, links vorbei am Quaisne Tower. Der 1780 errichtete Turm erhielt die rot-weiße Farbgebung erst in jüngerer Zeit zu Navigationszwecken für die Schifffahrt. Was Banknoten angeht, ist er der am höchsten bewertete Turm Jerseys und ziert die Rückseite der 50-£-Note.

Der Küstenweg steigt zur Überwindung des Felsriegels **Le Grouin** ❼ an, der alternativ bei Niedrigwasser auch links umgangen werden kann. Nach dem Abstieg leitet die Uferpromenade entlang der Brelade's Bay, die bei der Oysterbox endet. Davor führt eine Treppe aufwärts zum Parkplatz in **St. Brelade** ❽, wo der 1970 angelegte Churchill-Park mit netten Sitzgelegenheiten und Wasserfall oberhalb vom Parkplatz zum Bummeln einlädt.

↗ 260 m | ↘ 260 m | 15,3 km

2 Coastal Path 2: Saint Brelade – L'Etacq

5.00 h

Küstenwanderung im Südwesten von Jersey

Die zweite Etappe des Küstenweges erschließt die felsige Südostspitze von Jersey mit dem bekannten Corbiere Lighthouse – eines der beliebtesten Fotomotive der Insel. Rund um die felsen- und buchtenreiche Landspitze schwimmen öfter Tümmler. Der für Schiffe tückische Küstenabschnitt geriet 1995 in die Schlagzeilen, als der Katamaran St. Malo auf dem Weg von Jersey nach Sark hier auf Grund lief. Im zweiten Teil der Tour wird die Küste lieblicher: Wir wandern entlang der St. Quen's Bay mit dem längsten Sandstrand der Insel und Dünen sowie dem größten Süßwassersee der Insel im Hinterland. Vor der Küste fällt der Blick auf den 1795 erbauten La Rocco Tower, der die Rückseite der 20-£-Banknote Jerseys ziert.

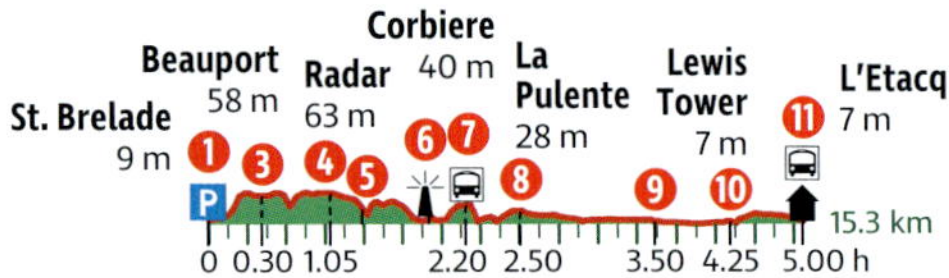

Ausgangspunkt: St. Brelade mit Woodford-Parkplatz am Churchill Park (Navi: La Route de la Baie, Jersey JE3 8EF).
Endpunkt: L'Etacq mit gleichnamiger Bushaltestelle und Parkplatz (Navi: La Grande, Rte des Havres, Jersey JE3 2FA).
ÖPNV: Zwischen dem Anfangs- (Linie 12A) und Endpunkt (Linie 22) gibt es stündliche Verbindungen mit einmaligem Umsteigen, etwa an der Haltestelle Corbiere ❼, libertybus.je.
Anforderungen: Leichte Wanderung im ersten Teil großteils über Kliffwege, im zweiten Teil entlang der Uferpromenade oder – bei Niedrigwasser – über den Strand.
Markierung: Stellenweise Wegweiser sowie oben grün gestrichene Pfähle.
Einkehr: Gelegenheit am Start, bei ❼, sowie mehrere zwischen ❽ und ❿.
Varianten: 1. Über den Strand zur St. Brelade's Church (nur bei Niedrigwasser): Vom westlichen Ende der Uferpromenade der St. Brelade's Bay über den Strand Treppe abwärts und halb rechts über den Strand auf die sichtbare Kirche zu. Links von der Kirche führt ein Treppenweg hinauf zum Kirchhof.
2. Abkürzung ohne Corbiere Lighthouse (1,9 km kürzer): zwischen ❺ und ❻ rechts, auf direktem Weg rechts vorbei am Gasthaus zur Straße mit Bushaltestelle, und dahinter dem Radweg mit der Route.
Kombi-Tipp: Küstentour 1 weiter ost- und 3 weiter nordwärts. Außerdem Rundtouren 15, 16 im Südwesten und 13 im Westen der Insel.
Tipps: Zu Beginn St. Brelade's Church, an der St. Quen's Bay Wetland Centre ❾ (nationaltrust.je) sowie Channel Islands Military Museum beim Lewis Tower ❿, beide in ehemaligen Bunkern untergebracht.
Hinweis: Der Causeway zum Corbiere Lighthouse auf der Gezeiteninsel ist bei Hochwasser +/- etwa 2 Stunden nicht bzw. nur schwer begehbar.

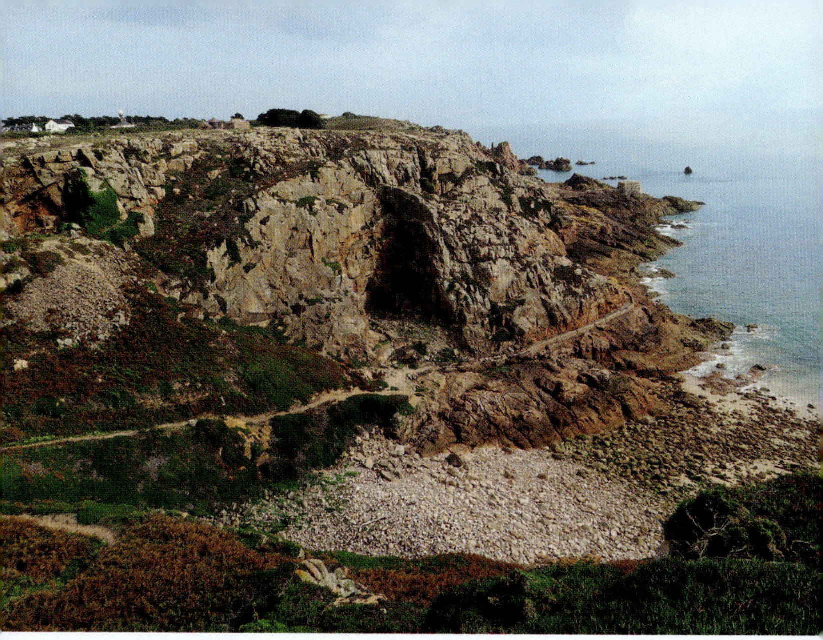

Bucht La Rosiere vor Corbiere Point mit altem Steinbruch.

In **St. Brelade** ❶ orientieren wir uns zur Uferpromenade, gehen an deren westlichem Ende beim öffentlichen WC rechts aufwärts zur Küstenstraße – alternativ über den Strand – und folgen dieser 200 m zum linken Kirchenparkplatz der St. Brelade's Church. Durch das Gatter und links um die auf das 12. Jh. zurückgehende **St. Brelade's Church** ❷ herum, auf deren Südseite mit der Sonnenuhr auch die Fisherman's Chapel mit gut erhaltenen mittelalterlichen Fresken einen Besuch lohnt.
Wir verlassen den Kirchhof westwärts durch das Haupttor und zweigen bei der folgenden Kreuzung links auf die kleine Straße (Schild »Footpath to Beauport«). Nach 150 m rechts Treppe aufwärts Richtung Beauport Bay, der Steinwegweiser gibt 20 Minuten Gehzeit an. Der Waldpfad mündet in eine großteils baumfreie Hochfläche, wo wir uns bei Abzweigungen links halten (Coastal Path). Zuletzt leitet eine kleine Straße links zum Parkplatz von **Beauport** ❸. Links hinunter zum Strand führende Wege ignorieren wir. Bei einer Gabelung mit grünem Pfahl 100 m nach dem Parkplatz sind beide Optionen möglich; rechts ist 200 m kürzer, links führt bei Abzweigungen links haltend näher am Kliff entlang. Beide Optionen kommen nach wenigen Minuten wieder zusammen. Der Weg führt oberhalb vom Kliff zwischen Farn und Brombeeren und mündet in einen Zufahrtsweg ein. Bei ei-

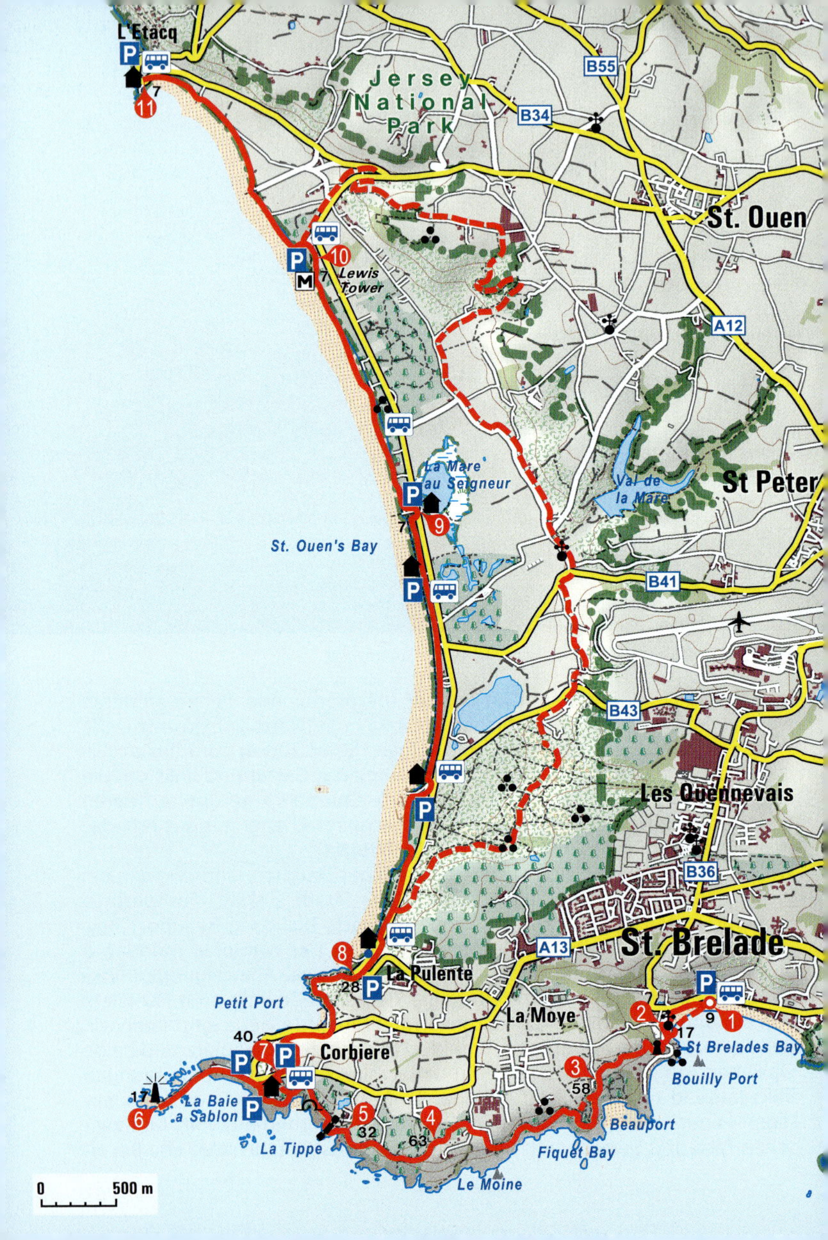

L'Etacq
Jersey National Park
B55
B34
St. Ouen
Lewis Tower
A12
La Mare au Seigneur
Val de la Mare
St Peter
St. Ouen's Bay
B41
B43
Les Quennevais
B36
A13
St. Brelade
La Pulente
Petit Port
La Moye
Corbiere
St Brelades Bay
Bouilly Port
La Baie a Sablon
La Tippe
Beauport
Fiquet Bay
Le Moine
0
500 m

Corbiere Point ist der südwestlichste Zipfel von Jersey.

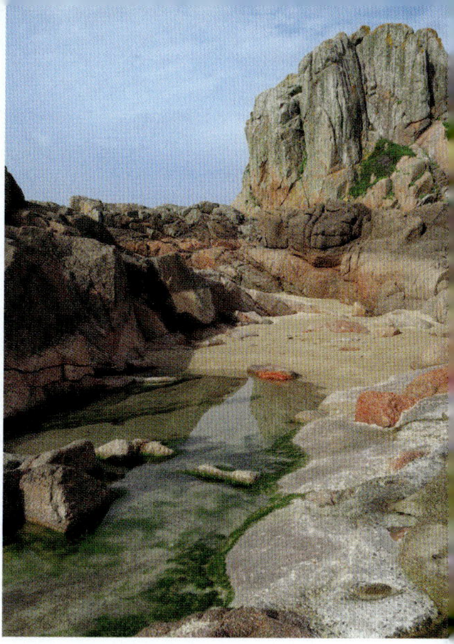

ner T-Kreuzung am Gefängnis rechts und nach 50 m links (Wegweiser »Footpath«). Der Schotterweg leitet rechts an einer **Radaranlage** ❹ vorbei. Bei der folgenden Kreuzung links, danach bei Abzweigungen geradeaus, und nach einer Rechtskurve und Schlagbaum bei der Kreuzung mit einem Fahrweg halb links auf dem Pfad zwischen Sträuchern (grüner Pfahl).

Die Vegetation wird spärlicher, und nach einer Rechtskurve leitet der Weg auf die **Meerwasserentsalzungsanlage** ❺ von La Rosiere zu, eingerichtet 1970 als erste ihrer Art auf den Kanalinseln. Nach mehrfachen Erweiterungen können heute mithilfe eines umgekehrten Osmoseprozesses bis zu 10.800 m³ Wasser am Tag gewonnen werden, rund die Hälfte des täglichen insularen Bedarfs. Allerdings mit beträchtlichem Energieaufwand: bis zu 45.000 kwh täglich.

Wir umgehen die Anlage links, setzen den Weg nach kurzem Anstieg neben den Bahngleisen links auf dem Kliffpfad fort und erreichen nach 5 Minuten verstreute Gebäude vor dem Corbiere Point. 100 m nach einer rechts zu einem Haus führenden Treppe halten wir uns bei einer Gabelung links – oder gehen abkürzend (ohne den Corbiere Point) – rechts. Der Kliffweg passiert den ehemaligen deutschen Marinepeilstand 2. Das 18 m hohe Betonungetüm mit seinen 2 m dicken Mauern dient heute als Funkturm.

Der Weg mündet in die Kurve der Straße, von der wir gleich wieder links abbiegen: Links am Parkplatz vorbei geht es bei entsprechendem Gezeitenstand über den Dammweg zum **Corbiere Lighthouse** ❻, wo man die eindrucksvoll trocken gelegte Felslandschaft an der Südwestküste Jerseys erleben kann.

Zurück vom Leuchtturm folgen wir der Straße für 100 m geradeaus aufwärts und zweigen auf Höhe des Toilettenhäuschens zur Rechten links in die als Rad-/Fußweg hergerichtete alte Bahntrasse, nach einer Rechtskurve links vorbei an der Bushaltestelle **Corbiere** ❼. 100 m nach der Bushaltestelle bei einer Wegkreuzung links abwärts mit schönem Blick über die St. Quen's Bay. Unten folgen wir der Straße rechts und verlassen diese nach 5 Minuten links auf der Chemin du Petit Port, erst rechts entlang der Bucht,

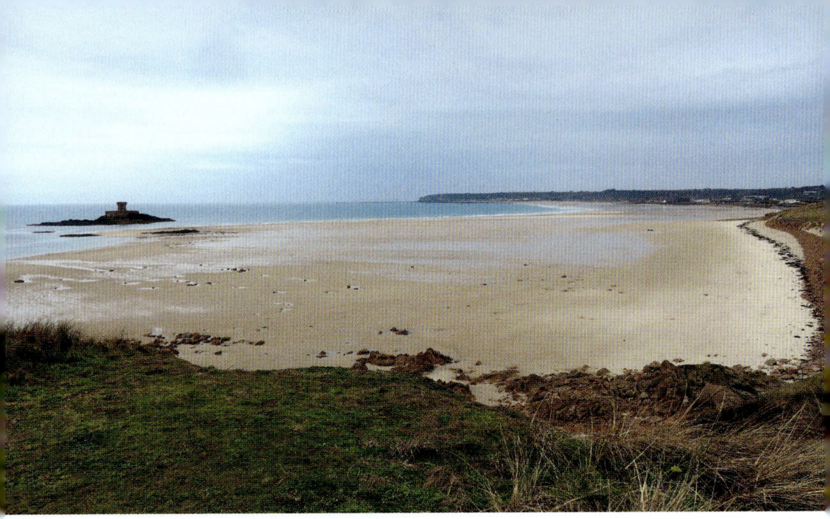

Langgestreckte St. Quen's Bay mit dem vorgelagerten La Rocco Tower.

dann geradeaus auf dem Hangweg mit Stufen um die kleine Halbinsel herum mit einem Bunker aus dem Zweiten Weltkrieg an der Landspitze.
Bei der Feriensiedlung **La Pulente** 8 erreichen wir die Küstenstraße. Hier beginnt der 6 km lange Strand der St. Quen's Bay, gesäumt von einer Anti Tank Wall aus dem Zweiten Weltkrieg, im Hinterland liegen die größten Dünen der Insel. Der weitere Wegverlauf ist denkbar einfach: geradeaus bis zum Nordende des Strands. Der Weg oberhalb der Panzerabwehrmauer ist immer gehbar, führt aber streckenweise ziemlich dicht entlang der Straße. Die schönere Alternative, unten am Strand, ist möglicherweise bei Hochwasser nicht machbar, dann können die Wellen bis an die Mauer heranreichen.
Auf diesem langen Abschnitt säumen mehrere Einkehrgelegenheiten, Bushaltestellen und Bunker den Weg. Einer dieser Bunker ist als **Wetland Centre** 9 bei der zweiten Bootsrampe (L'Ouziere Slipway) hergerichtet. Dessen Bird Hide mit 16 Fenstern bietet einen guten Blick landeinwärts auf den St. Quen's Pond, das größte Süßwasser-Feuchtgebiet Jerseys, heute ein Wildtier-Eldorado, früher Fischteich der Seigneurs. Vor der folgenden Bootsrampe gibt das **Channel Islands Military Museum** einen lebensechten Eindruck von dem Leben im Bunker und dokumentiert die Besatzung. Das Museum ist weithin sichtbar durch den benachbarten **Lewis Tower** 10 von 1835, heute buchbar als Unterkunft.
Der Sandstrand verjüngt sich zum Norden hin und endet vor der felsigen Halbinsel von **L'Etacq** 11 mit Parkplatz, Einkehrgelegenheit und Bushaltestelle.

↗ 520 m | ↘ 440 m | 13,6 km

TOP

5.00 h

Coastal Path 3: L'Etacq – Devil's Hole

3

Küstenwanderung im Nordwesten von Jersey

Die Nordwestküste Jerseys ist bekannt für ihre Höhlen, genannt »Cotte«, der Inseldialektbezeichnung für »cave« (Höhle). Die bekanntesten der 300 Höhlen Jerseys sind an diesem Küstenabschnitt zu finden, darunter ein Tunnel unter Le Pinacle und unterhalb der Landzunge Rouge Nez sowie die schon in der Altsteinzeit bewohnte La Cotte à la Chèvre (»Ziegenhöhle«) zwischen Plémont Point und Grosnez. Werkzeugfunde lassen auf altsteinzeitliche Besiedlung schließen. Eine der größten Höhlen der Insel – zwischen Rouge Nez und Grosnez Point – ist nur von der See aus zugänglich. Bei unserer Küstenwanderung passieren wir außerdem mehrere kleine Sandbuchten. Am Schluss erreichen wir am 30 Meter tiefen Felsloch Devil's Hole eine der beeindruckendsten Naturformationen Jerseys.

Ausgangspunkt: L'Etacq mit Bushaltestelle und Parkplatz (Navi: La Grande, Rte des Havres, Jersey JE3 2FA).
Endpunkt: The Priory Inn, Parkplatz und Bushaltestelle »Devil's Hole« (Navi: La Grande Rue, Jersey JE3 3BD).
ÖPNV: Die Bushaltestelle L'Etacq liegt 80 m nordöstlich vom Startpunkt an der Küstenstraße. Stündliche Busverbindungen von/nach St. Helier bestehen vom Anfangs- (Linie 22) und Endpunkt (Linie 7). Für die direkte Verbindung zwischen beiden wäre der Umstieg in Milbrook am sinnvollsten, Dort hält auch Linie 9 – genauso wie auf der Hälfte der Tour bei 7, libertybus.je.
Anforderungen: Mittelschwere Wanderung über Kliffwege mit nur mäßigen Steigungen.
Markierung: Stellenweise Wegweiser und Markierung.
Einkehr: Einkehrgelegenheiten bei 5, 7 sowie am Endpunkt The Priory Inn.
Kombi-Tipp: Küstentour 2 weiter süd- und 4 weiter ostwärts. Außerdem Rundtour 12 im Nordwesten der Insel.

Am Startpunkt Le Pulec haben die Wellen eine schroffe Felsküste geformt.

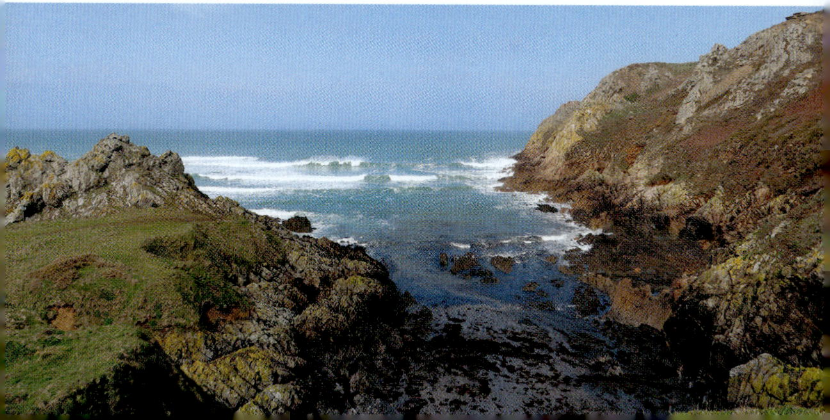

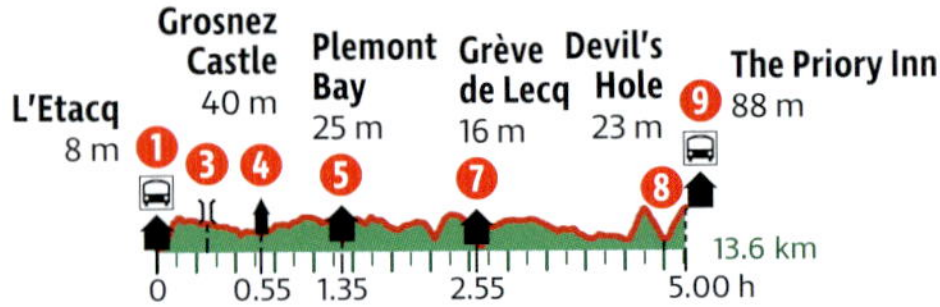

Von **L'Etacq** ❶ gehen wir entlang der Küstenstraße nordwärts und verlassen diese nach 100 m rechts vom kleinen Parkplatz, abzweigend beim Stein mit der Jahreszahl 1858. Der Graspfad steigt zunächst parallel zur Straße leicht an und schwingt nach Stufen nach links. Unten links liegt die Bucht Le Pulec, in der sich bei Flut in kurzer Zeit meterhoch Seetang auftürmt – früher und seit Kurzem wieder beliebt zum Düngen von Feldern und Gärten. Nach 5 Minuten passieren wir eine von einst vier Kanonen der **Battery Moltke** ❷. Die Geschütze der unvollendeten deutschen Stellung waren französische Kriegsbeute. Mehrere Pfade führen von der Stellung nordwärts, am aussichtsreichsten ist der links verlaufende oberhalb vom Kliff. Vor einem Seitental mit **Holzsteg** ❸ ragt links an der Küstenlinie der auffällige Brandungspfeiler Le Pinacle auf mit bis auf die Jungsteinzeit zurückreichenden Siedlungsspuren, dessen säulenartige Struktur am besten nach dem Seitental erkennbar ist.

Nach 20 Minuten erreichen wir die weithin sichtbaren Mauern von **Grosnez Castle** ❹ am nordwestlichsten Punkt dieser Tour und der Insel. Bei einem linken Abstecher zur Burgruine durch das erhaltene Eingangstor lässt sich die 1330 erbaute Anlage erkunden, die mehrere Schwachpunkte hatte, ein entscheidender war die unzureichende Wasserversorgung. So konnte die Burg bereits rund 50 Jahre nach ihrer Fertigstellung von Franzosen ein-

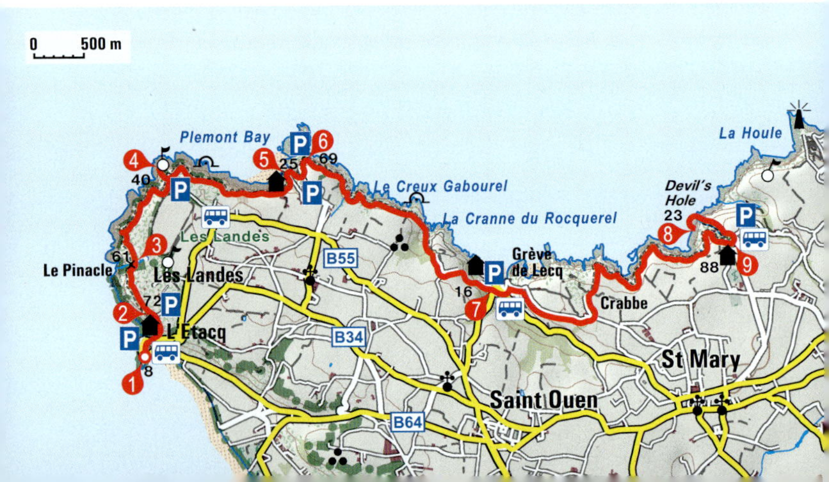

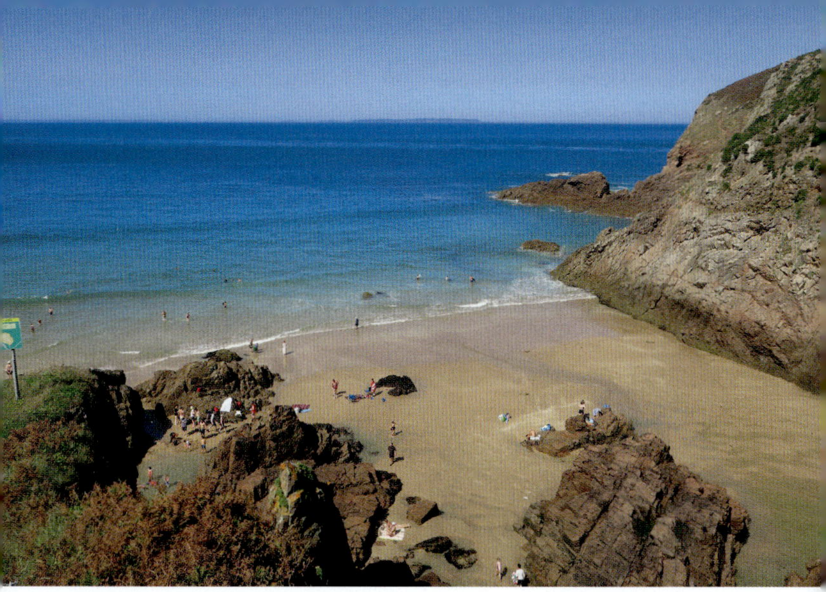

Der schöne Strand der Plemont Bay zeigt sich nur bei Niedrigwasser.

genommen werden. Hinter der Burg führt ein kleiner Pfad abwärts zum Grosnez Lighthouse.

Durch die offene, von atlantischer Küstenheide geprägte Landschaft der Halbinsel Les Landes führt der Kliffweg in östliche Richtung entlang der Nordküste. Nach 500 m liegt die **La Cotte à la Chèvre** (»Ziegenhöhle«) zur Linken. Diese nicht ganz einfach erreichbare, in 20 m Höhe über dem Meer liegende Höhle deutet mit zahlreichen Fundstücken auf steinzeitliche Besiedlung hin.

Mit schönen Küstenblicken führt der Klippenweg weiter gen Osten. Bei einer kreuzenden Straße in einem Seitental weist der Wegweiser »Footpath« geradeaus aufwärts, aber der beschriebene kurze Umweg links lohnt sich wegen schöner Küstenblicke. Zwischenziel ist die **Plémont Bay** 5, bei Niedrigwasser mit dem angeblich schönsten Strand der Nordküste. Oberhalb der Bucht lädt ein aussichtsreiches Café zur Panoramapause ein. Gegenüber dem Café führt ein Stufenweg aufwärts zum Kliffpfad, dem wir links zu einem unübersehbaren Kunstwerk folgen: Two **Giant Puffins** 6 – einem geflochtenen riesigen Papageientaucherpaar.

Von dem Paar seewärts zum turmartigen **Plemont Guardhouse** aus napoleonischer Zeit und rechts weiter auf dem ausgewiesenen Cliff Path Richtung Grève de Lecq. Am Weg wuchern Farn und Brombeeren, vor allem in und nach einem Seitental.

Nach einer kleinen Holzbrücke führt der Weg links neben einem Bach durch Wald landeinwärts und zweigt nach einer Holzsperre nach rechts (Wegweiser »Footpath«). Bei einem Haus erreichen wir eine Straße, folgen ihr geradeaus, gehen bei der nächsten Abzweigung links in die Sackgasse und an deren Ende geradeaus auf dem Pfad abwärts nach **Grève de Lecq** **7**, gelegen in einer kleinen sandigen Bucht am Ende eines bewaldeten Tals. Der Parkplatz wird dominiert von dem 1770 erbauten Turm, der zusammen mit weiteren Bauten wie dem Câtel Fort östlich von der Bucht Grève de Lecq als Schutzbarriere gegen die Franzosen erbaut wurde.
In Grève de Lecq folgen wir der Straße links um den Parkplatz herum zur Bushaltestelle unterhalb der alten Baracken, die einzigen erhaltenen Militärkasernen an Jerseys Nordküste aus napoleonischer Zeit. In der hinteren Ecke des Parkplatzes führt ein kleiner Pfad rechts von der Leitplanke und einer Tafel »Seaside Cafe« an den Chemin du Catel heran, der wir links aufwärts durch eine scharfe Rechtskurve folgen mit links einem Abzweig zum Câtel Fort.
Die Straße endet bei einem Parkplatz zu einer Schießanlage. Dahinter zweigen wir bei einer Infotafel über die Anlage und einem Steinwegweiser Richtung Devil's Hole links in die kleine Straße, die später in einen breiten Schotterweg übergeht. 30 m nach einer Rechtskurve biegen wir links in den Spurweg zur Küste (Schild »Footpath«). Nach 150 m gabelt sich der Weg: Wir folgen geradeaus dem Pfad, während der breite Weg mit Reitmarkierung nach rechts abzweigt. Weite Meeresblicke erwarten uns auf

Im März sorgen Narzissen für gelbe Farbtupfer an der felsigen Nordküste.

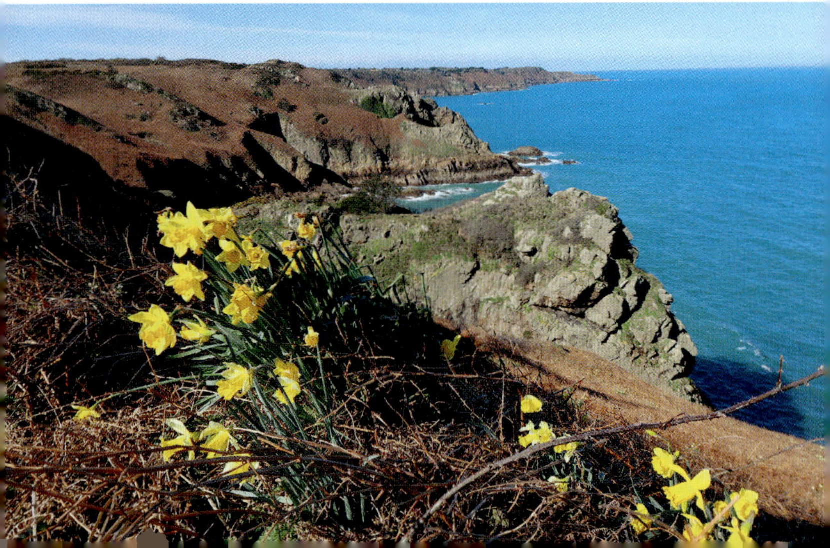

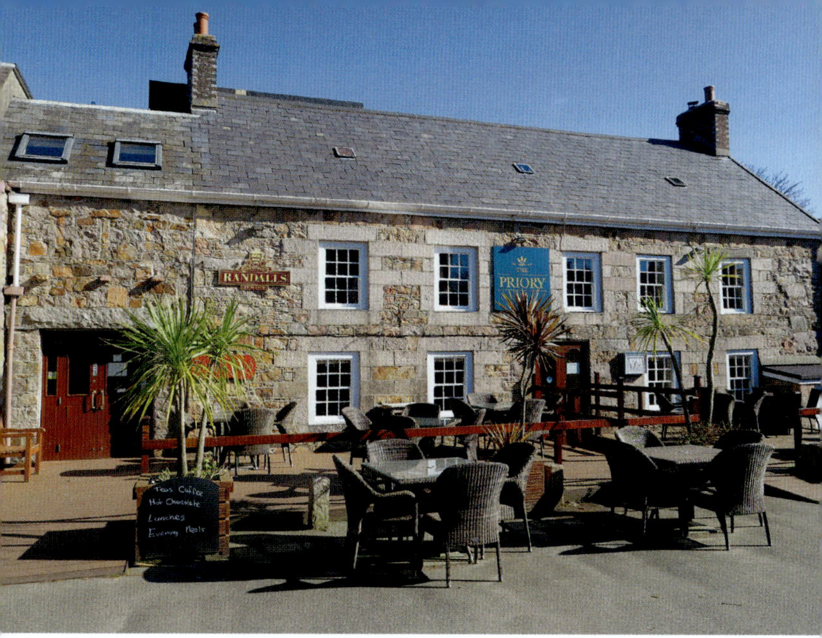

Am The Priory Inn nahe Devil's Hole endet diese Etappe.

dem folgenden schönen Küstenabschnitt mit viel Brombeer- und Ginstersträuchern. Nach 15 Min. weist eine Infotafel auf die vor der Küste liegende Gezeitensäule **Île Agois** hin, auf deren Felsgipfel Ruinen von rund 30 frühmittelalterlichen Gebäuden entdeckt wurden, vermutlich Reste eines Eremitenklosters. Weitere Funde belegen eine rund 1500 Jahre frühere eisenzeitliche Besiedlung.

Bei den folgenden Abzweigungen folgen wir den nach links weisenden Wegweisern »Footpath« und erreichen zuletzt nach einem kurzen Waldstück den **Parkplatz von Devil's Hole** mit gleichnamiger Bushaltestelle. Vor dem Beenden der Tour lohnt sich scharf links ein Abstecher zur Hauptattraktion dieser Bucht: **Devil's Hole** 8. Dieses unten an der Küste liegende 30 m tiefe Felsloch ist über einen gut ausgewiesenen Weg erst durch das Wäldchen, dann über die Felsen erreichbar. Das Loch selbst war früher begehbar und eintrittspflichtig, heute muss man sich mit einem Blick auf das umzäunte Naturwunder begnügen. Bei entsprechenden Gezeiten- und Windverhältnissen wird die Luft derart komprimiert, dass sich deren Austritt wie ein unheimliches Brüllen anhört – das ist eine von mehreren Erklärungen dafür, wie Devil's Hole zu seinem Namen kommt. Auf demselben Weg gelangen wir zurück zum **The Priory Inn** 9.

↗ 190 m | ↘ 260 m | 5,9 km

4 Coastal Path 4: Devil's Hole – Bonne Nuit Bay

1.45 h

Küstenwanderung im Norden von Jersey

Im Norden der Insel schlängelt sich der Küstenpfad aussichtsreich entlang der zum Meer hin abfallenden Hochfläche, entstanden vor rund 500 Millionen Jahren durch in der Erdkruste abgekühlte Magma. Am Weg liegen mehrere Steinbrüche, in denen Granit abgebaut wird. Bei dieser Küstenwanderung passieren wir die nördlichsten Punkte der Insel: Sorel Point und Ronez. Beide sind auch mit dem Auto erreichbar; die Route de Nord wurde nach der deutschen Invasion als Arbeitsbeschaffungsmaßnahme angelegt, weil durch den eingestellten Schiffsverkehr nach England die Wirtschaft zusammengebrochen war.

Ausgangspunkt: Parkplatz Devil's Hole mit gleichnamiger Bushaltestelle und Einkehrgelegenheit (Navi: La Grande Rue, Jersey JE3 3BD).
Endpunkt: Bonne Nuit Bay mit Parkgelegenheit (Navi: St. John, Les Charrieres de Bonne Nuit, Jersey JE3 4DD).
ÖPNV: Start- und Endpunkt sind an das Busnetz angeschlossen: Devil's Hole mit Linie 7 (stündlich) und Bonnie Nuit Bay mit Linie 4 (alle 1 bis 2 Stunden), Letzterer etwas oberhalb vom Hafen. Allerdings ist die Verbindung etwas zeitaufwendig, da erst an der jeweiligen Endstation in St. Helier umgestiegen werden kann, libertybus.je.
Anforderungen: Überwiegend leichte Wanderung über Kliffwege mit nur mäßigen Steigungen.
Markierung: Wegweiser »Footpath«.
Einkehr: Einkehrgelegenheiten kurz hinter ❹, am Endpunkt sowie in der Sommersaison auf Parkplatz vor ❺.
Varianten: 1. Wegen der nicht ganz idealen Busverbindungen zwischen Start- und Endpunkt könnte man diese Tour auch hin und zurück gehen, zumal die Etappe nicht allzu lang ist.
2. Abstecher zum Sorel Point (2 x 300 m): ab ❸ links auf Zufahrtsweg zum Lighthouse. Kurz dahinter bietet sich von einer Plattform ein schöner Blick auf die Landspitze.
Kombi-Tipp: Küstentouren 3 west- und 5 ostwärts. Außerdem Rundtour 11 auf den höchsten Berg der Insel.

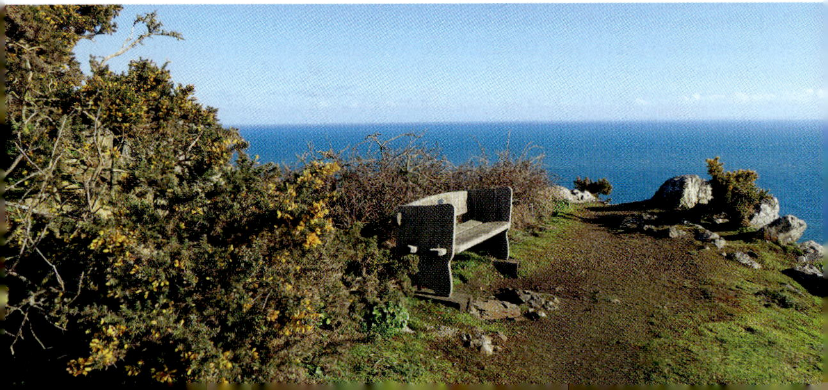

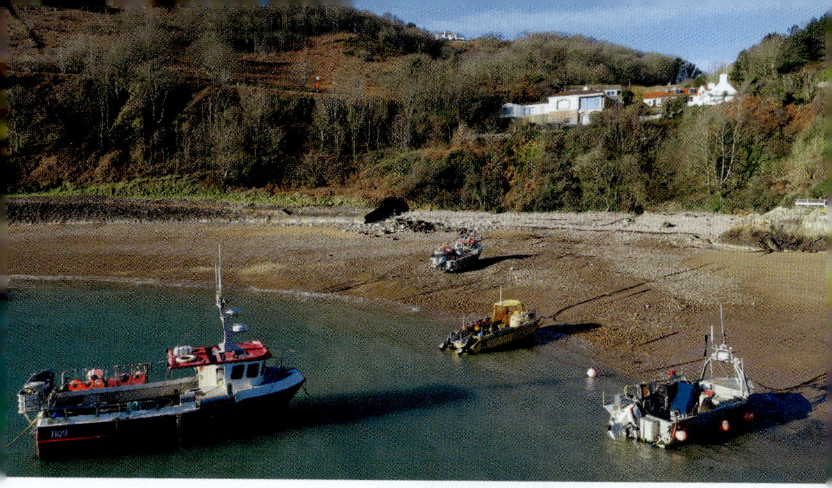

Oben: Bonne Nuit Bay wurde von Seeleuten als ruhiger Ankerplatz geschätzt.
Links: Diese Bank bietet einen beeindruckenden Blick auf die Bonne Nuit Bay.

Am Nordende des **Parkplatzes** von **Devil's Hole** ❶ weist ein Wegweiser »Footpath« durch ein Holzgatter, an dem eine Tafel über die Beweidung der Küstenheide informiert. Der Weg wendet sich der Küste zu und führt nach einem Rechtsschwenk aussichtsreich am Hang entlang, wo nach 5 Minuten das Seitental **Mourier Valley** ❷ gequert wird. Auf der anderen Seite steigt der Pfad wieder an und führt mit traumhaftem Blick zwischen Ginster- und Brombeersträuchern auf die Halbinsel Sorel Point zu. Davor folgen wir dem Wegweiser »Footpath« nach rechts und nach Passieren des Parkplatzes von **Sorel** ❸ der Zufahrtsstraße landeinwärts.
Bei der T-Kreuzung mit der Route du Nord zweigen wir nach links und haben den **Ronez Quarry** ❹ zur Linken. Hier wird seit mehr als 150 Jahren Granit und Grano-Diorit abgebaut. Das Gestein hat ein breites Einsatzspektrum, unter anderem auch als Zusatz für Beton und Asphalt – zu finden etwa beim Straßenbau, Küstenschutz oder der Entwässerung.
Hinter dem Steinbruch weist auf der linken Straßenseite schräg gegenüber der Taverne ein Gedenkstein auf die Opfer der deutschen Besatzung hin. Nach 500 m verlassen wir die zu jener Zeit angelegte Straße auf dem halb

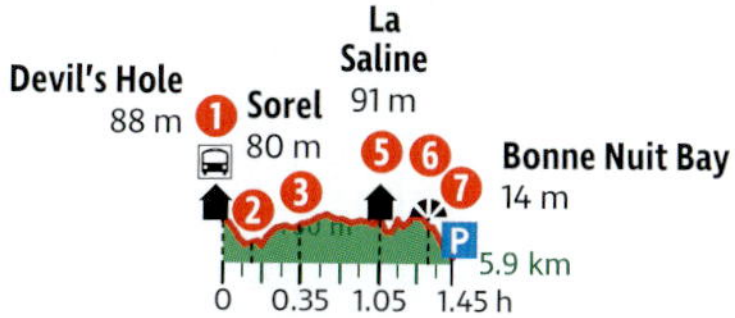

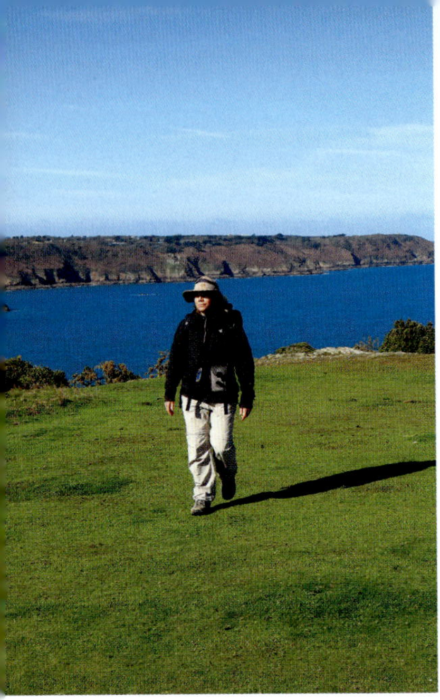

Links: Der Coastal Path bietet bei Devil's Hole ein weites Panorama.
Rechts: Viele An- und Abstiege führen über Stufen, hier vor Bonne Nuit Bay.

links abwärtsführenden Footpath. Beim folgenden kleinen Parkplatz erinnert ein weiterer Gedenkstein an die Zeit des Zweiten Weltkriegs, als vier junge Insulaner beim Versuch, Jersey mit dem Boot zu verlassen, auf den Felsen zerschellten. Der Pfad erreicht wieder die Straße und zweigt kurz danach auf den links abzweigenden Betonweg, der **La Saline** ❺ links umgeht. Dieser Steinbruch ist relativ klein, liefert aber als einziger der Insel Steine direkt für den Bau – einen feinkörnigen rosagrauen Granit. 50 m nach der Rechtskurve folgen wir bei dem ausgewiesenen Footpath rechts aufwärts. Ein Schild warnt vor Explosionen, wenn Sirenen heulen. Nach längerem Anstieg passiert der Küstenpfad ein Gebäude mit dahinter einem Sendemast – alternativ könnte man auch unterhalb davon auf dem Parallelpfad bleiben. Nach einer Rechtskurve bei einer **Bank mit Aussicht** ❻ leiten Stufen abwärts zu einer kleinen Straße, die links zur kleinen **Bonnie Nuit Bay** ❼ führt, einer kleinen Bucht mit Naturhafen. Der Name »Gute Nacht« soll sich auf die Eignung des Hafens als ruhiger und sicherer Übernachtungsplatz für Seeleute beziehen.

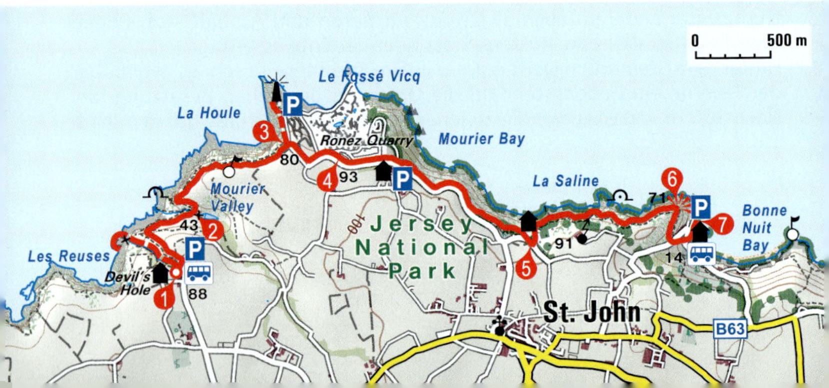

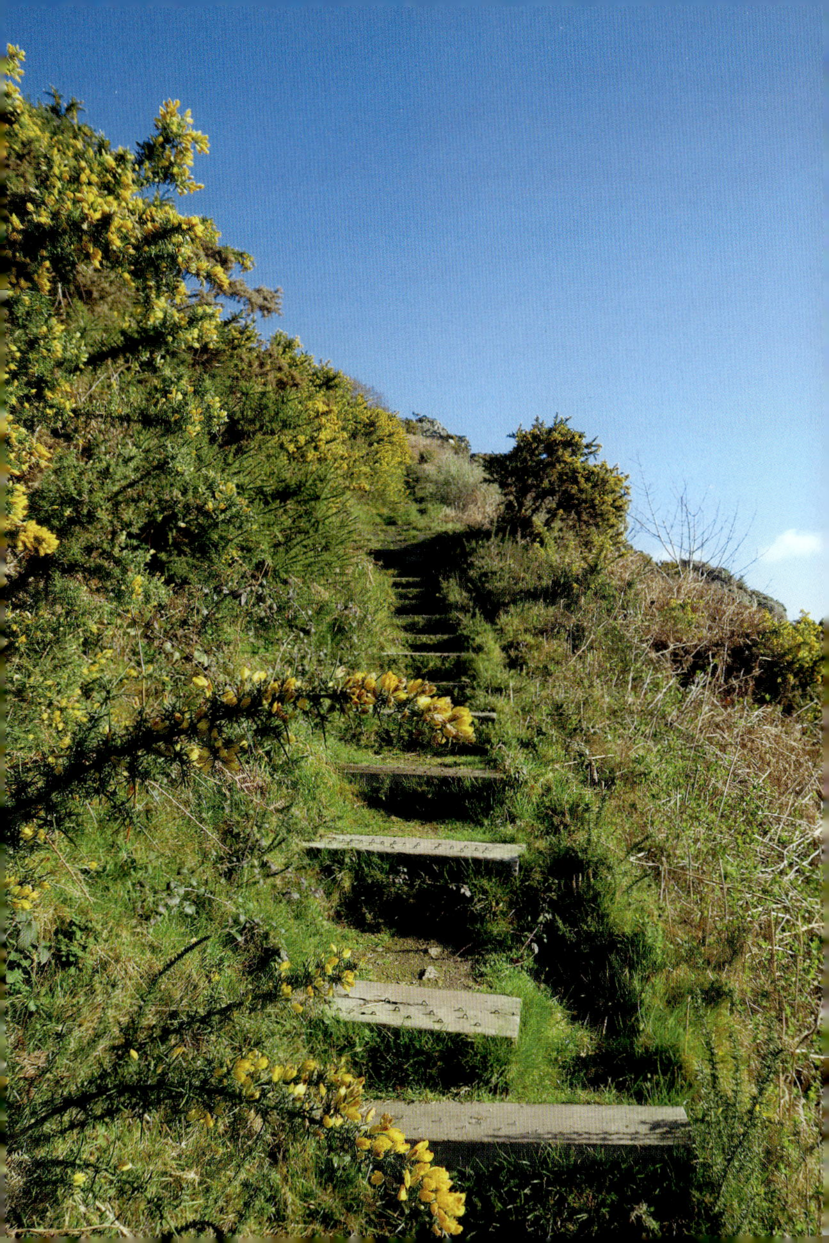

TOP 5

↗ 520 m | ↘ 520 m | 10,6 km

Coastal Path 5: Bonne Nuit Bay – Rozel Bay

4.00 h

Küstenwanderung im Nordosten von Jersey

Dieser nördliche Küstenabschnitt führt entlang der höchsten Hügel der Insel und erschließt die recht dünn besiedelte Nordküste mit einigen wenigen kleinen ehemaligen Schmuggler- und Fischerhäfen. Der Untergrund ändert sich: An die Stelle von Granit und Diorit-Gabbro treten das rötliche aus großer Tiefe emporgeflossene Rhyolith sowie am Schluss Konglomeratgestein, in dem viele kleine Steine verbacken sind. Auf halber Strecke der Tour erinnert Wolf's Lair bei der Petit Bort Bay an den Landungspunkt des einzigen erfolgreichen alliierten Kommandos im Zweiten Weltkrieg auf Jersey: Weihnachten 1943 schlugen sich bei der Aktion »Hardtack 28« sechs Soldaten durch deutsche Minenfelder zu einem Bauernhaus durch und erhielten dort viele nützliche Infos über die Besatzer. Ziel der Wanderung ist Rozel Bay mit einem bei Ebbe fast völlig trocken gelegten Hafen, der seinen Höhepunkt im 19. Jahrhundert mit bis zu 30 Austernfischerbooten erlebte.

Ausgangspunkt: Bonne Nuit Bay mit Parkgelegenheit am Hafen (Navi: St. John, Les Charrieres de Bonne Nuit, Jersey JE3 4DD).
Endpunkt: Rozel Bay mit Parkgelegenheit am Hafen (Navi: La Brecque du N, Rozel, Jersey JE3 5BN).
ÖPNV: Start- und Endpunkt sind an das Busnetz angeschlossen: Bonnie Nuit Bay mit Linie 4 (alle 1 bis 2 Stunden), Rozel Bay mit Linie 3 (stündlich); beide Haltestellen liegen etwas landeinwärts, jeweils etwa 150 m vom Start- und Endpunkt entfernt. Die Verbindungen erfordern einen Umstieg in St. Helier, libertybus.je.
Anforderungen: Mittelschwere Wanderung über Kliffwege mit einigen nennenswerten Steigungen.
Markierung: Hölzerne Wegweiser »Footpath« sowie Wegweiser »Cliffpath« mit Ortsangabe auf Steinen.
Einkehr: Einkehrgelegenheiten am Start- und Endpunkt sowie unterwegs bei Bouley Bay ⑤.
Variante: Zu Beginn hat man die Wahl zwischen dem im Text beschriebenen Lower Path oder dem aussichtsreicheren Upper Path mit zusätzlichen rund 60 Höhenmetern (600 m länger). Letzterer zweigt bei der Gabelung vor ② rechts ab. Rechts haltend auf diesem aufwärts zum aussichtsreichen Les Platons Carpark und links an diesem vorbei auf breitem Weg zwischen zwei kleinen Betonpfählen und Sträuchern mit Blick auf die Radaranlage vom Les Platons. Nach 300 m bei einer Gabelung 1 km aussichtsreich am Hang entlang zu einem Steinwegweiser mit dem Küstenweg, wo links der Lower Path einmündet.
Kombi-Tipp: Küstentouren 4 west- und 6 südostwärts, außerdem Rundtour 10 im Hinterland.

Vom Hafen in **Bonnie Nuit Bay** ① kommend, orientieren wir uns bei der Straßengabelung landeinwärts nach links. 200 m nach der Bushaltestelle leitet die Old Fort Road links abwärts, später auf einen Forstweg. Bei einer Gabelung mit Steinwegweiser halten wir uns links (»Lower Path«) und erreichen nach wenigen Minuten **La Crête Fort** ②. Die Festung wurde in

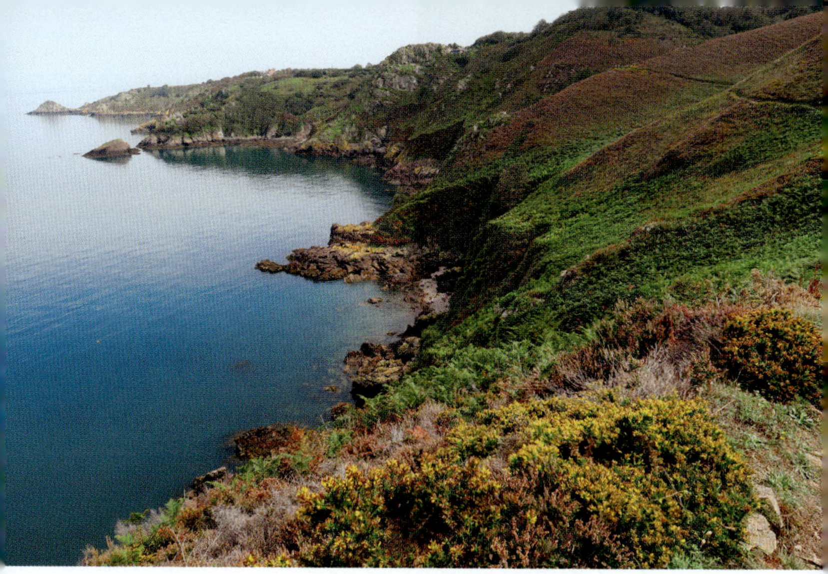

Aussichtsreich zieht sich der Coastal Path am Nordhang entlang.

napoleonischer Zeit erbaut und diente bis 1848 mit zuletzt 31 Mann Besatzung als Schutz gegen die Franzosen. Die ebenfalls von den deutschen Besatzern genutzte Anlage wurde saniert und kann heute als Ferienwohnung gemietet werden (jerseyheritage.org).

Nach der Festung steigt der Küstenpfad an; nach 5 Minuten bietet sich rechts eine weitere Möglichkeit, auf den »Upper Path« zu wechseln (kein Wegweiser). Wir aber gehen geradeaus und bleiben zunächst in etwa auf gleicher Höhe zwischen Farn und Brombeersträuchern, ehe es unterhalb vom rechts aufragenden Les Platons, dem höchsten Berg Jerseys, mit Stufen leicht aufwärtsgeht. Nach 30 Minuten mündet spitzwinklig von rechts der Higher Path wieder ein. Kurz darauf weist uns im Anschluss an eine Linkskurve und Stufen ein Wegweiser »Footpath« nach links.

In einem Wäldchen passieren wir bei **Wolf's Lair** ❸ ein kleines Häuschen (Old Guard House). An dieser Stelle landeten Weihnachten 1943 die sechs

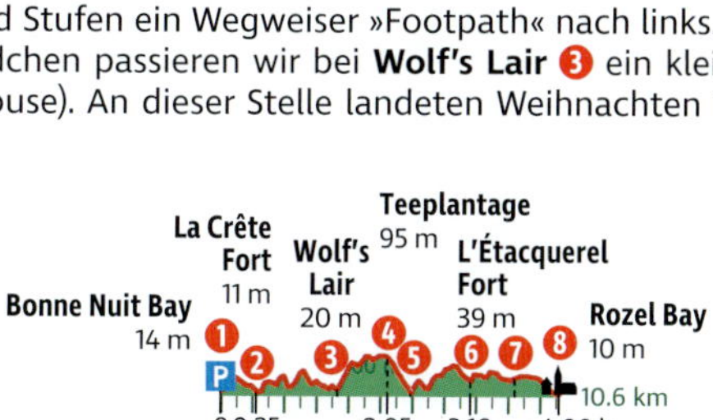

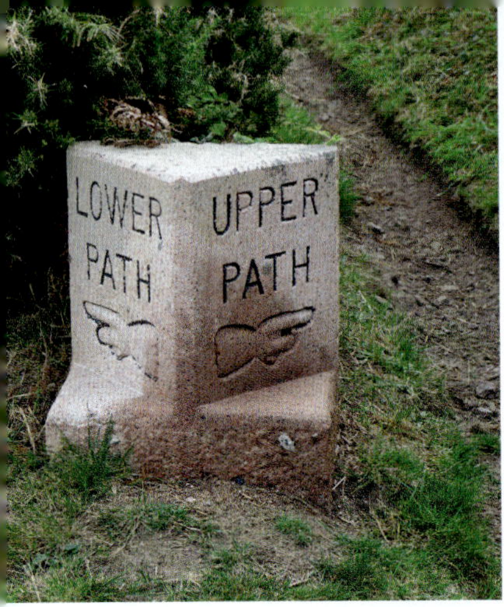

Unterhalb vom Les Platons ist eine höhere und eine niedrigere Variante möglich.

französischen und englischen Soldaten von »Hardtack 28«. Wir wandern noch 250 m landeinwärts durch das bewaldete Seitental, ehe wir nach links abzweigen (Wegweiser »Footpath« und »Cliffpath Bouley Bar«) und links neben dem Bach durch Wald ansteigen. Bei folgenden Abzweigungen links (»Footpath«). Nach etwa 20 Minuten passieren wir am Waldrand zur Linken eine **Teeplantage** ❹, wo seit 2017 Tee angebaut wird (jerseyfinetea.com).

Der Weg führt vor der nächsten Bucht abwärts; nach kurvigem Abstieg im Wald folgen wir der Straße links nach **Bouley Bay** ❺, bekannt für sein klares blaues Wasser und einen früher angeblich bei Schmugglern beliebten Naturhafen. Unterhalb vom heruntergekommenen und geschlossenen unübersehbaren Water's Edge Hotel liegen ein Tauchzentrum und ein Café. Die Hotelanlage wurde im Jahr 2022 für 6,4 Millionen £ von einem anonymen Investor erworben, der dort eine nicht unumstrittene Luxusresidenz bauen möchte.

Nach kurzem Abstecher zum Strand und Hafen gehen wir wie gekommen landeinwärts. 100 m vom Hafen entfernt zweigen wir nach links (Schilder »Water Edge Chalets« und »Cliffpath to Rozel«) und steigen kurz darauf die Treppe geradeaus aufwärts. An deren Ende halten wir uns links (»Cliffpath Rozel«) und genießen kurz darauf die Meersicht vom Küstenweg entlang des farnübersäten Hangs. Rechts abzweigende Wege ignorieren wir. Vor

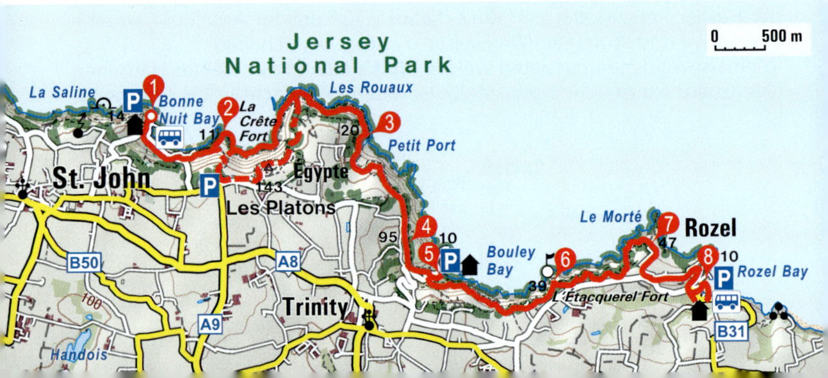

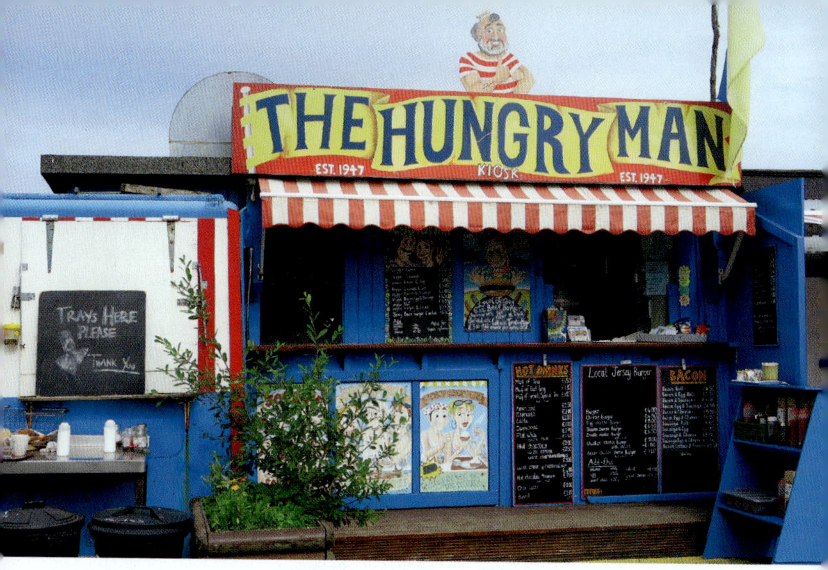

Am Hafenkiosk der Rozel Bay geht es rustikal zu.

einem Privatanwesen mündet der Weg in dessen Zufahrt ein: kurz geradeaus und auf deutlichem Wanderweg rechts am Haus vorbei, durch das Holzgatter, dem Schild »Footpath« folgend kurvenreich abwärts und kurz darauf über eine kleine Holzbrücke. 200 m nach dem Abstieg liegt links das mit kurzem Abstecher erreichbare **L'Étacquerel Fort** 6 aus dem 19. Jh., auch dieses hergerichtet als Unterkunft; allerdings mit ähnlichem Standard wie damals: ohne Strom und fließend Wasser (jerseyheritage.org).
Ein Wegweiser »Footpath« leitet durch eine Holzbarriere und weiter entlang dem Küstenweg. Rechte Abzweigungen ignorieren wir. 1,3 km nach dem Fort schwenkt der Weg mit einem einsam aufragenden weißen Felsen nach einer Holzbarriere nach rechts und quert kurz darauf den **White Rock Carpark** 7. Weiter auf dessen Zufahrt, nach 50 m durch eine Rechts- und weiteren 150 m durch eine Linkskurve. Der Schotterweg mündet in eine asphaltierte Straße ein, der wir links nach Rozel Bay folgen (erst Rue Du Câtel, später abwärts Chemin Guet).
Bei einer Kreuzung mit links dem schmalen Haus des ehemaligen Rozel Bay Tea Rooms biegen wir links spitzwinklig in die La Breque Du Nord auf dem Weg zum Hafen von **Rozel Bay** 8. Alternativ könnte man bei der Kreuzung geradeaus die Bushaltestelle Rozel Apple Cottage ansteuern. Letztere ist aber auch (schöner) über den Hafen erreichbar (nicht bei Flut!), indem man von der Hafenbucht die südliche Ortszufahrt landeinwärts geht (La Breque Du Sud).

↗ 240 m | ↘ 240 m | 8,7 km

6 Coastal Path 6: Rozel Bay – Gorey

3.00 h

Küstenwanderung im Osten von Jersey

Diese Etappe des Küstenweges bietet einen Streifzug durch die (Vor-)Geschichte der Insel. Der Hafen am Startpunkt, der 1 Kilometer lange Wellenbrecher bei St. Catherine sowie der markante Archirondel Tower an der Küste stammen aus dem 19. Jahrhundert. Unterwegs versetzen uns zwei Megalithanlagen 5000 Jahre zurück in die Steinzeit. Am Ende erwartet uns in Gorey mit der Burg Monte Orgueil eine der wichtigsten Festungen in der Geschichte Jerseys. Diese mittelalterliche Burg aus dem 14. Jahrhundert mit dem wörtlichen Namen »stolzer Berg« diente als Gefängnis, Gouverneurs-Amtssitz, Unterkunft französischer Aristokraten sowie um 1600 als Sitz der Inselverwaltung. Heute steht die Anlage allen – gegen Eintritt – offen und bietet phänomenale Ausblicke.

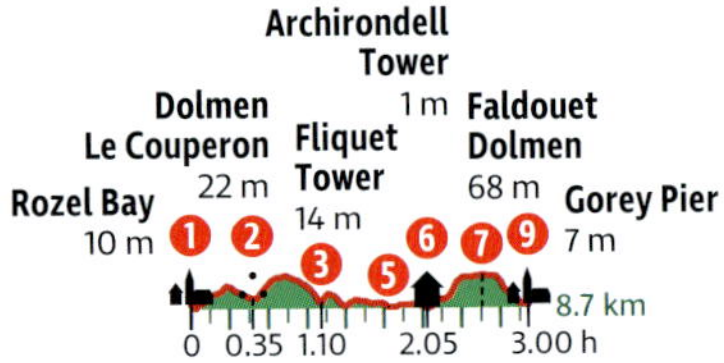

Ausgangspunkt: Rozel Bay mit Parkgelegenheit am Hafen (Navi: La Brecque du N, Rozel, Jersey JE3 5BN).
Endpunkt: Gorey Pier mit Parkmöglichkeit am Hafen entlang der Gorey Coast Road (Navi: Gorey Pier, Jersey JE3 6ET) oder oberhalb an der Le Mont de Gouray (Navi: Le Mont de Gouray, Gorey, Jersey JE3 6ET).
ÖPNV: Der Start- und Endpunkt sind im Stundentakt an das Busnetz angeschlossen: Rozel Bay mit Linie 3 (Haltestelle etwas landeinwärts) und Gorey mit Linie 2. Die Verbindungen erfordern einen Umstieg in St. Helier, libertybus.je.
Anforderungen: Leichte Wanderung über Fußwege und kleine Straßen mit wenig Steigungen.
Markierung: Hölzerne Wegweiser »Footpath« sowie stellenweise Wegweiser.
Einkehr: Einkehrgelegenheiten am Start- und Endpunkt sowie unterwegs bei Archirondel Tower 6.
Variante: Bei sehr hohem Wasserstand nehmen wir anfangs in Rozel Bay den nördlichen Hafenausgang (La Breque du Nord) und zweigen bei der ersten Kreuzung links in die Mont de Rozel, auf der wir vorbei an der Bushaltestelle wie beschrieben Rozel verlassen.
Kombi-Tipp: Küstentouren 5 west- und 7 südostwärts, außerdem Rundtour 9 im Hinterland.
Tipp: Lohnend ist ein Besuch der weitläufigen Burganlage Mont Orgueil Castle. Beeindruckende Räume und Infotafeln erzählen die Geschichte der letzten Jahrhunderte. Der wörtlich zu nehmende Höhepunkt ist aber der weite Rundblick von oben nach 300 erklommenen Stufen (jerseyheritage.org → Mont Orgueil Castle).

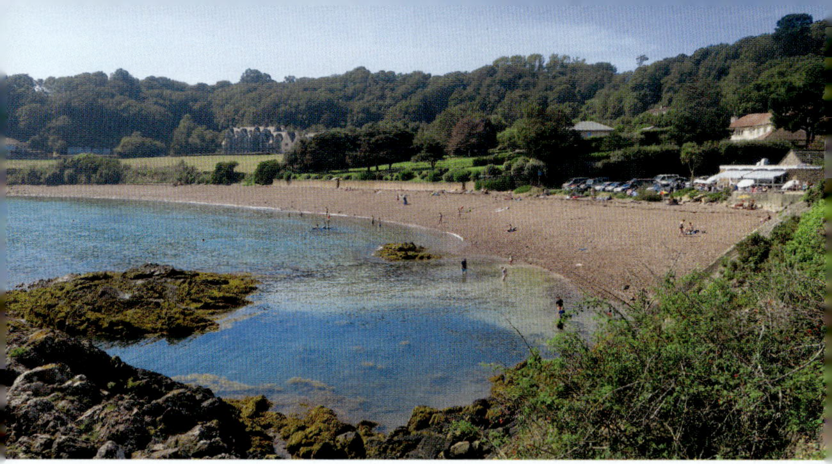

Südlich vom Archirondel Tower erstreckt sich der gleichnamige Strand.

Die Blütezeit des Hafens von **Rozel Bay** ❶ liegt fast 200 Jahre zurück; damals war hier eine Flotte von rund 30 Austernfischerbooten beheimatet. Wir verlassen den Hafen auf der kleineren südlichen Zufahrt (La Breque du Sud) und schwenken beim Bushäuschen links in die aus dem Dorf herausführende kleine Straße (Mont de Rozel). Bei der nächsten Bushaltestelle verlassen wir jene links haltend. Der Weg schlängelt sich durch den Wald, quert einen Bach und passiert zur Linken eine freie Fläche, wo sich ein kurzer linker Abstecher zum vorgeschichtlichen **Dolmen Le Couperon** ❷ mit einer aussichtsreichen Bank dahinter lohnt. Die mehr als 5000 Jahre alte Megalithanlage ist 8 Meter lang. Der westliche der sieben Decksteine ist zerbrochen, allerdings nicht infolge Vandalismus, sondern durch eine im Jahr 2016 umgestürzte Kiefer.

Der Weg leitet anfangs durch Wald und später zwischen Feldern aufwärts. Dort führt uns die Rue du Scez an eine Kreuzung heran, an der wir links in die Rue de la Perruque biegen. Diese leitet abwärts zur Ostküste, die wir nach mehreren Kurven bei einem Parkplatz mit dem **Fliquet Tower** ❸ aus napoleonischer Zeit erreichen. Weiter südwärts auf der Küstenstraße und nach 250 m vor einem Zaun auf den links zur Küste abzweigenden Fußweg hinunter zur Catherine's Bucht. Diese Bucht wird nordseitig vom **St. Catherine's Breakwater** ❹ begrenzt. Diese 1 km lange Mole geht zurück auf die geplante, aber nicht fertig gestellte Anlage eines Marinehafens in der Mitte des 19. Jhs. im Osten von Jersey als Antwort auf französische Aufrüstung im normannischen Hafen von Le Havre.

Heute präsentiert sich ein überschaubarer kleiner Bootshafen mit überdimensionierter Mole. Wir passieren ein Café und die Bushaltestelle, um die Hafenanlage entlang der Küstenstraße zu verlassen.

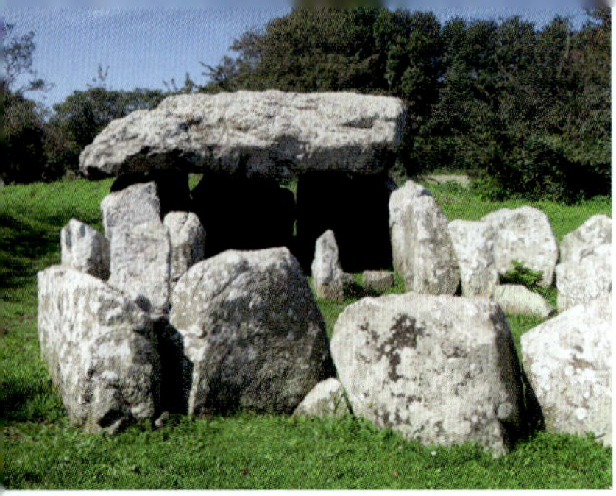

Ein 24 Tonnen schwerer Stein bedeckt die hintere Kammer des Faldouet Dolmen.

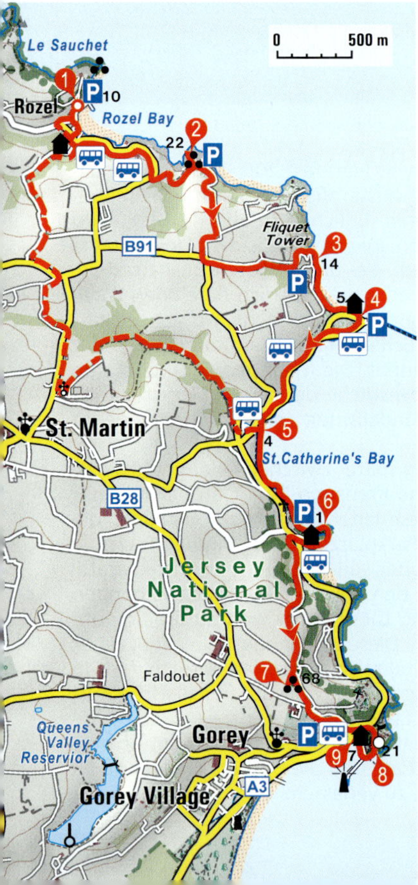

Nach einem – oft mit Bootsanhängern belegten – Parkplatz und vor der Einmündung in die Hauptstraße zweigen wir links ab auf den Uferweg, der auf einer Mauer entlang der felsigen Ostküste leitet. Wir passieren eine kleine Siedlung am **White Tower** 5 mit zwei Bootsrampen, davon einer für das Rettungsboot. Im 19. Jh. hatte die Bucht eine große Bedeutung für den Schiffbau. Der gemauerte Uferweg leitet zum weithin sichtbaren St. Archirondel Tower, der die St. Catherine's Bay südwärts begrenzt. Ursprünglich sollte dort die Südmole des geplantes Marinehafens entstehen. Der im Jahr 1794 damals auf einer Gezeiteninsel zum Schutz gegen die Franzosen erbaute **Archirondel Tower** 6 ziert die Rückseite der 5-£-Banknote von Jersey; die seeseitige rot-weiß-rote Markierung dient nautischen Zwecken. Im Turm kann man privat übernachten (jerseyheritage.org).
Nach einem Abstecher zum Turm verlassen wir beim südwärts gelegenen Driftwood Cafe die Küste und gehen auf deren Zufahrt zur Küstenstraße; dort links und nach einer Bushaltestelle die kleine Straße Rue des Puchots aufwärts. Bei der T-Kreuzung mit einer Straße vor einer Mauer links und an deren Ende rechts entlang der Rue des Marettes. Nach wenigen Minuten liegt links der **Faldouet Dolmen** 7. Das 1682 erstmals erwähnte, 6000 Jahre alte, 5 m lange Ganggrab besteht aus einer doppelten Grabkammer,

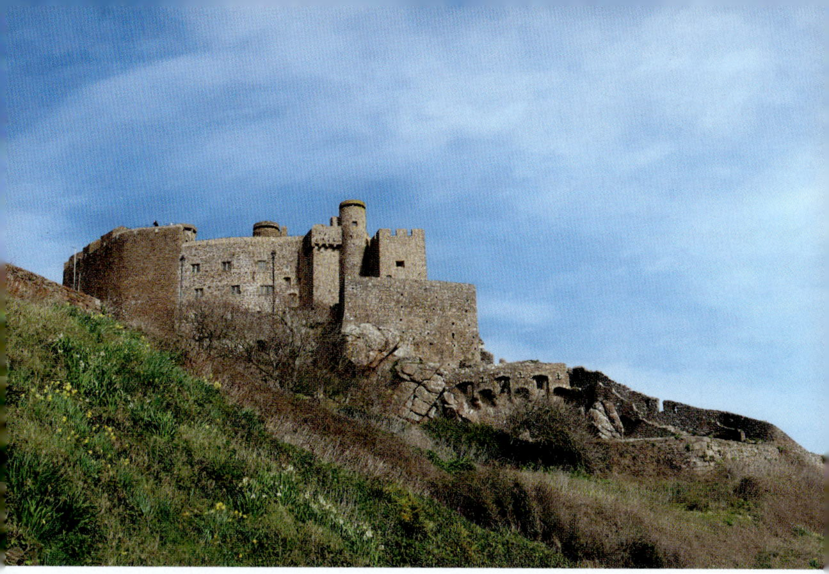

Das wehrhaft liegende Mont Orgueil Castle war im Mittelalter uneinnehmbar.

deren hintere von einem 24 t schweren Deckstein geschützt wird, während die vordere Kammer offen ist.
Wir wenden uns wieder zur Rue des Marettes und folgen ihr rechts südwärts. In einer Rechtskurve zweigen wir links in die mit Radwegweiser versehene Straße mit einer Mauer auf der rechten Seite. Nach 50 m bietet sich ein prächtiger Blick auf die Bucht von Gorey mit dem Mont Orguil Castle. Hier folgen wir dem halb links abwärtsführenden Radweg, der eine schönere Aussicht bietet als der nach rechts ausgeschilderte Public Footpath nach Gorey. Bei einem Tempo-30-Schild queren wir schräg links die Hauptstraße und folgen geradeaus dem deutlichen Weg auf die Burg zu. Nach einer Rechtskurve leitet der Weg durch ein Portal in den unteren Vorhof vom **Mont Orgueil Castle** 8, wo links die Eintrittskarte für den empfehlenswerten Besuch der 800 Jahre alten Anlage gelöst werden kann, die früher von 136 Armbrustschützen verteidigt wurde.
Vom unteren Vorhof führen gegenüber vom Tickethäuschen des Jersey Heritage unscheinbar Stufen abwärts und unter der Mauer hindurch zu einer Wiese. Wir folgen dem Pfad nach einer Linkskurve und vorbei an zwei Steinen, wo die verschiedenen Schreibweisen der Burg und des Ortes seit dem Mittelalter eingraviert sind. Der Pfad leitet zu einem Spaliergang, an den sich eine Treppe abwärts zum Hafen von Gorey anschließt. Dort halten wir uns rechts und erreichen nach wenigen Minuten den Hauptplatz am Hafen mit Parkplatz und der **Bushaltestelle Gorey Pier** 9.

↗ 30 m | ↘ 30 m | 13,2 km

7 Coastal Path 7: Gorey – Saint Helier

3.30 h

Küstenwanderung im Südosten von Jersey

Diese Küstenwanderung erschließt den dichter besiedelten und früher stark befestigten Südosten der Insel – auf Promenaden und entlang dem Strand sowie über Wattboden. Am Schluss passieren wir auf einem Radweg den großen Jachthafen von St. Helier – dieses Teilstück ließe sich mit dem Bus aber auch meiden. Am besten unternimmt man diese Tour bei niedrigem Gezeitenstand, wenn statt der Promenade neben der Straße das stellenweise felsige Wattenmeer zum Wandern einlädt. Zwischen Gorey und St. Helier verkehrte zwischen 1872 und 1929 die Jersey Eastern Railway, von deren Streckenverlauf aber nur noch punktuell Abschnitte erkennbar sind.

Ausgangspunkt: Gorey Pier mit Parkmöglichkeit am Hafen entlang der Gorey Coast Road (Navi: Gorey Pier, Jersey JE3 6ET) oder oberhalb an der Le Mont de Gouray (Navi: Le Mont de Gouray, Gorey, Jersey JE3 6ET). Alternativ kann entlang der Tour an vielen Punkten am Seitenstreifen der Küstenstraße geparkt werden.
Endpunkt: Liberation Square zwischen Hafen und Zentrum von St. Helier mit schwieriger Parksituation: Kurz vor dem Endpunkt gibt es oberhalb vom Hafen ein sechsstöckiges Parkhaus (Navi: Pier Road Pier Road Multi Storey, 31 Pier Rd, St Helier, Jersey JE4 8PW).
ÖPNV: Start- und Endpunkt sind mehrmals stündlich durch die Buslinien 1, 1a und 2 miteinander verbunden, libertybus.je. Buslinie 1 hält auch an vielen Punkten unterwegs, so dass sich die Tour beliebig abkürzen lässt.
Anforderungen: Leichte Wanderung über Strand, Wattboden, Uferpromenade sowie am Schluss Radweg. Am Wattboden können stellenweise Felsen und Algenteppiche sowie – je nach Wasserstand – Wasserpfützen das Gehen erschweren. Auf den Gezeitenstand achten!
Markierung: Keine, mit Ausnahme von Radwegweisern im letzten Abschnitt.
Einkehr: Zahlreiche Einkehrgelegenheiten unterwegs.
Kombi-Tipp: Küstentour 6 nordwärts sowie Stadtwanderungen 20 und 21 in St. Helier.
Tipp: In Gorey Mont Orgueil Castl sowie in St. Helier Jersey Museum und andere Sehenswürdigkeiten.

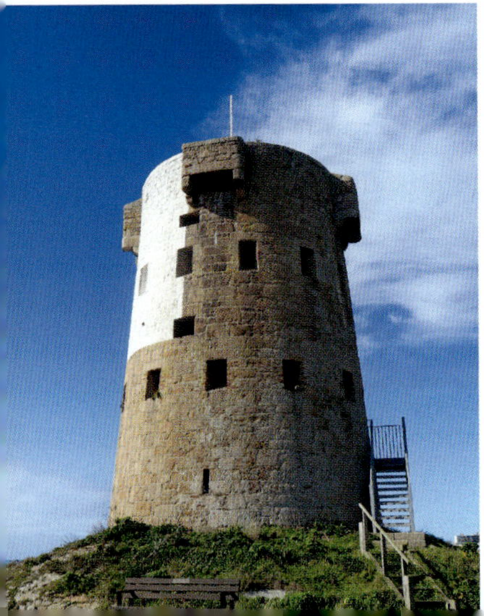

Die weiße Fläche des im 18. Jahrhundert errichteten Le Hocq Tower dient der Schiffsnavigation.

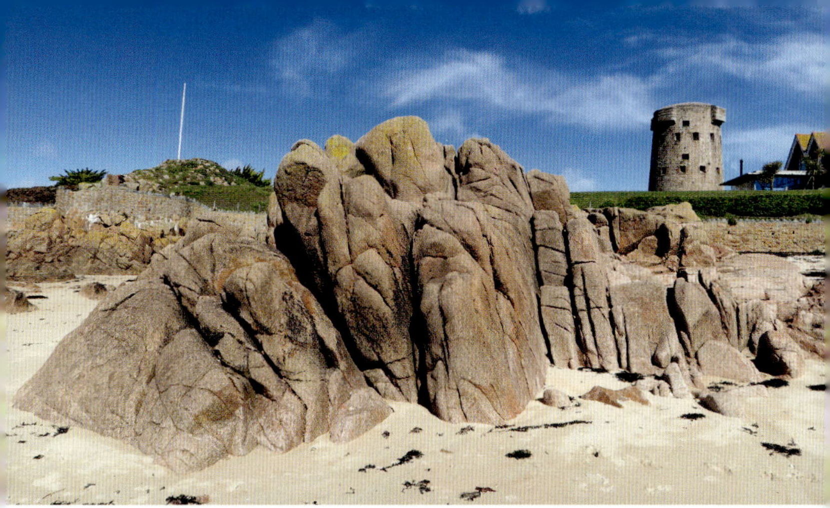

Bei La Roque im Südosten Jerseys tritt der gleichnamige Granit zutage.

Am **Gorey Pier** ❶ mit der gleichnamigen Bushaltestelle starten wir zunächst auf der Uferpromenade, Mont Orgueil Castle im Rücken. Am Ende der Promenade wechseln wir auf die rechts verlaufende Küstenstraße und zweigen nach 200 m vor dem Parkplatz auf der linken Seite nach links. Vorbei am Toilettenhäuschen und danach rechts. Der Pfad führt küstenparallel über eine Wiese mit mehreren Bänken und Blick auf die Gouville Bay, bekannt für Austernzucht. Wir passieren zur Rechten das ehemalige Fort William – heute eine Privatresidenz – und kurz darauf einen Golfplatz. Inmitten der Golfanlage steht auf Höhe eines seeseitigen Zweiter-Weltkrieg-Bunkers trutzig das **Fort Henry** ❷ aus dem Jahr 1758, früher auch Fort Conway genannt. Davor und danach bieten mehrere Treppen die Alternative, bei Niedrigwasser unten am Strand weiterzugehen. Andernfalls gehen wir am Ende des Golfplatzes geradeaus entlang der Uferpromenade und steigen an deren Ende vor dem zu einer Privatwohnung umgebauten **Fauvic Tower** ❸ aus den 1780er Jahren links zum Ufersaum ab; dort weiter südwärts. Dieser Turm wurde genauso wie der folgende vor mehr als 100 Jahren durch den Arzt Walter Falla vom Staat erworben für aus heutiger Sicht lächerliche Beträge (in Klammern die heutige Kaufkraft); der Fauvic Tower (Nr. 4) für 160 £ (24.000 £), der folgende Turm für 60 £ (9000 £).
1,2 km nach dem Fauvic Tower passieren wir den **La Roque Tower** (nach der offiziellen Zählung No. 1). Kurz darauf wird der Küstenbereich felsiger und steiniger, so dass sich eine kurze Passage auf dem Bürgersteig neben der Straße anbietet. Die Küstenlinie schwenkt nach rechts und erreicht bei der Mole von **La Roque Harbour** ❹ den südöstlichsten Punkt der Insel –

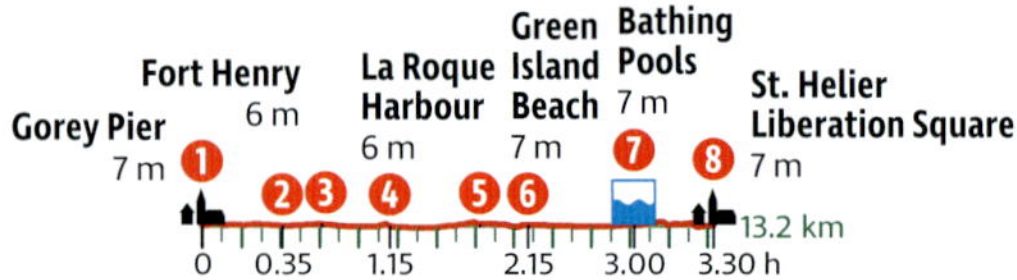

Letzterer ist streng genommen am Ende der gerundeten Mole erreicht. Vor deren Bau mussten wie bei anderen Häfen die Fischerboote mühsam über die Hochwasserlinie gezogen werden. Roque Harbour war Schauplatz der Invasion französischer Truppen, die aber in der Battle of Jersey 1781 geschlagen wurden. 2 km vor der Küste steht im Meer der Seymour Tower – bei Niedrigwasser zu Fuß erreichbar.

Hinter der felsigen Landspitze wird das Ufer wieder sandiger und lädt zum Strand- bzw. Wattwandern ein – bei entsprechendem Wasserstand. Bei der nächsten felsigen Landzunge mit dem auffälligen **Le Hocq Tower** 5 gehen wir über die Bootsrampe aufwärts und setzen die Strandwanderung nach der Treppe hinter dem Turm fort. Bei der folgenden Saint Clements Bay reichen einige Felsrücken bis an das Ufer heran. Am Ende der Bucht kann die felsige Halbinsel von Green Island nur bei relativ niedrigem Wasserstand auf dem steinübersäten Wattboden umgangen werden, alternativ müssten wir vorher entlang der Straße etwas landeinwärts gehen.

Nach der felsigen Halbinsel passieren wir den sandigen **Green Island Beach** 6, an dessen Ende ein schmaler Sandstreifen zwischen Felsen und der Küs-

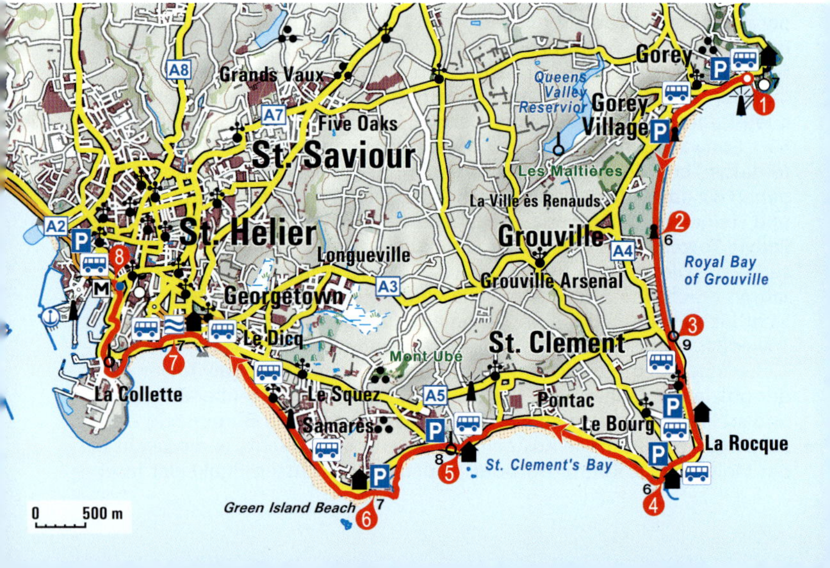

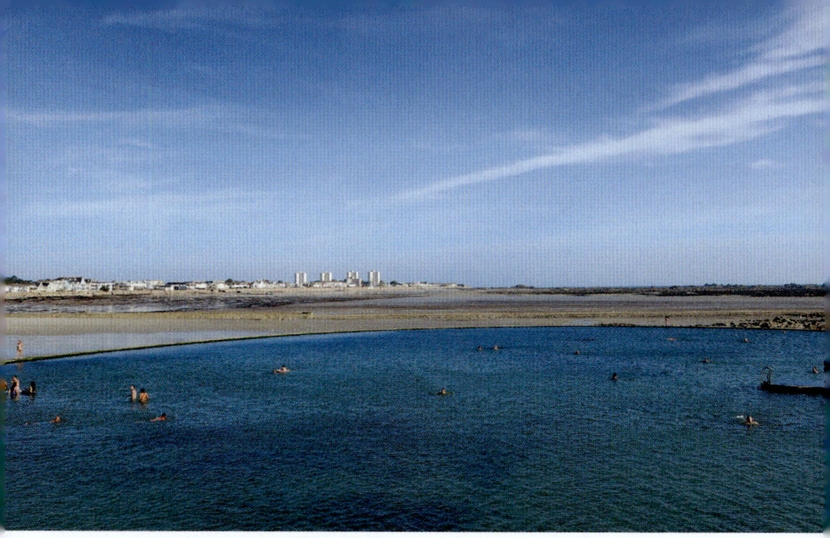

Seit 1895 erlauben die Bathing Pools das Baden auch bei Niedrigwasser.

tenschutzmauer einen Durchgang bietet – die Stadtsilhouette von St. Helier im Blick. Der markante Turm zur Linken gehört zur Energy Waste Plant La Collette. Das im Jahr 2010 eröffnete Müllheizkraftwerk am Hafen verbrennt jährlich 100.000 t Müll – umgerechnet 1 t pro Insulaner!

Bei der dritten Bootsrampe gehen wir der Einfachheit halber rechts kurz landeinwärts, andernfalls müssten wir am Ufer die Schutzmauer des folgenden Lido überqueren. Nach der Bootsrampe zweigen wir beim Kreisverkehr (Have des Pas) nach links und wechseln nach etwa 150 m kurz hinter dem Hotel Ommaroo auf die Promenade. Links liegen die **Bathing Pools** 7 – anders als der benachbarte und auf Veranstaltungen spezialisierte Lido frei öffentlich zugänglich. Das halbkreisförmige Becken bietet seit mehr als 130 Jahren die Möglichkeit zum gezeitenunabhängigen Baden – so mancher Insulaner hat hier das Schwimmen erlernt.

Die Uferpromenade ist bald als Fuß- und Radweg Richtung Zentrum ausgeschildert (»Town centre via Old Harbours«). 10 Minuten nach den Pools schwenkt der Weg vor dem Gewerbegebiet mit der Waste Plant nach rechts. Bei der Zufahrt unter den Röhren hindurch und danach zweimal rechts haltend Richtung Town centre. Vor dem Hafenbecken quert der Rad-/Fußweg die Straße und führt an deren linker Seite an den ersten Hafenbecken entlang. Wir folgen dem Weg entlang der Kaimauer und queren hinter einem kleinen Platz mit der an ein Dampfschiff erinnernden Steam Clock die vierspurige Küstenstraße, hinter der wir den zwischen Hafen und Zentrum von **St. Helier** liegenden **Liberation Square** 8 erreichen.

↗ 30 m | ↘ 30 m | 3,1 km

1.00 h

8 Queen's Valley Reservoir

Runde um den Speichersee

Oberhalb von Gorey lädt im Osten der Insel ein kleines Wasserreservoir zu einer überschaubaren Runde auf leichtem Weg ein. Der Stausee ist der jüngste und mit einem Fassungsvermögen von 1,2 Milliarden Litern (ein Würfel mit einer Kantenlänge von 110 Metern) der größte Jerseys. Landesweite Bekanntheit verdankt das Queen's Valley Reservoir einer BBC-Detektivserie aus den 1980er-Jahren: Deren Hauptfigur Jim Bergerac wohnte in den Filmen in dem einzigen Haus des Tals, das beim Dammbau 1991 geflutet werden musste. Das Schicksal wurde in in der vierten Serie thematisert, in der Jim Bergerac infolge des geplanten Dammbaus eine neue Immobilie sucht und sich dabei in eine Maklerin verliebt.

Ausgangspunkt: Carpark Queen's Valley Reservoir (Navi: Reservoir Parking, La Rue d'Aval, St. Martin, JE3 6ER, Jersey).
ÖPNV: Bushaltestelle Queen's Valley nördlich des Stausees an der La Rue d'Aval, 50 m vom Ausgangspunkt, mit Linie 13 überwiegend stündlich Richtung St. Helier, Gorey und Jersey Zoo, libertybus.je.

Anforderungen: Sehr leichte Wanderung über gut ausgebauten barrierefreien Weg.
Markierung: Keine Wegweiser, aber die Wegführung spricht für sich.
Einkehr: Keine.
Varianten: Die Tour lässt sich mit zwei Querwegen über das Reservoir variieren – nach 500 m sowie 2,8 km.

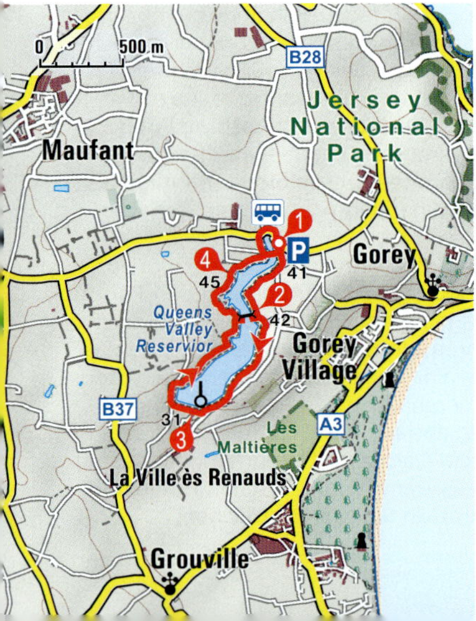

Vom **Carpark Queen's Valley Reservoir** ❶ leitet ein Weg einladend direkt über den Stausee, für unsere Runde im Uhrzeigersinn nehmen wir aber den links durch das Gatter führenden breiten Gehweg entlang dem Ostufer. Nach 500 m wäre rechts eine Abkürzung über eine **Steinbrücke** ❷ möglich. Der Rundweg schwingt am Südufer des Sees rechts über den mit Steinen gefüllten **Damm** ❸, der aus einem Bitumenbetonkern besteht und einen schönen Blick auf das breite Queen's Valley unterhalb bietet.

Am Ende des Damms folgen wir dem jetzt etwas schmaleren, aber immer noch gut ausgebauten Weg entlang dem Westufer. Wir passie-

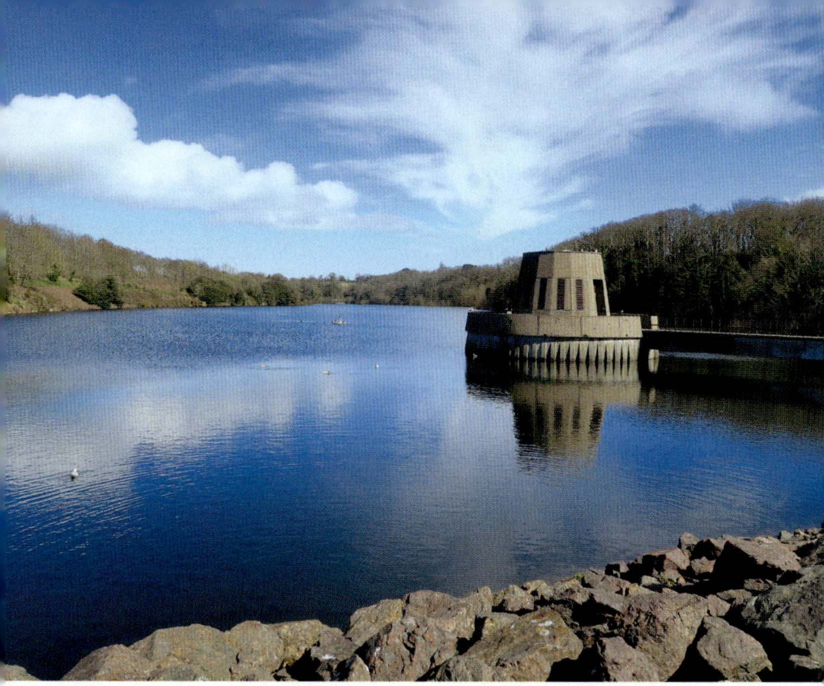

Das friedliche Queen's Valley Reservoir ist durch einen BBC-Krimi bekannt.

ren die beiden über den See führenden Brücken – mögliche Abkürzungen, bzw. Varianten. Bei einem birkenbestandenen **Grashang** ❹ ignorieren wir links abzweigende Wege und folgen rechts haltend dem Uferweg. Die Gebäude oberhalb gehören zum St. Saviour's Hospital mit dem repräsentative massiven Steinbau des Queen's House. Die Anlage diente seit 1868 als psychiatrische Klinik, heute allerdings nur noch im Nebengebäude Orchard House. Eine Umgestaltung und -nutzung der Anlage ist in Planung, wobei die Schaffung bezahlbaren Wohnraums im Fokus steht.
Der Uferweg leitet vorbei an der Brücke zum Nordzipfel des Sees, den wir unterhalb der Straße umrunden, ehe wir wieder den **Carpark Queen's Valley Reservoir** ❶ erreichen.

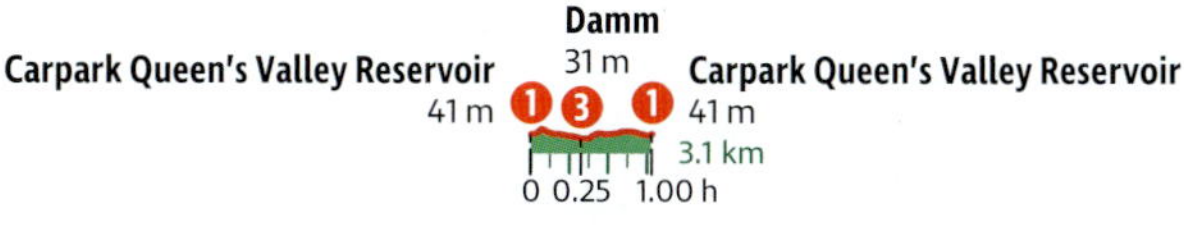

↗ 270 m | ↘ 270 m | 9,4 km

9 St. Catherine's Breakwater und Woods

3.00 h

Rundwanderung im Nordosten

Im Nordosten der Insel liegen versteckt mehrere Seitentäler mit üppiger Vegetation, etwas das La Vallee de Rozel oder St. Catherine's Woods – mit 18 Hektar Fläche der drittgrößte Wald der Insel. In Letzterem haben viele Bäume die großflächige Abholzung im Zweiten Weltkrieg überstanden – damals wurden 200.000 Bäume primär für Brennzwecke gefällt. Neben dem Wald erwarten uns bei dieser Rundwanderung schöne Küstenabschnitte, ein Steinzeitgrab sowie Landgüter und Höfe im Inselinnern.

Ausgangspunkt: St. Catherine an dem bekannten 1 km langen Breakwater mit Bushaltestelle und Parkplatz (Navi: La Rte de Ste Catherine, Jersey JE3 6DD).
ÖPNV: Bushaltestelle St. Catherine am Startpunkt mit stündlichen Verbindungen der Linie 2. Unterwegs werden folgende Haltestellen stündlich von Linie 3 bedient: La Saie vor ❹, Rozel Apple Cottage bei ❹ und Rue de Belin bei ❻, libertybus.je.
Anforderungen: Leichte Wanderung über Wald- und Küstenwege sowie kleine Straßen. Einige Abschnitte im Waldgebiet von St. Catherine's Woods können bei oder nach nassem Wetter schlammig sein.
Markierung: Stellenweise Wegweiser.
Einkehr: Einkehrgelegenheiten am Start- und Endpunkt sowie unterwegs an der Rozel Bay.
Varianten: Bei sehr hohem Wasserstand nehmen wir anfangs in Rozel Bay den nördlichen Hafenausgang (La Breque du Nord) und zweigen bei der ersten Kreuzung links in die Mont de Rozel, auf der wir vorbei an der Bushaltestelle wie beschrieben Rozel verlassen.
Kombi-Tipp: Küstentouren 5 ost- und 6 weiter südwärts.

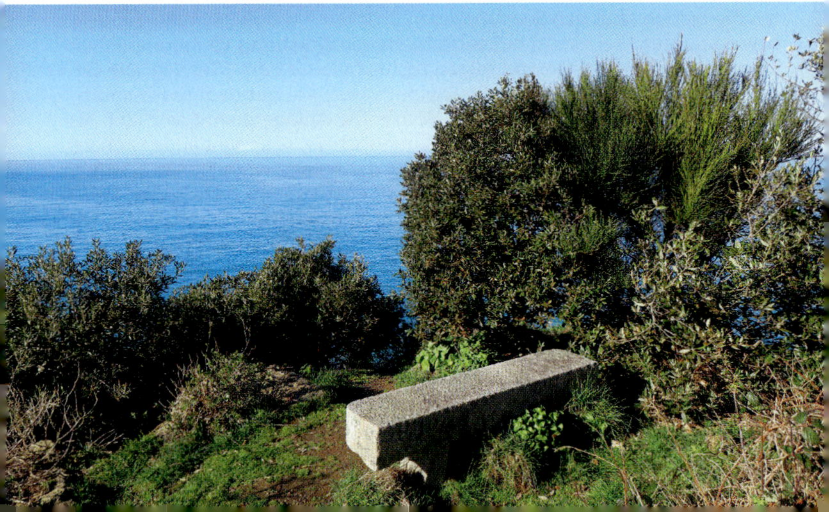

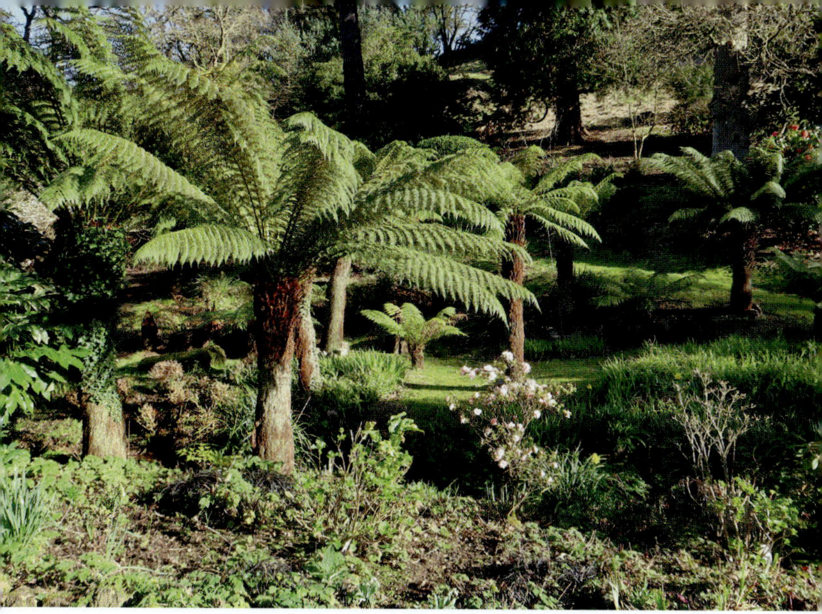

Oben: Im geschützten Vallée de Rozel gedeihen tropische Exoten wie Baumfarne.
Links: Beim Dolmen Le Couperon bietet diese Bank einen schönen Küstenblick.

Die Hafensiedlung **St. Catherine** ❶ wird wie die ganz Bucht dominiert von der 1 km langen Mole – angelegt um 1850 als Wellenbrecher. Eine zweite, südliche Mole sollte folgen: Die britische Marine plante einen großen Marinehafen als Antwort auf entsprechende Hafenerweiterungen im normannischen Le Havre, stellte das Projekt aber wegen zu flachen Wassers ein. Heute profitieren Wassersportler wie etwa Kanuten von dem Wellenschutz. An der Basis der Mole folgen wir der Straße rechts vorbei am Breakwater Café und nehmen nach 100 m den rechts abzweigenden Pfad (Schild: »Footpath to Fliquet«). Nach kurzem Anstieg leitet rechts haltend eine kleine Straße zum **Fliquet Tower** ❷ mit der vorgelagerten gleichnamigen Bucht. Der Turm trägt den Beinamen »Telegraph Tower« wegen eines zur Zeit des Zweiten Weltkriegs wichtigen Unterwasserseekabels, das die

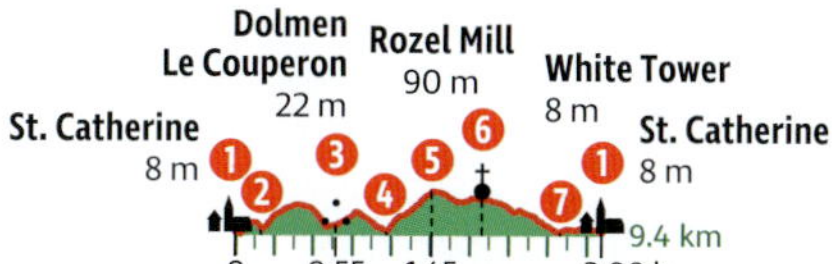

deutschen Besatzer zur Kommunikation mit dem französischen Festland nutzten.

Am Turm vorbei wandern wir entlang der Straße in Kurven aufwärts und zweigen bei der ersten Kreuzung rechts ab in die La Rue du Scez. Nach einer Linkskurve ignorieren wir die Abzweigung nach rechts. Die kleine Straße senkt sich bald in Wald, wo wir in einer scharfen Rechtskurve kurz vor der Küste geradeaus gehen und nach 50 m bei einer freien Fläche rechts zum jungsteinzeitlichen **Dolmen Le Couperon** 3 abzweigen mit einer aussichtsreichen Bank dahinter. Die mehr als 5000 Jahre alte Megalithanlage ist 8 m lang. Der westliche der sieben Decksteine ist zerbrochen.

Durch lichten Wald geht es weiter abwärts, bis wir nach einem Bach und zwei scharfen Kurven bei einer Bushaltestelle eine Straße erreichen, die uns rechts nach Rozel führt (»Mont de Rozel«). Bei dem Bushäuschen der Haltestelle Rozel Apple Cottage lohnt sich ein kurzer Abstecher zum Gezeitenhafen **Rozel Bay** 4 mit Blütezeit im 19. Jh. durch Austernfischerei.

Bei der Kreuzung am Bushäuschen leitet die kleine Straße vorbei am The Rozel Inn landeinwärts. Das kleine Seitental ist ein Botanikparadies mit Exoten wie Palmen und Baumfarn. Die links abzweigende Rue de Caen ignorieren wir und halten uns bei der T-Kreuzung nach dem Turmrest der **Rozel Mill** 5 links. Die auf das Mittelalter zurückgehende und im Jahr 1919 »geköpfte« Windmühle diente seit 1919 als Seezeichen für Fischer und im Zweiten Weltkrieg als Beobachtungsposten M6 der deutschen Artillerie. Bei der nächsten Abzweigung rechts (Rue du Blanc Pignon) und danach

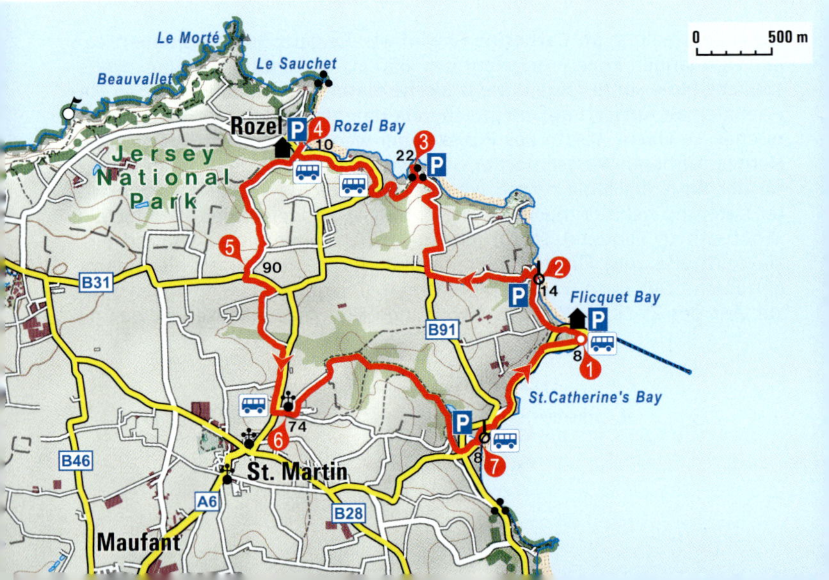

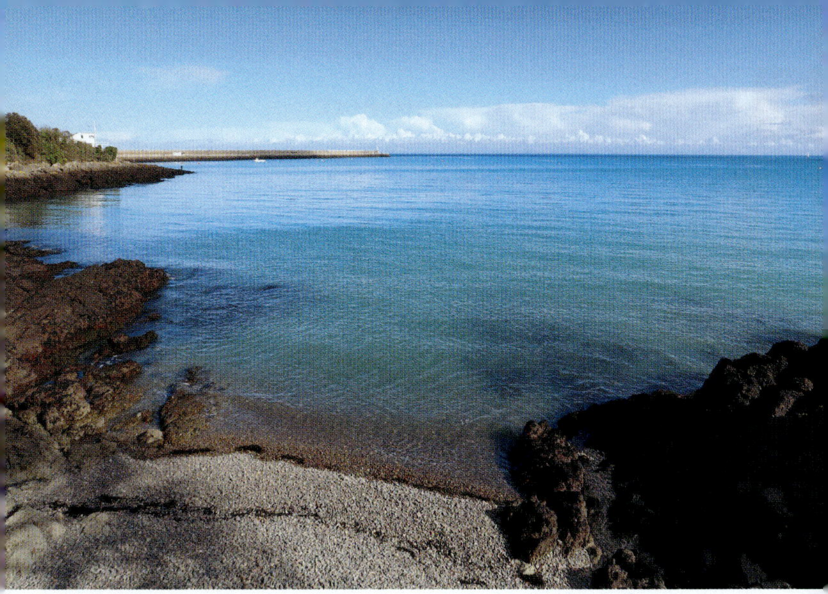

Die lange Mole der St. Catherines Bay erinnert an die frühere Hafenplanung.

links (Rue de la Pallotterie), nach wenigen Minuten vorbei an großen Bambuspflanzen.

Bei einem Schild, das das Ende dieser Green Lane anzeigt, schwenken wir rechts in die Grande Route de Rozel und verlassen vor einer Bushaltestelle links die Straße Richtung Methodist Church und St. Catherine. 30 m hinter der **Methodist Church** ❻ zweigen wir nach links ab (»Public footpath to St. Catherine and Rozel«) und folgen der kleinen Straße vorbei am Privatparkplatz der Kirche (links) und gleich darauf einer Antennenanlage der Flugsicherung (rechts).

Vor einer Mauer mit weißem Tor folgen wir der Einbahnstraße nach links, die sich kurz darauf verjüngt und abwärts in das bewaldete Tal mit St. Catherine's Woods führt. Nach 250 m wählen wir bei einer Gabelung mit einem Gatter unten im Tal die rechte Variante rechts vom Bach, der nach 10 Minuten mehrmals über Steine gequert wird.

Kurz darauf endet der idyllische Weg und erreicht hinter dem unter deutscher Besatzung angelegten Wasserreservoir Le Maseline einen Parkplatz. Dessen Zufahrt leitet zur küstennahen Rue du Moulin. Nach deren Querung geradeaus auf einem Pfad durch lichten Wald, nächste Straße kurz links und beim »Lifeboat«-Gebäude rechts zur Küste mit dem **White Tower** ❼. Hier führt links der Küstenweg zurück nach **St. Catherine** ❶ mit dem schon weithin sichtbaren Breakwater.

↗ 190 m | ↘ 190 m | 3,6 km

10 Les Platons und La Crête Fort

1.00 h

Runde am höchsten Berg Jerseys

Der relativ dünn besiedelte Norden der Insel bietet schroffe Felsabhänge und eine Hochfläche, die bereits vor 5000 Jahren in der Jungsteinzeit besiedelt war. Diese Tour bietet in geografischem Sinne den Höhepunkt Jerseys; an diesem Küstenabschnitt erhebt sich der 143 Meter hohe Les Platons. Der Gipfel ist mit einer Variante erreichbar, schöner als der radarbestandene Hügel ist aber die beschriebene Strecke entlang des aussichtsreichen Nordhangs. Auf dem Rückweg passieren wir ein altes Fort aus dem 19. Jahrhundert, ehe wir wieder zum Ausgangspunkt aufsteigen.

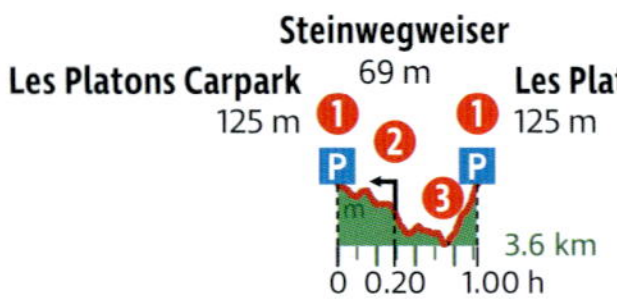

Ausgangspunkt: Les Platons Carpark (Navi: Rue des Platons, Trinity, Jersey JE3 5AA).
ÖPNV: Am Anfangspunkt Bushaltestellen Betchet es Cats sowie 30 m landeinwärts La Mare des Pres, beide mit Linie 4 (alle 1 bis 2 Stunden) nach/von St. Helier, libertybus.je.
Anforderungen: Mittelschwere Wanderung über Kliff- und Wiesenwege.
Markierung: Meist Wegweiser »Footpath«.
Einkehr: Keine, außer gelegentlich einem mobilen Bistro am Ausgangspunkt.
Varianten: 1. Über Les-Platons-Gipfel: Bei der Gabelung 300 m nach ❶ gehen wir rechts und folgen nach 100 m links dem breiten Schotterweg auf das Gipfelplateau mit dem Radar. Nach dem Radar und danach links haltend 200 m abwärts zum beschriebenen Upper Path; dort weiter rechts. Diese »Gipfelstürmer-Variante« auf den höchsten Berg der Insel bietet wegen der Radaranlage allerdings eher weniger Weitsicht als der beschriebene Hangweg.
2. Abkürzungsmöglichkeit am Ende kurz vor ❸; dazu 250 m vor ❸ links aufwärts.
Kombi-Tipp: Küstentour 5.

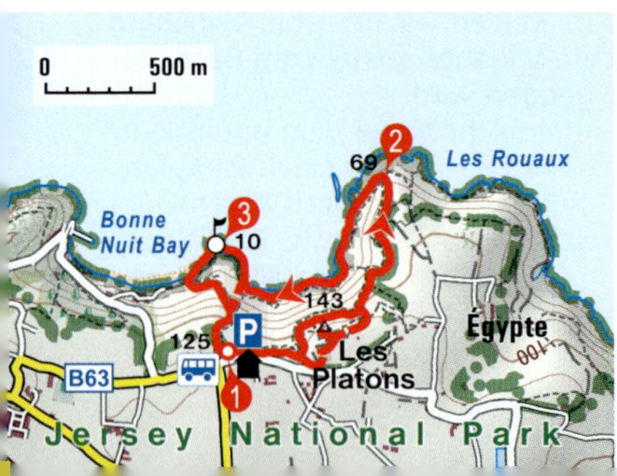

Am **Les Platons Carpark** ❶ bieten mehrere Bänke ein tolles Panorama auf die unterhalb liegende Nordküste Jerseys. Die Tour beginnt rechts von den Bänken; auf breitem Weg gehen wir zwischen zwei kleinen Betonpfählen und Sträuchern mit Blick auf die Radaranlage vom Les Platons, die der Luftraumüberwachung dient. Nach 300 m schwen-

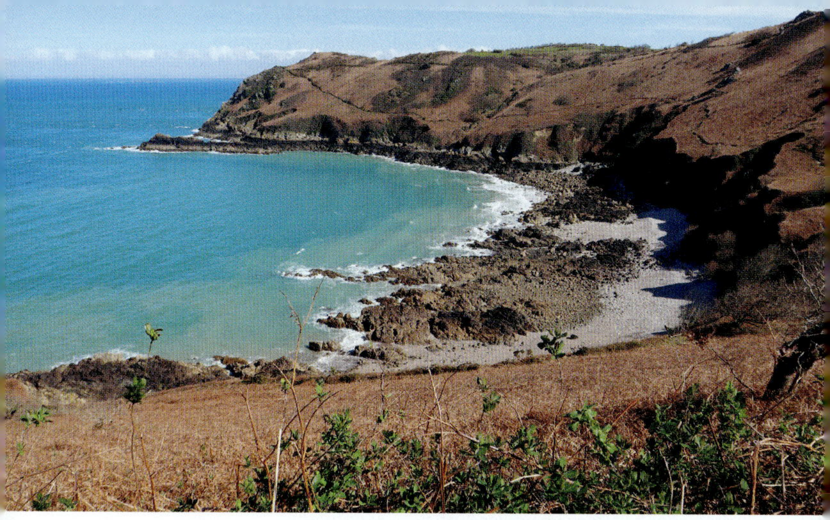

Hinten im Bild sind obere und untere Variante des Coastal Path erkennbar.

ken wir bei einer Gabelung unterhalb vom Les Platons nach links und umgehen den Berg auf aussichtsreichem Weg an dessen Nordhang – alternativ rechts über den Berg (→ Variante). Abzweigungen ignorieren wir und erreichen nach 1 km bei einem **Steinwegweiser** ❷ einen unterhalb verlaufenden Weg – den »Lower Path« des Küstenweges. Diesem folgen wir scharf links mit Blick auf die Bouley Bay und davor der Halbinsel mit dem L'Étacquerel Fort. Im Hintergrund sind die Inseln Sark und Guernsey am Horizont erkennbar.

Abzweigende Wege werden ignoriert – wie etwa der nach 1 km links aufwärtsführende Pfad (> Variante 2). Wenige Minuten später erreichen wir das im 19. Jh. erbaute **La Crête Fort** ❸, in dem authentisch übernachtet werden kann (jerseyheritage.org) – ohne Strom und fließend Wasser.

Wir folgen dem breiteren Weg links am Fort vorbei. Aber nur für 150 m, dann steigen wir scharf links auf dem ausgewiesenen »Upper Path« auf. Nach 300 m mündet von links der abkürzende Weg ein. Wir steigen rechts weiter auf und erreichen nach einem Linksschwenk wieder den aussichtsreichen **Les Platons Carpark** ❶.

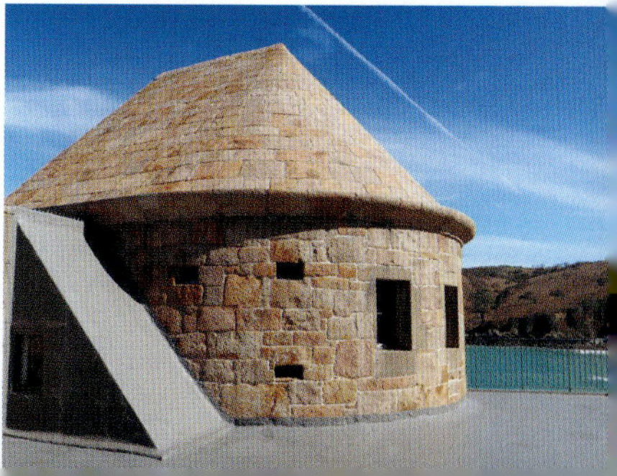

Das La Crête Fort aus dem 18. Jahrhundert ist an drei Seiten von Wasser umgeben.

↗ 270 m | ↘ 270 m | 6,5 km

11 Devil's Hole – Sorel Point

2.00 h

Rundwanderung bei nördlicher Halbinsel

Der landschaftlich vielseitige Norden Jerseys wird von Tiefengestein geprägt, das vor 500 Millionen Jahren als Magma aus der Tiefe aufgestiegen ist; darunter rosafarbener Granit, dunkler Diorit und gräulicher Hornblende-Gabbro. Diese Rundwanderung erschließt eine Hochfläche an der Sorel im Westen des Ronez Quarry, einem der größten Steinbrüche der Insel. Die Tour beginnt nahe dem bekannten Devil's Hole, einem 30 Meter tiefen Felsloch an der Küste. Die durch die Wellen zusammengedrückte Luft lässt beim Entweichen ein brüllendes Geräusch ertönen, das die Insulanerfantasie an den Teufel denken ließ. Der Küstenweg leitet anschließend zum vegetationsreichen Seitental Mourier Valley, wo die Runde über die aussichtsreiche Hochfläche vor Sorel Point beginnt.

Ausgangspunkt: Devil's Hole mit Einkehrgelegenheit, gleichnamiger Bushaltestelle und Parkplatz (Navi: La Grande Rue, Jersey JE3 3BD).
ÖPNV: Bushaltestelle Devil's Hole mit Linie 7 (stündlich) Richtung St. Helier, libertybus.je.
Anforderungen: Mittelschwere Wanderung über stellenweise schroffere Kliffpfade und kleine Straßen.
Markierung: Stellenweise Wegweiser »Footpath«.
Einkehr: Einkehrgelegenheit am Startpunkt: The Priory Inn.
Varianten: Autofahrer können die Rundwanderung um 2,5 km verkürzen, indem sie direkt am Sorel Point parken, und auf den Abstecher zu Devil's Hole verzichten.
Kombi-Tipp: Küstentouren 3 west- und 5 ostwärts.

Am Parkplatz des **The Priory Inn** ❶ führt westwärts ein entsprechend ausgeschilderter Pfad erst durch ein Wäldchen, zuletzt neben einem Geländer oberhalb der Küste abwärts zum **Devil's Hole** ❷. Das 30 m tiefe Felsloch selbst ist anders als früher nicht begehbar, aber die Küste und der Weg dorthin beeindrucken auch ohne den Zutritt.

Auf demselben Weg gehen wir zurück zum **The Priory Inn** ❶ und wenden uns am Nordende des Parkplatzes nach links. Ein Schild »Footpath« weist uns den Weg durch ein Holzgatter, der sich dem Kliff und kurz darauf aussichtsreich dem **Mourier Valley** ❸ nähert. In diesem üppig bewachsenen Seitental halten wir uns bei einer Kreuzung rechts, gehen rechts vom Bach aufwärts und am Wassersammelbecken vorbei.

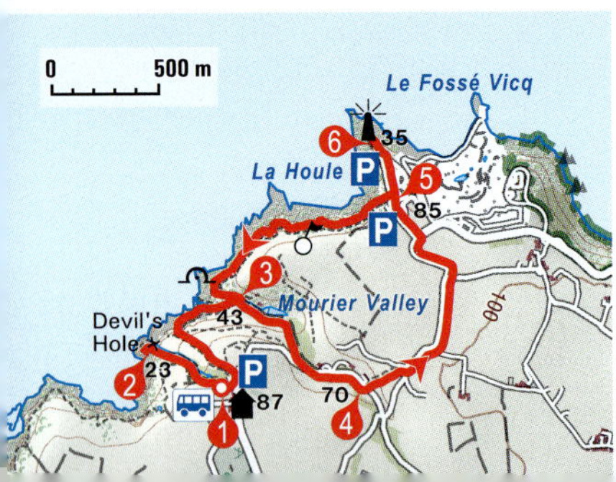

Der Weg mündet in eine Straße, der wir an Häusern vorbei aufwärts folgen. Nach 200 m bei der Auffahrt

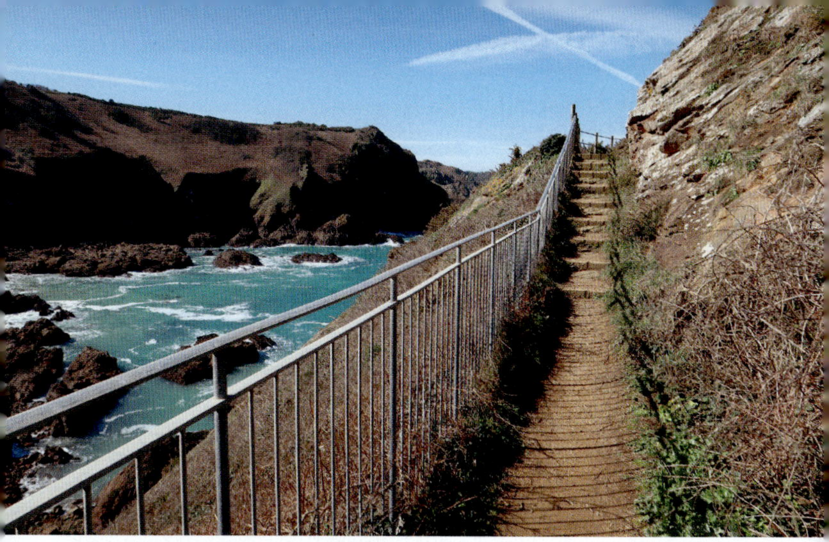

Gut gesichert führt der Zugang zu Devil's Hole.

zum im Jahr 2003 für 306.000 £ verkauften historischen Gebäude **London House** ❹ links und auf dem Pfad rechts am Haus vorbei aufwärts. Oben Straße rechts und nach 50 m links in die La Rue de Sorel. Bei einer Gabelung zweigen wir nach links (Temposchild 15) und nach 10 Minuten in der Rechtskurve vor dem Steinbruch links in die Zufahrt zum Sorel Point, Nach 200 m gehen wir beim **Parkplatz** ❺ geradeaus auf die Halbinsel mit dem Lighthouse und passieren einen weiteren kleinen Parkplatz. Hinter dem Lighthouse bietet sich von einer Plattform eine schöne Sicht auf **Sorel Point** ❻.

Zurück zum **Parkplatz** ❺ geht es auf bekanntem Weg und dort rechts haltend auf dem Kliffweg (Schild »Footpath«) mit schönem Blick auf die Inseln Sark und Guernsey. Eine Infotafel weist auf die nach mehr als 100-jähriger Abwesenheit wieder brütenden Alpenkrähen hin. Im bekannten Seitental **Mourier Valley** ❸ halten wir uns rechts und gehen auf bekanntem Kliffweg wieder zurück zum Parkplatz des **The Priory Inn** ❶.

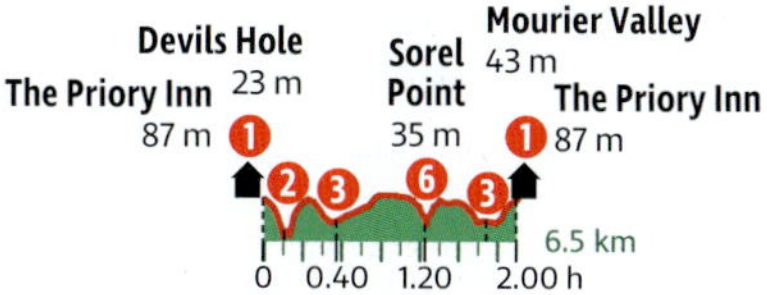

↗ 280 m | ↘ 280 m | 11,6 km

12 Grève de Lecq – L'Etacq

4.30 h

Runde bei Les Landes mit Küstenheide

Der Nordwesten Jerseys besticht durch schroffe felsige Küstenlandschaft, dominiert von dem 160 Hektar großen Gebiet von Les Landes mit atlantischer Küstenheide. Nach dem Start auf ruhigen Straßen durch das Landesinnere passieren wir diese beeindruckende Küste mit ihren Höhlen und Spuren vorgeschichtlicher Besiedlung. Auf halber Strecke passieren wir die Plémont Bay, bei Niedrigwasser mit dem schönstem Strand der Nordküste.

Ausgangspunkt: Grève de Lecq mit gleichnamiger Bushaltestelle und großem Parkplatz (Navi: Le Mont de la Grève de Lecq, Jersey JE3 2DT).
ÖPNV: Bushaltestelle Grève de Lecq zwischen Parkplatz und Baracken mit stündlichen Verbindungen der Linie 9 sowie unterwegs mehrere Haltestellen der Linie 8 von/nach St. Helier, libertybus.je.

Anforderungen: Leichte Wanderung anfangs über kleine Straßen und stellenweise Radweg 1, ab 4 Kliffwege mit nur mäßigen Steigungen.
Markierung: Anfangs Straßenschilder, später gelegentlich Wegweiser.
Einkehr: Schönes aussichtsreiches Café über der Plemont Bay, Grève de Lecq.
Kombi-Tipp: Küstentour 3 weiter ostwärts.

Vom mittelalterlichen Grosnez Castle sind nur noch Ruinen erhalten.

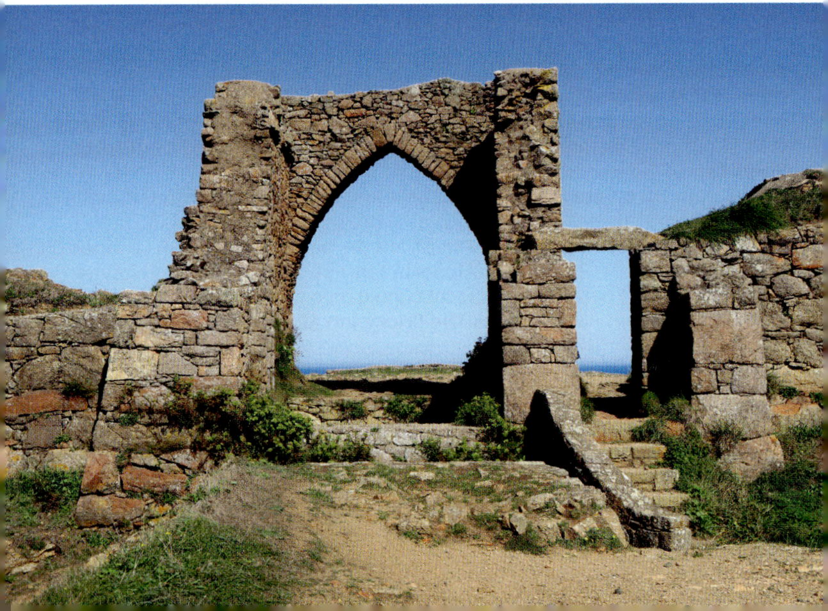

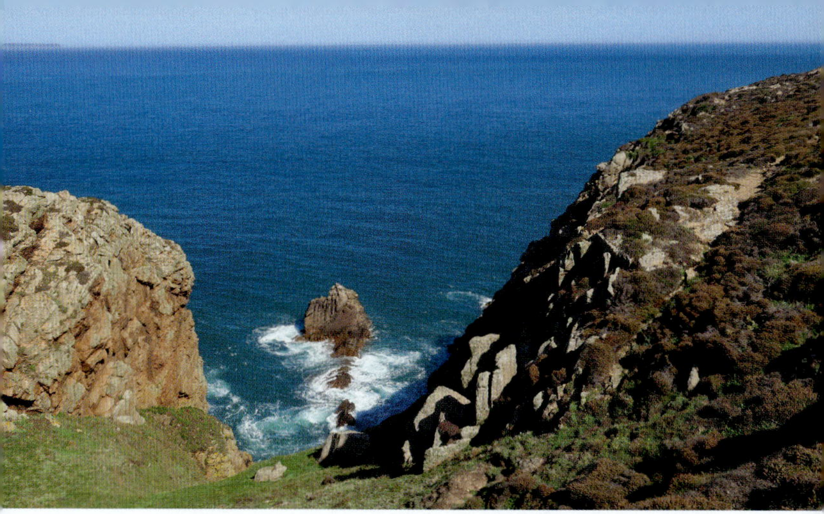

Die felsige Küste östlich von Grosnez Castle ist für ihre Höhlen bekannt.

Grève de Lecq ❶ war um 1800 ein strategisch wichtiger Ort an der Nordküste bei der Verteidigung gegen die Franzosen mit Geschützstellungen an beiden Seiten der Bucht und dem markanten Turm aus dem Jahr 1770 im Landesinnern auf dem heutigen Parkplatz. Unterhalb davon sind die ehemaligen Soldatenunterkünfte aus napoleonischer Zeit als einzige der Insel erhalten. Früher waren hier bis zu 250 Soldaten stationiert, heute kann sich jeder Urlauber in dem Luxusapartment »The Sergeant's Suite« einmieten.

Wir folgen zunächst der Straße rechts am Parkplatz vorbei landeinwärts und zweigen nach 5 Minuten in die halb rechts mit Pfeilern für Verkehr gesperrte kleine Straße Monte des Routeurs. Dieser von Bäumen gesäumte Hohlweg führt aufwärts und passiert zur Rechten ein Gehege, in dem oft Manx-Loaghtan-Ram-Schafe grasen. Diese mit dem ausgestorbenen Jersey-Schaf eng verwandte Rasse wurde 2008 vom National Trust for Jersey zur Landschaftspflege küstennaher Flächen eingeführt.

Bei Pfeilern und Häusern geradeaus mit Radweg-Markierungen, auch bei folgenden Abzweigungen (La Mont de la Ville Bago, später Le Petite Rue). Nach 5 Minuten erreichen wir eine größere Straße und folgen ihr für 100 m,

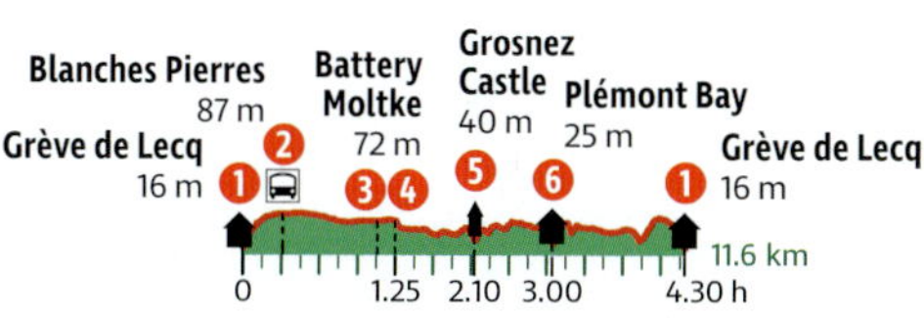

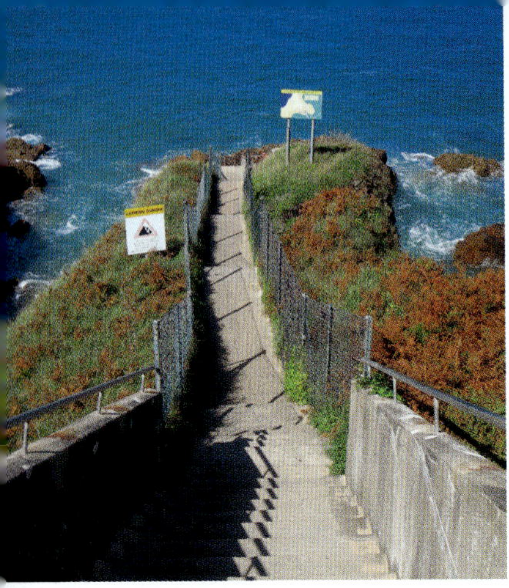

Der beliebte Strand der Plemont Bay ist bei Hochwasser nicht erkennbar.

um sie zusammen mit der Radwegmarkierung bei der Bushaltestelle **Blanches Pierres** ❷ nach links zu verlassen.
Bei der nächsten Abzweigung rechts (Radwegweiser, Rue de l'Étocquet) und bei den folgenden geradeaus (später La Ronde Cotte), auch wenn der Radwegweiser nach rechts zeigt. Nach einer langgestreckten Links- und anschließenden scharfen Rechtskurve queren wir die Route de Millais und gehen geradeaus (Profonde Rue), auch bei den folgenden Abzweigungen. Schließlich leitet die Route de la Villaise an die links zur Küste führende **Route des Landes** ❸ heran. Hier geradeaus durch das Gatter und auf breitem Fahrweg über freie Fläche zum nächsten Gatter. Hier queren wir die Straße, folgen der ausgewiesenen Zufahrt zur **Battery Moltke** ❹ und hinter deren rekonstruierter Kanone dem Klippenweg nach rechts mit schöner Sicht auf die schroffe Küstenlandschaft und das Meer. Vor einem Seitental mit Holzsteg ragt links der Brandungsfelsen Le Pinacle an der Küste auf, der am besten nach dem Seitental erkennbar ist.
Die weithin sichtbaren Mauern von **Grosnez Castle** ❺ mit dem dahinterliegenden Lighthouse markieren den nordwestlichsten Punkt dieser Tour

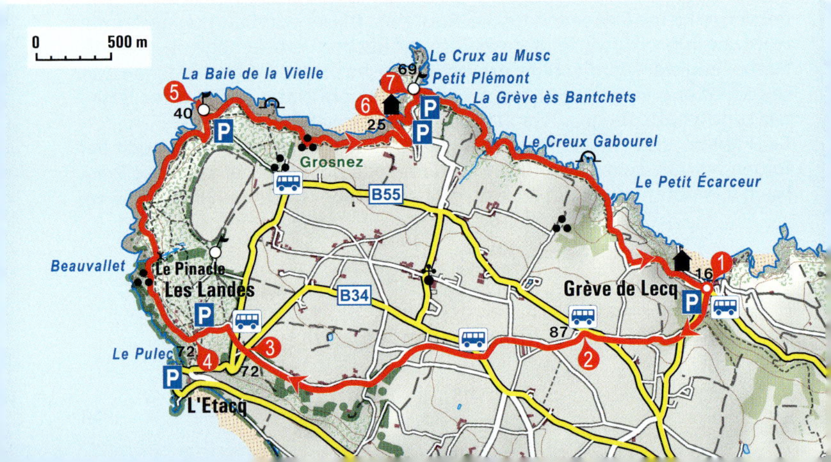

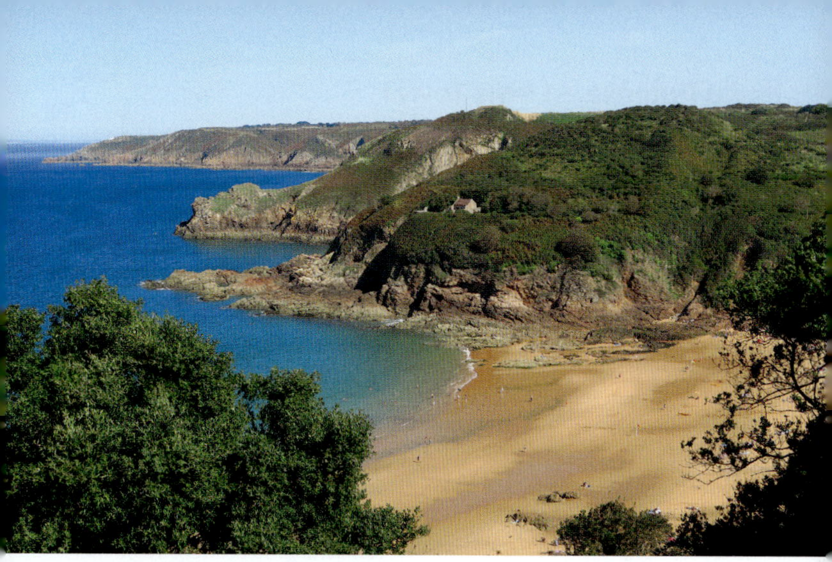

Grève de Leq bietet einen der wenigen Sandstrände der Nordküste Jerseys.

und von Jersey. Einige Mauern und das Tor der mittelalterlichen Burganlage sind noch erhalten, die schon 50 Jahre nach dem Bau von Franzosen eingenommen wurde.

Hinter der Burg folgen wir dem Kliffweg durch die offene, von atlantischer Küstenheide geprägte Landschaft der Halbinsel Les Landes, nach 500 m vorbei an der links liegenden steinzeitlich besiedelten **La Cotte à la Chèvre** (»Ziegenhöhle«). Der Küstenweg erreicht schließlich in einem Seitental eine Straße. Ein Schild »Footpath« weist geradeaus aufwärts, aber vorher lohnt sich links ein kurzer Umweg zur **Plémont Bay** ❻ mit aussichtsreicher Einkehrgelegenheit. Bei Niedrigwasser lockt in dieser Bucht einer der schönsten Stränd der Nordküste.

Unser Weg setzt sich gegenüber vom Café aufwärts fort über Stufen, an deren Ende der Kliffweg links zum geflochtenen Papageientaucherpaar **Two Giant Puffins** ❼ leitet. Von der Skulptur wandern wir seewärts zum turmartigen **Plemont Guardhouse** aus napoleonischer Zeit und dort rechts weiter auf dem ausgewiesenen Cliff Path Richtung Grève de Lecq.

Die Vegetation wird dichter, erst von Farn und Brombeeren, später von Wald geprägt. Nach einer kleinen Holzbrücke gehen wir links neben einem Bach durch Wald landeinwärts und hinter einer Holzsperre nach rechts (Wegweiser »Footpath«). Bei einem Haus folgen wir der Straße geradeaus und bei der nächsten Abzweigung links der Sackgasse. An deren Ende leitet ein Pfad abwärts zurück zum Ausgangspunkt **Grève de Lecq** ❶.

↗ 240 m | ↘ 240 m | 13,9 km

13 La Pulente – Lewis Tower

4.00 h

Strand und Dünen im Westen

Ein wenig Sahara-Feeling kommt auf beim Durchqueren der Dünen von Le Braye im Hinterland der St. Quen's Bay – anders als in Deutschland dürfen hier die Dünen betreten werden. Die Dünen bilden den Auftakt einer vielseitigen Rundwanderung im Westen Jerseys, bei der uns außerdem ein Steinzeitgrab sowie der größte Süßwassersee und der längste Strand der Insel erwarten. Der Hinweg führt durch das Hinterland, zurück wandern wir auf dem Strand oder oberhalb dessen Betonmauer – nicht etwa angelegt zum Küstenschutz, sondern als kilometerlange Antiabwehrmauer der deutschen Besatzer gegen mögliche alliierte Invasionen. Neben dem im Jahr 1835 erbauten Lewis Tower sorgen alte Bunker für Abwechslung, etwa mit einem Military Museum oder einem Bird Hide.

Ausgangspunkt: La Pulente Car Park Brelade mit Woodford Parkplatz am Churchill Park (Navi: La Route de la Baie, Jersey JE3 8EF).
ÖPNV: Bushaltestelle La Pulente 200 m südlich vom Ausgangspunkt. Zwischen dieser sowie weiteren Bushaltestellen entlang der Küstenstraße verkehrt Linie 22 im Stundentakt nach/von St. Helier, libertybus.je.
Anforderungen: Leichte Tour im ersten Teil großteils über Kliffwege, im zweiten Teil entlang der Uferpromenade oder – bei Niedrigwasser – über den Strand.
Markierung: Stellenweise Wegweiser und Markierung mit oben grün gestrichenen Pfählen.
Einkehr: Einkehrgelegenheit 200 m südlich von Start und Ziel sowie mehrere zwischen 6 und 7.
Varianten: 1. Abkürzung ohne Nordteil mit Dolmen und Lewis Tower (4,4 km

Die Dünen bei La Pulente kontrastieren zur übrigen Küste Jerseys.

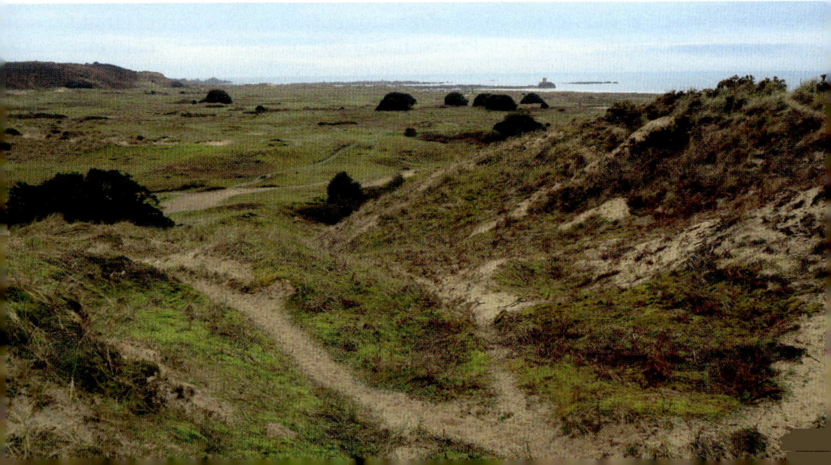

kürzer): 200 m vor ❸ bei Parkplatz des Naturreservats links, vorbei am Schlagbaum und auf deutlichem Weg Richtung Küste. Bei weiteren Schlagbäumen geradeaus und zuletzt auf der Zufahrtsstraße zu einem Parkplatz geradeaus zur Küstenstraße, dort kurz rechts, dann links zum Strandparkplatz vor der Panzerabwehrmauer zwischen ❺ und ❻.
2. Wiesenweg durch Naturschutzgebiet La Grand Thiebaut (200 m länger): 150 m nach dem Parkplatz bei ❹ rechts durch Gatter und aussichtsreich über oft von Ziegen begraste Wiesen- und Heidelandschaft; nach einer Linkskurve geht es nach einem weiteren Gatter zurück auf die Route.
3. der Rückweg ab ❹ ist wie angegeben oberhalb der Panzerabwehrmauer möglich auf Promenaden- und Dünenweg oder, außer bei Hochwasser, am Strand.
Kombi-Tipp: Küstentour 2 von der St. Brelade's Bay nach L'Étacq. Tour 14 um den Stausee Val de la Mare mit 350 m langem Verbindungsweg nach ❷ unterhalb der Staumauer.
Tipps: Channel Islands Military Museum beim Lewis Tower ❺ sowie Wetland Centre ❻ (nationaltrust.je), beide untergebracht in ehemaligen Bunkern.

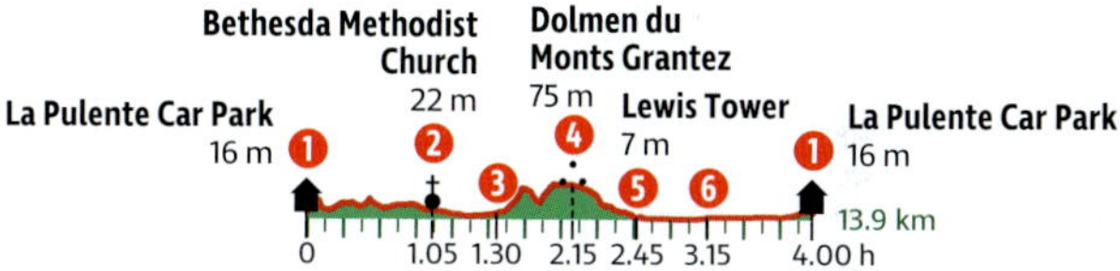

Vom **La Pulente Car Park** ❶ führen mehrere Pfade in die Dünen. Wir nehmen den 50 m vor dem Nordende des Parkplatzes in die Dünen leitenden Hauptweg und halten uns bei der nach wenigen Metern folgenden Kreuzung links. Der Hauptweg führt zunächst nordwärts in etwa 50 m Entfernung parallel zur Straße und aufwärts auf eine Düne mit Bunker. Vor uns liegt weite Dünenlandschaft. Wir folgen dem Hauptweg geradeaus am Bunker vorbei, dann abwärts und kurz nach rechts schwingend in das Landesinnere. Der Hauptweg führt erst Richtung Osten und wendet sich nach rund 500 m im Linksbogen nordwärts. Zahlreiche Pfade queren den Verlauf oder bieten sich als Varianten an – ein labyrinthartiges Gewirr an Pfaden durch die Dünen.
Wir verlassen die Dünen am Nordende und erreichen links von einer Siedlung die Straße Chemin des Basses Mielles. Dort rechts bzw. auf dem parallel verlaufenden Weg, nach 5 Minuten links und nach einer Rechtskurve wieder links (Rue du Val du Mare de la Sud). Bei den folgenden Abzweigungen gehen wir geradeaus in nördliche Richtung unter der Einflugschneise des Flughafens. An der nächsten T-Kreuzung rechts (Route du Port) und gleich darauf links. Wir passieren die **Bethesda Methodist Church** ❷ und kurz darauf den Rest einer 1942 eingeweihten Bahnbrücke als Teil einer Schmalspurbahnlinie, die im Auftrag der Organisation Todt zwischen Steinbrüchen und den Bunkerbaustellen an der Küste angelegt wurde. Dahinter ist rechts in einem Seitental der Damm des 1962 angelegten Stausees Val de la Mare erkennbar.

Wir folgen der Straße geradeaus und ignorieren Abzweigungen. Nach 1,5 km passieren wir einen Parkplatz des Naturschutzgebietes La Mielle de Morville links. 200 m danach bei einer Reitwegmarkierung und dem auffälligen Straßenschild **Les Charriéres a Sablon** ❸ rechts in den Zufahrtsweg zu einem Anwesen. Bei einer Mehrfachgabelung geradeaus auf dem Sandpfad (Reiterzeichen) und links am Anwesen Willorn vorbei und aufwärts auf stellenweise vertieftem Pfad. Zuletzt gelangen wir über Stufen auf einen Spurweg und zweigen bei der dortigen Kreuzung nach links. Der Pfad senkt sich in ein Seitental, quert dort einen Bach, steigt wieder an und endet am Chemin des Monts. Dort links. Nach 400 m gehen wir links durch das Gatter über den breiten Wiesenweg zum **Dolmen du Monts Grantez** ❹. Das 1912 ausgegrabene und von einer Schutzmauer umgebene jungsteinzeitliche Ganggrab zählt sechs Deck- und 24 Tragsteine.

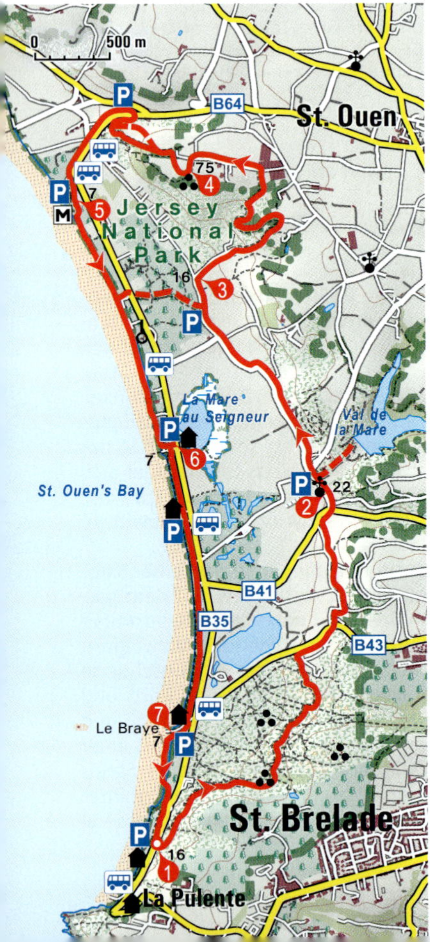

Vor dem Dolmen rechts über den breiten Grasweg nordwestwärts zurück zum Weg, dort geradeaus über den kleinen Parkplatz mit einer Gabelung dahinter. Dort links haltend durch die Linkskurve des nicht asphaltierten Fahrwegs, der sich kurz darauf zu einem Pfad verengt. Diesem folgen wir aussichtsreich neben einem Schafzaun. Rechts grasen in dem Schutzgebiet La Grande Thiebault oft Schafe der Rasse Manx Loaghtan Ram, eine mit dem ausgestorbenen Jersey-Schaf eng verwandte Rasse, die 2008 vom National Trust for Jersey zur Landschaftspflege küstennaher Flächen eingeführt wurde.

In einer Linkskurve nehmen wir den rechts abwärtsführenden Pfad zwischen Sträuchern. Als lang geschwungener Rechtsbogen führt der Weg um den Berg und mündet vor einem Parkplatz mit dahinter liegendem ehemaligem Steinbruch in eine Straße (La Route des Lavours), der wir links Richtung Küste

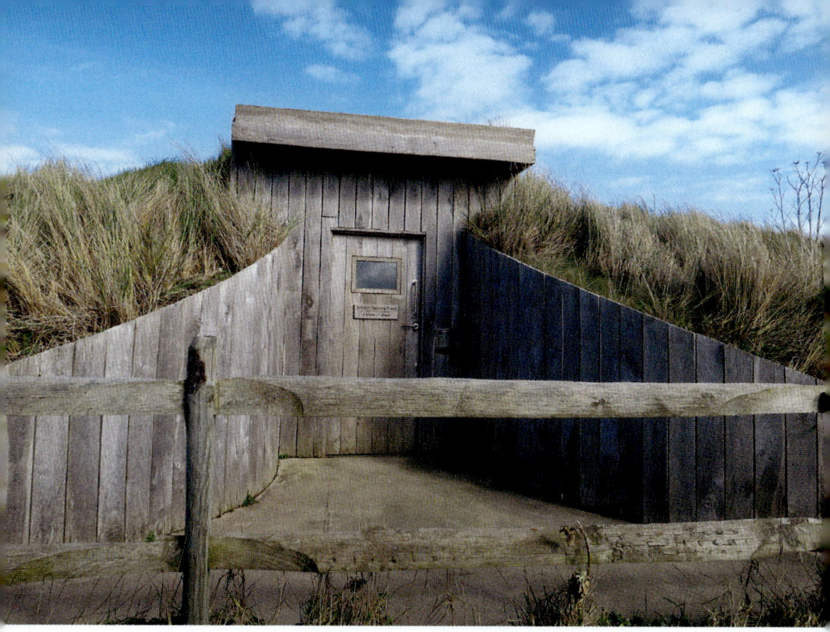

Das Wetland Centre bietet Naturbeobachtungen von einem Bunker aus.

folgen. Nach 500 m zum Parkplatz und von dort links zum sichtbaren **Lewis Tower** 5 mit dem dahinter liegenden **Military Museum**. Hinter jenem führt rechts eine Treppe hinunter zum Strand.

Für den Rest der Tour südwärts nach La Pulente haben wir die Wahl aus dem Weg oberhalb der Panzerabwehrmauer oder dem 6 km langen Sandstrand. Bei Hochwasser nehmen uns die Wellen die Last der Entscheidung ab und zwingen uns zu Ersterem. Nach rund 20 Minuten bzw. 500 m nach dem 2014 restaurierten Martello-Turm **Kempt Tower** lohnt sich bei der auffälligen Bootsrampe L'Ouziere Slipway ein Abstecher in das Landesinnere zum hinter der Küstenstraße liegenden **Wetland Centre** 6, von dessen Bird Hide in altem Bunker sich das Naturgeschehen im St. Quen's Pond gut beobachten lässt. Der größte Süßwassersee der Insel diente von 1309 bis 1939 als Fischteich für den Inseladel und verdankt daher seinen Beinamen »La Mare au Seigneur«.

Weiter geht es südwärts oberhalb der Panzerabwehrmauer oder am Strand. Letzteren sollten wir spätestens 400 m nach der folgenden Bootsrampe – **Le Braye Slip** 7 auf Höhe des meerseitigen La Rocco Towers – über die Treppe verlassen und dem Dünenweg vorbei an Bunkern zurück zum **La Pulente Car Park** 1 folgen.

TOP

14 Val de la Mare

↗ 90 m | ↘ 90 m | 5,0 km

1.30 h

Arboretum und Seerunde im Westen

Diese Rundwanderung um den zweitgrößten Stausee der Insel führt zunächst durch ein Tal mit einem Arboretum exotischer Pflanzen mehrerer Kontinente. Der 1975 von einer Privatfamilie angelegte Park geriet in den folgenden Jahrzehnten infolge Geldmangels für die Pflege und eines Sturms 1987 als »Forgotten Forest« in Vergessenheit. Die Anlage wurde seither wieder hergestellt, üppiger Unterbewuchs und schnell wachsende Pflanzen wie Bergahorn entfernt. Nach dem Botanikgenuss führt diese Tour um das 1962 angelegte Wasserreservoir Val de la Mare mit fast einer Million Kubikmeter Fassungsvermögen. Das Wasser wird im Interesse einer guten Trinkwasserqualität gelüftet, daher sind gelegentlich aufsteigende Luftblasen nicht ungewöhnlich.

Ausgangspunkt: Parkplatz am Arboretum Val de la Mare (Navi: Val de la Mare Arboretum Parking, La Hougue Farm, La Gd Rte de Saint-Pierre, Jersey JE3 7AX).
ÖPNV: Bushaltestelle aMaizin! Park N 50 m nordwestlich vom Ausgangspunkt mit Linie 9 stündlich von/nach St. Helier, libertybus.je.
Anforderungen: Leichte Wanderung großteils über gut ausgebaute Wege, stellenweise auch Pfade.
Markierung: Stellenweise Wegweiser zu den Zonen im Arboretum.
Einkehr: Keine.
Varianten: Das Arboretum kann auch – schneller – auf dem einfacher zu gehenden breiten Weg am Talboden erwandert werden (gleiche Länge).
Kombi-Tipp: Rundtour 13 zur St. Quen's mit 350 m langem Verbindungsweg nach 3 unterhalb der Staumauer erreichbar.

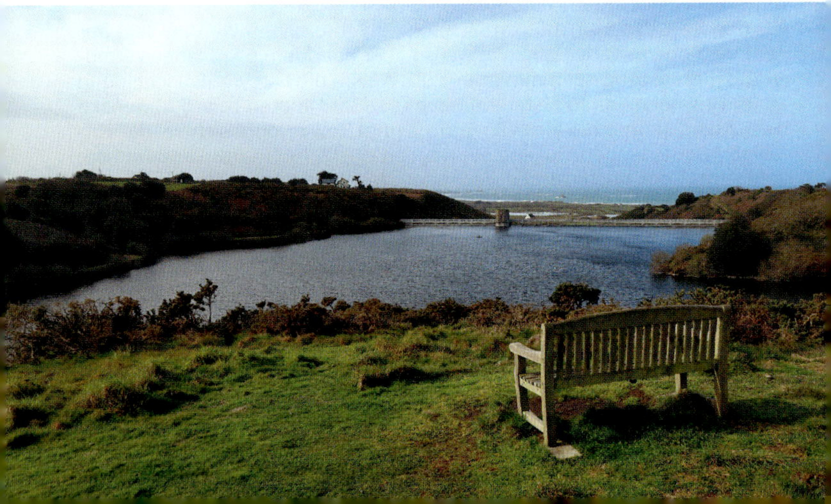

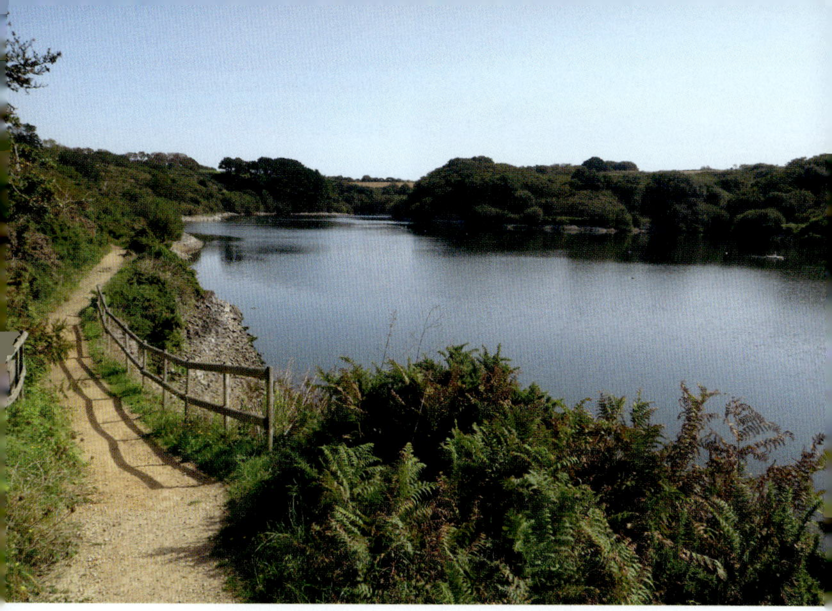

Oben: Eine Füllung des Val de la Mare kann Jersey 40 Tage mit Wasser versorgen.
Links: Von der Panoramabank reicht der Blick über das Reservoir bis zur Küste.

Vom **Val de la Mare Arboretum Parking** ❶ leitet der breite Weg abwärts durch das Gatter und vorbei an einer Infotafel mit Übersichtskarte zum Arboretum, auf der die verschiedenen geographischen Zonen angezeigt sind. Das Arboretum erstreckt sich großteils in dem Tal hin zum Stausee. Der breite Weg leitet am Talgrund direkt dorthin, spannender und daher für diese Tour empfohlen und beschrieben sind aber die Pfade an den Seitenhängen: links für den Hin- und rechts für den Rückweg. Wir halten uns also anfangs links und queren auf dem Waldpfad am Seitenhang erst die australasiatische und kurz darauf die amerikanische Zone u.a. mit Mammutbaum, Ahorn und Rosskastanie.
Nach kurzem Abstieg erreichen wir bei einer Bank unter einer verzweigten Eiche einen **Übergang** ❷ mit Holzgeländer zum Hauptweg. Bevor wir jenem folgen, lohnt sich geradeaus auf der linken Seite eine kleine Runde durch

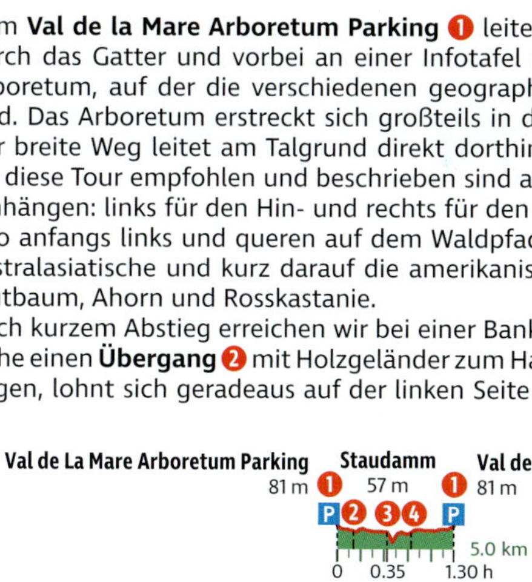

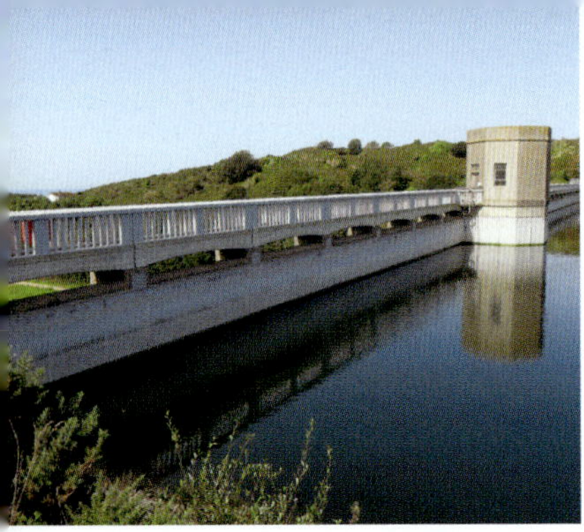

Links: Der Staudamm des Reservoirs Val de la Mare ist nicht begehbar.
Rechts: Naturbelassen fließt dieser Bach durch das Arboretum.

ein Seitental mit der Birkenzone. Wir passieren die Bank und begleiten den Bach an dessen linker Seite. Der Pfad gabelt sich nach 50 m. Wir gehen rechts (von links kommen wir kurz darauf zurück), begleiten den Bach und steigen links haltend nach dem Wendepunkt auf. Ein Grasweg führt oberhalb des Tals zurück zum Gabelungspunkt und auf bekanntem Weg über den **Übergang** ❷ zum Hauptweg. Dort links zum Stausee und links um jenen herum.

Der 29 m hohe **Staudamm** ❸ kann nicht begangen werden, daher müssen wir hier absteigen und lassen beim kurvenreichen Abstieg den Blick lieber auf die Quen's Bay als die weniger attraktive Betonmauer schweifen. Unten beim Gebäude rechts und auf der anderen Seite aufwärts. Bei Abzweigungen halten wir uns rechts und gelangen so wieder auf den jetzt etwas schmaleren Uferweg, der stellenweise auch etwas höher ansteigt – mit schönen Seeblicken.

Bei einer Gabelung mit Holzgeländer gehen wir rechts abwärts. Der Uferweg leitet nordwärts und quert den See schließlich über einen kleinen **Damm** ❹. Auf der anderen Seite steigen wir auf und genießen auf einem Hangweg den Blick Richtung Meer, zu dem auch nach wenigen Minuten nacheinander zwei Sitzbänke einladen. 250 m nach der zweiten Bank führen Holzstufen links Richtung **Elm Zone** ❺. Diese Zone ist eine Versuchsanlage; die ursprünglichen Ulmen fielen dem niederländischen Ulmensterben zum Opfer, einer europaweit durch Ulmensplintkäfer verbreiteten Erkrankung durch Schlauchpilze. Versuchsweise wurden neue Ulmen angepflanzt im Bestreben nach resistenten Bäumen.

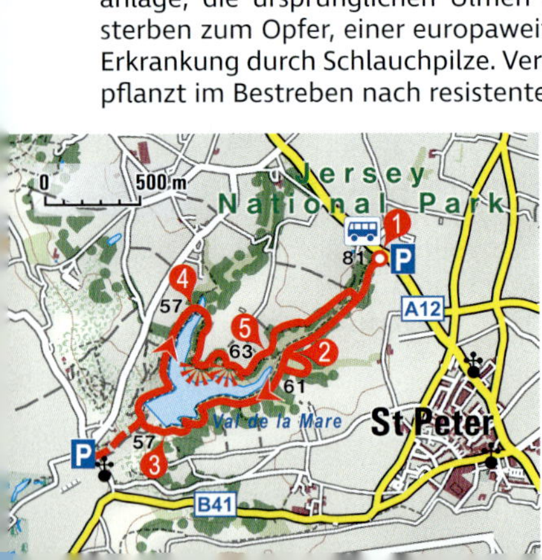

Der Pfad leitet oberhalb vom Seitental des Arboretums durch die Ulmenzone, gefolgt von dem japanischen Areal sowie Nadelbäumen und gesondert Kiefern. Schließlich senkt sich der Pfad und erreicht im Anschluss an die gemischte Eichenzone unten im Tal den Hauptweg, dem wir geradeaus zurück zum **Val de la Mare Arboretum Parking** ❶ folgen.

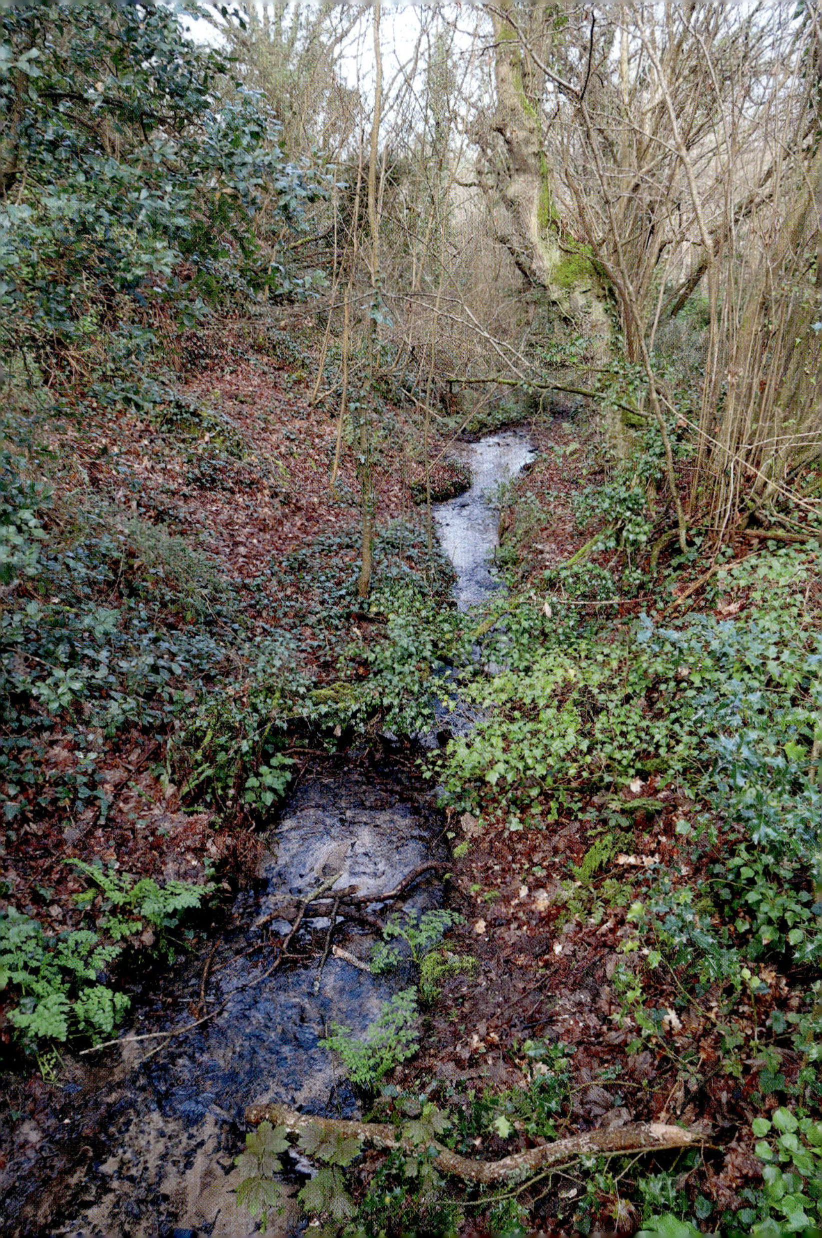

TOP

15

↗ 280 m | ↘ 280 m | 18,6 km

Saint Aubin – Noirmont Point – Corbiere Lighthouse

6.00 h

Runde auf alter Bahntrasse und Coastal Path

Von St. Aubin, der ehemals wichtigsten Hafenstadt Jerseys, führt der Küstenweg über die Halbinsel Noirmont Point, entlang der Brelade's Bay und weiter zum Corbiere Point durch La Lande du Ouest. Der letztgenannte Abschnitt, auch Gorselands genannt, ist für seine atlantische Heide bekannt. Im Meer sind hier oft Große Tümmler zu beobachten. Zurück wandern wir landeinwärts auf dem 1970 eröffneten Rad-/Fußweg entlang einer alten, bis zum Zweiten Weltkrieg betriebenen Bahntrasse.

Ausgangspunkt: St. Aubin mit mehreren gebührenpflichtigen Parkplätzen am Hafen. Am günstigsten liegt der nördliche (Navi: 499 La Neuve Route, Jersey JE3 8BS), alternativ freies Parken an vielen anderen Orten, etwa bei ❹ (Navi: La Marquanderie, Jersey JE3 8EP) oder ❻ (Navi: Le Chemin de la Corbiere, Jersey JE3 8HN).
ÖPNV: Bushaltestelle am Ausgangspunkt mit häufigen Verbindungen von/nach St. Helier. Dort hält auch Linie 12A, genauso wie an mehreren weiteren Haltestellen unterwegs, etwa bei ❹ oder ❻. Buslinie 22 bedient weitere Haltestellen unterwegs, etwa bei ❼ oder ❽, libertybus.je.
Anforderungen: Leichte Wanderung über Pfade entlang der Küste, Promenaden und kleine Straßen sowie im zweiten Abschnitt einen von Bäumen gesäumten kombinierten Rad-/Fußweg auf alter Bahntrasse.
Markierung: Gelegentlich Wegweiser.
Einkehr: Einkehrgelegenheiten am Start und Ziel, an der St. Brelade's Bay und bei Corbiere Point. Netter Tearoom mit kurzem Abstecher (→ Variante 3).
Varianten: 1. Abkürzung ohne Corbiere Point (2,2 km kürzer): 200 m nach ❺ in linker Kurve rechts abzweigen, auf nettem Pfad zur Rue de la Corbiere und

Die Blütezeit von St. Aubin als wichtigstem Inselhafen liegt 200 Jahre zurück.

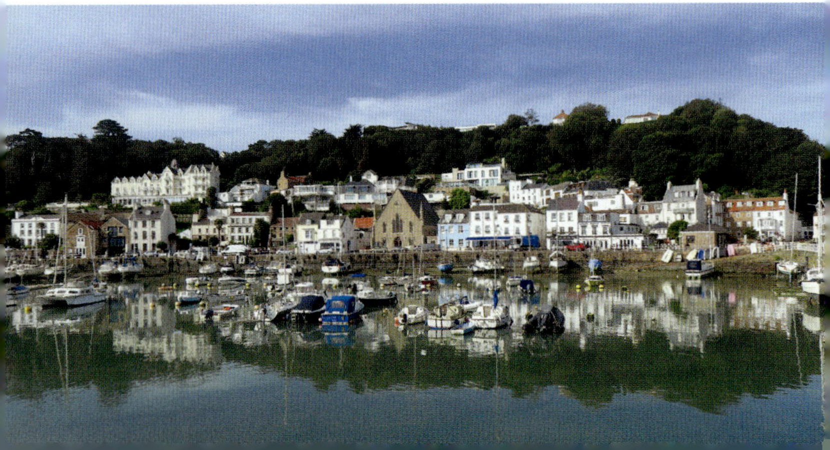

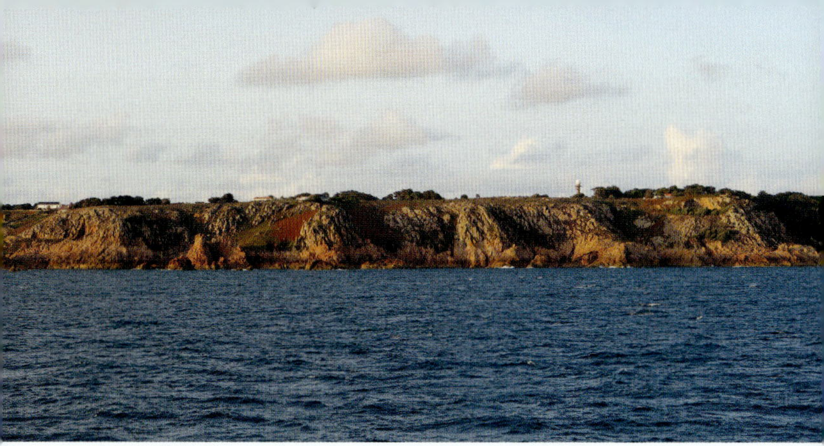

Der Südwesten der Insel ist von der Seeseite her kaum zugänglich.

diese querend geradeaus zur Bahntrasse zwischen 6 und 7.
2. Abstecher zum Corbiere Lighthouse (2 x 700 m, nicht bei Hochwasser): Ab 6 führt der bei Ebbe freigelegte Dammweg unübersehbar zur Gezeiteninsel mit dem Corbiere Lighthouse, eines der beliebtesten Fotomotive der Insel.
3. Abstecher zum Tearoom Poplars (400 m länger): bei Bushaltestelle Route du Petit Port vor 7 rechts über Route Du Petit Port in 5 Min. zum Tearoom in der Straßenlinkskurve. Zurück zur Wanderroute Straße weiter nordostwärts, nach 100 m vor der Autowerkstatt links (Rute de la Sergente) und am Ortsende rechts in den Bahntrassenweg.
Kombi-Tipp: Küstentouren 1 und 2 im Südwesten von Jersey.
Tipps: St. Brelade's Church sowie Kapelle mit mittelalterlichen Wandmalereien am Ausgangspunkt. Wer die alte Bahntrasse lieber per Rad erradelt, kann sich in St. Aubin eines bei der Radverleihstation in dem alten Bahntunnel mieten, auch wenn die dortigen Räder (MTBs) für die doch eher gemütliche Trasse etwas »overequipped« sind.

In **St. Aubin** 1 lässt der heute ruhige Fischerhafen kaum erahnen, dass hier bis zur Erweiterung des Hafens in St. Helier mit dem Wellenbrecher die meisten Waren umgeschlagen wurden.
Wir beginnen die Wanderung am Hafen mit der repräsentativen Fassade des ehemaligen Bahnhofsgebäudes und heutigen Rathauses im Rücken. Der erste, sehr vielseitige Abschnitt der Tour führt entlang der Südwestküste.
Am Südende des Hafens gehen wir entlang der Straße vor dem Royal Channel Islands Yacht Club durch die Rechtskurve. Nach einer weiteren Rechtskurve geradeaus aufwärts (Tempo 15) auf der Green Lane zwischen Mauern (Mont es Tours), bei einer Zufahrt durch die scharfe Linkskurve und weiter aufwärts. Nach 1 km erreichen wir die Zufahrtsstraße zur Halbinsel Normoint Point und folgen ihr links, vorbei an der Chestnut Farm u. a. mit Pferden, Eseln und Ziegen. Nach einer Straßenquerung nehmen wir halb

links den Waldpfad (Holzschild »Footpath« und grün-gelbe Markierung) und halten uns bei Abzweigungen links, bald begleitet von einem Zaun.

Nach dem Wald leitet der Kliffweg südwärts zum **Noirmont Point** ❷ mit der Battery Lothringen und Bunkern aus dem Zweiten Weltkrieg, darunter Marinepeilstand, Munitionsmagazin sowie Kommandobunker – Letzterer kann im Sommerhalbjahr besichtigt werden.

Am Parkplatz schwenken wir rechts in die Zufahrtsstraße und nach 150 m links in den Klippenweg mit dem Schlagbaum. Nach 5 Minuten bietet in einer Rechtskurve mit kurzem linken Abstecher eine Bank einen netten Ausblick. Beim folgenden Parkplatz mit Bushaltestelle biegen wir links in die Portelet Lane, links vorbei am Portelet Inn und ignorieren den links abzweigenden Zuweg zum Portelet Beach.

Nach wenigen Minuten wandern wir rechts haltend an einem Metallgatter mit Wegweiser »Footpath« vorbei. Bei der folgenden Abzweigung vor einem Appartmentblick rechts und am Ende links in die Chemin de Portelet neben einer Mauer. Beim Straßenende halten wir uns beim Parkplatz von Portelet Common rechts Richtung St. Brelade's Bay.

In die Bucht führt beim Schild »Footpath to Quaisné« ein kleiner Pfad abwärts. Links davon liegt die Höhle La Cotte de St. Brelade, in der vor rund 250.000 Jahren Neandertaler gelebt haben sollen.

Unten an der Küste muss ein schmaler Streifen mit Felsen und Steinen gequert werden, um danach auf dem Sand rechts Richtung Strandaufgang zu gehen – bei Hochwasser balancieren wir alternativ auf den Steinen nach rechts.

Beim Strandaufgang bei **Quaisne** ❸ wechseln wir auf den Pfad rechts oberhalb der Panzerabwehrmauer aus dem Zweiten Weltkrieg. Nach wenigen Minuten passieren wir zur Rechten den zu Navigationszwecken für die Schifffahrt rot-weiß gestrichenen Quaisne Tower von 1870, der auch die Rückseite der 50-£-Banknote von Jersey ziert. Der Küstenweg überquert

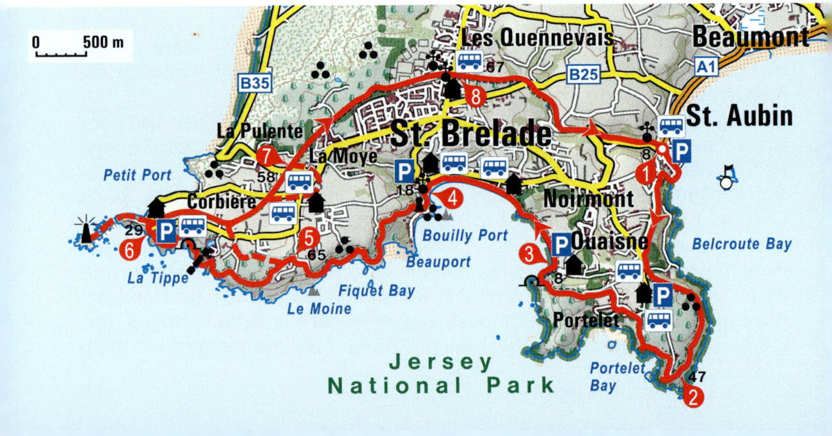

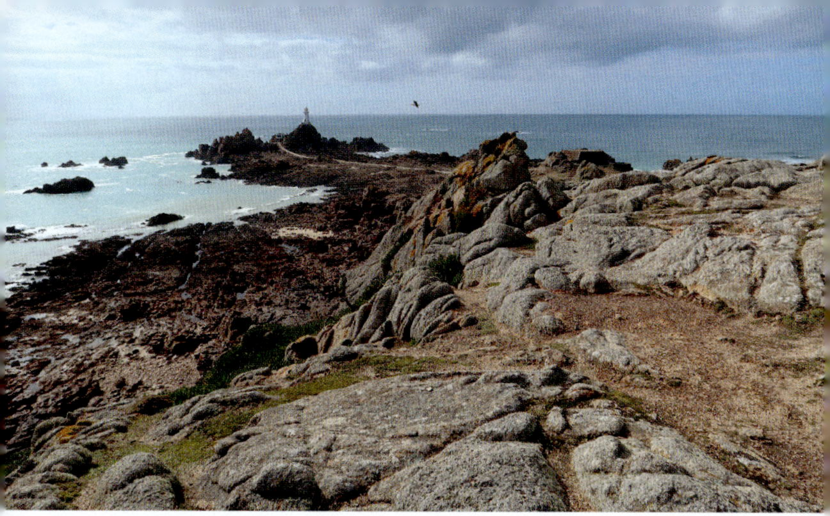

Das Corbiere Lighthouse ist nur bei Niedrigwasser erreichbar.

den bewaldeten Felsriegel, der bei Niedrigwasser auch links auf dem Watt umgangen werden kann.

Auf der Uferpromenade oder dem Strand erreichen wir St. Brelade. Die Promenade endet beim öffentlichen WC: Dort rechts aufwärts zur Küstenstraße – alternativ über den Strand – und nach 200 m links zum Parkplatz der St. Brelade's Church. Wir umgehen die **St. Brelade's Church** ❹ links. An deren Südseite mit der Sonnenuhr lohnt die Fisherman's Chapel mit gut erhaltenen mittelalterlichen Fresken einen Besuch.

Wir verlassen den Kirchhof westwärts durch das Haupttor und gehen bei der folgenden Straßenkreuzung links (Schild »Footpath to Beauport«). Nach 150 m beim Steinwegweiser rechts Stufen aufwärts Richtung Beauport Bay. Der Waldpfad führt zu einer Hochfläche, wo wir uns bei Abzweigungen links halten (Coastal Path). Zuletzt leitet eine kleine Straße links zum Parkplatz von Beauport. Links hinunter zum Strand führende Wege ignorieren wir. 100 m nach dem Parkplatz sind bei einer Gabelung mit grünem Pfahl beide Varianten möglich: rechts ist 200 m kürzer, links führt näher am Kliff entlang. Bei der zweiten Option halten wir uns bei Abzweigungen links und erreichen nach 5 Minuten wieder die andere Variante.

Der Küstenweg mündet schließlich in einen Zufahrtsweg ein. Bei einer T-Kreuzung am **Gefängnis** ❺ rechts und nach 50 m links (Wegweiser »Footpath«). Der Schotterweg schlängelt sich rechts an einem Radar vorbei. Bei der folgenden Kreuzung gehen wir links und danach bei Abzweigungen geradeaus. Nach einer Rechtskurve und Schlagbaum bei einer Kreuzung wechseln wir halb links auf den Pfad zwischen Sträuchern (grüner Pfahl).

In der zunehmend vegetationsärmeren Landschaft leitet der Küstenweg links an der 1970 eröffneten Meerwasserentsalzungsanlage von La Rosiere vorbei – die erste ihrer Art auf den Kanalinseln.
Nach kurzem Anstieg neben den Bahngleisen der Anlage nimmt uns links wieder der Kliffpfad auf und führt bei einer Gabelung links haltend zum **Corbiere Point** 6 gleich hinter dem 18 m hohen Betonturm des ehemaligen deutschen Marinepeilstands 2. Bei Niedrigwasser könnten wir die Wanderung mit einem Abstecher zum markanten Corbiere Lighthouse verlängern.
Der Corbiere Point markierte den westlichen Abschluss der von 1899 bis 1936 betriebenen Jersey Railways, deren alter Bahntrasse wir zurück nach St. Aubin folgen. Dazu gehen wir von der Landspitze der Rue de la Corbiere landein- und aufwärts und zweigen auf Höhe der Toiletten und der dahinterliegenden Einkehrgelegenheit links in den kombinierten Rad-/Fußweg. Dieser führt nach einer Rechtskurve links an dem heute mit einer großen Glasfront erweiterten ehemaligen Bahnhofsgebäude der Endstation und danach einem Parkplatz mit Bushaltestelle vorbei. Die weitere Wegführung ist denkbar einfach; immer geradeaus, fast durchgehend angenehm beschattet von Bäumen, darunter mächtigen Kiefern.
Bei der ersten zu querenden Straße, der Route du Petit Port mit gleichnamiger Bushaltestelle, geradeaus zur nächsten Straßenkreuzung mit Bushaltestelle **Le Feugerel in La Moye** 7 oder dorthin per Abstecher zu Poplars Tearoom (→ Variante 3). 5 Minuten nach 7 führt der Trassenradweg kurz über eine Straße in einem Wohngebiet. Nach Weitblick über den Golfplatz und Dünen hinüber zur Quen's Bay bietet sich ein kleiner parallel verlaufender Waldpfad für 150 m als spannende Alternative zum Trassenweg an.

Auf diesem Weg schnauften zwischen 1870 und 1945 Züge.

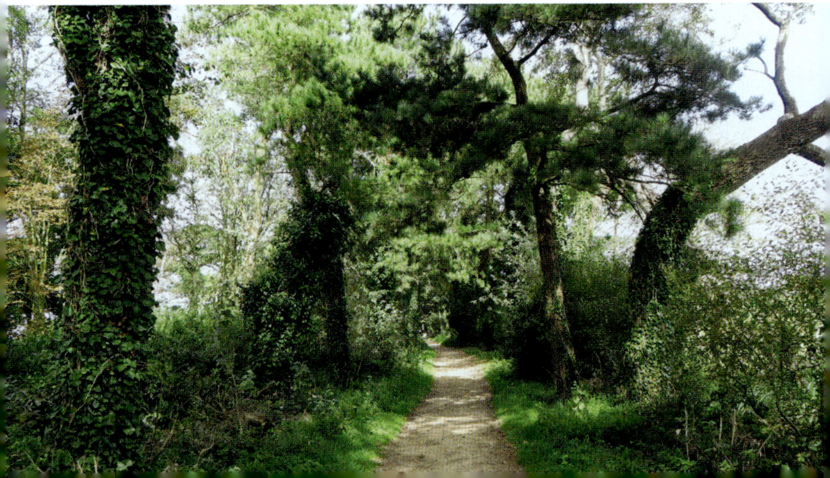

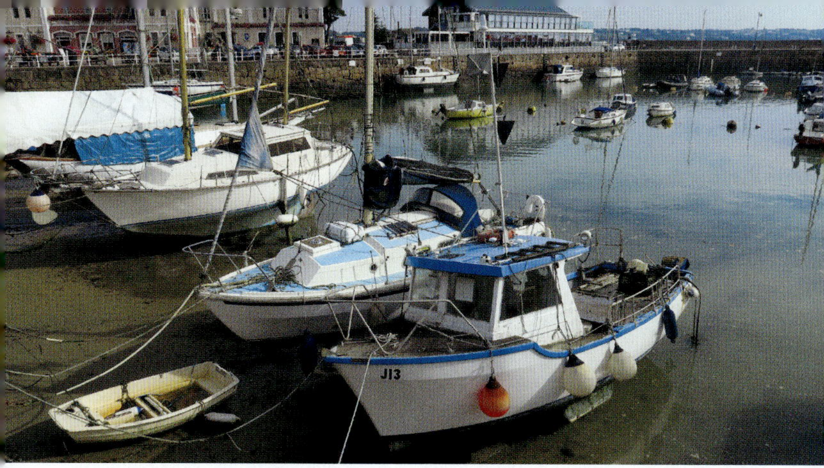

Der Hafen von St. Aubin dient heute nur dem Bootsverkehr.

Nach der Unterführung durch die zum Flughafen führende B36 passieren wir zur Linken einen langgestreckten Park, benannt nach **Don Bridge** 8, einer wichtigen früheren Bahnstation nahe dem höchsten Punkt der Strecke. Von dem Bahnhof und -steig ist kaum noch etwas zu erkennen. Der Bahnhofsname geht zurück auf die nahe gelegene General Don's Farm, die vor dem Bau der Bahnstrecke dort ein Depot mit Algen zum Düngen anlegen wollte.

Die Bahnstrecke führt von hier abwärts durch das Tal zur Küste, anfangs gesäumt von dem Pont Marquet Country Park zu Rechten, durch den weitere parallel verlaufende Alternativen möglich wären. Kurz vor St. Aubin unterquert die Trasse die in einer Schleife hinabführende Hauptstraße A13 und leitet kurz darauf rechts von ihr Richtung Hafen.

Unmittelbar vor dem Hafen passieren wir zur Rechten einen ehemaligen Bahntunnel, der im Zweiten Weltkrieg von den deutschen Besatzern zur »Hohlganganlage Ho5« erweitert wurde, um dort Munition und Treibstoff zu lagern. Heute werden Teile des Tunnels sporadisch von einem lokalen Radvermieter oder dem Jersey-Bobteam für Trainingsfahrten ohne Schnee genutzt, Die Bahntrasse mündet direkt in die Kurve der A13 vor dem Hafen von **St. Aubin** 1.

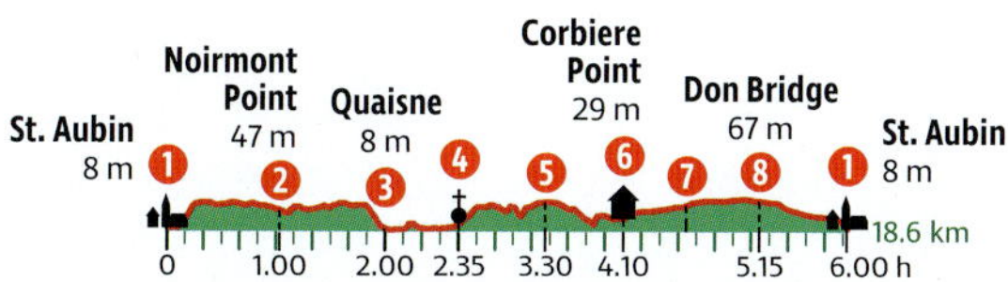

↗ 110 m | ↘ 110 m | 6,1 km

2.00 h

16 Saint Brelade's Church

Rundwanderung im Südwesten von Jersey

Die mittelalterliche Saint Brelade's Church ist westlicher Endpunkt und Namensgeberin der gleichnamigen Bucht. Der Legende nach soll hier bereits rund 500 Jahre vorher ein keltischer Mönch namens Branwalator (auch Brelade genannt) missioniert haben. Von der Kirche führt diese Rundtour in das Landesinnere und später entlang der Küste zurück. Diese Wanderung ist eine verkürzte und mit anderen Pfaden ergänzte Variante der vorigen Tour, die sowohl entlang der felsigen Kliffküste führt als auch durch das Landesinnere – mit Feld- und Waldwegen sowie der ehemaligen Bahntrasse.

Ausgangspunkt: St. Brelade's Church mit gleichnamiger Bushaltestelle und Parkplatz (Navi: La Marquanderie, Jersey JE3 8EP), alternativ Parkplatz bei Poplars Tearoom (Navi: La Moye, Jersey JE3 8LN) oder bei Beauport ❻.
ÖPNV: Am Ausgangspunkt Bushaltestelle St. Brelade's Church mit Linie 12A je nach Saison und Wochentag stündlich oder halbstündlich Richtung St. Helier und Corbiére. Dieselbe Linie sowie eine weitere (22) sind an weiteren Punkten entlang der Strecke erreichbar, etwa bei ❸ oder ❹, libertybus.je.
Anforderungen: Leichte Wanderung über Küsten-, Feld- und Waldwege, kleine Straßen sowie Rad-/Fußweg auf ehemaliger Bahntrasse.
Markierung: Stellenweise Wegweiser und Pfähle mit grüner Markierung vorhanden.
Einkehr: Restaurant Poplars Tearoom mit kurzem Abstecher bei ❸.
Varianten: Abstecher ab ❻ hinunter zur einsamen Beauport Bay mit schönem und meistens nicht zu stark frequentiertem Strand; vom Parkplatz abwärts auf Stufenweg zum sichtbaren Strand (200 m).
Kombi-Tipp: Küstentour 2 von St. Brelade nach L'Etacq.
Tipps: St. Brelade's Church sowie Kapelle mit mittelalterlichen Wandmalereien am Ausgangspunkt.

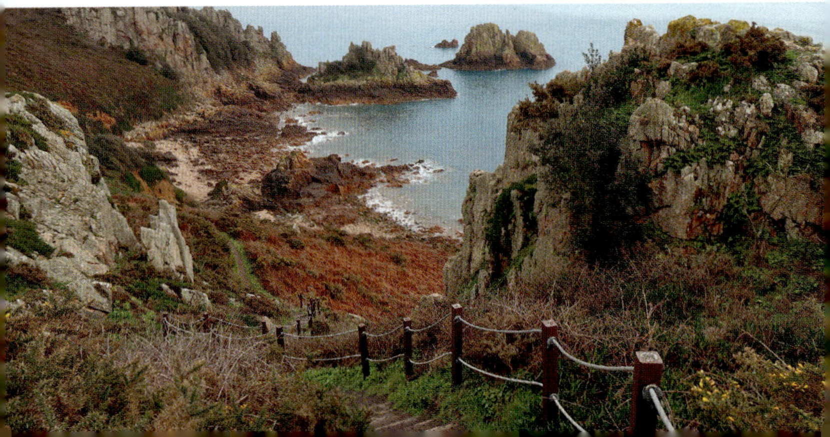

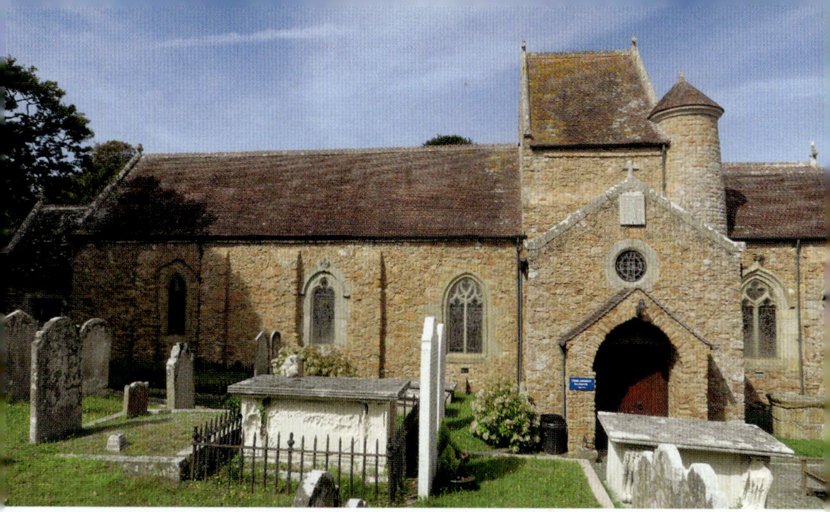

Oben: Die St. Brelade's Church liegt malerisch oberhalb der gleichnamigen Bucht.
Links: Zwischenabstieg des Coastal Path vor Beauport.

Die idyllisch am Westrand einer großen Bucht gelegene **St. Brelade's Church** ❶ geht auf das 12. Jh. zurück. Die Kirche wurde in der Folgezeit, vor allem zwischen dem 13. und 16. Jh., mehrfach erweitert, im Zuge der Gotisierung wurde dabei auch das Dach angehoben. Von den einst fünf Glocken ist nur noch eine erhalten, die vier anderen mussten 1550 als Folge eines Rechtserlasses eingeschmolzen werden. Gegenüber der Kirchensüdseite mit der Sonnenuhr über dem Portal lohnt die Fisherman's Chapel mit ihren gut erhaltenen mittelalterlichen Fresken einen Besuch.
Wir verlassen den Kirchhof westwärts durch das Haupttor und folgen bei der nächsten Kreuzung links dem Schild »Footpath to Beauport« über die kleine Straße. Diese verlassen wir nach 150 m rechts über Stufen Richtung Beauport Bay, auf einem Stein sind 20 Minuten Gehzeit angegeben. Wir steigen im Wald auf und erreichen die Hochfläche. Bei der ersten **Gabelung** ❷ nehmen wir den halb rechts abzweigenden Grasweg, während der Küstenweg nach links schwenkt.
Der Grasweg mündet nach Holzbalken in eine kleine Straße ein, der wir links folgen. Bei der folgenden Kreuzung zunächst geradeaus und gleich danach bei Mauerdurchlass rechts in den Fußweg, zunächst parallel zur Straße, dann links schwenkend in den Wald. Bei Abzweigungen halten wir uns links und erreichen nach 10 Minuten eine Straße (Rue des Champs). Dort rechts und nach 100 m rechts in den Spurweg. Nach einer Linkskurve erreichen wir **La Moye** ❸, Ortsteil von St. Brelade mit einem netten Teegarten (100 m links).

Die Fisherman's Chapel ist für ihre mittelalterliche Fresken bekannt.

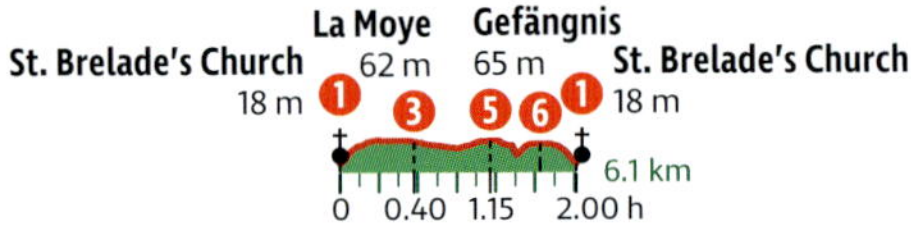

Wir folgen der Hauptstraße 20 m und biegen vor der Autowerkstatt links in die Rue de la Sergente. Am Siedlungsende kreuzt bei der Bushaltestelle Le Feugerel der Rad-/Fußweg des Corbiere Walks die Straße, auf dem zwischen 1899 und 1936 die Jersey Railway schnaufte. Der Weg auf der von Bäumen, darunter mächtigen Kiefern, gesäumten Bahntrasse erklärt sich von selbst. Bei der zweiten Sitzbank bzw. 500 m nach Querung der **Route Du Petit Port** ❹ mit gleichnamiger Bushaltestelle verlassen wir den angenehmen Weg, gehen halb links und zweigen kurz darauf an der Kreuzung mit Sperrkette nach links ab in den Grasweg. Dieser führt an die Landstraße mit Bushaltestelle heran. Diese queren wir und nehmen beim dahinter liegenden Parkplatz den halb links bei einer Infotafel über das La Lande du Ouest-Gorselands abzweigenden urigen Pfad.

Nach 250 m lichtet sich der Weg und führt rechts an einer Siedlung vorbei. Auf freier Fläche mit Blick auf eine umzäunte Anlage erreichen wir einen breiten Weg und folgen ihm links zum **Gefängnis** ❺. Vor dessen Zaun rechts und nach 50 m links (Schild »Footpath«). 50 m nach einer Rechtskurve wechseln wir vor einer Hauszufahrt auf den halb links abzweigenden Pfad bei einem Markierungsstein (unten Aufschrift »Les Creux«). Nach 50 m ignorieren wir den rechts zu einem alten Steinbruch führenden Pfad und folgen dem ausgewiesenen Coastpath geradeaus mit schönen Blicken auf die zerklüftete Granitküste der Fiquet Bay.

Bei einer Gabelung wählen wir den rechten, aussichtsreicheren Weg – der linke wäre 200 m kürzer – und erreichen nach einer Südschleife mit Blick auf die Beauport Bay den **Beauport Carpark** ❻. Dessen Zufahrtsstraße folgen wir 50 m landeinwärts und wechseln rechts auf den ausgewiesenen Footpath, der nach 200 m wieder die **Gabelung** ❷ vom Hinweg erreicht. Ab hier geht es auf bekanntem Weg zurück: zunächst geradeaus über die freie Fläche, dann in Kurven abwärts durch Wald zur Straße und auf dieser links zur **St. Brelade's Church** ❶.

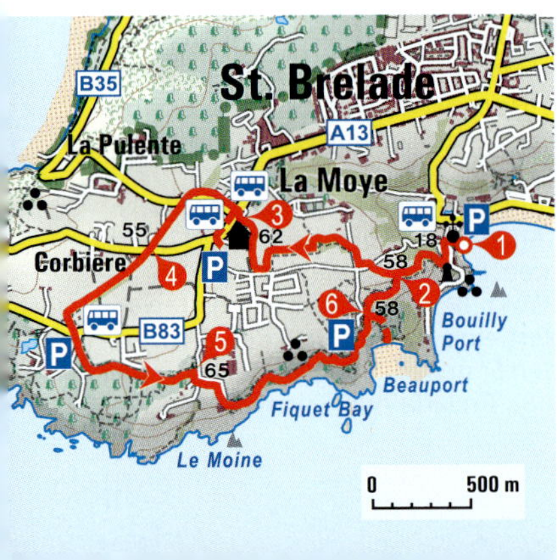

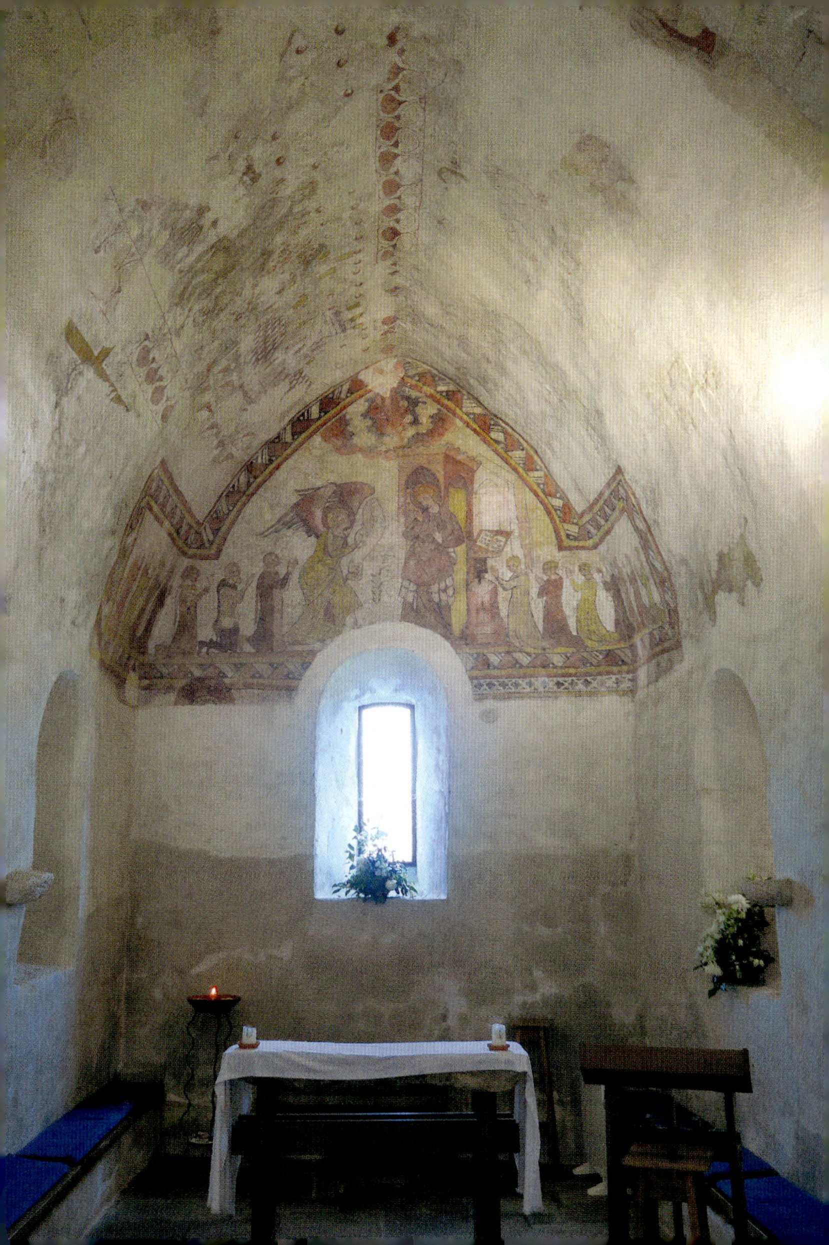

↗ 120 m | ↘ 120 m | 6,3 km

17 Noirmont Point

2.00 h

Abwechslungsreiche Halbinsel-Rundwanderung

Die Halbinsel bei Noirmont Point bietet den abwechslungsreichsten und spektakulärsten Küstenabschnitt im Süden Jerseys. Am südlichsten Punkt legten die deutschen Besatzer die Festung Lothringen an, deren jahrzehntelang versiegelte Bunker nach der Jahrtausendwende wieder ausgegraben wurden. Westlich davon bietet Portelet einen schönen Strand und einen weiteren Landzipfel.

Ausgangspunkt: Noirmont Point bei der früheren Festung Lotringen mit Parkplatz (Navi: Le Chemin de Noirmont, Jersey JE3 8AJ), alternativ Parkplatz beim Quaisne Beach (Navi: Le Mont du Ouaisne, Jersey JE38AW).
ÖPNV: Bushaltestellen Portelet Inn bei ❷ und Ouaisne Junction bei ❻, beide mit Linie 12A von/nach St. Helier und St. Brelade, je nach Jahreszeit und Tag stündlich bis halbstündlich, libertybus.je.
Anforderungen: Leichte Wanderung über Kliff- und Waldwege sowie kleine Straßen. Vor ❺ ist nach dem Abstieg durch den Steinbruch bei hohem Hochwasser (bei Wasserstand über 10 m) kurze Kletterei über Felsen nötig (Umgehung auf Straße möglich).
Markierung: Stellenweise Wegweiser.
Einkehr: Portelet Inn bei ❷ sowie Strandbistro bei ❺.
Varianten: 1. Abstecher zum Portelet Beach bei ❷ (2 x 200 m): Nach ❷ links abwärts auf dem Zugang zum Portelet Beach.
2. Abkürzung bei Portelet Common (1 km kürzer): ab ❸ statt der Schleife um den Südwestzipfel der Halbinsel rechts haltend auf direktem Weg Richtung Brelade's Bay.
3. Verlängerung Quaisne Bay (2,2 km, nur bei Niedrigwasser: bis zu 3 Stunden vor/nach dem niedrigsten Wasserstand): ab ❺ entlang dem Strand und links am Felsriegel Le Grouin vorbei. Dahinter auf der Rampe zur Uferpromenade der St. Brelade’s Bay und rechts bis zu deren Ende. Über den Felsriegel Le Grouin und anschließend oberhalb der Panzerabwehrmauer zurück zu ❺.
Kombi-Tipp: Küstentour 1 von St. Helier nach St. Brelade.
Tipps: Kommandobunker der früheren Festung Lothringen (in Sommersaison zu besichtigen).

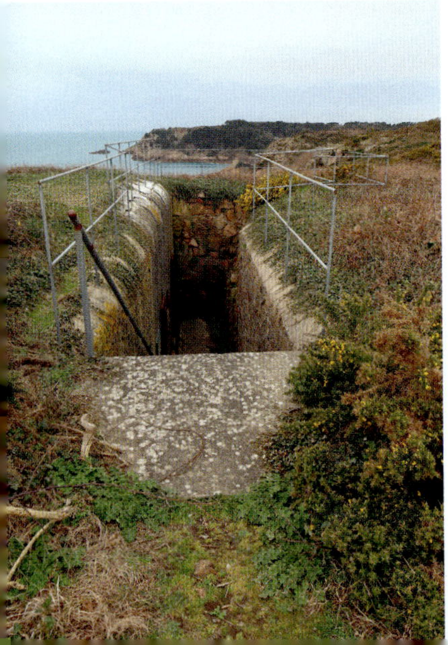

Am Noirmont Point ist der Kommandobunker noch erhalten.

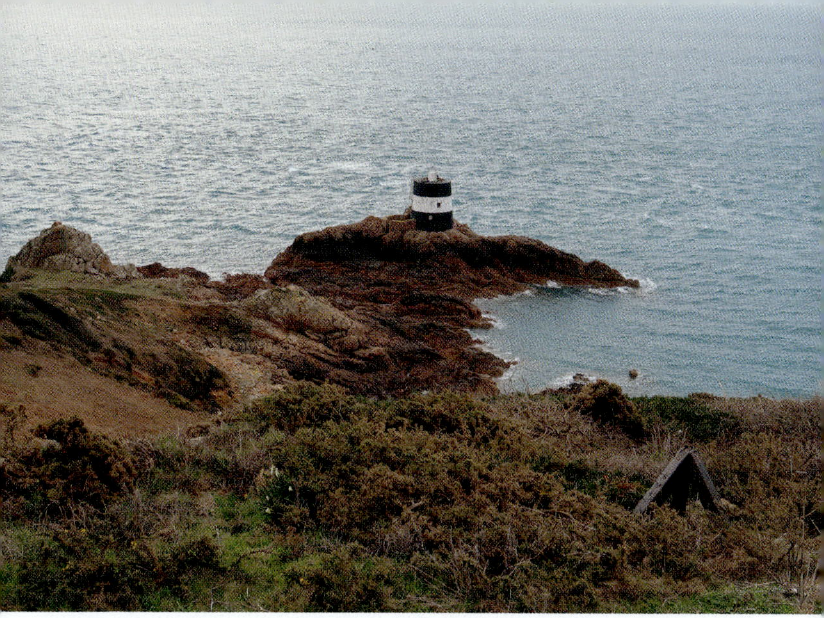

Der Noirmont-Leuchtturm war ursprünglich ein (militärischer) Martello-Turm.

Die südliche Landspitze der Halbinsel **Noirmont Point** ❶ wurde von den deutschen Besatzern im Zweiten Weltkrieg als Battery Lothringen ausgebaut, die großteils rekonstruiert wurde mit Geschützstellungen, Kommando- und Magazinbunker sowie Marinepeilstand. Die ursprünglich drei Kanonen hatten eine Reichweite von 18 km.
Vom Parkplatz der Festung wandern wir zunächst auf der Zufahrtsstraße 150 m nordwärts und zweigen dann links in den Klippenweg mit dem Schlagbaum. Nach 5 Minuten bietet sich in der Rechtskurve mit kurzem linken Abstecher ein schöner Uferblick.
Bei einem Parkplatz mit Bushaltestelle zweigen wir links in die Straße ab, links vorbei am **Portelet Inn** ❷. Den kurz darauf links abzweigenden Zu-

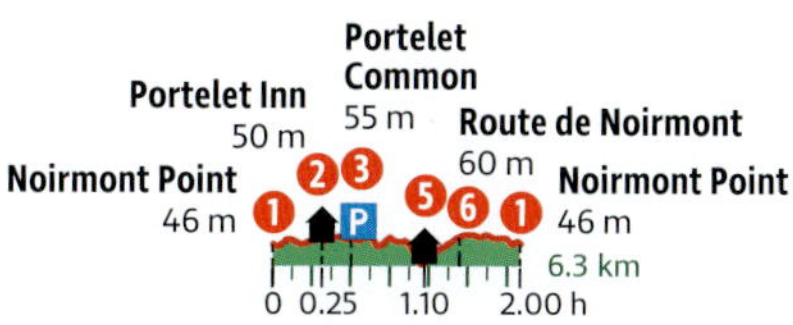

weg zum Portelet Beach ignorieren wir. Bei einem Metallgatter mit Wegweiser »Footpath« halten wir uns rechts, genauso wie bei der folgenden Abzweigung vor einer modernen Wohnanlage. Bei der folgenden T-Kreuzung zweigen wir links in die von einer Mauer gesäumte Le Chemin de Portelet. Die Straße endet bei einem Parkplatz von **Portelet Common** **3**. Unmittelbar davor gehen wir bei der Gabelung links und kurz danach vorbei an einem grünen Metallgatter. Nach 5 Minuten bei x-förmiger Kreuzung mit **Gatter** **4** rechts von Bäumen und der Tafel »Portelet« links und danach in einer Schleife rechts haltend um die südliche Landspitze. Nach 500 m wird wieder **4** erreicht; jetzt gehen wir links haltend zunächst in nordwestliche Richtung. Der Klippenweg führt aussichtsreich an die St. Brelade's Bay heran mit der Höhle La Cotte de St. Brelade auf der linken Seite, in der vor rund 250.000 Jahren Neandertaler gelebt haben sollen. Ein kleiner kurviger Pfad leitet steil abwärts (Schild »Footpath to Quaisné«). Unten an der Küste balancieren wir über einen schmalen Steinstreifen und halten auf den Strandaufgang bei **Quaisne** **5** zu mit Strandbistro und Parkplatz. Der Strand wird durch einen im Zweiten Weltkrieg von den deutschen Besatzern angelegten Anti-Panzer-Wall vom Hinterland getrennt, in dem auf Dünen der zu Navigationszwecken rot-weiß gestreifte Quaisne Tower aus napoleonischer Zeit auffällt.
Die Zufahrtsstraße führt uns vorbei an einigen Gebäuden aufwärts. Der Anstieg endet bei der Kreuzung mit der **Route de Noirmont** **6**, der Zufahrtsstraße zu Noirmont Point, mit einer Bushaltestelle auf der linken Seite. Geradeaus leitet eine Sackgasse abwärts zur Belcroute Bay, wir aber nehmen halb rechts den Pfad in den Wald (Schild »Footpath« sowie grüne

Vom Quaisne Beach bietet sich dieser Blick quer über die St. Brelade's Bay.

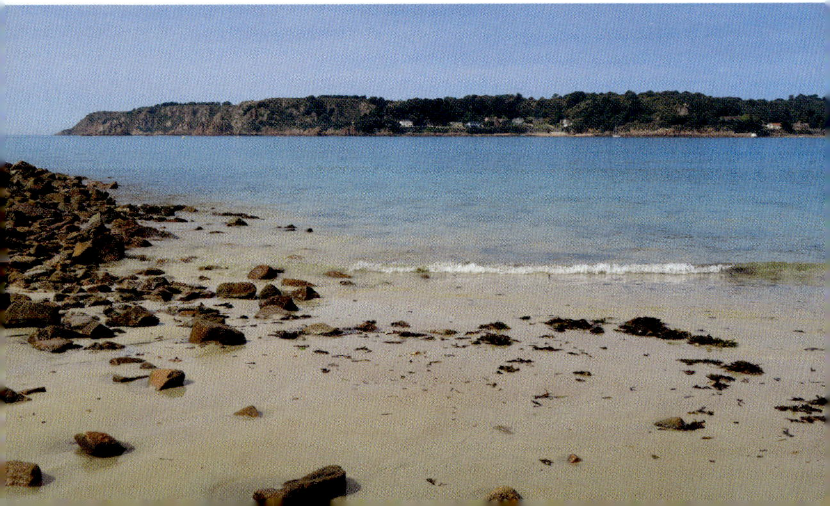

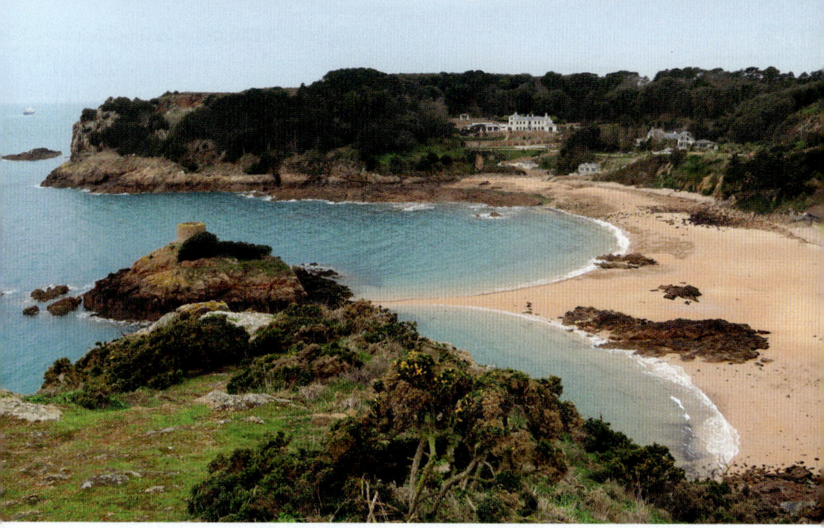

Portelet Beach liegt geschützt zwischen zwei Flanken der Noirmont-Halbinsel.

Wander- und gelbe Reitmarkierung). Mehrere Abzweigungen nach rechts ignorieren wir und folgen dem Weg durch den Wald, bald rechts neben einem Zaun. Bei einer markanten zweistämmigen Kiefer schwenkt der Weg leicht nach rechts und leitet südwärts oberhalb vom Kliff zurück zum Ausgangspunkt bei **Noirmont Point** ❶.

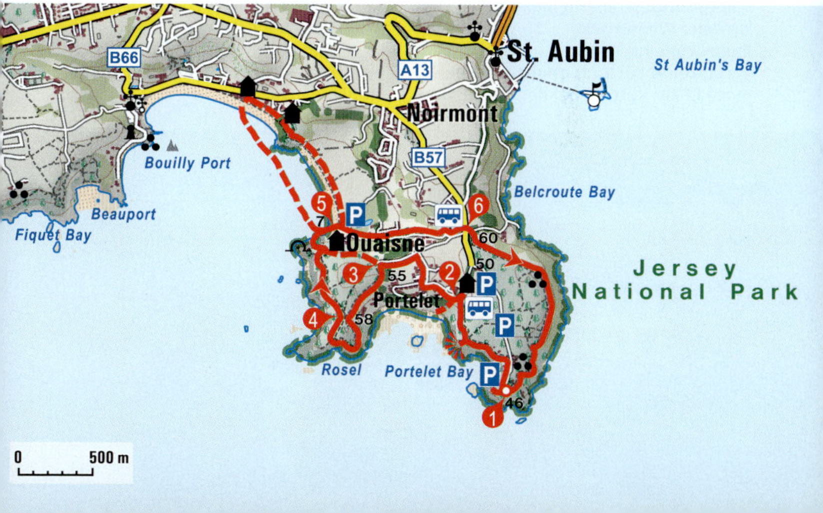

TOP

18

↗ 220 m | ↘ 220 m | 8,9 km

Saint Lawrence – War Tunnels

2.30 h

Rundwanderung im Inland mit Wassermühlen und Labyrinth

Diese Rundwanderung spannt den Bogen zwischen einer Dorfkirche und labyrinthartigen Bunkeranlagen aus dem Zweiten Weltkrieg, die als Lazarett ausgebaut wurden.
Wendepunkt dieser Tour ist die Kirche St. Lawrence, erstmals 1198 urkundlich erwähnt, der normannische Turm ist älter. Bei Umbauten im 16. Jh. wurde die Marienkapelle Hamptonne Chapel ergänzt, benannt nach einem früheren Pfarrer. Der Rückweg führt durch ein mit üppiger Vegetation bewachsenes Tal, bekannt für seine Wassermühlen, das in weniger als 1 km Entfernung vom Flughafen stellenweise »Dschungelfeeling« bietet.

Ausgangspunkt: Jersey War Tunnels mit großem Parkplatz (Navi: Les Charrières Malorey, Jersey JE3 1FU).
ÖPNV: Bushaltestellen Jersey War Tunnels am Ausgangspunkt sowie weitere im Mühlental zwischen kurz vor 5 und bei 7, alle mit Linie 8. Außerdem St. Lawrence Church mit Linie 9. Diese Haltestellen werden stündlich von/nach St. Helier bedient, libertybus.je.
Anforderungen: Leichte Wanderung über Feld- und Waldwege sowie kleine Straßen.
Markierung: Straßenschilder sowie stellenweise Wegweiser.
Einkehr: Keine.
Variante: Abkürzung ohne Saint Lawrence (2 km kürzer): bei der ersten Kreuzung 2 geradeaus statt rechts, nach einer Rechtskurve bei T-Kreuzung links (Les Charrieres Malorey) und bei der folgenden Kreuzung (Rue de la Fontaine Martin) links wieder auf die Route.
Tipps: Am Ausgangspunkt vermitteln die Jersey War Tunnels einen Einblick in die Verhältnisse unter Tage während der deutschen Besatzung, als 5000 Zwangsarbeiter ein rund 1 km langes Labyrinth in bis zu 50 m Tiefe anlegen mussten – gedacht als Schutzbunker für deutsche Soldaten, aber ab 1943 als Lazarett genutzt (jerseywartunnels.com). Unterwegs können die Wassermühlen Le Moulin de Quétivel sowie Tesson Mill besichtigt werden (nationaltrust.je > Le Moulin de Quétivel).

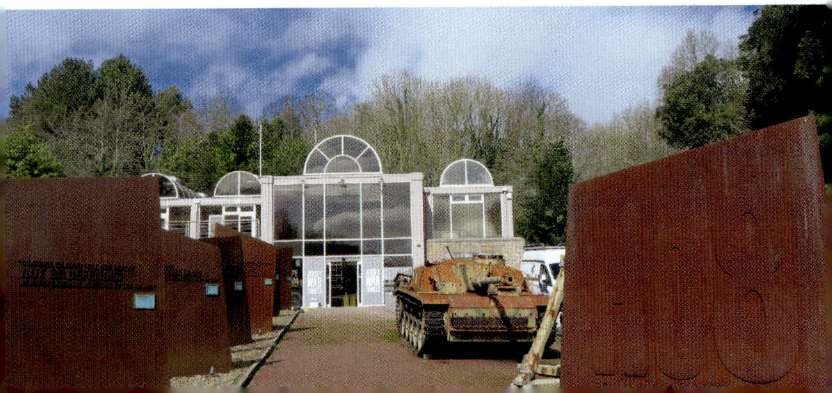

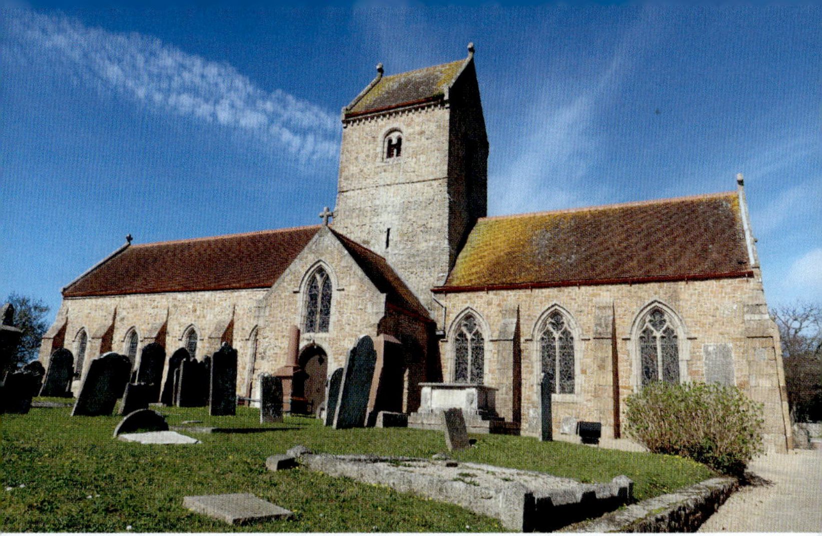

Oben: Die Kirche St. Lawrence geht auf das Mittelalter zurück.
Links: Die Jersey War Tunnels hießen früher offiziell »Hohlgangsanlage 8«.

Vom Parkplatz der **Jersey War Tunnels** ❶ führt gegenüber vom Eingang mit Panzer und Glasfassade die Green Lane Les Charrieres Malorey aufwärts. Nach 10 Minuten und 150 m hinter einem exklusiven Anwesen mit Teich zweigen wir bei einer **Kreuzung** ❷ rechts in den Pfad zwischen Wiesen. Bei der folgenden Kreuzung geradeaus in die Einfahrt. Ein Schild weist darauf hin, dass dies eine Privat- und keine Durchgangsstraße ist; das Begehen ist aber nicht verboten.
Am Ende der Straße geradeaus auf dem Pfad links am Haus vorbei. Der Pfad leitet entlang einer Mauer abwärts in ein breites Tal mit saftigen Wiesen und einem Bach. Nach einer Rechtskurve führt der Pfad aufwärts und entlang einer Baumreihe auf die Kirche **Saint Lawrence** ❸ zu, möglicherweise erbaut an der Stelle eines früheren keltischen Klosters.
Nach einer (Beinahe-)Umrundung der Kirche verlassen wir das Dorf auf der nördlich am Westrand herausführenden Einbahnstraße mit Schild »Except

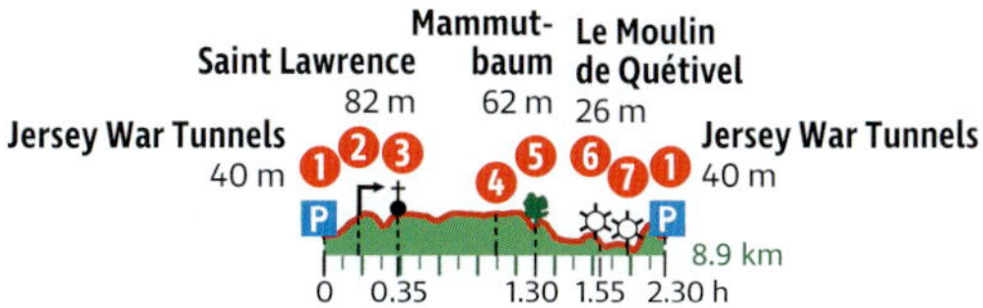

for Access«. Am Ende links in die Querstraße Le Mont Perrine, ebenfalls eine Einbahnstraße. Die anfangs tunnelartig von Bäumen gesäumte schmale Straße schlängelt sich durch die agrarisch geprägte Landschaft. Abzweigungen ignorieren wir und gehen sowohl bei einer Tränke (»Abreuvoir«) als auch bei einer Kreuzung geradeaus. Am Ende der Rue de la Font Saint-Martin rechts (La Rue de la Ville au Bas) und nach 70 m links (Le Pissot). Auch hier ignorieren wir abzweigende Wege.

Bei einer **Verkehrsinsel mit drei Bäumen** 4 geradeaus, auch bei der nachfolgenden Gabelung (Green Lane und Einbahnstraße). Nach 150 m zweigen wir nach links in den nicht asphaltierten Fahrweg Le Mont des Ruelles. Nach zwei Rechtskurven geht es in einer lang geschwungenen Linkskurve abwärts durch Wald und an deren Ende scharf rechts durch ein Holzgatter und auf schmalem Pfad abwärts in das Seitental.

Nach einer Holzbrücke über einen Bach queren wir die Straße bei einer Bushaltestelle, folgen dem parallel zur Straße verlaufenden Radweg nach rechts, verlassen ihn aber nach 50 m schon wieder auf dem links abzweigenden ausgewiesenen Footpath. Der Pfad steigt durch üppige Vegetation in dem Seitental an, unter anderem mit verschiedenen Bambussorten und einem markanten doppelstämmigen **Mammutbaum** 5. Nach 200 m senkt sich der Pfad wieder in das Tal ab. Dort folgen wir nach Querung einer Seitenstraße dem kombinierten Rad-/Fußweg zwischen der Straße (links) und dem Bach mit begleitenden Auwiesen. Nach 10 Minuten passieren wir einen Parkplatz, folgen dahinter rechts dem mit Holzzäunen eingefassten Weg und folgen nach einer Bachquerung dem halb links aufwärts führenden ausgewiesenen »Woodland Path to Quetimal Mill«. Am bewaldeten Seitenhang des Tals leitet der Weg zum Parkplatz der Wassermühle. Nach dessen Querung neben dem Holzgeländer abwärts und bei der Gabelung links die Treppe abwärts (»To the Mill«).

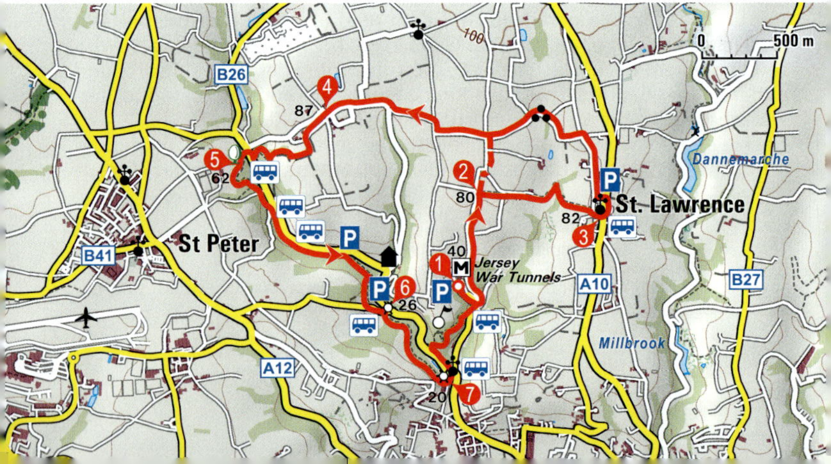

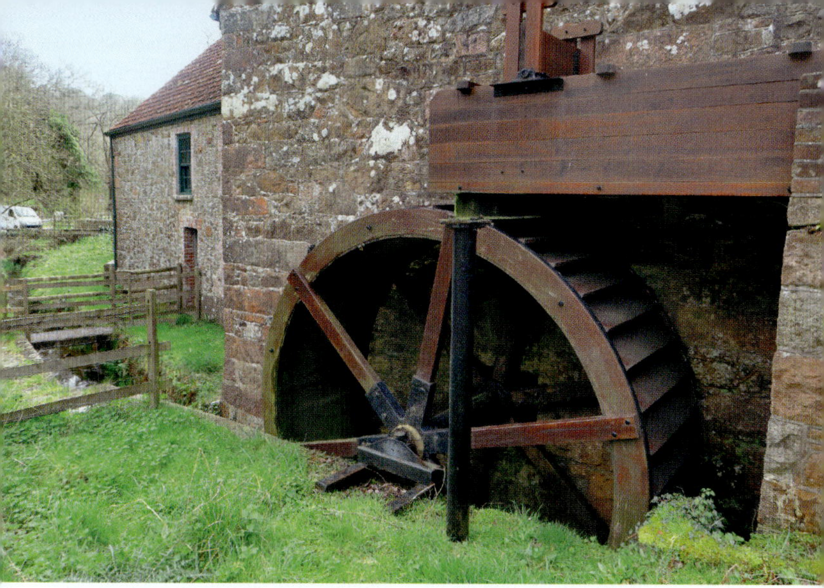

Früher waren die Kanalinseln ein Steuerparadies für Müller, heute für Banken.

Die funktionsfähige Wassermühle **Le Moulin de Quétivel** 6 geht auf das 18. Jh. zurück, aber schon im Mittelalter soll an dieser Stelle eine Vorgängermühle gestanden haben. Das jetzige Gebäude wurde 1979 vom National Trust Jersey in Folge eines Brands 1969 restauriert. Eine Ausstellung dokumentiert die Blütezeit mit Weizenmehlexporten bis nach Nordamerika. Bei der Mühle queren wir die Seitenstraße Mont Fallu, gehen links an der Apartmentanlage vorbei und über deren Parkplatz. Dahinter leitet ein Waldpfad durch das Bachtal zur nächsten Mühle: der **Moulin de Tesson** 7. Auch diese Wassermühle geht auf das Mittelalter zurück. Zuletzt wurde das Wasserrad von einer kräftigen Dampfmaschine in dem großen Gebäude unterstützt. Heute betreibt der National Trust Jersey auch dieses industrielle und teilweise noch zu Wohnzwecken genutzte Kulturerbe.

Von der Mühle orientieren wir uns zur Hauptstraße und folgen vor dieser links dem Radweg vorbei am Wasserreservoir von Jersey Water. Nach 100 m rechts über die Straße und im Wald aufwärts (Schild: »Woodland Footpath to Jersey War Tunnel ½«). Ein Schild weist auf die Gefahr möglicher gefährlicher Altlasten aus dem Zweiten Weltkrieg hin, wenn man den ausgewiesenen War Trail verlässt. Der Pfad steigt zunächst in Kurven an und führt danach in nordwestlicher Richtung durch Wald. Abzweigungen nach links ignorieren wir. Der Weg mündet bei der Bushaltestelle vor dem Parkplatz in die Zufahrt zu den **Jersey War Tunnels** 1.

↗ 60 m | ↘ 140 m | 7,8 km

19 Waterworks Valley

2.30 h

Bachwanderung vom Inland zur Küste

Das als »Waterworks Valley« bekannte Tal nördlich von Millbrook im Zentrum der Insel war früher wegen seiner sieben Wassermühlen bekannt. Im 19. Jahrhundert boomte die Müllerei mit importiertem Getreide aus dem Baltikum und exportiertem Mehl in die Neue Welt nach Nordamerika. Jersey war ein Steuerparadies für Müller, denn es gab keine Mühlensteuer. Ab etwa 1900 wurde die Wasserversorgung wichtiger als Wassermühlen. Infolge wachsender Bevölkerung und höherer Hygienestandards entstanden nacheinander drei Wasserreservoirs sowie zahlreiche Wasserleitungen in dem Waterworks Valley. Dort folgen wir dem Le Sentier des Moulins. Dieser Mühlenpfad wurde 1999 von rund 40 Freiwilligen der Gemeinde Saint Lawrence angelegt. Die Küste erreichen wir bei Millbrook, dessen Name vom einstigen Mühlenbach erzählt.

Ausgangspunkt: Bushaltestelle Hamptonne Museum bei St. Lawrence. Der Parkplatz des Museums ❷ steht nur Besuchern offen, der nächste öffentliche Parkplatz wäre 200 m weiter südlich beim St. Lawrence Community Centre (Navi: Three Oaks, La Gd Rte de Saint-Laurent, Jersey JE3 1FA).
Endpunkt: Kleiner Park Les Jardins de la Mer am Westrand von St. Helier (Navi: Les Jardins, Esplanade, Saint Helier JE2 3QA), alternativ Parkgelegenheiten an der Victor Avenue zwischen ❽ und ❾.
ÖPNV: Zwischen dem Anfangs- und Endpunkt verkehrt Buslinie 9 stündlich von/nach St. Helier mit Zwischenhalten in Millbrook, libertybus.je.
Anforderungen: Leichte Wanderung über gut ausgebaute Wald- und Uferwege. Ein 150 m langes Teilstück vor ❻ kann etwas stärker bewachsen sein.
Markierung: Wegweiser.
Einkehr: In Millbrook und am Ziel.
Kombi-Tipp: Küstentour 1 von St. Helier nach St. Brelade.
Tipps: Am Start dokumentiert das Hamptonne-Museum das ländliche Leben (jerseyheritage.org > Hamptonne Country Life Museum). In Millbrook liegt die bekannte »Glass Church« St. Matthew's 500 m westlich von ❼. Die Witwe des Barons Trent of Nottingham ließ die Kirche von 1840 100 Jahre später neu erbauen und innen vom französischen Glaskünstler René Lalique gestalten, u. a. mit gläsernem Altar, Kruzifix, Engel und Taufstein. Am Endpunkt St. Elizabeth's Castle, erreichbar per Fähre oder bei Ebbe zu Fuß über einen Dammweg.

An der **Bushaltestelle Hamptonne Museum** ❶ zeigt ein Schild (Hamptonne) unsere Richtung an: von St. Helier aus südlicher Richtung kommend rechts in die schmale Rue Des Corvées, an deren Ende links und danach durch die Rechtskurve (Rue de la Patente). Nach 250 m zweigen wir nach links und passieren das **Hamptonne Museum** ❷ in einem Farmgebäude aus dem 15. Jh., in dem Landwirtschaft und das Alltagsleben der ländlichen Bevölkerung veranschaulicht werden.
Hinter dem Museum und vor dessen Parkplatz biegen wir nach rechts und

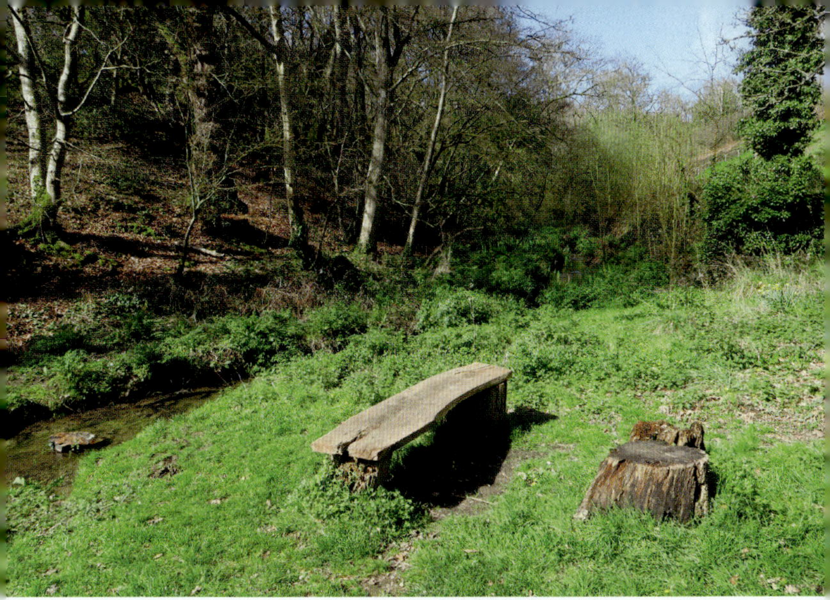

Der friedlich strömende Bach trieb einst zahlreiche Wassermühlen an.

folgen der Rue de Bas. Nach 300 m weist uns das Schild »Footpath« nach rechts durch das Gatter. Hier beginnt der schönste Teil des Weges, kurz über Gras und nach der Linkskurve rechts haltend geradeaus auf dem Pfad, der durch Wald den Bach begleitet. Nach einem Abstieg über Stufen erreichen wir einen Parkplatz. Hier mahlte früher die **Moulin de la Haye** ❸ erst Getreide und wegen steigender Zeitungsnutzung ab etwa 1850 Papier. Wir folgen der Straße nach links und zweigen nach 150 m rechts in den über den Holzsteg führenden Pfad, weiter am Bach entlang, bald mit ehemaligen Wasserleitungen. Nach einer betonierten Wasserleitung erreichen wir wieder die Straße, folgen ihr rechts, zweigen vor der Linkskurve nach rechts ab und nehmen links von der für Busse verbotenen abzweigenden Straße Le Mont de la Chenaie den Pfad. Dieser führt durch eine Holzsperre in den Wald (Schild »Footpath«) und steigt dort in einer Linkskurve über Holzstufen an.

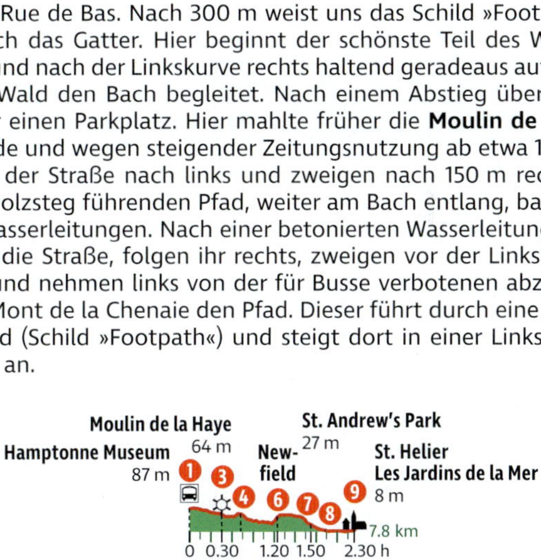

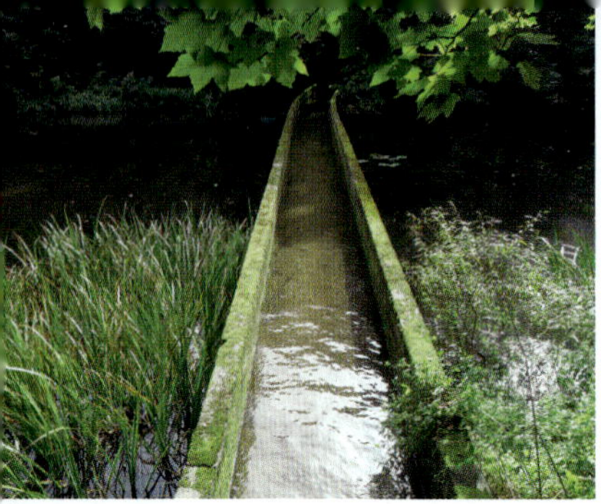

Das Waterworks Valley versorgte vor 100 Jahren St. Helier mit Trinkwasser.

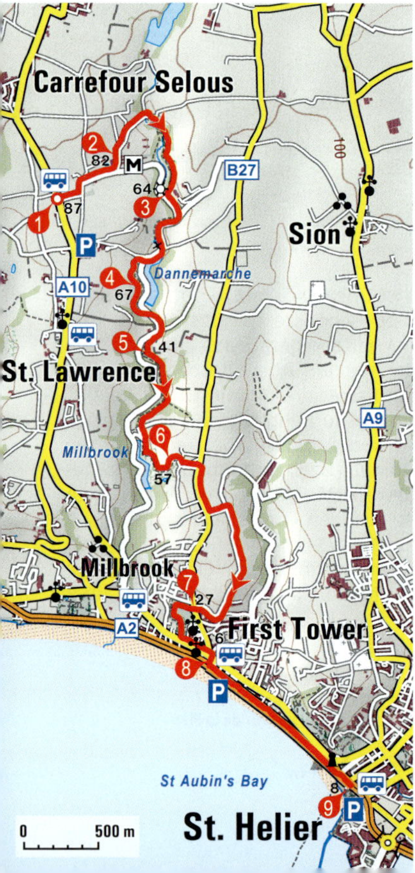

Kurz darauf erinnert eine Infotafel an die **Moulin de Dannemarche** ❹. Diese Mühle bekam den Namen »Le Moulin des Écoliers«, weil der Müller mit den Erlösen der Mühle Jungen aus der Gegend ein Theologiestudium in Oxford finanziert haben soll. Es geht wieder über Stufen abwärts und bei einer Abzweigung nach rechts zu einer spannenden Passage mit Holzstegen an der Flussaue und vorbei an Mauern von alten wasserbaulichen Anlagen und einer Infotafel über Bäche (»Streams«).

Bei der folgenden Straße gehen wir kurz rechts und folgen nach wenigen Metern dem Pfad auf der anderen Straßenseite rechts an dem kleinen Gebäude vorbei. Auf der folgenden Wiese informieren mehrere **Infotafeln** ❺ über den Mühlenpfad, ein obeliskartiger Millenium Stone gedenkt der Jahrtausendwende 2000. Kurz darauf schwenkt der Weg nach links, vorbei an Ruinen der Vicart-Wassermühle, genannt »Le Moulin a l'Eaux et Chevaux«, weil Pferde in Trockenzeiten das Mahlwerk antreiben mussten.

Links abzweigende Wege beachten wir nicht. 5 Minuten nach einer Betonbank ignorieren wir bei einem kleinen Holzpfahl den rechts bei einem Geländer abwärtsführenden Pfad und gehen geradeaus, kurz darauf entlang einer Straße. In deren scharfer Rechtskurve folgen wir hinter einem Haus dem Wegweiser »Footpath« nach links.

Der Pfad steigt bald am bewaldeten Steilhang gemächlich an; rechte Ab-

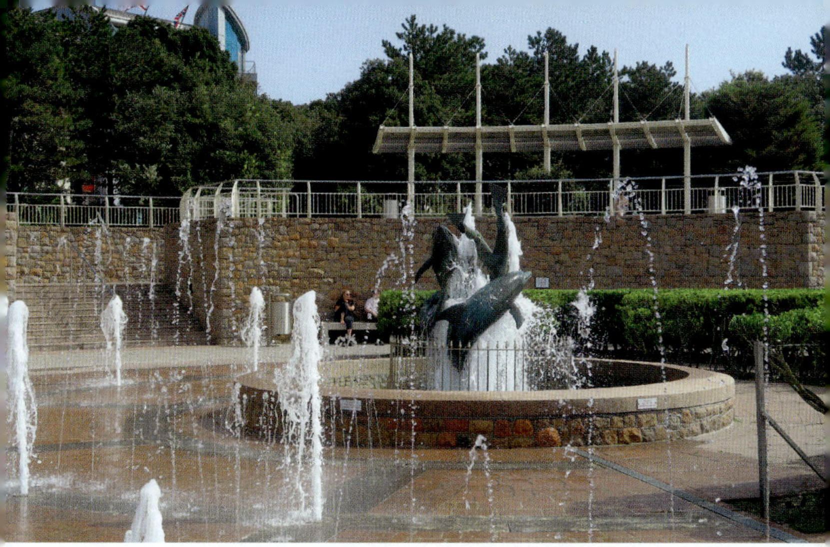

»Water Maze« bei Les Jardins de la Mer wird von 208 Wasserdüsen gebildet.

zweigungen ignorieren wir wieder. Nach einem Holzdurchgang mit längerem Holzzaun schwenkt der Pfad nach links und aus dem Tal heraus. Nach 150 m erreicht der schmale und an dieser Stelle möglicherweise etwas stärker bewachsene Pfad wieder die Zivilisation: geradeaus auf dem breiten Weg **Newfield** ❻ vorbei an Häusern. Bei einer Gabelung links aufwärts und bei der folgenden T-Kreuzung mit rotem Briefkasten rechts. Nach 5 Minuten verlassen wir die Straße hinter einem Schild »Width restriction« links auf der Landstraße (La Rue Cyril Mauger), um auf einer Green Lane nach Millbrook abzusteigen. Bei der folgenden T-Kreuzung rechts und auf der La Ruelle Vaucluse rechts nach Millbrook. Dort lädt links hinter einer Kreuzung der **St. Andrew's Park** ❼ zum Flanieren ein, wo wir dem Weg rechts haltend entlang der Außenseite folgen.

Nach dem Toilettenhäuschen rechts und südwärts zum Parkausgang. Bei der dortigen Bushaltestelle folgen wir links der St. Aubin's Road 200 m zum **First Tower** ❽. An diesem Wachturm aus dem 18. Jh. lag früher der gleichnamige Bahnhof der Jersey Railways, heute eine Bushaltestelle. Hinter dem Turm schwenken wir rechts zum Ufer und lassen die Wanderung links haltend auf der Promenade St. Helier mit Blick auf Elizabeth Castle ausklingen. Der West Slipway am Anfang von St. Helier ist Ausgangspunkt für Fuß- oder Bootstouren zur Burg. Von der Terrasse mit Einkehrmöglichkeit bieten sich schöne Blicke auf die St. Aubin's Bay. Links von dem kleinen Park **Les Jardins de la Mer** ❾ liegt eine Haltestelle mit direkten Busverbindungen zurück zum Startpunkt.

↗ 50 m | ↘ 50 m | 3,4 km

20 Saint Helier und Hafen

1.00 h

Rundgang durch Jerseys Hauptstadt

Der nach dem heiligen Helerius benannte Hauptort der Kanalinseln erscheint auf den ersten Eindruck mit seinen Hochhäusern als Großstadt, hat aber »nur« 36.000 Einwohner, die sich auf eine relativ kleine Fläche verteilen. Die Besiedlung geht auf Römerzeiten zurück. Einige Jahrhunderte später soll sich der Eremit Helerius auf der Insel niedergelassen haben und im Jahr 555 bei der Verteidigung gegen einfallende Wikinger den Märtyrertod gestorben sein. Der vornehmlich aus Marsch und Sanddünen bestehende Küstenabschnitt entwickelte sich seit dem 18. Jahrundert durch Landgewinnung zur heutigen Stadt, in der neben Hochhäusern Bauwerke aus viktorianischer Zeit das Bild bestimmen, darunter das Fort Regent, die Market Hall oder Liberty Wharf – Stationen dieses Stadtrundganges.

Ausgangspunkt: Liberation Square mit Parkhaus Sand Street Carpark 200 m nordwestlich (Navi: 12 Sand St, St Helier, Jersey JE2 3QG), alternativ sechsstöckiges Parkhaus bei ❸ (Navi: Pier Road Pier Road Multi Storey, 31 Pier Rd, St Helier, Jersey JE4 8PW).
ÖPNV: Der zentrale Busbahnhof Liberation Station liegt 100 m nordwestlich vom Liberation Square. Von dort starten/enden alle Buslinien der Insel, libertybus.je.
Anforderungen: Leichte Wanderung durchgehend über befestigte Wege mit Asphalt oder Pflasterung, teilweise über Stufen.
Markierung: Wegweiser.
Einkehr: Zahlreiche Einkehrgelegenheiten unterwegs.
Varianten: Die Tour besteht im Wesentlichen aus zwei Runden, die sich auch gut einzeln gehen lassen – als Runde zum/beim Fort Regent oder Runde durch die Altstadt (jeweils 2 km).
Kombi-Tipp: Tour 1 als Küstenwanderung ab St. Helier oder Tour 21: Stadtrundgang mit Hafen und Parks.
Tipps: Das Jersey Museum ❷ zeigt Geschichte und Geologie der Insel und bietet im viktorianischen Gebäude Einblicke in die damalige Zeit und Kunstwerke. Das Maritime Museum ❽ südlich vom Ausgangspunkt dokumentiert die Entwicklung der Seefahrt und zeigt Wandteppiche von 1995, die an die Zeit der deutschen Besatzung erinnern, jerseyheritage.org. Das 16 New Street Georgian House gegenüber der St. Pauls Church zwischen ❺ und ❻ ist ein restauriertes elegantes Stadthaus aus der georgianischen Zeit um 1800, nationaltrust.je > 16 New Street Georgian House.
Hinweis: Am Sonntag und Donnerstagnachmittag ist der Central Market ❺ geschlossen – ein Höhepunkt der Tour. Die Markthalle muss dann nordwärts über die Beresford Street umgangen werden.

Am **Liberation Square** ❶ erinnert das am 50. Jahrestag der Befreiung aufgestellte Liberation Monument von 1995 an das Ende der deutschen Besatzung 1945. Die zwölf Brunnen rund um die Figurengruppe symbolisieren die zwölf Gemeinden der Insel. Liberty Wharf und das Denkmal im Rücken gehen wir westwärts in Richtung des oberhalb sichtbaren Fort

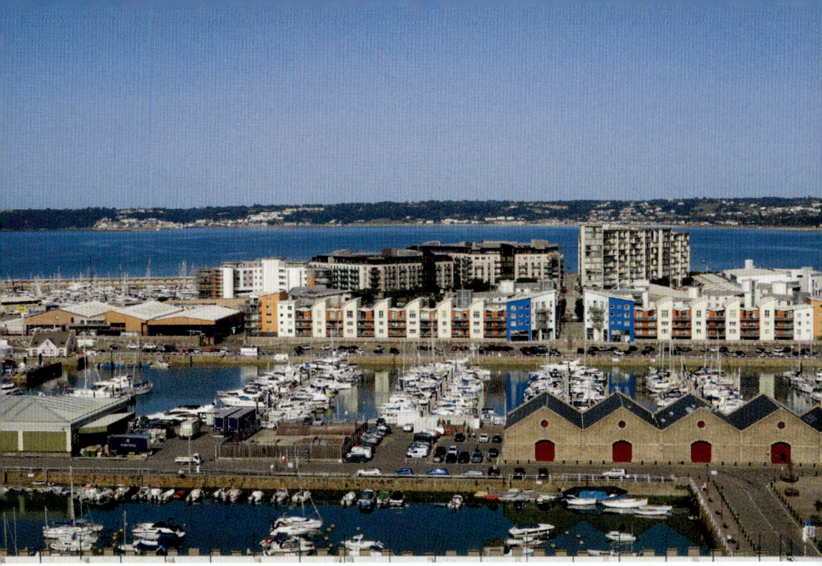

Vom Fort Regent hat man den ganzen Hafen von St. Helier im Blick.

Regent und queren erst die Straße Esplanade und dann den Weighbridge Place, auf dem die Insulaner 1940 mit weißen Kreuzen die Kapitulation gut sichtbar für deutsche Piloten anzeigten – und fünf Jahre später den Abzug der Deutschen feierten.

Vor dem **Jersey Museum** ❷ mit dem Portal und Archiv der 1873 gegründeten Gelehrtengesellschaft Société Jersiaise zur Förderung der Wissenschaften auf den Inseln halten wir uns rechts und gleich darauf links. Nach den Stufen rechts entlang der Pier Road und nach 100 m links unterhalb von einer Felswand wieder Stufen aufwärts – der Wegweiser weist auf einen atemberaubenden Anstieg und Ausblick von oben hin.

Nach aussichtsreichem Anstieg erreichen wir den eher unscheinbaren Eingang mit Drehtür zum **Fort Regent** ❸. Der Zutritt ist gratis, also gehen wir drinnen rechts am Empfangsschalter vorbei und bestaunen den räumlichen Eindruck des überdachten ehemaligen Exerzierplatzes: Ab 1806 wurde auf dem schon in vorgeschichtlicher Zeit besiedelten Mont de la Ville die

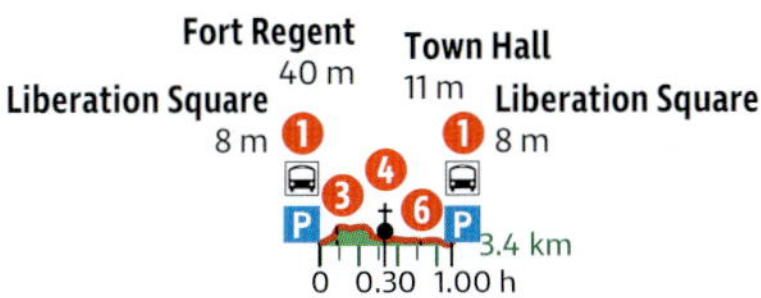

riesige Festung in nur acht Jahren auf Initiative General Dons angelegt – als Schutzschild gegen Napoleon. Nach weiterem Ausbau 130 Jahre später durch die deutschen Besatzer diente die Anlage nach dem Zweiten Weltkrieg als Abladeplatz alter Autos und von Elektroschrott sowie als Lager für Kartoffeln, Wein und Kohle – für das weiter unten liegende Kohlekraftwerk. Um 1970 investierte Jersey umgerechnet nach heutigem Wert rund 150 Mio. € für den Umbau in ein Fitness- und Freizeitzentrum – wie wir es heute sehen. Bis 1991 gehörten eine Seilbahn und bis 2009 ein Schwimmbad dazu. Heute präsentiert sich das Fort zwar mit toller Aussicht, aber als heruntergekommene Immobilie. Im Gespräch für eine Umgestaltung sind ein Kulturzentrum, Kongresshalle, Hotel, Casino, Gastronomie, Botanischer Garten sowie ein »Walkway in the Sky«.
In der überdachten Halle des Forts führen mehrere Zugänge über Treppen aufwärts zu Ausgängen, von denen sich das Fort oben umrunden lässt – mit weiten Ausblicken auf St. Helier.
Zurück geht es wieder durch die Drehtür und zur Abwechslung abwärts geradeaus mit dem Parkhaus-Fahrstuhl. Nach dem Parkhaus rechts entlang der Pier Road und bei der Kreuzung mit der Mulcaster Street geradeaus in die Einbahnstraße, links an der Kirche vorbei. Nach 30 m rechts durch das Gatter im Zaun und weiter links entlang der **St. Helier Parish Church** ❹, Die auf das Mittelalter zurückgehende Pfarrkiche stand ursprünglich am Rande der Dünen, heute aber als Folge von Landgewinnungsmaßnahmen weit entfernt vom Wasser.
Nach Verlassen des Kirchengeländes geradeaus zum Royal Square. Das kleine Gebäude vorne links mit der Sonnenuhr war bis 1926 als »Pique House« Sitz der Militärpolizei. Halb links über den Platz und am Westende links an »Cock & Bottle« vorbei. Bei der nächsten Straße links, gleich darauf rechts in die Fußgängerzone Queen Street, nach 80 m vor der Apotheke »Boots« links in die Einkaufsstraße Halkett Street und nach 80 m noch einmal links. Die Market Street führt zum **Central Market** ❺, dessen Halle aus dem 19. Jh wir durchqueren. Die vielen an mediterrane Märkte erinnernden bunten Produkte sind ein Genuss für Auge und Nase – und den Gaumen natürlich.

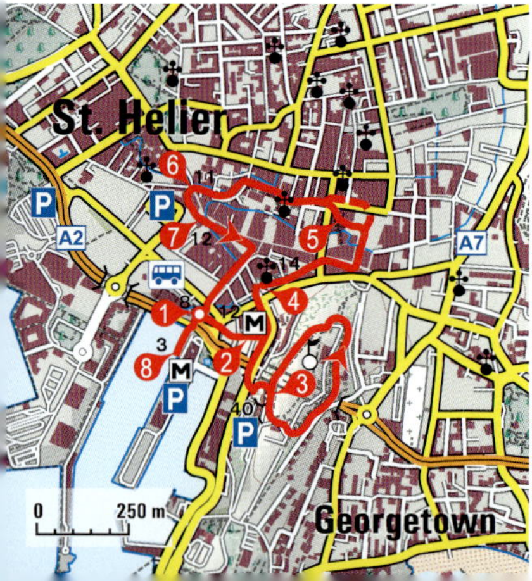

An der Westseite des Marktes kurz rechts (Halkett Place) und gleich darauf links in die Waterloo Street. An deren Ende links und gleich wieder rechts in die nur für Zulieferer zugelassene Sackgasse. Danach kurz rechts und nach wenigen Metern

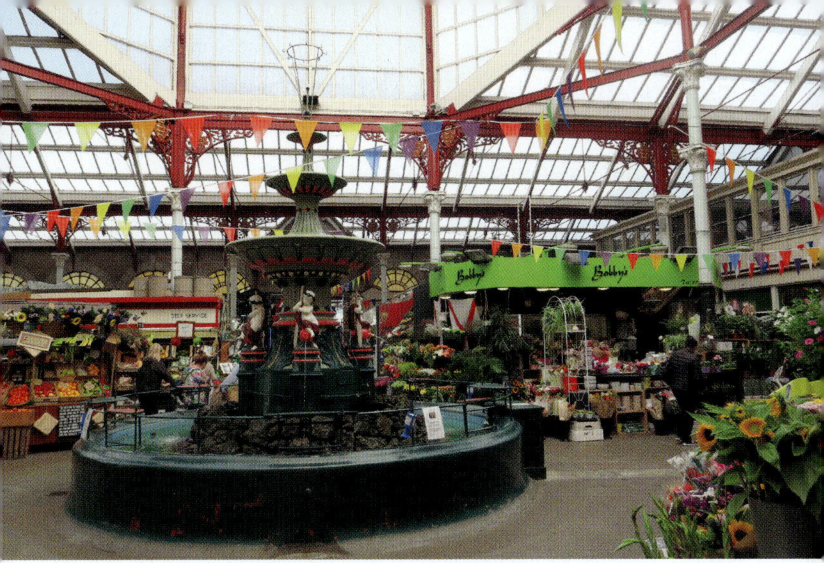

Die Markthalle ist täglich außer Sonntag und Donnerstag geöffnet.

links in die Passage »St. Pauls Gate«. An deren Ende zweigen wir links in die Dumaresq Street, die nach einer Rechtskurve auf das flaggenbehängte **Town Hall** ❻ von 1872 zuführt.

Vor dem Rathaus folgen wir der Straße scharf links und erreichen nach 50 m eine Gabelung an der Skulptur einer **Kröte** ❼ auf einer rund 3 m hohen Säule. Kröten lebten früher vielfach in dem feuchten Ufergebiet der heutigen Inselhauptstadt, weshalb die Insulaner auch als »Crapauds« (»Kröten«) bezeichnet wurden. Der Ursprung dieses Spitznamen geht verschiedenen Quellen zufolge auf Franzosen oder die Insulaner von Guernsey zurück.

Wir nehmen die (halb) linke Variante (Kingstreet) und folgen damit wieder einer Fußgängern vorbehaltenen Einkaufsstraße, rechts vorbei an »Superdrug«. Bei der nächsten Kreuzung zweigen wir nach rechts (New Cut) und passieren zur Linken die NatWest-Bank, eine von mehr als 50 Banken Jerseys.

Geradeaus gehend erreichen wir wieder den **Liberation Square** ❶, von dem sich ein kurzer Abstecher zum Hafen mit dem Seefahrtmuseum anbietet: Wir queren erst den Platz und dann die mehrspurige Straße über die Ampel. Auf der anderen Seite sind es nur 50 m entlang dem Kai zum **Maritime Museum** ❽, das neben Ausstellungen zur Seefahrt hinter dem Gebäude alte Originalschiffe liegt. Zurück geht es auf demselben Weg zum **Liberation Square** ❶.

↗ 50 m | ↘ 50 m | 3,3 km

21 Saint Helier – Parks und Burgblick

1.30 h

Rundgang mit Hafen und Grünanlagen

Vor dem Hafen von St. Helier liegt unübersehbar Elizabeth Castle. Diese Rundwanderung führt nicht direkt zu dieser Burg, aber zu schönen Aussichtspunkten mit Burgblick. Das auf einer Gezeiteninsel liegende Elizabeth Castle können wir nach Passieren des Hafenbeckens mit einem Abstecher bei Niedrigwasser erwandern – alternativ verkehren »Ferries« genannte Amphibienfahrzeuge zu diesem Wahrzeichen von St. Helier. Dahinter liegt auf einer per Damm verbunden Felseninsel die Einsiedelei von St. Helerius, dem Schutzpatron der Stadt. Weiter geht es durch kleine Parkanlagen im Hinterland der Hafenmetropole: West Park People's Park und Parade Gardens. Außerdem erfährt man bei dieser Tour, warum die Insulaner früher als »Kröten« (»Crapauds«) bezeichnet wurden.

Ausgangspunkt: Liberty Wharf Shopping Centre; 100 m nördlich liegt das Parkhaus Sand Street Carpark (Navi: 12 Sand St, St Helier, Jersey JE2 3QG), alternativ kostenloser Parkplatz Esplanade beim Stadtpark Les Jardins de la Mer ❷, aber nur auf 2 Stunden begrenzt (Navi: Les Jardins, Esplanade, Saint Helier, Jersey JE2 3QA).
ÖPNV: Der zentrale Busbahnhof Liberation Station liegt an der Nordseite des Wharf Shopping Centre, 100 m vom Ausgangspunkt. Von dort starten/enden alle Buslinien der Insel. Unterwegs werden weitere Haltestellen passiert, etwa zwischen ❸ und ❹ die Haltestelle Castleview mit Linie 19, libertybus.je.
Anforderungen: Leichte Wanderung über kleine Straßen, Bürgersteige, Promenaden sowie Rad- und Parkwege, Letztere stellenweise mit Stufen.
Markierung: Wegweiser.
Einkehr: Zahlreiche Einkehrgelegenheit am Start/Ziel sowie im Zentrum von St. Helier.
Varianten: Abstecher zum Elizabeth Castle (2 x 1,5 km) und 200 m weiter der Hermitage auf der Felsinsel am Wellenbrecher. Bei Niedrigwasser ist die Burg über einen dammartigen Weg erreichbar, der stellenweise rutschig und mit Algen bedeckt sein kann; alternativ ist auch der Transfer per Ferry möglich (→ Tipp). Die offiziellen, von den Gezeiten abhängigen Gehzeiten zur Burg stehen auf der Website von Jersey Heritage: jerseyheritage.org > Elizabeth Castle > Opening times > Excel Spreadsheet. Von der Südseite der Burg führt der Weg über den Wellenbrecherdamm zur Felsinsel mit der Einsiedelei von St. Helerius. Letztere ist damit regulär nur über die Burg und damit eintrittspflichtig erreichbar (nur März bis Oktober). Bei Niedrigwasser wäre hinter der Burg auch ein Zugang zur Felsenkapelle über die Bootstreppe hinauf auf den Wellenbrecherdamm möglich, aber nicht ganz einfach.
Kombi-Tipp: Tour 1 als Küstenwanderung ab St. Helier oder Tour 20: Stadtrundgang durch St. Helier.
Tipp: Elizabeth Castle ist zu Fuß über den Damm (→ Variante) oder per Barkasse erreichbar; der Eintritt ist so oder so gleich (Kombiticket für Eintritt und Ferry). Die Burganlage bietet schöne Aussichten auf den Hafen, die Stadt und Südküste, außerdem Ausstellungen zur Burg- und damit Inselgeschichte in historischen Räumlichkeiten, jerseyheritage.org > Elizabeth Castle.

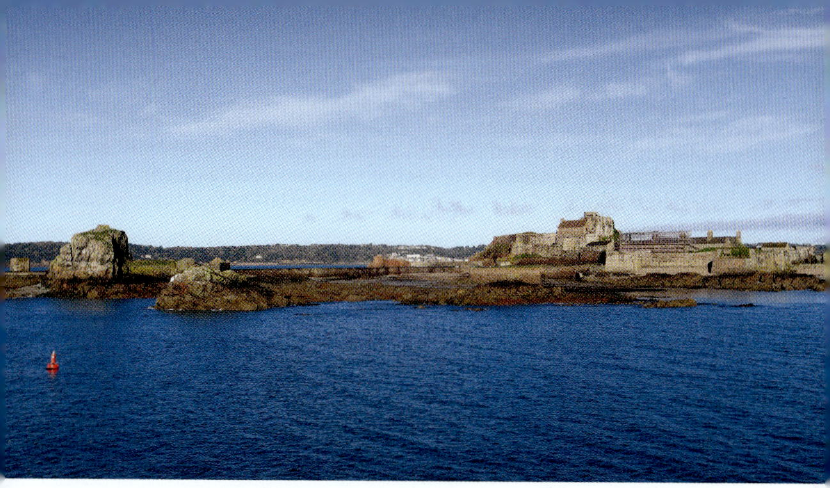

Ein Damm verbindet Elizabeth Castle mit der Hermitage.

Liberty Wharf ❶ ist ein zu einem Einkaufszentrum umgebauter Schlachthof aus dem 19. Jh. Die hellen Gänge in dem viktorianischen Gebäude bieten mehrere Einkehrgelegenheiten. Wir gehen am Westausgang gegenüber dem Liberation House Richtung Hafen und nehmen nach wenigen Metern den halb rechts zwischen modernen Gebäuden (links dem Windward House) über Stufen hinaufführenden Weg, flankiert von einer schwarzen Steinmauer. Zebrastreifen leiten uns links vom folgenden Kreisverkehr über die Route de la Liberation. Gleich danach links auf dem Bürgersteig zum Hafen und vor dem Hafenbecken mit Jachten rechts entlang dem Kai Richtung Ferries. Hinter dem Hafen erhebt sich auf dem Mont de la Ville das massive Fort Regent aus dem 19. Jh., das im um 1970 als Freizeit- und Fitnesszentrum ausgebaut wurde. Nach 100 m verlassen wir den Jachthafen bei der Skulptur Golden Jubilee Needle, eingeweiht 2002 von Prince Charles zum 50-jährigen

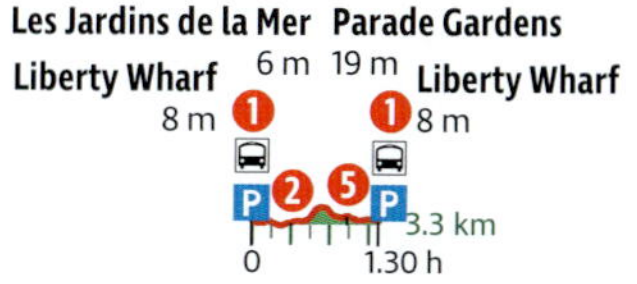

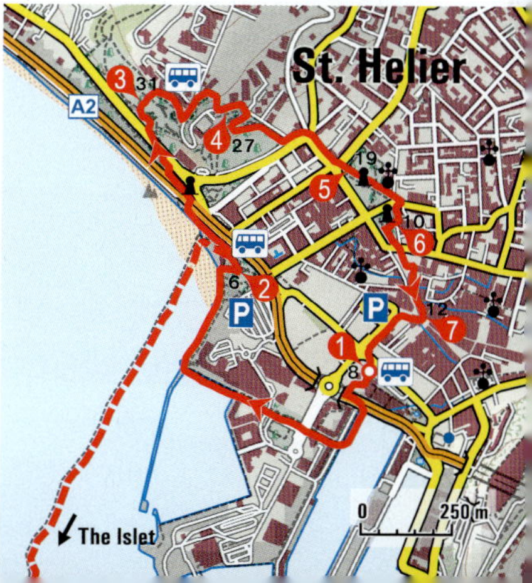

Thronjubiläum von Queen Elizabeth II. Wir nehmen die rechts aufwärtsführende Treppe und queren geradeaus das moderne Wohnviertel The Waterfront bis zur Uferpromenade vor der St. Aubin's Bay mit dem Freedom Tree. Die zwölf Eicheln der Bronzeskulptur stehen für die 12 Gemeinden Jerseys. Das auffällige Radisson-Hotel zur Rechten gewann 2008 einen Architekturpreis – den Carbuncle Cup für das am schlechtesten entworfene Gebäude Großbritanniens.
Die Uferpromenade leitet rechts zum kleinen Stadtpark **Les Jardins de la Mer** ❷ mit großem Zierbrunnen »water maze«) in der Mitte. Wir gehen links aufwärts zur Straße und folgen dem Rad-/Fußweg links. Links fahren die Amphibienfahrzeuge, genannt »Ferries« zum Elizabeth Castle ab. Bei der nächsten Ampel queren wir rechts die Hauptstraße. Weiter halb links auf dem Fußweg hinter den Verteilerkästen, nächste Treppe rechts hinauf, halb links über die Straße und weiter auf dem links neben dem weißen Gebäude aufwärtsführenden Pfad mit anfänglichen Stufen. Der Parkweg bietet links schöne Blicke auf die St. Aubin's Bay. Nach 100 m führt der Weg rechts an einem mit grünem Zaun abgesperrten Gebäude vorbei, hinter dem wir rechts die Treppe weiter hinauf in den **West Park** ❸ nehmen. Oben rechts haltend aussichtsreich hinaus aus dem Park. Nach einem bemalten Bunker queren wir die Straße und folgen auf der anderen Seite links dem Fußweg neben dem Zaun mit Bänken und Stadtblick. Nach 100 m rechts abwärts auf asphaltiertem Weg, später mit Stufen. Unten nach Querung der Straße geradeaus auf dem Fußweg zwischen Straße (links) und Privatparkplatz (rechts) in den **People's Park** ❹. Nach einem netten Laubengang vor einem Spielplatz kurz rechts und dann links, rechts am Spielplatz vorbei. Vor der Westmount Road rechts und entlang dem Bürgersteig mit vielen

Elizabeth Castle ist bei Hochwasser nur mit Amphibienfahrzeugen erreichbar.

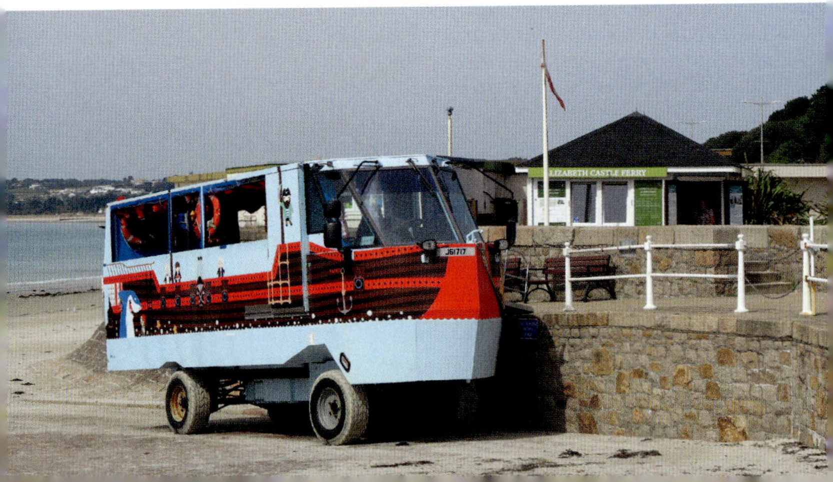

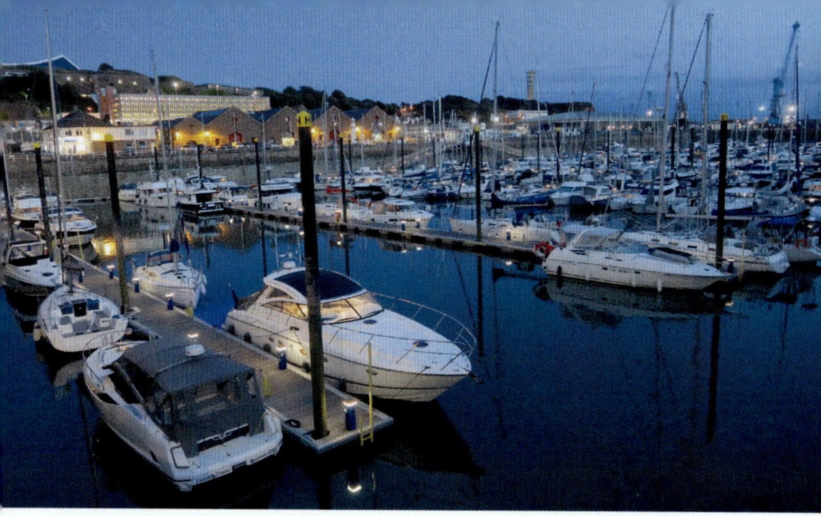
Über den Jachthafen schweift der Blick zum Höhenrücken mit dem Fort Regent.

Sitzbänken. Nach 100 m halten wir uns vor der auffälligen Zoohandlung Pets Paradise links und queren die West Park Avenue über die Ampel. Die Straße Cheapside führt geradeaus zu den **Parade Gardens** ❺. Geradeaus auf breitem Weg durch die Grünanlage. In der Mitte erinnert eine Büste an Philippe Baudains, im 19. Jh. Gründungsmitglied der Gelehrtengesellschaft Société Jersiaise und langjähriger Offizier der Inselpolizei.
Nach Querung der Gloucester Road setzt sich der Park fort mit dem unübersehbaren **Don-Denkmal** ❻. General George Don leitete um 1800 maßgeblich den britischen Widerstand gegen Napoleon: Zwischen 1806 und 1814 war er Lieutenant Governor von Jersey, davor hatte er bei der Hannover-Expedition (1805) gegen Napoleon die Anlandung einer 14.000-köpfigen Invasionstruppe in Cuxhaven geleitet und kurzzeitig Spionagedienste für Preußen geleistet.
Wir gehen links am Don-Denkmal vorbei, verlassen den Park an dessen Südseite und wandern über den Park mit dem umzäunten Ehrenmal an gefallene Insulaner der beiden Weltkriege.
Weiter südwärts entlang der Straße The Parade mit der flaggenbehängten Town Hall von 1872 zur Rechten. 80 m nach dem Rathaus scharf rechts. Eine fast 3 m hohe Säule mit der Skulptur einer **Kröte** ❼ weist auf den früheren Spitznamen der Insular hin: »Crapauds« (deutsch »Kröten«). Kröten lebten früher vielfach in dem feuchten Ufergebiet der heutigen Inselhauptstadt. Ob die Bezeichnung von Franzosen oder Bewohnern der Insel Guernsey stammt, ist umstritten. Die Fußgängerzone mündet vor einem Parkhaus in die Castle Street, der wir links zurück zur **Liberty Wharf** ❶ folgen.

TOP

22

↗ 310 m | ↘ 300 m | 9,6 km

Coastal Path 1: Saint Peter Port – Saint's Bay

3.30 h

Küstenwanderung im Südosten von Guernsey

Ein Wanderklassiker auf Guernsey ist die Inselumrundung, besonders eindrucksvoll der Cliff Path an der überwiegend felsigen Südküste. Diese erste Etappe von sechs in diesem Buch beschriebenen Abschnitten beginnt im Hauptort St. Peter Port und erschließt den Südosten der Insel mit seiner gezackten Küstenlinie, die einen Wechsel von Felsen und einladenden Buchten bietet. Mehrere Festungsanlagen aus dem 19. und 20. Jahrhundert säumen die Küste, außerdem bei Moulin Huet einige Bilderrahmen, die an Renoir-Gemälde an diesem Küstenabschnitt erinnern.

Ausgangspunkt: Zentraler Busbahnhof Town Terminus am Hafen von St. Peter Port, südlich davon Parkplatz South Esplanade Parking (Navi: Block B, Les Echelons, Guernsey GY1 1AR).
Endpunkt: Saint Bay Beach mit Parkgelegenheit (Navi: Saints Bay Rd, Guernsey GY1 1BH).
ÖPNV: Oberhalb vom Endpunkt liegt die Bushaltestelle Icart Corner (Buslinie 81) mit stündlichen Verbindungen zu ❶, zu erreichen über einen nordwestwärts aufwärtsführenden Weg (600 m). Alternativ auf halber Strecke Haltestelle Rue du Putron mit Buslinien 91 bis 95 von/zu ❶, buses.gg.
Anforderungen: Mittelschwere Wanderung über stellenweise bewaldete Küstenwege mit mehreren An- und Abstiegen, teilweise mit Stufen.
Markierung: Wegweiser, aber nicht durchgehend.
Einkehr: Kurz nach ❸, bei ❺ und ❼. Außerdem am Ziel Beach Kiosk mit netter Panoramaterrasse über der Bucht.
Varianten: 1. Am Anfang zum La Vallette Underground (ähnlich Länge): nach St. Peter Port der Uferstraße ab dem Restaurant Octopus geradeaus folgen; der Eingang ist nach 300 m im Felsen auf der rechten Seite. Zurück zur Route Straße südwärts bis zum Ende mit dem Wendekreis, dort links Treppe aufwärts zu ❷;
2. Abstecher links hinunter zur Badebucht Petit Port bei ❻ (2 x 150 m);
3. Abkürzung bei Jerbourg-Halbinsel (2,5 km kürzer): dazu vor ❹ bei Bank geradeaus statt Stufen links abwärts, nach 80 m links und geradeaus aufwärts, bei Straße leicht links versetzt geradeaus und abwärts zum Cliff Path kurz vor ❻.
Kombi-Tipp: Tour 23 als Fortsetzung des Küstenweges sowie Tour 34 als Rundwanderung im Südosten der Insel.
Tipp: La Vallette Underground Museum unterhalb vom Weg kurz vor ❷; erreichbar mit Variante 3. Eindrucksvoll vor allem wegen der Räumlichkeit: In den Tunneln eines ehemaligen Treibstoffspeichers ist Kriegsgerät aus den beiden Weltkriegen ausgestellt, lavalette.tk.

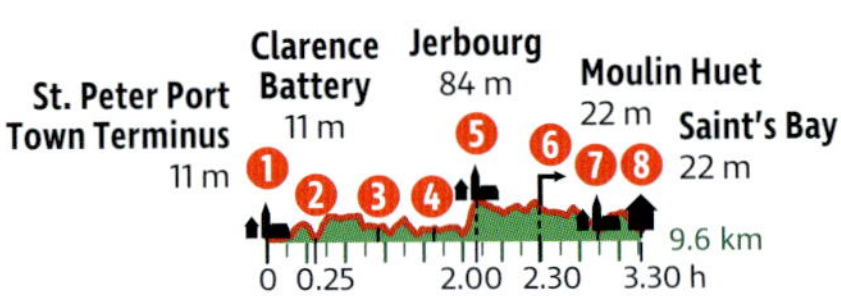

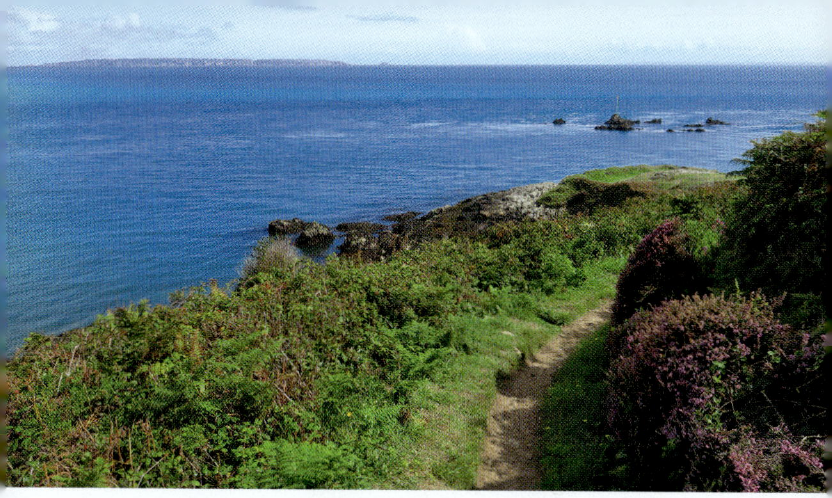

Vom Cliffpath bei Jerbourg bietet sich ein schöner Blick nach Sark.

Am nördlichen Ende des zentralen Busbahnhofs **Town Terminus** ❶ leitet eine Fußgängerampel über die oft stark befahrene Küstenstraße zum Hafenbecken, wo wir rechts entlang der Kaimauer gehen mit Blick über die zahlreichen Jachten hinüber zum Castle Cornet. Wir queren den zur Burg führenden Castle Pier und folgen der Küste südwärts, bei Ebbe geradeaus über den Strand, sonst oberhalb der gemauerten Küstenbefestigung entlang der South Esplanade. Seeseitig umgehen wir das Restaurant Octopus und nehmen dahinter den rechts rampenartig in Kurven aufwärtsführenden Fußweg. Oben halten wir uns vor einer massiven Mauer links, Teil des in napoleonischen Zeiten erbauten Fort George. Nach dem folgenden Abstieg führt ein Abstecher links zur wehrhaften **Clarence Battery** ❷. Die Festung wurde 1780 als Teil des Fort George erbaut und auch von den deutschen Besatzern im Zweiten Weltkrieg genutzt.
Vom Fort führt der Cliff Path aufwärts an eine Straße heran und folgt dieser links haltend abwärts. Nach 5 Minuten nehmen wir in einer Rechtskurve der Straße den links bei einer hölzernen Sperre abzweigenden Pfad in den Wald. Bei Abzweigungen halten wir uns links. Nach Verlassen des Waldes erreichen wir eine **Bank vor einer Treppe** ❸ und nehmen dort die Stufen aufwärts Richtung Fermaint Bay – wer die Treppen lieber meidet, kann diese rechts (»Bus-Route«) und dann links haltend umgehen. Oben angekommen bietet sich ein schöner Blick auf die vor uns liegende Fermaint Bay. Nach 100 m geht es auf der zweiten Treppe links abwärts zur Fermain Bay. Unten laden ein Strand, Picknicktische auf der terrassenähnlichen Festungsplattform, ein Beach Café sowie der gut erhaltene Tower 15 aus napoleonischer Zeit zum Verweilen ein.

Hinter dem Turm gehen wir über die kleine Brücke und aufwärts durch Wald. Nach 400 m zweigen wir nach links Richtung Bec du Nez und Marble Bay, um 5 Minuten später die Bucht des Naturhafens Bec du Nez mit kleinen Booten zu passieren. Nach der folgenden Rechtskurve nehmen wir bei einer Bank die links hinabführenden Stufen und folgen dem Weg oberhalb vorbei an der einsam gelegenen **Marble Bay** ❹. Weiter entlang dem Cliff Path, nach 5 Minuten vorbei an aussichtsreichen Sitzbänken. Bei den nächsten Abzweigungen halten wir uns rechts und nehmen die Stufen aufwärts. Links liegt der südöstlichste Zipfel Guernseys mit dem St. Martin's Point Lighthouse. Oben empfängt uns das aussichtsreiche Plateau von **Jerbourg** ❺ mit Aussichtsplattform, Parkplatz und Hotel-Restaurant sowie Kiosk.

Von Jerbourg gehen wir zunächst oberhalb des Kliffs südwestwärts entlang der Straße, die wir nach 100 m links über Stufen Richtung Petit Port verlassen. Der Cliff Path schlängelt sich aussichtsreich in großem Rechtsbogen um die Halbinsel. Oberhalb von Petit Port erreicht der Cliff Path

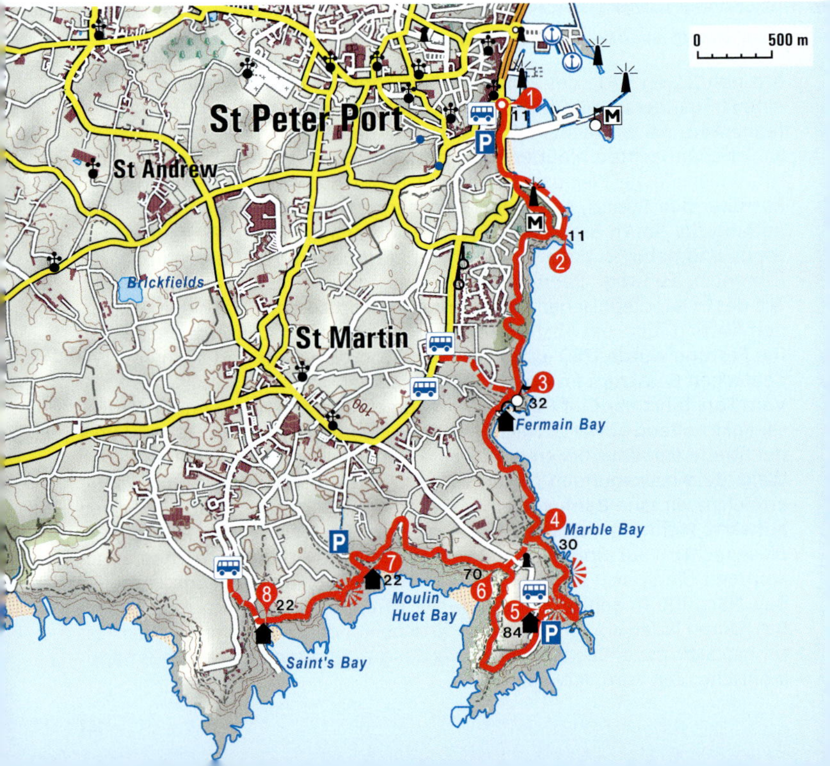

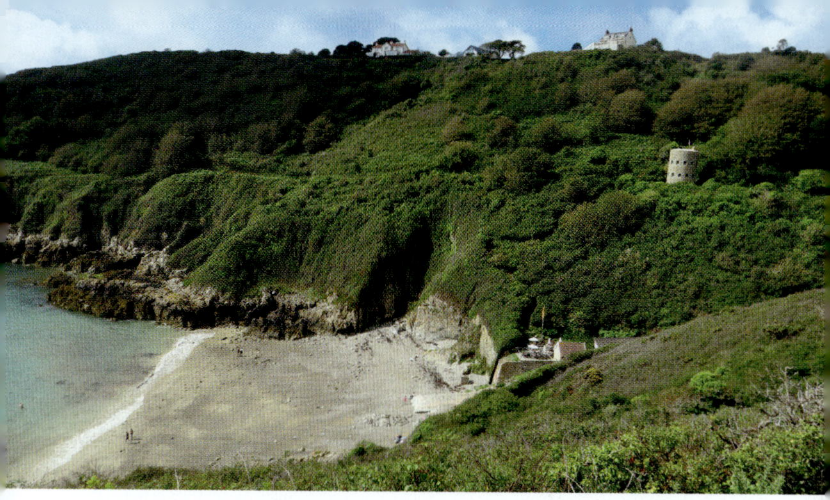

Über der Bucht von Saint Bay thront der gleichnamige Turm aus dem 18. Jahrhundert.

einen schmalen Fahrweg: dort links, nach 50 m halb links in den Pfad und nach 50 m wieder links Richtung Moulin Huet – rechts ginge es zu Toiletten und nach 200 m zur Granitstele **Doyle Monument** zum Gedenken an einen früheren Lieutenant Governor von Guernsey. 100 m danach folgen wir bei der linken **Abzweigung zum Strand Petit Port** 6 dem Pfad durch die Rechtskurve.

Nach 400 m im Anschluss an eine langgezogene Rechtskurve links abwärts. Der schöne Küstenpfad mündet nach kurzer Treppe mit Geländer in einen Fahrweg, dem wir kurz links folgen, um bei einem alten quellengespeisten Wassertrog (Abreuveur) scharf links abzubiegen, vorbei an einer Holzsperre und durch Wald neben einer Mauer.

Nach einer weiteren Holzsperre zweigen wir scharf nach links (u.a. Richtung Moulin Huet) und erreichen nach kurzem Abstieg auf der kleinen Zufahrtsstraße die Bucht von **Moulin Huet** 7 mit Einkehrgelegenheit. Moulin Huet ist bekannt durch den französischen Impressionisten Pierre Auguste Renoir, der während eines Aufenthalts im Südosten von Guernsey diesen Küstenabschnitt in 15 Gemälden verewigt hat. Einige Bilderrahmen zeigen entlang der Bucht die originalen Perspektiven der Kunstwerke.

Der Cliff Path führt anschließend durch Wald aufwärts. Nach Stufen halten wir uns links Richtung Saint (rechts geht es zum Car Park) und gehen in Serpentinen aufwärts. Nach Stufen links, vorbei an aussichtsreichem Rahmen und 10 Minuten später links abwärts Richtung Saint Bay und Icart. Mit herrlichen Blicken führt der Pfad abwärts in die idyllische **Saint's Bay** 8 mit kleinem Strand und Bistro, von der ein Zubringer hinauf zur Bushaltestelle Icart Corner führt.

TOP

23

↗ 280 m | ↘ 250 m | 8,3 km

Coastal Path 2: Saint's Bay – Prévôte Tower

3.30 h

Küstenwanderung im Süden von Guernsey

Auch der zweite Abschnitt des Cliff Path bietet atemberaubende Meerblicke vom felsigen Kliff aus im Wechsel mit Badebuchten, die allerdings zum Westen hin zunehmend seltener werden. Dafür bestimmen Beton-Beobachtungsbunker gelegentlich die Szenerie. Ansonsten Weitblick pur auf dieser stufenreichen Etappe mit mehreren Auf- und Abstiegen in Seitentäler. Die Ruhe wird nur selten von landenden oder startenden Flugzeugen gestört.

Ausgangspunkt: Saint Bay Beach mit Parkgelegenheit (Navi: Saints Bay Rd, Guernsey GY1 1BH).
Endpunkt: Prévôte Tower mit kleinem Parkplatz 50 m oberhalb (Navi: Rue de la Prevoté, Guernsey GY8 0DS).
ÖPNV: Oberhalb der Start- und Endpunkte gibt es Bushaltestellen; bei 1 Haltestelle Icart Corner (Buslinie 81), von dort zum Ausgangspunkt 600 m nach Südosten; bei 6 Haltestelle Rue de la Palloterie entlang der Zufahrtsstraße zum Parkplatz am Prévôte Tower (500 m). Dort halten die Buslinien 91 bis 94 genauso wie bei den Haltestellen Le Chene und Le Bourg, beide erreichbar über schöne Zuwege kurz vor und nach 3 (jeweils rund 1 km). Wer mit sein Auto am Start- oder Endpunkt hat, muss umsteigen: je nach Richtung in Old Mill oder St. Martin, buses.gg.
Anforderungen: Mittelschwere Wanderung auf gut gepflegtem Cliff Path, wegen mehrerer Seitentäler mit vielen An- und Abstiegen, oft über Stufen.
Markierung: Großteils Wegweiser.
Einkehr: Einkehrgelegenheiten am Start sowie bei 3 und 4.
Varianten: 1. Abstecher zum German Occupation Museum (1 km) und Bushaltestelle Le Bourg (1,2 km): nach Aufstieg von 3 rechts abzweigenden Pfad nehmen, bei Einmündung in Straße geradeaus und weitere Abzweigungen nicht beachten. Bei einer Gabelung mit Bambus zur Rechten geht es links nach 100 m zum Museum und geradeaus nach 300 m zur Bushaltestelle Le Bourg. 2. Abstecher zur Küste (150 m): 1,1 km nach 4 bzw. 200 m nach der scharfen linken Abzweigung von der Straße links auf Pfad (mehrere Möglichkeiten) und diesem links haltend folgen.
3. Kleinerer Pfad kurz vor 5 etwas näher am Steilufer (gleiche Länge).
Kombi-Tipp: Touren 22 und 24 als Verlängerung des Cliff Path in östliche bzw. nördliche Richtung.
Tipps: Petit Bot Tower bei 3 mit kleiner Ausstellung sowie German Occupation Museum oberhalb von 3, erreichbar über einen 1 km langen Abstecher (→ Variante 1). Das Museum informiert mit zahlreichen Originalexponaten über die deutsche Besatzung und dokumentiert dabei den Alltag der Insulaner im Zweiten Weltkrieg, germanoccupationmuseum.co.uk.

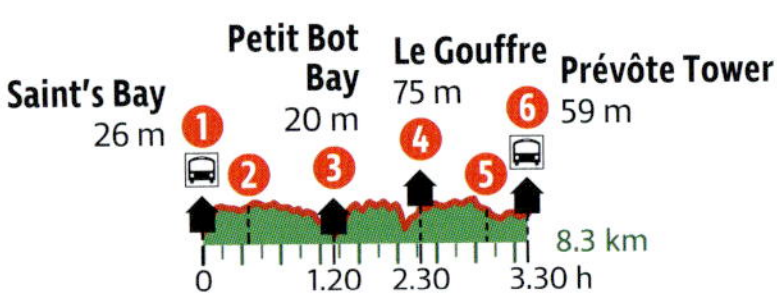

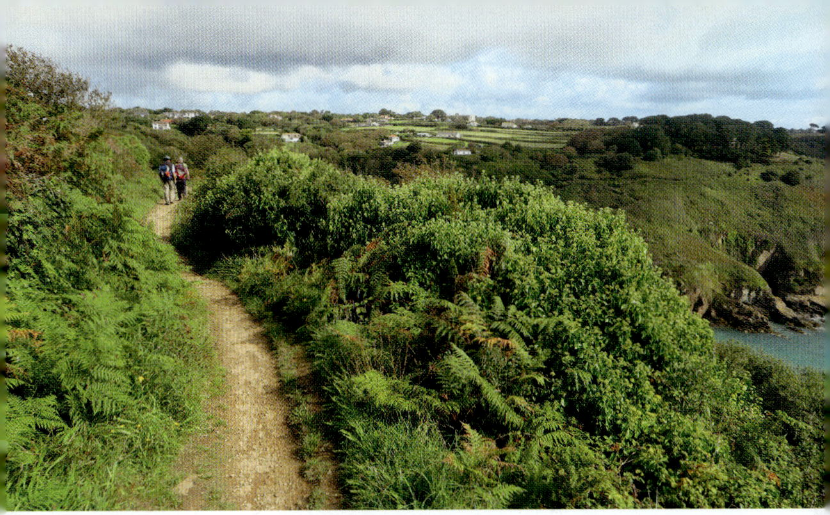

Farn ist ein häufiger Wegbegleiter, hier bei Saint Bay.

Unauffällig schlängelt sich ein Pfad hinter dem WC-Gebäude vom **Saint's Bay Beach** ❶ aufwärts und erreicht beim gut erhaltenen Tower 14 aus napoleonischer Zeit die Saints Bay Road. Dort rechts und nach 50 m scharf links hinauf über Stufen.
Bei der Plattform einer alten Geschützstellung gehen wir geradeaus und ignorieren dabei die links vom Ende der Saints Bay Road hinaufführende Treppe. Panoramareich führt der Cliff Path oberhalb der Südspitze der Icart-Halbinsel entlang und passiert zur Rechten den Parkplatz am Ende der **Icart Road** ❷; links lädt eine Bank zur Küstenpanoramapause ein.
Weiter geradeaus nordwärts auf dem gut ausgebauten Küstenweg. Nach einer Bretterbrücke zweigt links ein Abstecher zur nur mit Leiter erreichbaren, aber dadurch nicht überlaufenen Jannoet Bay mit Ebbestrand ab. Wir folgen dem Küstenpfad geradeaus. Nach beinahe 30 Minuten lädt links unterhalb eine Panoramabank zum Verweilen mit Blick auf Petit Bot Bay ein. Gleich danach senkt sich der Pfad in das Seitental, wo wir der Zufahrtsstraße links zur **Petit Bot Bay** ❸ mit beliebtem Strand, Picknickplatz, Tearooms und Turm (wieder aus napoleonischer Zeit) folgen. Die idyllische Bucht hat eine strategische Bedeutung für die Stromversorgung Guernseys: Hier erreicht das über Jersey geführte 100-MW-Unterwasserkabel mit französischem Strom die Insel; davon ist allerdings nichts zu sehen.
Der Cliff Path steigt auf der westlichen Seite beim Parkplatz wieder an. Nach 150 m gehen wir rechts aufwärts, ignorieren nach 120 m den rechts abzweigenden Pfad (Zubringer zur Bushaltestelle Le Bourg und dem German Occupation Museum) und gleich darauf bei der Gabelung rechts. Der

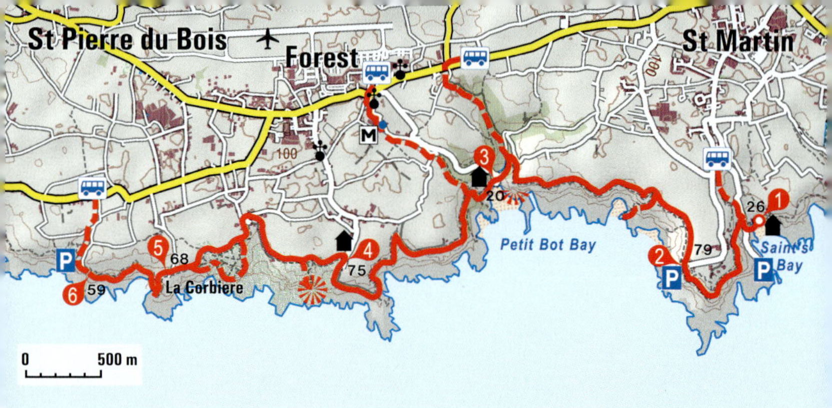

Cliff Path schlängelt sich zwischen Feldern (rechts) und dem Steilufer (links) westwärts und erreicht beim **Le Gouffre Café** ❹ wieder die Zivilisation. Für den Weiterweg halten wir uns vor dem Restaurant-Café links, nach wenigen Minuten vorbei an einer linken Abzweigung zu einem Panorama-Abstecher bei Les Herbeuses. Kurz darauf wandern wir ab einem privaten Anwesen auf dessen Zufahrtsweg, bei der Einmündung in die Asphaltstraße links abwärts und nach 30 m scharf links in den breiten Weg (Schild: »Vehicle Access for Residents only«). Nach 20 m erreichen wir eine Hochfläche mit mehreren Wegabzweigungen. In diesem Wanderareal des Na-

Auf dieser Etappe geht es auf und ab durch Seitentäler wie vor Petit Bot Bay.

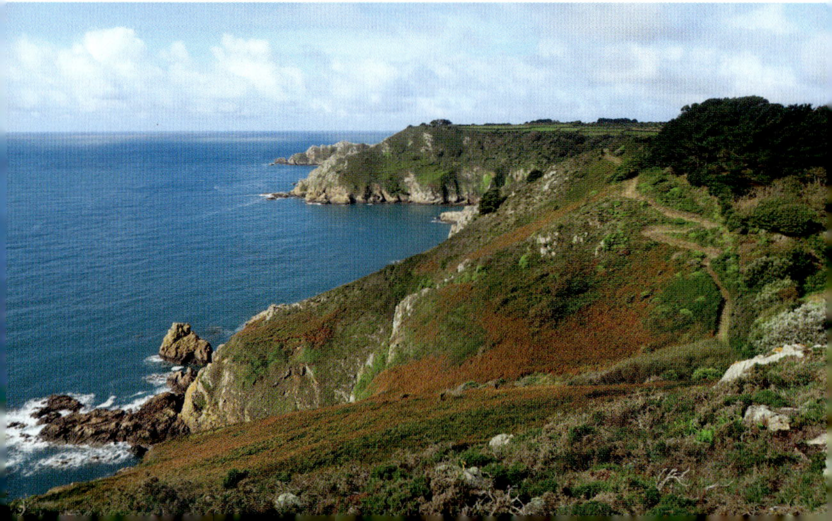

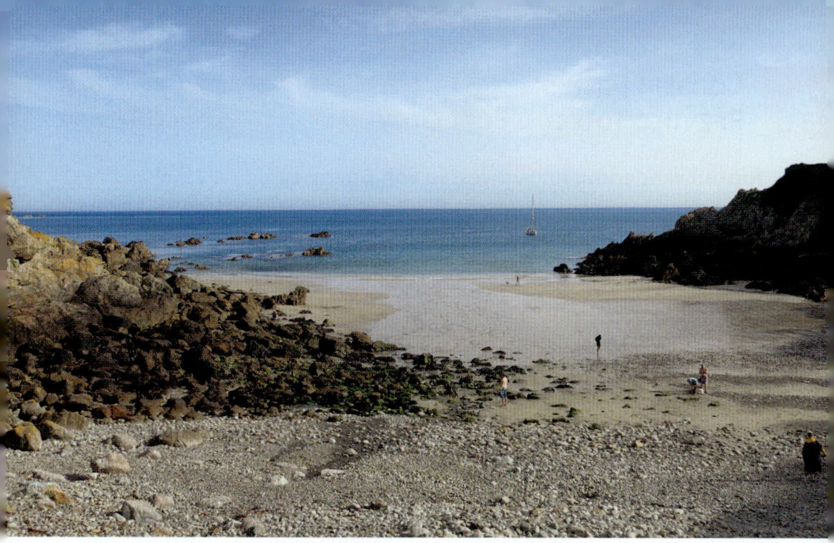

Petit Bot Bay präsentiert bei Niedrigwasser einen Sandstrand.

tional Trust gibt es mehreren Optionen; am einfachsten ist es zunächst geradeaus entlang dem gut erkennbaren Hauptweg und 50 m nach einer Rechtskurve bei einer Gabelung links auf dem Grasweg auf die Baumgruppe mit Kiefern zu. Wir gehen unter den Kiefern hindurch und halten uns danach rechts. Der Cliff Path leitet kurz darauf über einen Parkplatz am Ende einer Straße mit Bank bei **La Corbiére** 5. Eine Infotafel erinnert an eine mittelalterliche Fluchtburg an dieser Stelle, von der aber nichts mehr erhalten ist. Wir verlassen den Parkplatz westwärts und folgen dem Cliff Path nach einer Linkskurve rechts abwärts über Stufen – aber vorher unternehmen wir noch einen lohnenden Abstecher zum Aussichtspunkt, zur Zeit der deutschen Besatzung ausgebaut als Festung »Rabenstein«.

Das Ziel – den markanten Betonbunker – im Blick leitet der Cliff Path auf und ab zum 21 m hohen **Prévôte Tower** 6, einem Beobachtungsturm mit der Kennung M5 zur Zeit der deutschen Besatzung. Unterhalb vom Turm führt ein Grasweg (Sackgasse!) zu einem Aussichtspunkt, 50 m oberhalb liegt ein Parkplatz, dessen Zufahrtsstraße landeinwärts nach 500 m zu einer Bushaltestelle führt.

Der fünfgeschossige Prévôte Tower aus dem Zweiten Weltkrieg ist weithin sichtbar.

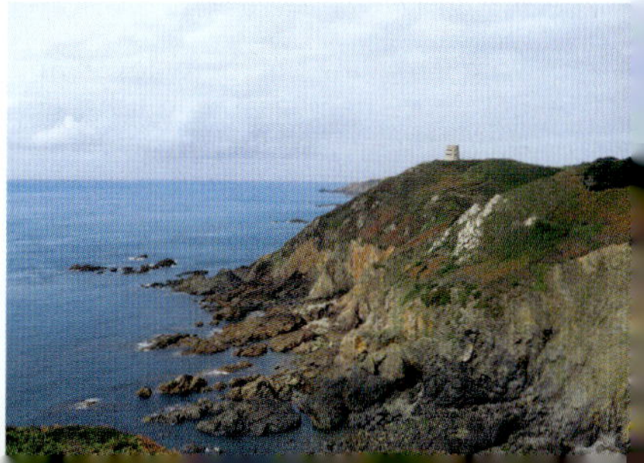

↗ 190 m | ↘ 240 m | 8,5 km

24 Coastal Path 3: Prévôte Tower – Fort Grey

3.30 h

Küstenwanderung im Südwesten von Guernsey

Die dritte Etappe des Küstenpfads führt um die Südwestspitze Guernseys, die wegen der strategisch wichtigen Lage von zahlreichen Beobachtungsposten aus dem Zweiten Weltkrieg geprägt ist; zahlreiche Bunker, Geschützplattformen, Schützengräben und Tunnel sind beliebte Anlaufpunkte für historisch Interessierte sowie spezielle Inselrundfahrten auf den Spuren der Besatzer. Küstenwanderer erleben einen wesentlichen Wechsel der Küste: schroffe Felsen im Süden, dagegen langer Sandstrand im Westen. Dass das Ufer im Südwesten für Seefahrer tückisch ist, verrät das Shipwreck Museum im Fort Grey am Ziel. Die Form der um 1800 erbauten Festung erinnert an eine Tasse mit Untertasse und trägt daher den inoffiziellen Beinamen »cup and saucer«.

Ausgangspunkt: Prévôte Tower mit kleinem Parkplatz 50 m oberhalb (Navi: Rue de la Prevoté, Guernsey GY8 0DS).
Endpunkt: Fort Grey mit gleichnamiger Bushaltestelle und Parkplatz (Navi: 3 Rte de la Lague, Guernsey GY7 9BZ), alternativ Parkplatz bei Pleinmont (Navi: 1846 Rue des Valniquets, Guernsey GY8).
ÖPNV: Bushaltestellen 500 m oberhalb vom Ausgangspunkt (Haltestelle Rue de la Palloterie); Zugang entlang der Zufahrtsstraße zum Parkplatz am Prévôte Tower, sowie am Endpunkt und bei Pleinmont. An allen halten die Buslinien 91 bis 94, bei den beiden letztgenannten auch Linie 61, buses.gg.
Anforderungen: Mittelschwere Wanderung über gut ausgebaute Küstenwege, am Schluss auch Straße und Strand.
Markierung: Wegweiser, aber nicht durchgehend.
Einkehr: Strandbistro und Hotel-Restaurant bei Portelet ❻.
Variante: Abstecher zum Observation Tower MP 3; dazu bei Parkplatz vor ❺ rechts erst auf Fußweg, dann Straße hinauf zum weithin sichtbaren Turm (2 x 250 m).
Kombi-Tipp: Touren 23 und 25 als Verlängerung des Cliff Path in östliche bzw. nördliche Richtung sowie Tour 33 als kurze Rundwanderung im Südwesten Guernseys.
Tipps: Am Endpunkt Fort Grey; in der alten Festung zeigt das Shipwreck Museum die Gefahren der felsigen Westküste für die Schifffahrt (museums.gov.gg > Fort Grey Shipwreck Museum). Unterwegs mit kurzem Abstecher Observation Tower MP3 mit weitem Blick sowie kleiner Ausstellung über den Alltag der deutschen Besatzer.

Vom Parkplatz oberhalb des schmucklosen **Prévôte Tower** ❶ aus der Zeit der deutschen Besatzung führt der Cliff Path abwärts und schlängelt sich abwechselnd ab- und ansteigend am Hang der Südküste entlang, oft mit Stufen. Rechts Richtung Hauptstraße abzweigende Wege ignorieren wir genauso wie den rund 5 Minuten nach einer Bank bei einer Gabelung links abzweigenden Weg.
Bei einem **Parkplatz** an der **Rue des Tielles** ❷ geradeaus, vorbei an den zwei Steinbrocken.

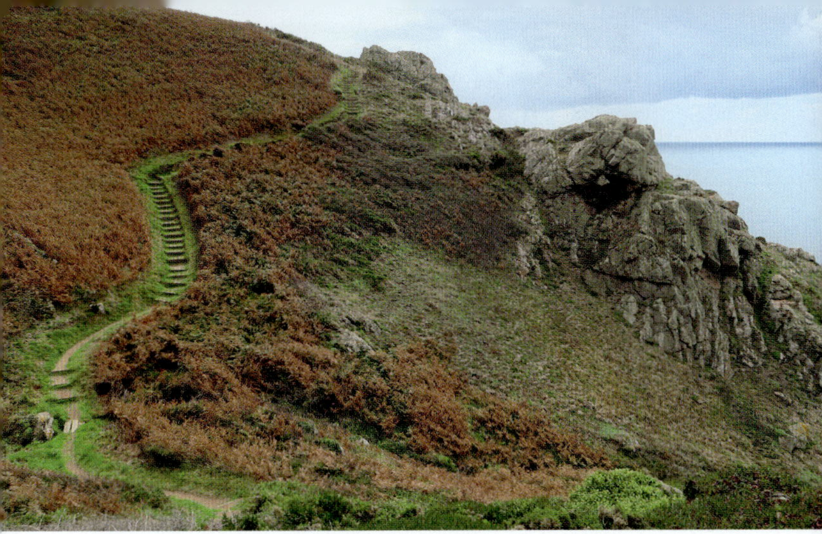

Nach dem Prévôte Tower führt ein längerer Abstieg mit Stufen abwärts.

Aussichtsreich geht es weiter westwärts. Beim **Mont Heraut Watch House** ❸, einer Hausruine aus napoleonischer Zeit, erreicht der Cliff Path erneut eine Straße und verlässt sie links gleich wieder. Von weitem ist die Silhouette des nächsten Betonturms aus deutscher Besatzungszeit erkennbar: Nach rund 15 Minuten erreichen wir den **Observation Tower MP4 L'Angle** ❹, einen ehemaligen Marinepeilstand. Von dort sind es nur wenige Minuten zur nächsten Militäranlage des Zweiten Weltkriegs: Die Geschützstellung **Battery Dollmann** erstreckte sich über eine große Fläche der strategisch wichtigen Südwestspitze der Insel.

Beeindruckend und beängstigend zugleich ist es, wenn man vom Parkplatz nordwestwärts durch den Schützengraben geht als Zubringer zu unterirdischen Schutzräumen und Magazinen. Der Pfad mündet in eine 1997 restaurierte Plattform samt Kanone – einer von einst vier der Batterie Dollmann. Anschließend queren wir den Parkplatz und folgen dem gut erkennbaren aussichtsreichen Fußweg halb links oberhalb der Küste durch das Charles David Nature Reserve, benannt nach einem früheren Insektenkundler des hiesigen Naturschutzvereins La Societe Guernesiaise.

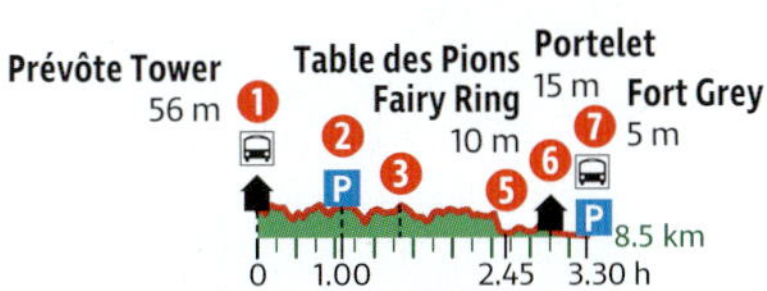

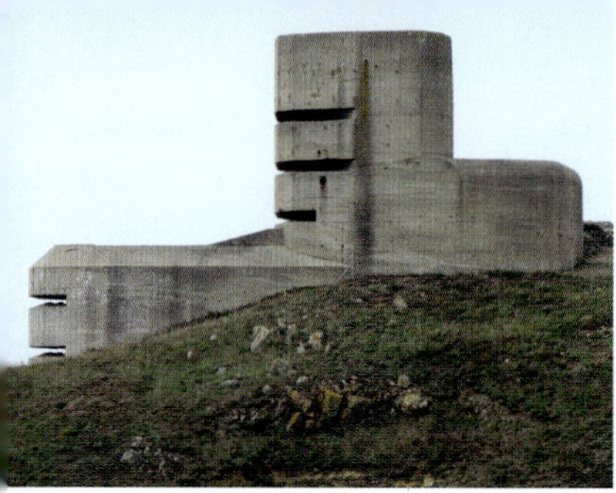

MP4 war einer von sechs deutschen Marinepeilständen an Guernseys Küste.

Nach einer Rechtskurve erreicht der Küstenpfad einen Parkplatz, den wir queren, um nach 70 m bei einer Kreuzung links abzubiegen Richtung Portelet. Rechts oberhalb ist der über die Straße erreichbare und als Aussichtsturm hergerichtete siebenstöckige Observation Tower MP3 erkennbar.

Die erste Abzweigung nach links – nach 80 m – beachten wir nicht, die folgende lohnt sich aber für einen Abstecher zu einer Panoramabank. Anschließend gehen wir weiter nordwärts und erreichen nach kurzem Abstieg den **Table des Pions – Fairy Ring** **5**. Dieser Steinkreis wurde vermutlich im 19. Jh. als Pausenplatz der Küstenwacht angelegt.

Nach dem Steinkreis folgen wir der Straße durch die Linkskurve mit dem **Fort Pezeries** aus napoleonischer Zeit zur Linken. Nach 10 Minuten Asphalttreten bietet sich etwas links als Alternative zur Straße für 120 m ein breiter Weg über eine Wiese an, ehe uns die kaum befahrene Straße zur Strandsiedlung **Portelet** **6** leitet mit Kiosk, Parkplatz, Bushaltestelle und Restaurant.

Bei Pleinmont führt der Cliffpath um den westlichsten Zipfel Guernseys.

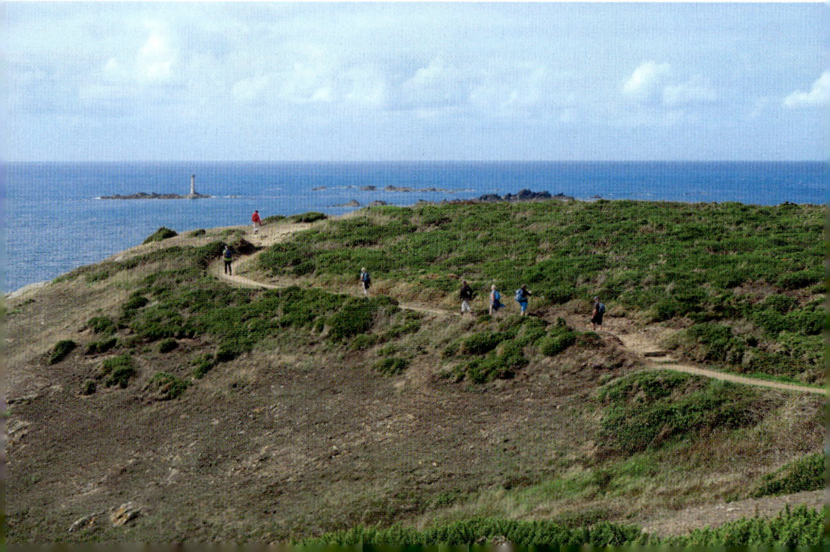

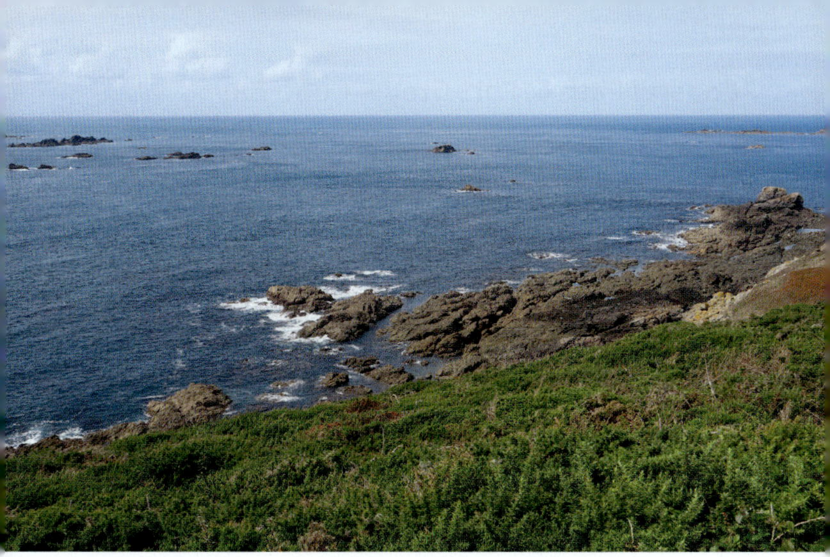

Die flache felsige Küste vor Guerney ist ein berüchtigter Schiffsfriedhof.

Von Portelet folgen wir der Strandstraße Rte de la Lague auf die sichtbare Halbinsel mit dem sichtbaren Martello-Turms des Fort Grey zu. Da es keine Uferpromenade gibt, bietet sich bei entsprechendem Gezeitenstand der Strand als angenehmere Alternative an. Vor dem **Fort Grey** 7 führt rechts eine Rampe zur Straße mit Bushaltestelle und Parkplatz.

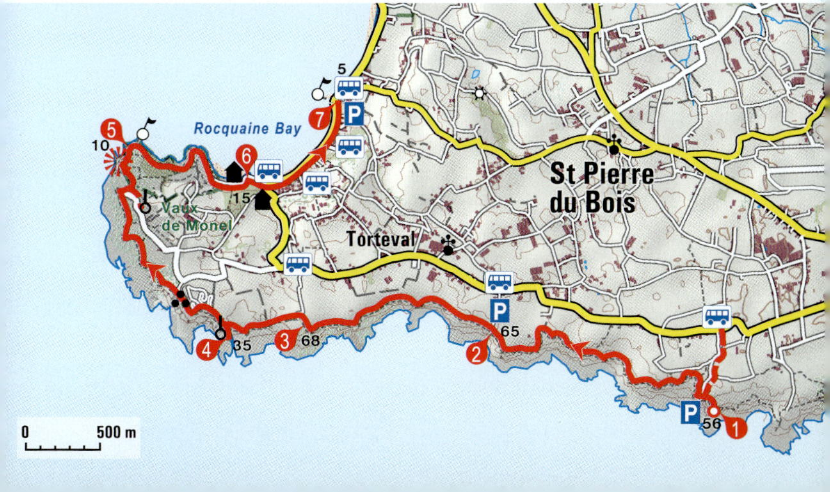

↗ 140 m | ↘ 140 m | 12,9 km

25 Coastal Path 4: Fort Grey – Cobo Bay

4.00 h

Küstenwanderung im Nordwesten von Guernsey

Diese Küstenwanderung erschließt den Nordwesten von Guernsey mit langen Strandabschnitten, aber auch Landzungen, vor allem vor Lihou Island sowie beim Fort Hommet. Am angenehmsten ist die Tour bei Niedrigwasser, dann lassen sich lange Strandabschnitte wie zu Begin die L'Eree Bay unten direkt am Wasser statt entlang der Küstenstraße erwandern. Ein kurzer Abschnitt dieser Wanderung – bei Perelle Bay – führt zur Vermeidung der Küstenstraße auf schönen und ruhigen Wegen durch das Landesinnere. Ziel ist Cobo Bay mit seinem bekannten weißen Sandstrand.

Ausgangspunkt: Fort Grey mit gleichnamiger Bushaltestelle und Parkplatz (Navi: 3 Rte de la Lague, Guernsey GY7 9BZ), alternativ Parkplatz bei Pleinmont (Navi: 1846 Rue des Valniquets, Guernsey GY8).
Endpunkt: Cobo Bay mit Bushaltestelle, Strandkiosk und Parkplatz (Navi: Côbo Coast Rd, Guernsey GY5 7HH).
ÖPNV: Bushaltestellen am Anfangs- und Endpunkt sowie an zahlreichen Punkten unterwegs. Alle Haltestellen werden vom Ringbus (Linien 91/92), im Mittelteil von der Linie 60 sowie zu Beginn im Landesinnern (Mont Saint) von der Linie 61 bedient, buses.gg.
Anforderungen: Leichte Wanderung auf Wegen entlang der Küste, über größere Strecken auch Sandstrand sowie asphaltierte bzw. betonierte Wege/Straßen.
Markierung: Stellenweise Wegweiser.
Einkehr: Einkehrgelegenheiten bei 2, 6 sowie am Endpunkt.
Varianten: 1. Abstecher zu Lihou Island

Beim Dolmen Le Trepied bedecken drei Decksteine eine 5,5 m lange Kammer.

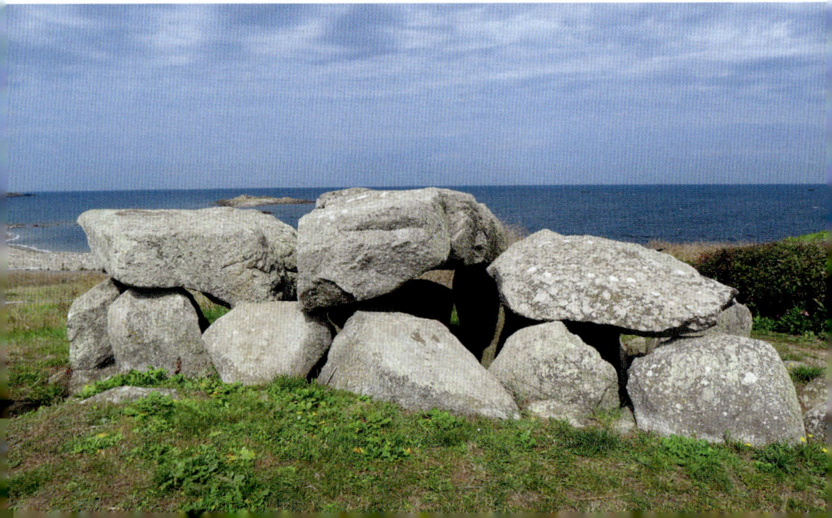

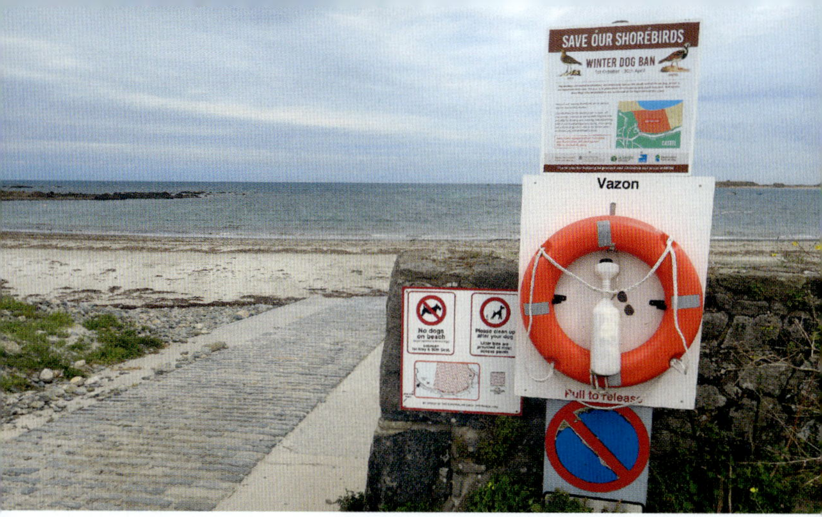

Hundehalter haben es nicht leicht mit Verboten im Sommer und im Winter.

(3 km mit Umrundung): bei Niedrigwasser kurz nach ❸ links über den sichtbaren Causeway, rund um die Halbinsel und auf demselben Weg wieder zurück nach Guernsey. Der Übergang nach Lihou Island ist nur bei Niedrigwasser möglich; die offiziellen Gehzeiten stehen im Internet: gov.gg/lihou > Causeway Opening Times.

2. Wer die lange Strandpassage zu Beginn meiden möchte oder bei Hochwasser geht, steigt besser bei ❷ in die Wanderung ein.

Kombi-Tipp: Touren 24 und 26 als Verlängerung des Cliff Path in südliche bzw. östliche Richtung sowie Tour 32 als kurze Rundwanderung im Nordwesten Guernseys.

Tipps: Am Anfang Fort Grey mit Turm von 1804 und Shipwreck Museum (museums.gov.gg > Fort Grey Shipwreck Museum). Kurz vor dem Endpunkt ist der Shell Shrine im Fort Hommet, eine mit lokalen Muscheln besetzte Kapelle in einem alten Bunker, an wenigen Tagen im Jahr zugänglich (April bis Oktober samstags 14.00 – 16.30 Uhr), sacredheart.org.gg.

Vom **Fort Grey** ❶ folgen wir der Küstenstraße nordwärts. Nach einem kleinen Parkplatz und der Bushaltestelle Route de Rocquaine bietet der Dünenweg ein angenehmeres Vorankommen – bei Niedrigwasser ist der Strand die schönste Option zur Vermeidung des Straßenverkehrs. Wechsel sind möglich bei einer Bootsrampe sowie gelegentlich Treppen an der Anti Tank Wall. Kurz nach der folgenden Bootsrampe führt ein promenadenartiger Fußweg oberhalb der Panzerabwehrmauer vorbei an **L'Eree** ❷ mit Bushaltestelle und Parkplatz nordwärts – alternativ weiter links am Strand bis zu dessen nördlichem Ende hinter ❷.

Am Siedlungsende zweigen wir hinter der Bushaltestelle L'Eree Bunker nach links. Im Anschluss an die Rechtskurve mit links einem Parkplatz leitet rechts ein Pfad parallel zur Straße zum **Le Creux ès Faïes**, einem gut erhaltenen jungsteinzeitlichen Ganggrab. Nach einem kleinen Parkplatz folgen wir der Straße rechts zur Küste. Bei einer Kreuzung mit einem **Holzgatter** **3** und einem Wegdurchlass rechts davon (von dort kommen wir später zurück) folgen wir der Straße nach links – oder kürzen gleich nach rechts ab. Nach 100 m bietet sich in der Straßenkurve nach links ein Abstecher zur aussichtsreichen ehemaligen **L'Eree Battery** vom Ende des 18. Jhs. an. Nach der Kurve führt der Fahrweg abwärts zur Küste, wo bei Niedrigwasser der Übergang nach Lihou Island möglich ist (→ Variante 1). Wir wechseln auf den rechts am Ufer entlangführenden Pfad und steigen beim Warnschild »Caution – This headland is crossed by German field defences ...« rechts über den niedrigen Steinwall. Der Weg führt auf den mehrstöckigen Betonturm des Marinepeils 2 zu, erbaut im Zweiten Weltkrieg auf dem Martello-Turm aus napoleonischer Zeit. Vom damaligen Fort Saumarez ist wegen der deutschen Überbauung für den »Stützpunkt Langenberg« kaum noch etwas erkennbar.

Der Pfad führt vor dem Turm rechts durch den Schützengraben. Rechts haltend erreichen wir wieder die Kreuzung beim **Holzgatter** **3** und folgen hier der Straße nach links. An der Küste über den Parkplatz und vorbei an einer Mülltonne auf dem Küstenpfad. Der steinige Strand sollte als Brutvogelgebiet nicht betreten werden.

Vor dem Parkplatz mit Bushaltestelle La Roques erreichen wir wieder die Küstenstraße und folgen nach dem Parkplatz und Querung der Küsten-

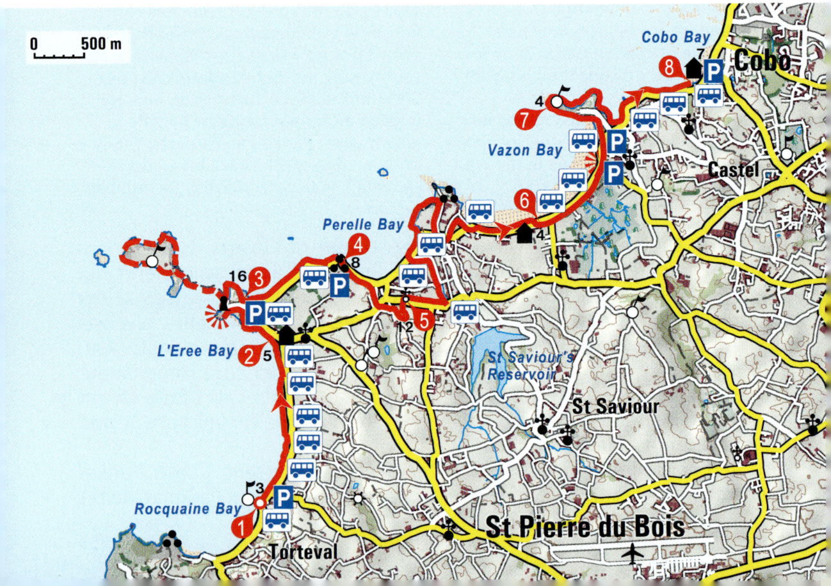

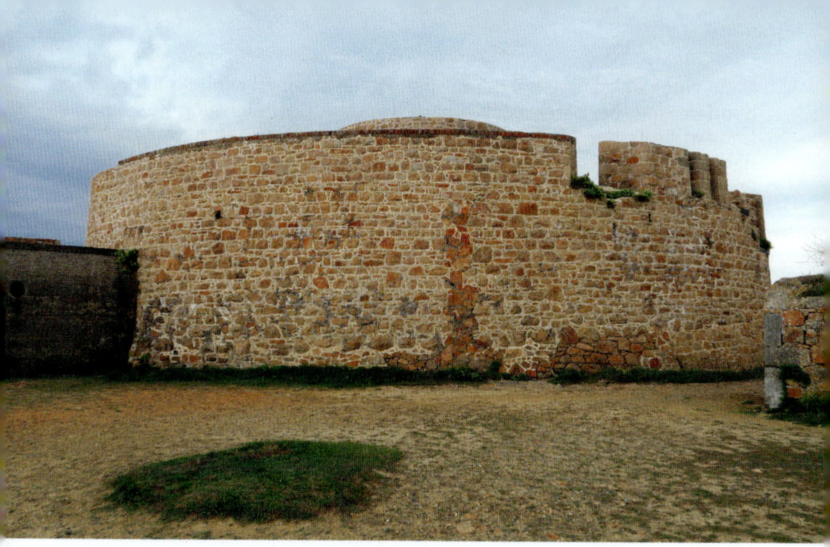

Das Fort Hommet wurde im Zweiten Weltkrieg zum Stützpunkt Rotenstein ausgebaut.

straße dem landseitig verlaufenden, erst asphaltierten und später geschotterten Parallelweg. An dessen Ende links, rechts entlang der Küstenstraße und nach 80 m vor deren Rechtskurve rechts aufwärts Richtung Le Trepied Dolmen und Mont Chincon Battery. Nach 50 m passieren wir diese beiden Punkte: rechts das jungsteinzeitliche Grab **Le Trepied Dolmen** ❹ mit drei erhaltenen Decksteinen, links die Geschützstellung mit zwei rekonstruierten Kanonen.

Der Pfad leitet südwärts zu einer Straßenkreuzung mit Spiegel; dort geradeaus, bei der folgenden Straßengabelung mit Palme vor einem Haus links und den nächsten beiden Kreuzungen rechts. Den rechten Abzweig – zu Country Apartments und Cottages – ignorieren wir und zweigen bei der folgenden Kreuzung links in die schmale Rue de la Bataille. Der nächste links abzweigende, nur für Fußgänger freigegebene Spur- und später Grasweg leitet mit Meerblick durch die Feldflur zur spätmittelalterlichen **St. Apolline's Chapel** ❺, vor der wir rechts in die Dorfstraße La Grande Rue biegen.

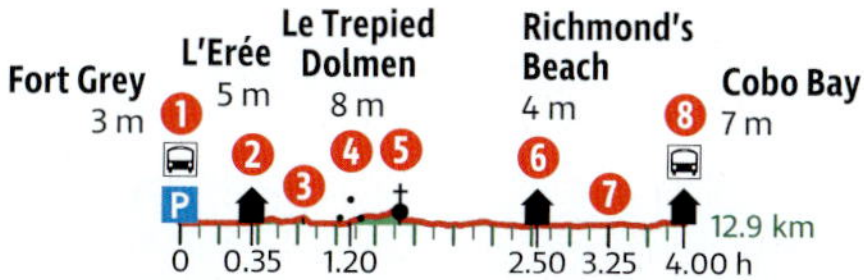

Nach einer Linkskurve bei der Bushaltestelle zweigen wir links in den einladenden Pfad, der einen Bach hinaus aus dem Dorf Richtung Küste begleitet. Am Ende des Pfads geradeaus auf kleiner Straße und an deren Ende nach einer Linkskurve rechts entlang der Küstenstraße – oder bei Niedrigwasser links unterhalb auf dem Strand.
In der Rechtskurve der Straße bei einer Bootsrampe folgen wir dem Schotter- und später Grasweg geradeaus am Ufer entlang und halten uns bei Abzweigungen links. Vor einer Bucht erreichen wir bei einer Bootsrampe und Mauer einen Schotterweg, der uns nach einer Rechtskurve in das Landesinnere leitet. Dort rechts in die Asphaltstraße. Heruntergekommene Gewächshäuser erinnern an den früher bedeutenden Tomatenanbau. Bei einer Kreuzung erreichen wir wieder die Küstenstraße und folgen ihr 60 m nach links, ehe eine ruhigere Straße links zurück zur Küste führt (Rue Mahaut). Dort liegt die große und wegen ihres langen Strands bekannte Vazon Bay, die wir wahlweise auf der Uferpromenade oberhalb der Küstenschutzmauer oder am Strand passieren – oder im Wechsel, denn kurz hinter dem Kiosk bei **Richmond's Beach** 6 erschwert ein Felsriegel das Vorankommen am Strand. Vor einer Surfschule und einem Café passieren wir wieder Wehranlagen aus napoleonischer Zeit (Turm) und dem Zweiten Weltkrieg.
Die Promenade der Vazon Bay endet an deren Nordende bei einem Parkplatz; hier geradeaus auf dem kleinen Pfad entlang der Küste, bei einem weiteren Parkplatz geradeaus zur Landspitze und nach deren Umrundung im Uhrzeigersinn zum **Fort Hommet** 7. Die ehemalige Festung aus napoleonischer Zeit wurde im Zweiten Weltkrieg zum »Stützpunkt Rotenstein« erweitert. Der Bunker beherbergt einen mit Muscheln besetzten Schrein aus den 1960er-Jahren.

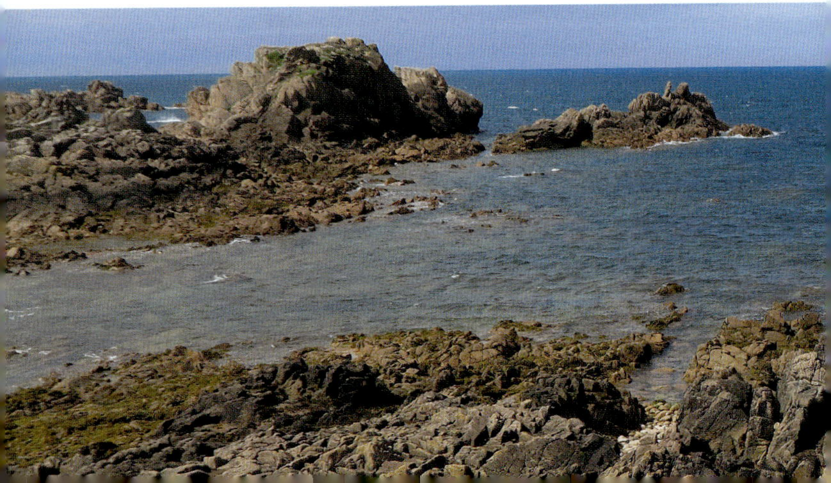

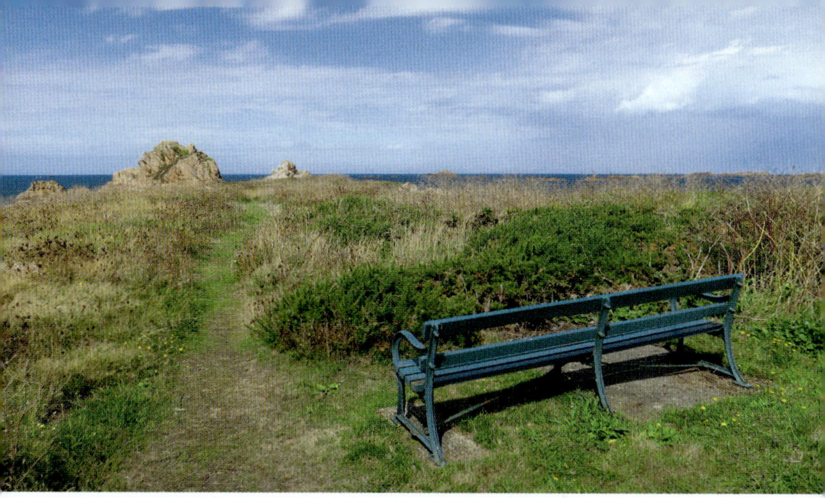

Oben: Lion's Rock vor Cobo Bay ist ein beliebtes Gemäldemotiv.
Unten: Funde weisen auf eine mittelalterliche Besiedlung der Bucht von Albecq hin.

Der Küstenpfad führt links an der Anlage vorbei und leitet an der Nordküste der Landspitze entlang zur kleinen Bucht von Albecq, wo Reste einer mittelalterlichen Siedlung gefunden wurden sowie 18 Münzen aus jener Zeit. Nun trennt uns noch eine kleine, mit ihren Felsen aber beeindruckende Halbinsel von der Zielbucht Cobo Bay. An deren Anfang leitet ein Fußweg neben der Küstenstraße zum Hauptparkplatz der **Cobo Bay** 8 mit Bushaltestelle und Kiosk.

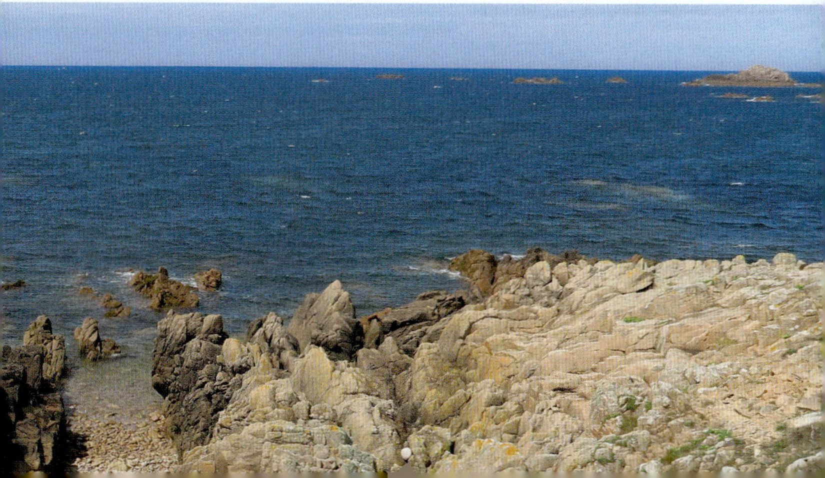

26 Coastal Path 5: Cobo Bay – Le Grand Havre Bay

2.30 h

Küstenwanderung im Nordosten von Guernsey

Diese Küstenwanderung im Norden Guernseys bietet einen ständigen Wechsel aus Buchten mit Stränden und Dünen sowie felsigen Halbinseln. Zu Beginn begehen wir den längeren Strandabschnitt am besten nicht bei Hochwasser, weil man dann auf den Fußweg neben der Straße ausweichen müsste. Alternativ startet man die Wanderung am Nordende von Cobo Beach. Unterwegs ist optional eine Runde um den einzig verbliebenen Granitsteinbruch Guernsey mit faszinierenden Einblicken in die Grube möglich.

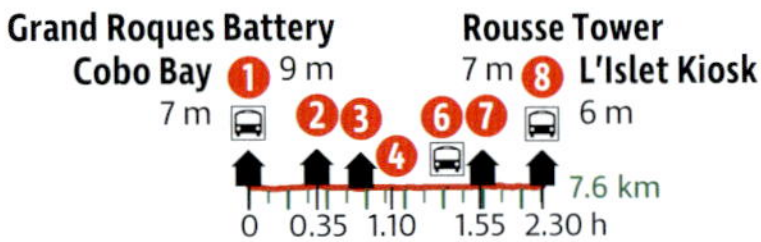

Ausgangspunkt: Südende des Cobo Beach mit Bushaltestelle Cobo Coast Road, Strandkiosk und Parkplatz (Navi: Côbo Coast Rd, Guernsey GY5 7HH).
Endpunkt: Kiosk L'Islet mit Parkplatz an der La Grand Havre Bay und dem Valle Pond (Navi: Route de L'Islet, Vale, Guernsey GY3 5RR).
ÖPNV: Bushaltestellen am Anfangs- und Endpunkt sowie an zahlreichen Punkten unterwegs. Alle Haltestellen werden vom Ringbus (Linien 91/92) bedient sowie einige von den Linien 41, 31, 32 und 13, buses.gg.
Anforderungen: Leichte Wanderung über Wege entlang der Küste sowie stellenweise über Strand und Straße, v. a. ein längerer Abschnitt zu Beginn. Schot-

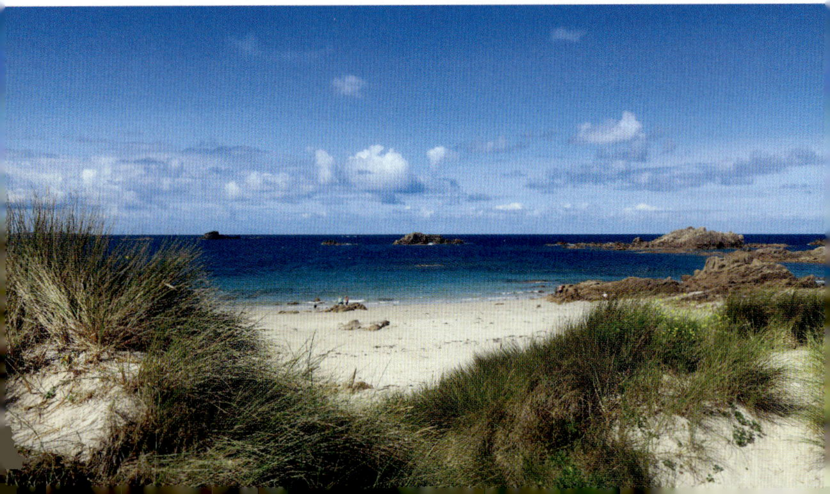

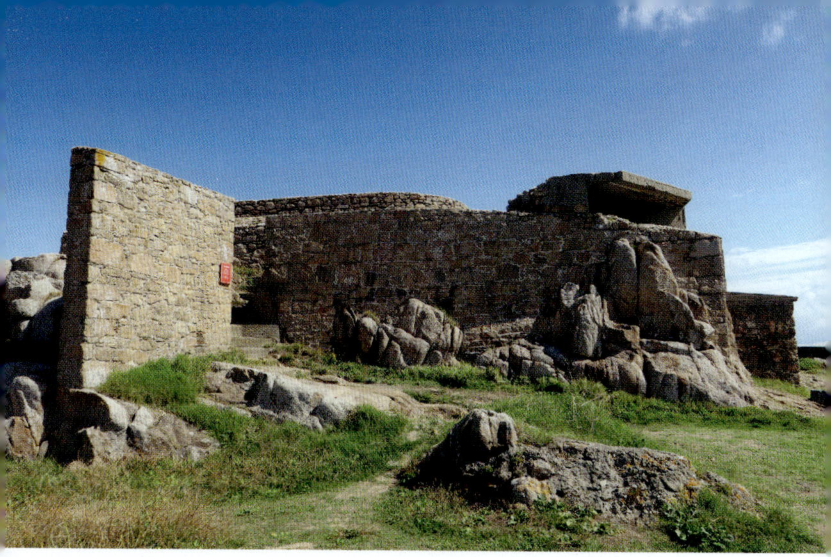

Oben: Die Grandes Roques Battery geht auf die napoleonische Zeit zurück.
Links: Dünen prägen oft die Nordküste von Guernsey, hier bei Grandes Roques.

terpfad bei Variante um den Steinbruch.
Markierung: Stellenweise Wegweiser.
Einkehr: Strandkiosk am Anfangs- und Endpunkt sowie unterwegs Einkehrgelegenheiten vor ❷, bei ❸ und nach ❼.
Varianten: Abstecher um den Les Vardes Quarry, einen großen Granitsteinbruch auf aussichtsreichem Pfad (800 m länger mit einigen Steigungen) – ein Erlebnis für Kinder!; dazu vor ❺ rechts der Küstenstraße folgen, rechts vorbei am Pulias Pond, bei der folgenden Straßengabelung rechts und nach 30 m vor dem Betriebsbüro der Abbaufirma (Ronez) rechts in den ausgewiesenen Rundweg (Les Vardes Quarry Nature Walk) um die riesige Grube, der nach 1,1 km bei ❻ wieder die Küstenstraße erreicht.
Kombi-Tipp: Touren 25 und 27 als Verlängerung des Coastal Path in westliche bzw. östliche Richtung.
Tipps: Beeindruckender großer Granitsteinbruch landeinwärts zwischen ❺ und ❻ (→ Variante) sowie am Ende der Tour Dorfkirche Vale Church 100 m im Landesinnern.
Hinweis: Bei ❹ wird am Wochenende scharf geschossen (Sa. und So. 9–12 Uhr, guernseyclayshooting.com); dann besser vor ❹ beim Parkplatz rechts abzweigenden Weg nehmen und die Landspitze Portinfer so umgehen.

Am südlichen Ende des **Cobo Beach** ❶ gehen wir links am Strandkiosk vorbei über die Bootsrampe hinab zum Strand und auf diesem nordwärts. Der vor uns erkennbare Felsrücken lässt sich rechts auf Höhe der folgenden Bootsrampe gut umgehen. Nordwärts zum Nordende des Strands. Dort rechts aufwärts und hinter dem Kiosk links. Der Pfad führt links am Parkplatz vorbei und umrundet nach dem Übergang von Dünen zu Felsen die Landspitze mit der **Grandes Roques Battery** ❷.

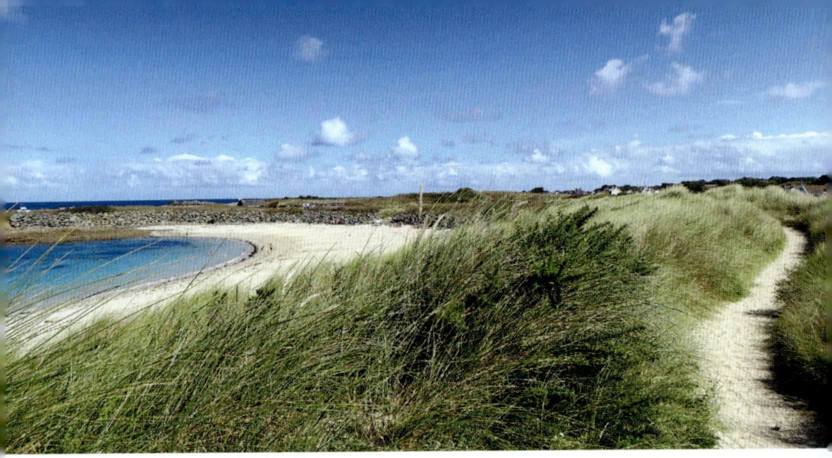

Bei Port Soif begleitet der Coastal Path den sichelförmigen Dünengürtel.

Nach schönem Verlauf am Ufer queren wir einen Parkplatz und erreichen entlang einer kleinen halbrunden Bucht das Dünenreservat von Port Soif, das wir links umgehen, vorbei am **Port Soif Kiosk ❸**. Der folgende Abschnitt führt auf einem kombinierten sandigen Fußgänger-/Radweg entlang dem sichelförmigen Dünenkamm mit dem Strand zur Linken und der Straße zur Rechten. An der nächsten Landspitze passieren wir in einem

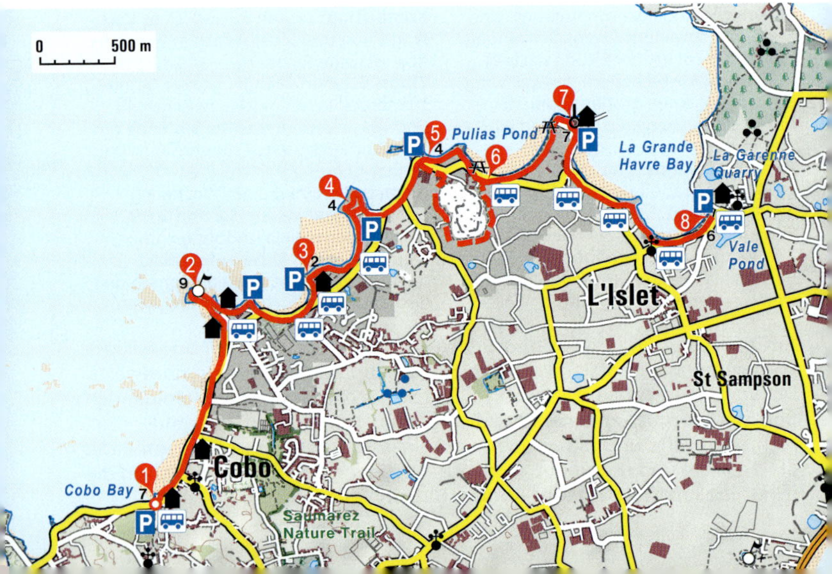

ehemaligen Granitsteinbruch den **Tontaubenschießplatz Portinfer** ❹. Der Pfad mündet an der Basis der Landzunge in eine kleine Straße; dort links und nach 70 m links in den schmalen geschotterten Fußgänger-/Radweg zwischen Strand und Straße.

Am Ende der Bucht geradeaus auf Schotterweg am Parkplatz (links) und **Pulia's Pond** ❺ (rechts) vorbei, eines der wenigen Feuchtbiotope der Insel, gefüllt mit Brackwasser. Bei einem weiteren Parkplatz erreichen wir die folgende Bucht und folgen erst der Zufahrtsstraße und dann links der ufernahen Küstenstraße bzw. stellenweise dem links verlaufenden Pfad mit Rastplatz. Bei einer Bootsrampe und der Bushaltestelle **Route de Port Grat** ❻ nimmt uns wieder ein Pfad zwischen Strand und Straße auf. Am Ende der Bucht lädt ein aussichtsreicher Picknicktisch zur Rast ein. Der Uferweg leitet auf den markanten **Rousse Tower** ❼ zu. Von der Plattform vor dem restaurierten mehr als 200 Jahre alten Wachtturm bietet sich ein weiter Blick auf die folgende Bucht: Le Grand Havre Bay.

Vorbei an einem Kiosk und dem Parkplatz geht es am Ufer entlang südwärts, nach dem Hotel The Peninsula vorbei an einer Bushaltestelle und auf einem Schotterpfad zwischen Straße und Küste. Zuletzt schwenken wir in den Dünen nach links und erreichen auf dem Pfad oder links unten entlang dem Strand das Steinhäuschen des **Kiosks L'Islet** ❽. Dahinter liegen landeinwärts die Dorfkirche Vale Parish Church und das Naturreservat **Vale Pond** mit einer Aussichtsplattform gegenüber dem Kiosk. Der Teich ist der Rest eines früheren Kanals beim Braye du Valle, der früher den heutigen Norden von Guernsey als Gezeiteninsel abtrennte.

Vom Rousse Tower lässt sich die Grand Havre Bay gut überblicken.

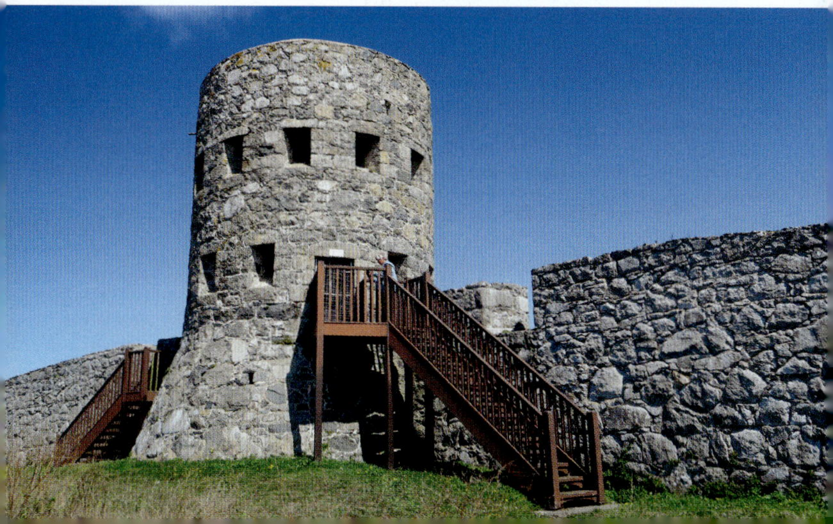

TOP

27

↗ 110 m | ↘ 110 m | 9,9 km

Coastal Path 6: Le Grand Havre Bay – Bordeaux Harbour

3.00 h

Küstenwanderung um frühere Gezeiteninsel

Auch der gezackte Nordostzipfel Guernseys, die Halbinsel Le Clos du Valle, präsentiert sich abwechslungsreich mit Dünen, felsigen Landzungen sowie Sandbuchten, darunter Pembroke Bay mit dem zweitgrößten Strand der Insel. Unterwegs schweift der Blick über das Meer auf die Nachbarinseln Alderney, Herm und Jethou, bei sehr guter Sicht ist auch das französische Festland am Horizont erkennbar. Früher war Le Clos du Valle eine Gezeiteninsel, die bei einer Sturmflut durch einen Strömungskanal in der Ebene von Braye du Valle von Guernsey abgetrennt wurde. Eine Fähre sowie Brücke bei St. Sampson verbanden Le Clos du Valle mit Guernsey, bis um 1800 im Zuge des militärischen Ausbaus der Kanal durch Dammbau und Entwässerungsarbeiten trockengelegt wurde.

Ausgangspunkt: Kiosk L'Islet mit Parkplatz an der La Grand Havre Bay und dem Valle Pond (Navi: Route de L'Islet, Vale, Guernsey GY3 5RR).
Endpunkt: Bucht Bordeaux Harbour mit gleichnamiger Bushaltestelle und Parkplatz am Ufer kurz vor dem Ziel (Navi: Les Petils, Guernsey GY3 5UF).
ÖPNV: Bushaltestellen Vale Kiosk (Linie 13) am Anfangs- und Bordeaux Harbour am Endpunkt (Linie 11). Beide Haltestellen werden neben den genannten Linien auch vom Ringbus (Linien 91/92) bedient, buses.gg.
Anforderungen: Leichte Küstenwanderung über Gras, Sand, Steine sowie abschnittsweise über verkehrsarme Straßen.
Markierung: Stellenweise Wegweiser.
Einkehr: Strandkiosk am Anfangspunkt sowie vor ❷, nach ❸ und ❺.

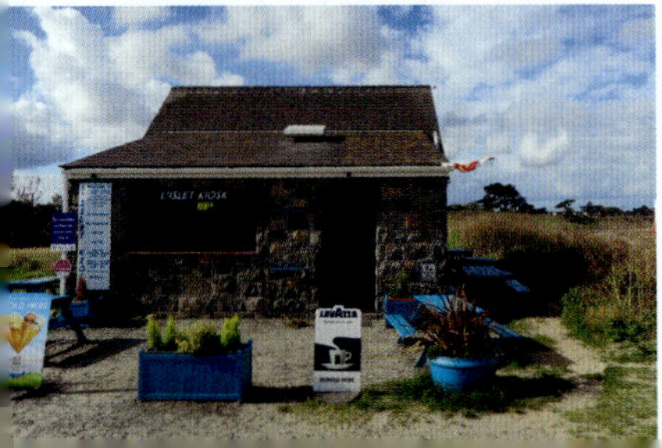

Varianten: 1. Bei den zwei Schießständen nahe ❷ und ❹ sind bei Betrieb (rote Fahne) Abkürzungen rechts landeinwärts quer über die Landzungen erforderlich (→ Hinweis).
2. Kurz vor dem Wegende direkt am Ufer statt rechts oberhalb (gleiche Länge).
Kombi-Tipp: Tour 26 als Verlängerung des Coastal Path sowie Tour 28 als kurze Rundwanderung im Nordosten Guernseys.
Tipps: Zu Beginn Dorfkirche Vale Church 100 m im Landesinnern.
Hinweis: Auf den zwei Halbinseln bei ❷ und ❹ wird an Schießständen scharf geschossen. Wenn die rote Fahne aufgezogen ist, darf man nicht auf dem Küstenweg wandern und muss die entsprechenden Abkürzungen landeinwärts nehmen (→ Varianten). Bei Schießübungen am Fort Le Marchant ❹ ist die ganze Landspitze nicht begehbar. Die Schießzeiten sind im Internet auf der offiziellen Homepage von Guernsey zu finden, wenn man googelt: »fort le marchant shooting schedule«.

An der Stelle des Kiosks L'Islet zog sich früher der Gezeitenkanal Braye du Valle landeinwärts.

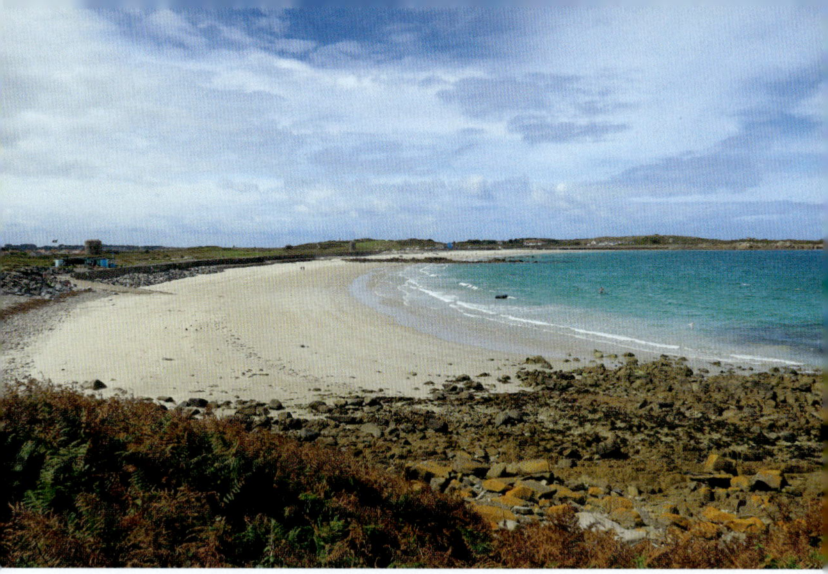

Die Pembroke Bay wird von drei Wachtürmen aus dem 18. Jahrhundert gesäumt.

Vom **Kiosk L'Islet** ❶ mit dem Vale Pond auf der anderen Straßenseite als Rest des ehemaligen Gezeitenkanals gehen wir über den Parkplatz und folgen dem dort abzweigenden Pfad durch die Linkskurve nordwärts entlang dem Ostufer der Grand Havre Bay. Nach einem Picknicktisch und WC-Häuschen führt der Uferweg links an einem Golfplatz vorbei und an dessen Nordende links haltend entlang der Küste. Bei der Gabelung nach dem Parkplatz gehen wir rechts.

Nach einem Parkpark auf dem Schotterweg vorbei an der Schranke auf den Turm zu. Sollte an der Schranke die rote Fahne aufgezogen sein, drehen wir um und gehen nach 200 m links nordwärts zur Umgehung des Schießplatzes. Ansonsten zweigen wir kurz darauf links in einen geschotterten Weg ein und folgen ihm links am **Chouet Tower 10** ❷ vorbei. Der Weg umgeht links erst den etwas versteckt liegenden Schießplatz, danach eine Verwertungsanlage für organische Haushaltsabfälle sowie schließlich eine Deponie für u. a. gefährlichen Müll wie Asbest in einem ehemaligen

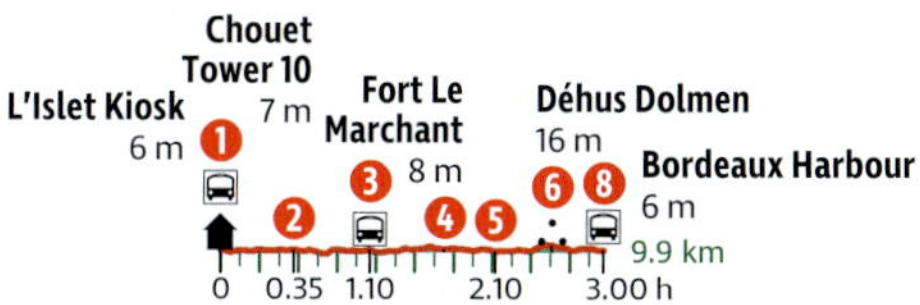

Steinbruch. Vor einem weiteren Beobachtungsturm – Tower 9 – erreichen wir an der Jaonneuse Bay einen Parkplatz und folgen rechts haltend dem Uferpfad. Nach einer Rechtskurve über eine weitere Landspitze empfängt uns die Pembroke Bay mit großem Sandstrand – bei entsprechendem Gezeitenstand ideal für das weitere Vorankommen. Bei der Bushaltestelle **Pembroke Bay** ❸ geht es hinab zum Strand. Der Strand wird landseitig von einer massiven Betonmauer begrenzt, die im Zweiten Weltkrieg von den Deutschen als Panzersperre angelegt wurde. Entlang der Straße gibt es mehrere Einkehrgelegenheiten; nach der dritten führt ein Aufgang mit Bootsrampe kurz vor dem Ostende der Straße aufwärts zur Promenade.
Nach dem Strand links haltend auf dem Küstenpfad links um den Tower 5 herum zur nächsten Landzunge mit dem **Fort Le Marchant** ❹ aus napoleonischer Zeit an der Spitze – wenn diese nicht infolge Betriebs auf dem Schießplatz gesperrt ist (→ Hinweis). Der Küstenpfad leitet entlang der Fontenelle Bay mit steinigem Ufer zum **Fort Doyle** ❺ von 1803. Die im 19. Jh. mehrfach erweiterte Festung diente nach 1909 als Nebelhornstation und hieß bei den deutschen Besatzern »Stützpunkt Nebelhorn«. Der Felsen östlich der Festung bietet einen guten Blick auf die Inseln Alderney und Herm.
Bei der Gabelung südlich vom Fort halten wir uns links und folgen dem breiten Weg zum Jachthafen Beaucette Marina, entstanden in den 1960er-Jahren anstelle eines früheren Steinbruchs. Am Hafen links haltend südwärts vorbei am Restaurant und bei der Gabelung vor der Verkehrsinsel mit einem Anker halb links auf Straße in Richtung eines Bootslagerplatzes. Vor der Linkskurve mit den weißen Steinen wechseln wir halb rechts auf die

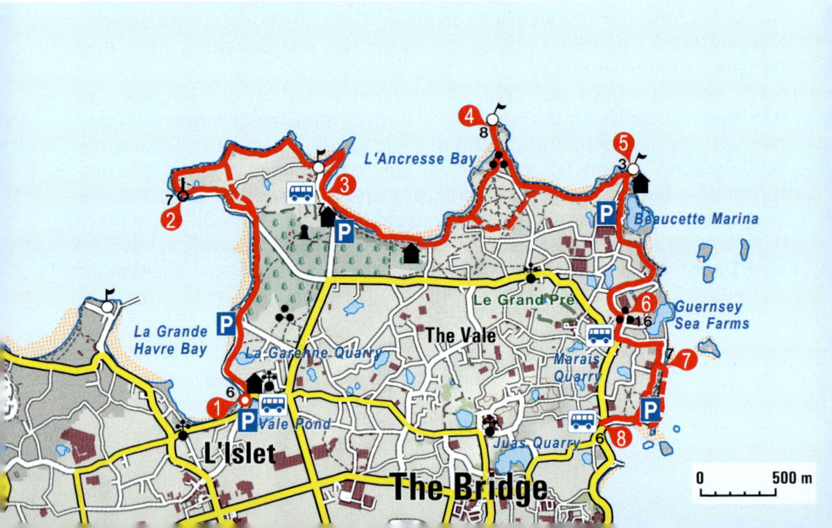

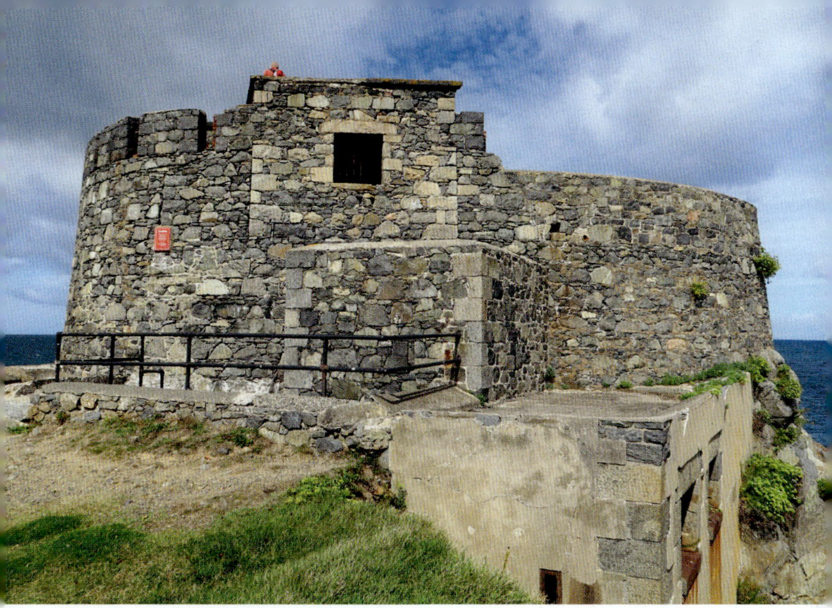

Das Fort Doyle aus napoleonischer Zeit diente im 20. Jahrhundert als Nebelhorn.

Wiese, gehen geradeaus zum Ende mit dem Gehölz, dort auf der Fahrspur durch die Linkskurve und weiter neben dem Gehölzstreifen zum steinigen Ufer. Hier etwas mühsam nach rechts; am einfachsten geht es sich oberhalb vom Ufer auf dem Grenzstreifen zwischen den Steinen und der Vegetation, wo später ein Graspfad erscheint. Nach 200 m am Ufer wandern wir auf dem Graspfad rechts zwischen niedrigem Gestrüpp in das Landesinnere zu einer schmalen Straße und entlang jener geradeaus.
Am Ende dieser schmalen Straße zweigen wir links in die Le Dehus Lane ab und passieren nach 150 m zur Rechten das gut erhaltene 10 m lange jungsteinzeitliche Ganggrab **Déhus Dolmen** 6. Weiter entlang der Straße und 50 m nach einem Fischteich im Vorgarten bei Gabelung links Richtung Küste. Vor dem steinigen Ufer halten wir uns rechts – der linke Abzweig führt zu Guernsey Sea Farms, wo in einem alten Steinbruch Austern gezüchtet werden. Der Schotterweg gabelt sich nach 200 m; wir halten uns links und steigen nach **zwei Felsbrocken** 7 und dem Schild »Ruette Tranquiller Link Path« rechts die Stufen hinauf. Gleich danach links auf Pfad südwärts parallel zum Ufer mit schönen Ausblicken. Bei zwei Bänken rechts abwärts über Stufen und unten links auf Graspfad südwärts zur Küstenstraße Les Perils. An Straßenrand wandern wir zur Hauptstraße mit der Bushaltestelle **Bordeaux Harbour** 8.

↗ 90 m | ↘ 90 m | 9,4 km

28 Le Grande Havre Bay – Pembroke Bay

3.00 h

Rundwanderung im Nordosten

Die ehemalige Gezeiteninsel Le Clos du Valle im Nordosten von Guernsey lässt sich durch eine abwechslungsreiche Runde erwandern, die neben vielseitiger Küste mit Felsen und Strand viel Grün bei Dünen und einem Golfplatz sowie im Landesinneren einen netten Kanalweg bietet. Am Startpunkt der Tour gab es bis zum Durchbruch durch eine Sturmflut um 1200 eine Landverbindung zwischen der Insel Guernsey und der damaligen Halbinsel Le Clos du Valle, die seitdem von einem Gezeitenstrom als Insel bis 1804 von Guernsey abgetrennt war.

Ausgangspunkt: Vale Church mit gleichnamiger Bushaltestelle sowie Parkplatz (Navi: La Rte De L'Islet, Guernsey GY3 5AY) oder Strandparkplatz am L'Islet Kiosk (Navi: Route de L'Islet, Vale, Guernsey GY3 5RR).
ÖPNV: Bushaltestellen Vale Church bei ❶ sowie weitere bei ❸ und ❻. Alle genannten Haltestellen werden von den Linien 12 sowie dem Ringbus (91/92) bedient, Letzterer hält auch an der Haltestelle Valle Pond am Kiosk L'Islet, buses.gg.
Anforderungen: Leichte Wanderung über großteils kleine Wege auf Gras, Sand und Asphalt sowie abschnittsweise verkehrsarme Straßen.
Markierung: Stellenweise Wegweiser und Schilder »Public Footpath«.
Einkehr: Einkehrgelegenheiten am Anfangspunkt, vor ❷ sowie mehrere in der Pembroke Bay ab ❸. Das L'Ancresse Beach Café in der Pembroke Bay wird mehrmals passiert: vor ❹ und vor ❻.

La Grande Havre Bay ist ein Naturhafen mit nettem Sandstrand.

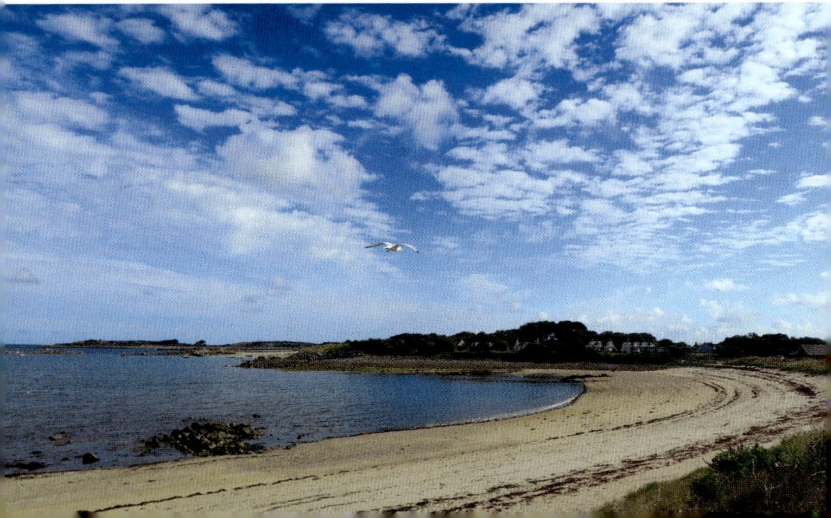

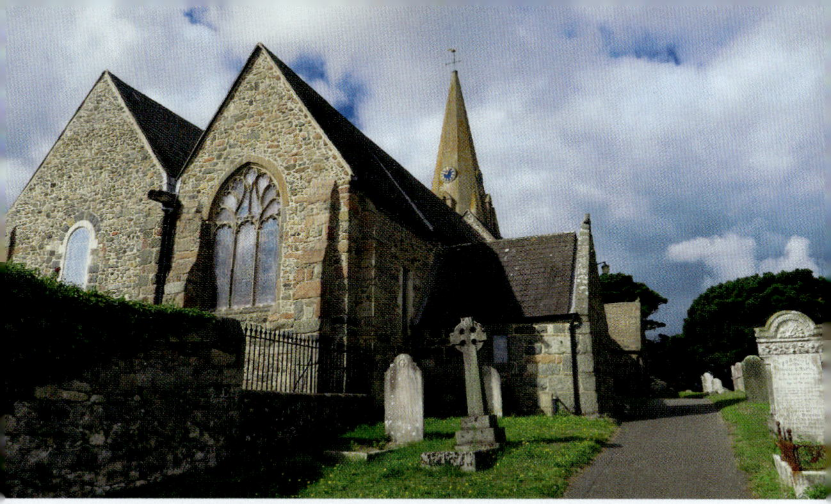

Die Vorläuferkirche der Vale Church geht vermutlich auf das 6. Jahrhundert zurück.

Varianten: Bei den zwei Schießständen nahe ❷ und ❹ sind bei Betrieb (rote Fahne) die Landspitzen nur eingeschränkt begehbar; dann sind Abkürzungen rechts landeinwärts quer über die Landzungen erforderlich.
Kombi-Tipp: Tour 26 als westliche und 27 als östliche Verlängerung des Coastal Path.
Tipps: Zu Beginn Dorfkirche Vale Church 100 m im Landesinnern.
Hinweis: Auf den zwei Halbinseln bei ❷ und ❹ wird an Schießständen scharf geschossen. Wenn die rote Fahne aufgezogen ist, darf man nicht auf dem Küstenweg wandern und muss die entsprechenden Abkürzungen landeinwärts nehmen (→ Varianten). Bei Schießübungen am Fort Le Marchant ❹ ist die ganze Landspitze nicht begehbar. Die Schießzeiten sind im Internet auf der offiziellen Homepage von Guernsey zu finden, wenn man googelt: »fort le marchant shooting schedule«.

Die zum Schutz vor Hochwasser im 12. Jh. auf einem Hügel erbaute **Vale Church** ❶ geht auf eine Vorläuferkapelle benediktinischer Mönche des normannischen Klosters Mont St. Michel aus dem 10. Jh. zurück. Wir verlassen den Kirchenhügel westwärts Richtung Küste und folgen beim Parkplatz am Kiosk L'Islet dem Pfad nach rechts – immer entlang der Küste, vorbei am **Chouet Tower 10** ❷, der **Pembroke Bay** ❸ mit der gleichnami-

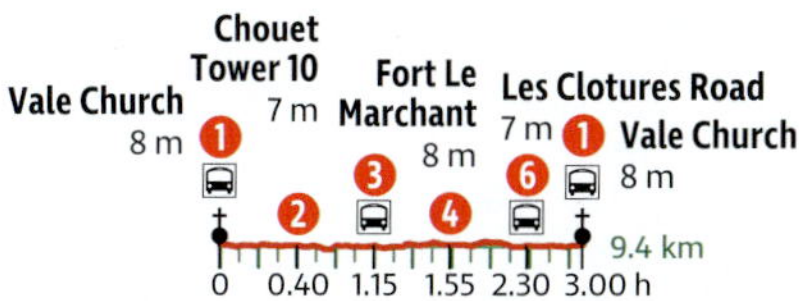

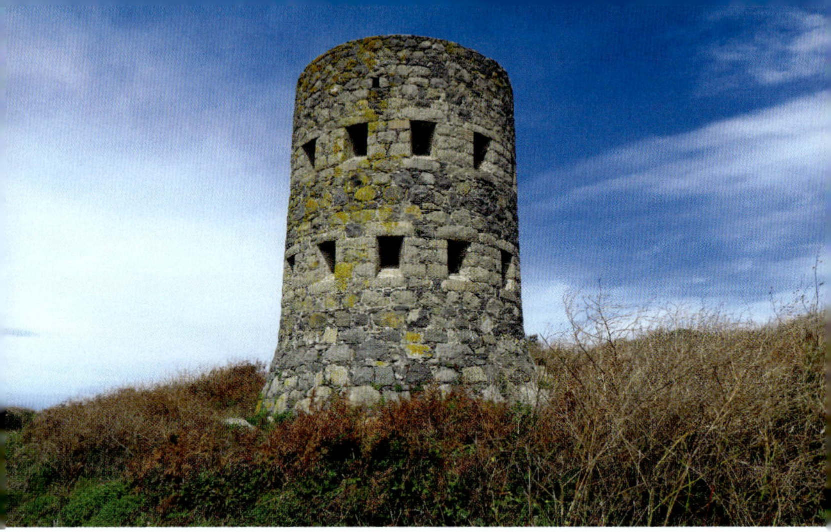

Der Chouet Tower 10 überblickt strategisch günstig La Grande Havre Bay.

gen Bushaltestelle sowie dem **Fort Le Marchant** ❹. Von Letzterem gehen wir 500 m auf dem Küstenweg in die Fontenelle Bay und zweigen bei einem Metallpfahl und dem rückseitig aufgestellten **Schild »Firing Range«** ❺ rechts landeinwärts in den gut gepflegten Pfad zwischen Gestrüpp und

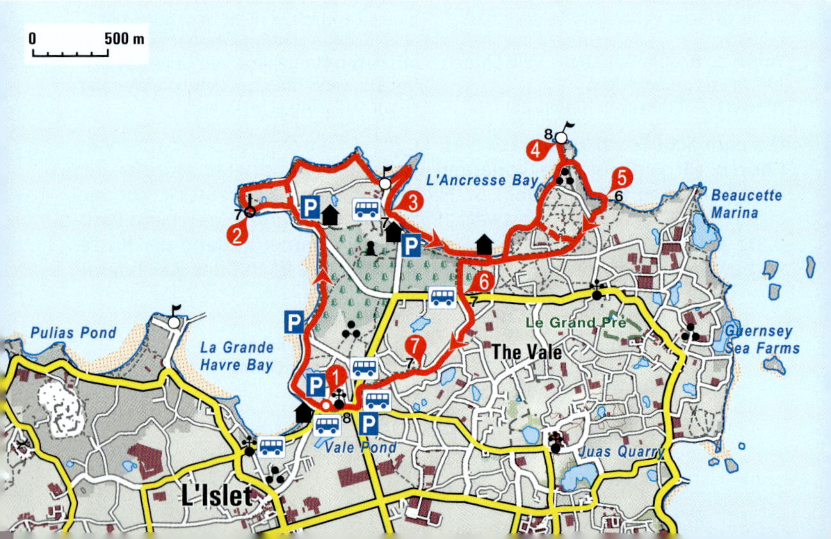

Farn. Bei Abzweigungen und Kreuzungen geradeaus in südwestliche und später westliche Richtung.

Bei einem Parkplatz erreichen wir wieder die Pembroke Bay und gehen geradeaus, zum L'Ancresse Beach Cafe. Bei der Gabelung am Café geradeaus, nach 150 m durch Linkskurve und links rücksichtsvoll über den Golfplatz. Ein Schild fordert zum zügigen Queren der Golfbahn auf, um das Spiel nicht zu stören. Nach dem Golfplatz gehen wir bei einer Kreuzung an der Bushaltestelle **Les Clotures Road** 6 geradeaus in die Rue Roque Balan. Bei den folgenden zwei Abzweigungen halten wir uns rechts: erst in die Rue Du Marais, später La Vielle Marais. Wir verlassen Letztere nach 50 Minuten in einer **Rechtskurve** 7, indem wir dort zwischen den Häusern mit Aufschrift »Le Coin« und »Le Chardronnet« dem schmalen Pfad in der bisherigen Gehrichtung westwärts folgen, nach den Häusern zwischen Mauern und Sträuchern.

Bei einer Straßenkreuzung geradeaus (Schild »Public Footpath«) und weiter zwischen einer Mauer (rechts) und einem kleinen Kanal (links). Unterwegs erinnert ein heruntergekommenes Gewächshaus an den früheren Tomatenboom auf Guernsey. Der Pfad mündet in eine kleine Straße, die rechts zur L'Ancresse Road führt. Nach deren Querung gehen wir kurz geradeaus, bei der Kreuzung auf der Wiese links und erreichen kurz darauf den Kirchenparkplatz mit rechts dahinter der **Vale Church** 1.

Im Hinterland führt der Pfad zwischen Mauern und Sträuchern zurück.

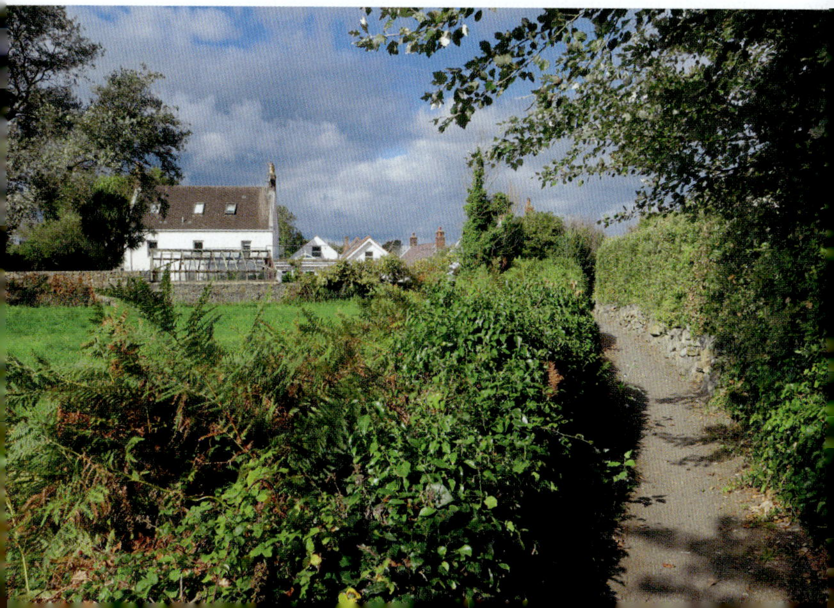

↗ 90 m | ↘ 90 m | 5,3 km

29 Saumarez Park – Cobo Bay

1.30 h

Runde zwischen Naturpark und Küste

Der Saumarez Park, die bekannteste und größte Gartenanlage Guernseys, ist der 65 Hektar große Rest eines exklusiven Landgutes. Der Name des Parks geht zurück auf Baron James Saumarez, der die Anlage zum Ende des 19. Jahrhunderts anlegte und als Diplomat von Berufs wegen Kontakt mit exotischen Ländern hatte, etwa als britischer Botschafter in Japan. Zum Park gehören unter anderem ein Bambus-Pfad, japanischer Garten und Pavillon, Rosengarten und ein Kamelien-Park. Diese Rundwanderung führt von der Küste zu diesem landeinwärts gelegenen Park und folgt großteils dem Saumarez Nature Trail durch küstennahe Wälder und Felder.

Ausgangspunkt: Südende des Cobo Beach mit Bushaltestelle Cobo Coast Road, Strandkiosk und Parkplatz (Navi: Côbo Coast Rd, Guernsey GY5 7HH).
ÖPNV: Bushaltestellen am Anfangspunkt (Cobo Coast Road, Linien 42, 91/92) sowie beim Saumarez Park (Linie 42), außerdem bei ❸ (Linie 41), buses.gg.
Anforderungen: Leichte Wanderung über Wald- und Parkwege sowie kleine Straßen.
Markierung: Stellenweise Wegweiser.
Einkehr: Strandkiosk am Anfang sowie Tearooms im Saumarez Park.
Varianten: Beim Start ab dem Saumarez Park und ohne die Waldpassage zum Cobo-Beach verkürzt sich die Rundtour auf 4,5 km.
Kombi-Tipp: Touren 25 und 26 als Etappen des Coastal Path, die beim Cobo Beach enden (25) bzw. starten (26).
Tipps: Im Saumarez Park Victorian Walled Kitchen Garden, ein im Stil des 19. Jhs. wiederhergestellter Gemüsegarten, sowie Folk & Costume Museum, das den Alltag der Inselbewohner in den letzten 250 Jahren veranschaulicht, nationaltrust.gg/places/folk-costume-museum.
Hinweis: Der normalerweise frei zugängliche Saumarez Park ist nicht nur bei Touristen, sondern auch bei Einwohnern beliebt und wird für viele Veranstaltungen genutzt; währenddessen darf der Mittelpunkt des Parks nicht oder nur gegen Eintrittsgebühr betreten werden.

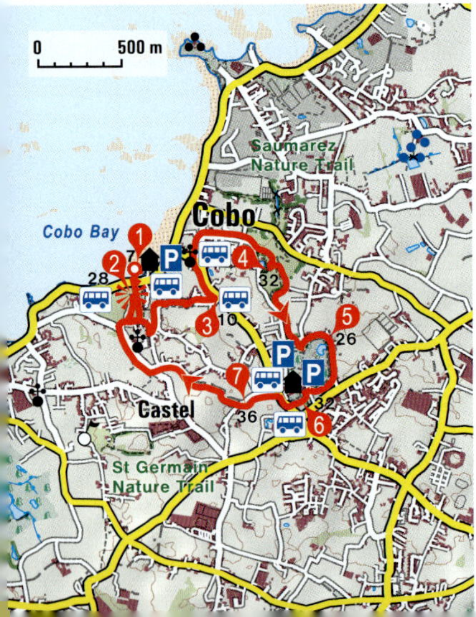

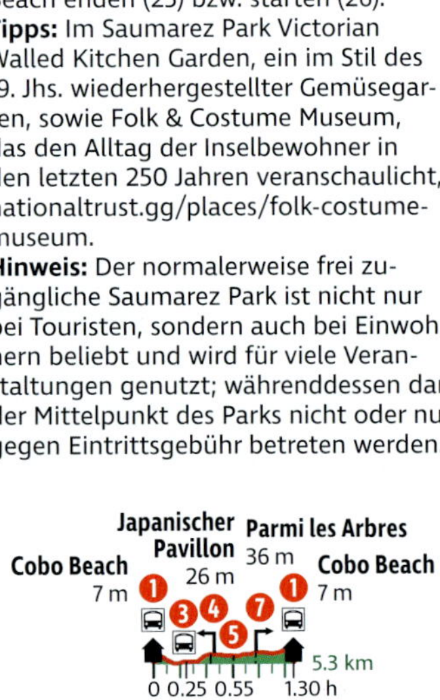

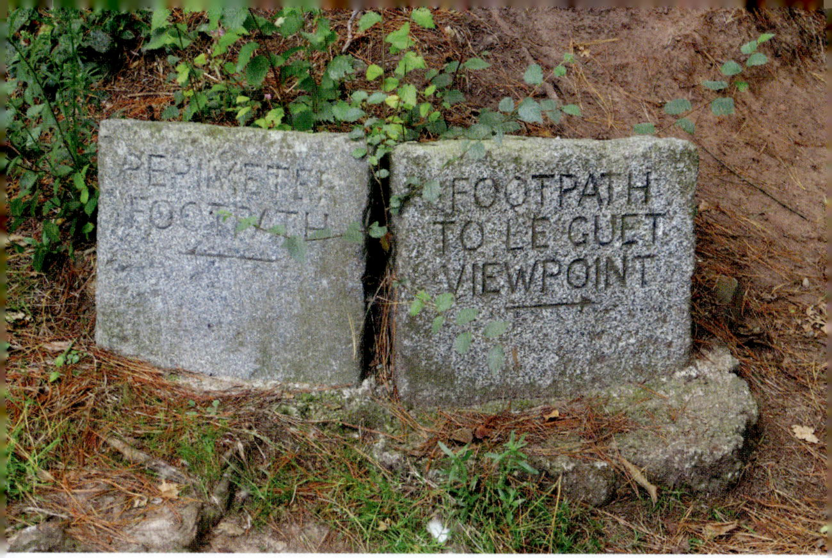

Gleich zu Beginn weisen diese Steinplatten den Weg.

Landseitig gegenüber vom Parkplatz des **Cobo Beach ❶** neben dem Kiosk führen Treppenstufen rechts vom Tempo-25-Schild aufwärts in den von Kiefern dominierten Wald. Im Wald folgen wir nach einer hölzernen Wegsperre dem Wegweiser Richtung Guet-Viewpoint rechts aufwärts. Nach kurzem steilen Anstieg durch den Wald halten wir uns oben am bewaldeten Kamm leicht rechts und erreichen nach dem Beobachtungshäuschen aus napoleonischer Zeit den Aussichtspunkt **Guet Viewpoint ❷**. Der Name kommt vermutlich vom französischen Verb »guetter« für »beobachten«.
Zurück zunächst wie angekommen zum Kamm, dort rechts haltend südwärts zur Zufahrtsstraße. Schöner als die Straße ist der Weiterweg über den weichen Waldboden unter Kiefern links parallel zur Straße. Am Waldrand kurz entlang der Straße, dann links in die Sackgasse Ruette Au Guet und beim Asphaltende geradeaus am Waldrand. Am Ende bei T-Kreuzung rechts in den tunnelartig zugewachsenen Weg.
Nach einer Rechtskurve bei Häusern links und bei der folgenden Straßengabelung wieder links. Wir folgen der Ruette des Corneilles aber nur für 100 m und zweigen dann rechts in den Pfad (Motorradverbotsschild) zwischen verwachsenen Mauern. Am Pfadende geradeaus auf schmaler Straße (Ruette des Cherfs) und bei der folgenden T-Kreuzung links (Route du Cobo), vorbei an der **Bushaltestelle Route du Cobo ❸**. Bei der folgenden Bushaltestelle zweigen wir bei der Gabelung rechts in die Rue de Bouverie. Nach 150 m biegen wir rechts in die Ruette de la Tour – eine Green Lane,

das heißt, wir als Wanderer haben Vorrang gegenüber Autos. 5 Minuten später zweigen wir nach einer Rechtskurve nach links; aufwärts über drei Stufen und durch das Holzgatter geht es durch einen verwilderten Park: nach dem Holzgatter bei einem Stein rechts und bei einer oft verschmutzten **Infotafel** 4 zu Arten beim Saumarez Nature Trail links. Nach 30 m folgen wir dem Pfad durch die Rechtskurve und weiter südwärts durch den Wald. Am Waldrand geht es rechts haltend im Bogen zu einer Landstraße, vor der wir links den parallel zur Straße verlaufenden Pfad südwärts nehmen. Die Wiese zur Linken dient bei großen Veranstaltungen im Saumarez Park als Parkplatz. Nach wenigen Minuten erreichen wir bei einem Parkplatz den Nordeingang zum Saumarez Park und halten uns nach dessen Passieren links, um im Uhrzeigersinn die Gartenanlage zu erkunden. Bei der folgenden Abzweigung links haltend passieren wir den Teich mit dem **japanischen Pavillon** 5. Nach 200 m leitet der Weg rechts zuletzt durch Bambus zur Parkmitte mit dem Manor House.

Wir gehen links an diesem heute als Seniorenresidenz genutzten Gutshaus vorbei und nehmen auf der anderen (West-)Seite den kurvigen Weg rechts an einer mehrstämmigen Palme und einer Agave vorbei. Danach rechts in den **Bambuspfad** 6 (»Bamboo Walk«) zwischen dem Rosengarten (links) und dem ummauerten viktorianischen Küchengarten (rechts).

Im Saumarez Park sorgt der japanische Pavillon für exotisches Ambiente.

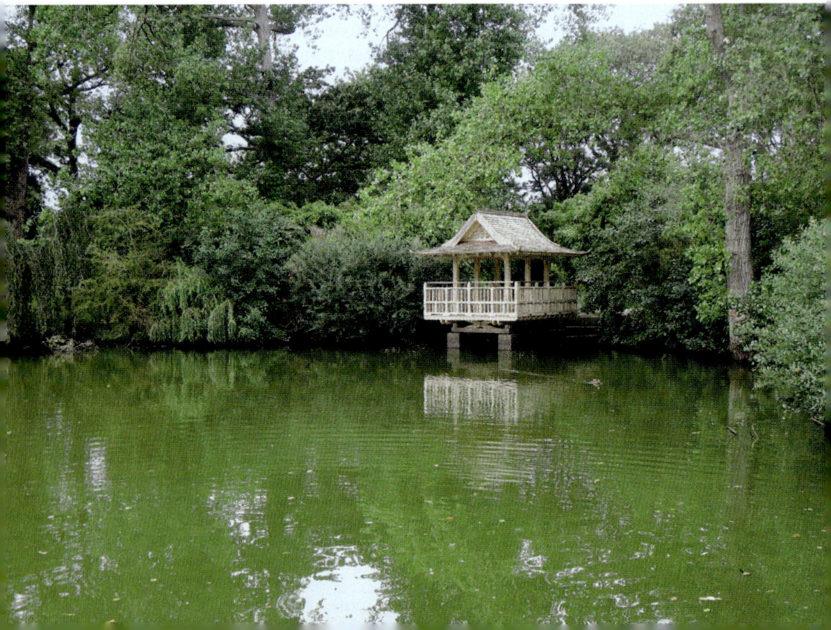

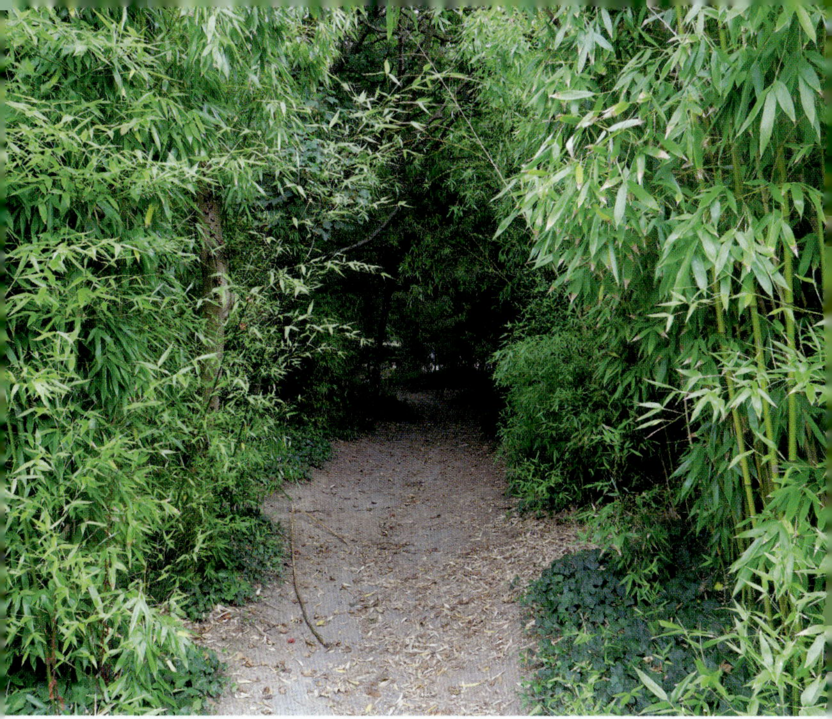

Ein Tunnel aus Bambus findet sich im Saumarez Park.

Am Ende halten wir uns rechts und gehen westlich am Westrand des Parks entlang, um ihn nach 80 m links durch ein Holzgatter zu verlassen. Ein Schild mahnt zur Vorsicht beim Queren der belebten Straße. Nach der Straßenquerung wandern wir geradeaus in die Ruette de la Generotte und zweigen nach 200 m bei der Steintafel **Parmi les Arbres** 7 (»zwischen den Bäumen«) rechts in den einladenden Pfad (Schild »Unsuitable for motor vehicles«), bald ein mit dichter Vegetation umgebener Hohlweg. Bei der Mündung in eine Straße geradeaus (Ruette Du Frocq). Diese erreicht bei einem exklusiven Anwesen mit Pool die Rue de la Lande, der wir rechts folgen.
Nach 200 m rechts und in einer Rechtskurve rechts vorbei am modernen Holz-Glasgebäude des Cobo Community Centre. Kurz darauf erreichen wir wieder die bekannte Wegabzweigung südlich von Guet; für einen gegenüber dem Hinweg abweichenden Rückweg zweigen wir rechts in die bereits zuvor begangene Sackgasse Ruette Au Guet und biegen an deren Ende nun nach links in den Waldweg ab. Wir gehen am Ostrand des Walds entlang und erreichen nach dem Abstieg wieder **Cobo Beach** 1.

↗ 70 m | ↘ 130 m | 4,8 km

30 Little Chapel – Vazon Bay

1.30 h

Von der Inselmitte zur Nordküste

Diese kurze Streckenwanderung führt von einem der meistfotografierten Motive Guernseys zur Vazon Bay mit dem längsten Sandstrand der Insel. Die im Inselinnern gelegene Little Chapel ist eine Miniaturversion der Wallfahrtskapelle von Lourdes, erbaut in drei Anläufen von Bruder Déodat und dekoriert mit Muschelschalen, Kieseln und Porzellanscherben. Zwei Vorgängerversionen wurden von ihm zerstört – erst nach Kritik von Mitbrüdern und danach wegen eines zu schmalen Eingangs, durch den der Bischof von Portsmouth bei einem Besuch 1923 nicht hindurchpasste. Diese Wanderung leitet nach dem Besuch dieser Kapelle durch die von Feldern und schließlich einem Golfplatz dominierte Landschaft nordwärts zum langgezogenen Sandstrand der Vazon Bay.

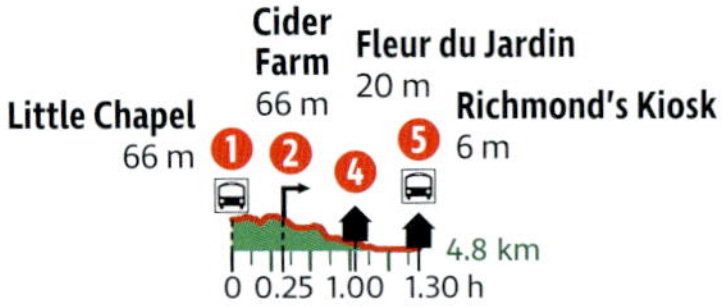

Ausgangspunkt: Little Chapel mit gleichnamiger Bushaltestelle und Parkplatz (Navi: Bouillon Road, Guernsey GY6 8XY).
Endpunkt: Richmond Beach mit dem gleichnamigen Kiosk an der Vazon Bay (Navi: Vazon Road, Guernsey GY5 7LH).
ÖPNV: Bushaltestellen an den Anfangs- (Little Chapel, Linie 71) und Endpunkten (Richmonds Kiosk, Linien 60, 61, 91, 92) sowie unterwegs in Kings Mills bei 4 (Fleur du Jardin, Linie 61), buses.gg.
Anforderungen: Leichte Wanderung über kleine Straßen (Ruette Tranquille) sowie Fußwege durch Wald und die Küstenniederung mit einem Golfplatz.
Markierung: Keine.
Einkehr: Einkehrgelegenheiten am Endpunkt sowie im Hotel Fleur du Jardin 4.
Kombi-Tipp: Küstentour 25 als Verlängerung ab Vazon Bay.
Tipps: Miniaturkapelle Little Chapel am Ausgangspunkt (frei zugänglich). 1 km westlich von 1 liegt das German Underground Hospital, ein riesiges unterirdisches Labyrinth von Tunneln, germanundergroundhospital.co.uk.

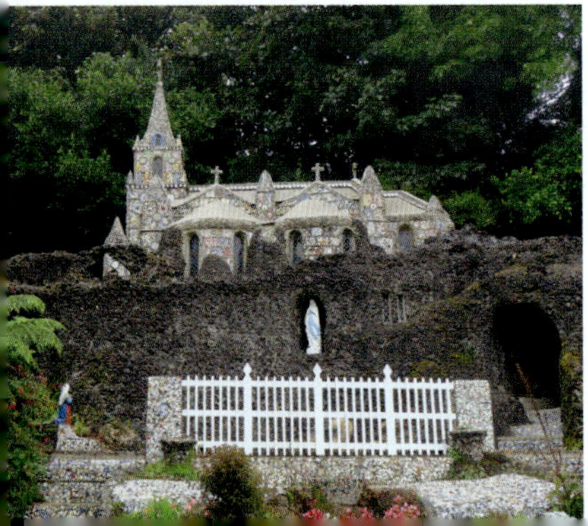

Little Chapel wurde um 1923 erst im dritten Anlauf fertiggestellt.

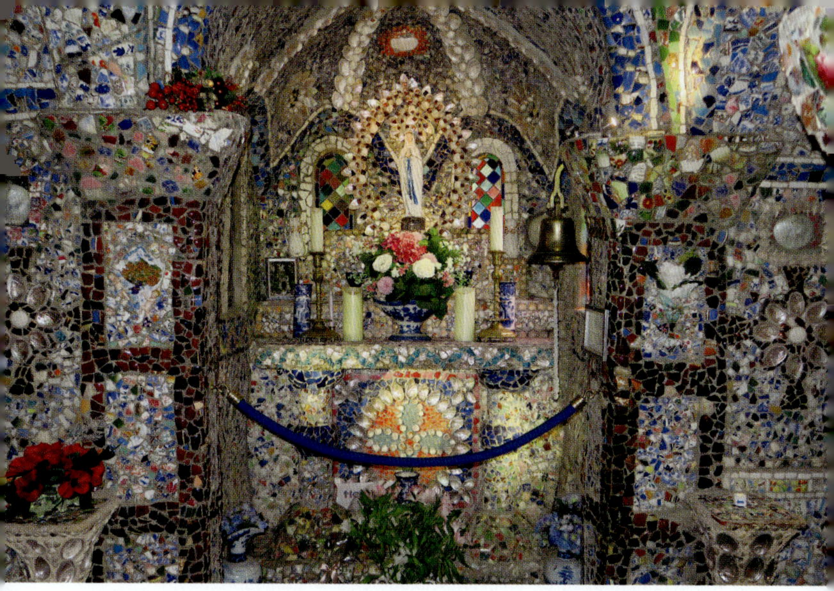

Tausende Muscheln, Kiesel und Porzellanstücke schmücken Little Chapel.

Von der im 20. Jh. erbauten **Little Chapel 1** wandern wir entlang deren Zufahrt zur Hauptstraße, folgen dieser nach rechts und zweigen nach 180 m rechts in die Le Grais Lane ein, eine Ruette Tranquille, die uns Vorrang gegenüber Autos gewährt. Rechts unten ist das Tal Les Vauxbelets mit der Little Chapel erkennbar. Bei der T-Kreuzung vor einer bewachsenen Steinmauer links und nach 150 m wieder links in eine Ruette Tranquille (Rue des Fauxquets). Diese macht vor der Zufahrt zu einer **Cider Farm 2** einen Rechtsschwenk und führt rechts an der Obstbaumplantage vorbei.
100 m nach einer Rechtskurve mit einem Wasserlauf und Steinmauer mit Tafel »Catel S. Saveuer 1910« zweigen wir in einer Linkskurve der Straße rechts in den Waldweg ab und passieren kurz darauf ein Holzgatter mit kleinem Radwegweiser. Wir folgen dem etwas vertieft verlaufenden Weg nach 500 m durch eine **Rechtskurve 3** und ignorieren den links aufwärtsführenden Pfad.
Kurz darauf durch ein Holzgatter, vorbei am Smugglers Cottage und dem Old Mill House. Dahinter links in die Rue a L'Eau, die zumindest stellenweise Bürgersteige bietet. Nach 5 Minuten zweigen wir links in die aufwärtsführende Ruette Tranquille (La Sauverinerie) ein und an deren Ende links in die Hauptstraße mit dem Weiler Kings Mills (Les Grands Moulins). Diese leitet bei der gleichnamigen Bushaltestelle vorbei am **Hotel Fleur du Jardin 4** mit Einkehrgelegenheit.

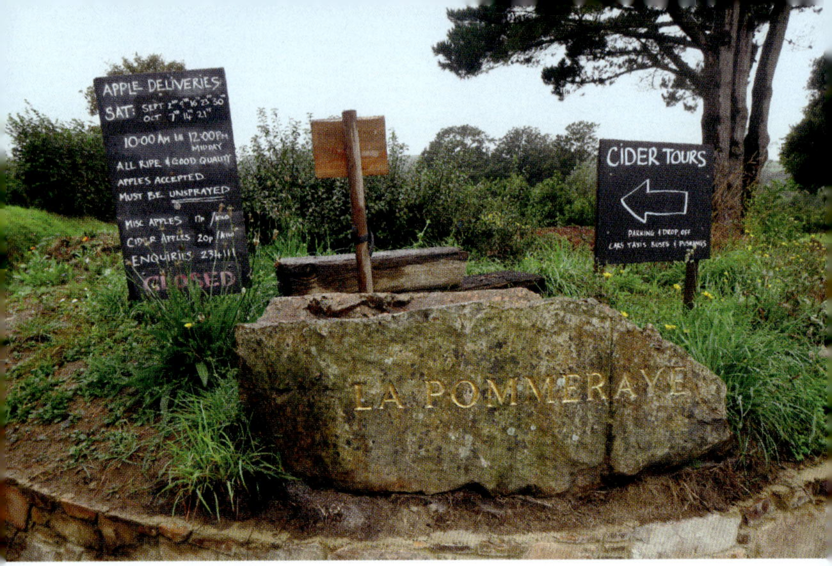

Die Wanderung führt vorbei an der Apfelplantage einer Ciderfarm.

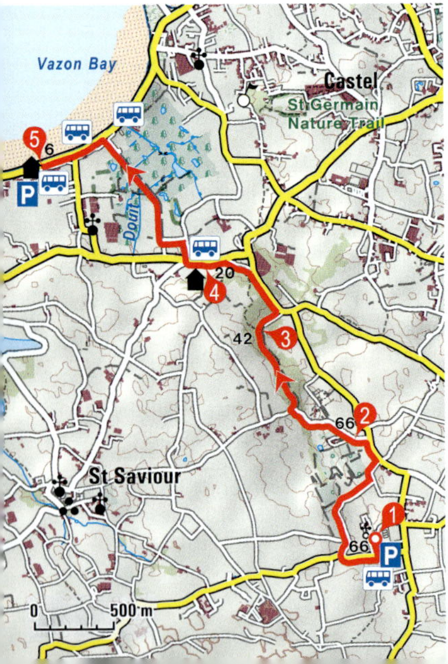

Danach rechts in die von Mauern beengte Rue de Bergers, bei nächster Gelegenheit links am Ortsrand (Soues Les Jardins) und bei der folgenden Kreuzung rechts in den verkehrsgesperrten Grasweg, der laut Schild nur Fußgängern und Reitern offensteht.

Nach einem Linksschwenk führt der Weg geradeaus über das Gelände des La Grande Mare Golf Clubs – Vorsicht vor fliegenden Golfbällen! Vor der Küstenstraße schwenkt der jetzt breitere Weg nach rechts, wir aber folgen dem Grasweg geradeaus zur Küstenstraße und orientieren uns nach Querung der Straße auf der Uferpromenade der Vazon Bay nach links vorbei an der Bushaltestelle Waves Hotel zu **Richmond's Kiosk** 5 mit gleichnamiger Bushaltestelle und Parkplatz.

↗ 70 m | ↘ 70 m | 4,1 km

1.30 h

TOP

31 Saint Saviour's Reservoir

Seerunde im Nordwesten

Das zur Mitte des 20. Jahrhunderts angelegte Saint Saviour's Reservoir deckt rund ein Viertel des Trinkwasserbedarfs der Insel Guernsey. Im Rahmen der vielen öffentlich geförderten britischen Millennium-Projekte wurde zur Jahrtausendwende auf Initiative von Guernsey Water ein 3 Kilometer langer Rundweg um den Stausee angelegt. Dieser bildet den Großteil dieser Tour, ergänzt mit einem idyllischen südlichen Zubringerweg vom namensgebenden St. Saviour.

Ausgangspunkt: St. Saviour Church mit Bushaltestelle und Parkplatz vor dem Friedhof am östlichen Dorfende (Navi: C9WP+4MV, Les Buttes, Guernsey GY8 0DS), alternativ Millenium Car Park an der Staumauer (Navi: St. Saviour's Reservoir, Guernsey GY8 0DS).
ÖPNV: Bushaltestelle St. Saviour Church (Linie 71; nur östliche Richtung!), alternativ nordwestlich vom St. Saviour's Reservoir die Haltestellen Le Mont Saint und Mont Saint Garage, beide erreichbar in rund 10 Minuten entlang den kleinen Straßen vom West- bzw. Ostende des Staudamms in das Dorf Mont Saint (beide Linien 61), buses.gg.
Anforderungen: Leichte Wanderung großteils über bewaldete Pfade sowie verkehrsarme Straßen.
Markierung: Selten Wegweiser.
Einkehr: Auberge Du Val in der Nähe vom Ausgangspunkt; nicht direkt am Weg, aber erreichbar in 100 m über einen Fußweg südlich von der Kirche.
Kombi-Tipp: Rundwanderung 32 zwischen dem Reservoir und Lihou Island.

Das Saint Saviour's Reservoir ist ein Idyll zum Wandern und für viele Tiere.

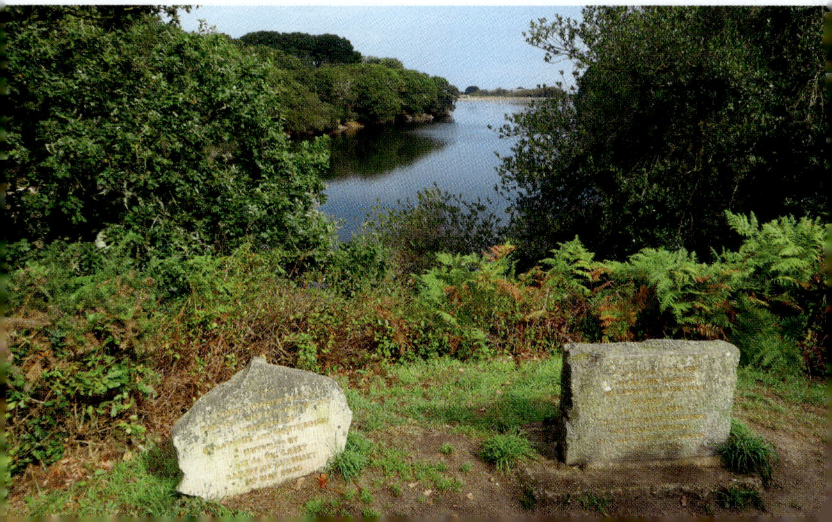

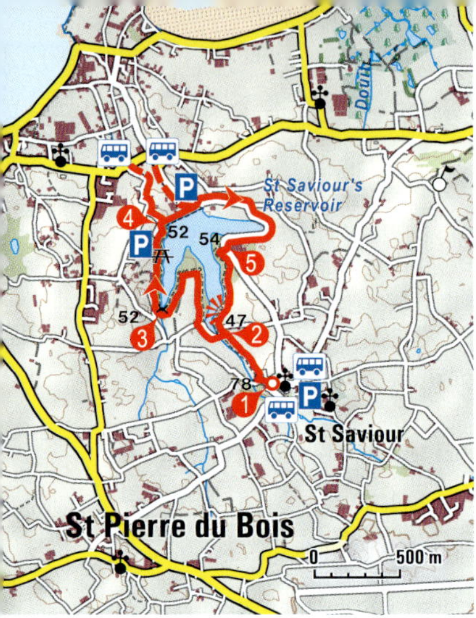

Die auf das 14. Jh. zurückgehende **Church of St. Saviour** ❶ wird von dem Turm dominiert, der wegen seiner guten Aussicht über den Westen der Insel zur Zeit der deutschen Besatzung als Beobachtungsturm diente. Im Kircheninneren sprechen die Spielecke und die Bücherei für aktives soziales Leben der Kirchengemeinde (Eingang an der Nordseite).

An der Westseite, der Turmseite der Kirche, nehmen wir den westwärts vom Kirchengelände führenden Pfad, links vorbei an einem grünen Container und über eine kleine Treppe abwärts.

An einer Querstraße gehen wir geradeaus und bei der Einmündung in die folgende Straße kurz geradeaus und nach einer Mauer rechts. Der für Reiter gesperrte Pfad leitet durch einen Grünstreifen etwas oberhalb des Bachs entlang, der das St. Saviour's Reservoir mit Wasser speist.

Bei einer **Kreuzung** ❷ vor dem Südzipfel des Reservoirs beginnt unsere Umrundung im Uhrzeigersinn, also links entlang der Straße und nach

Der Rundweg um das Saint Saviour's Reservoir ist gut erschlossen.

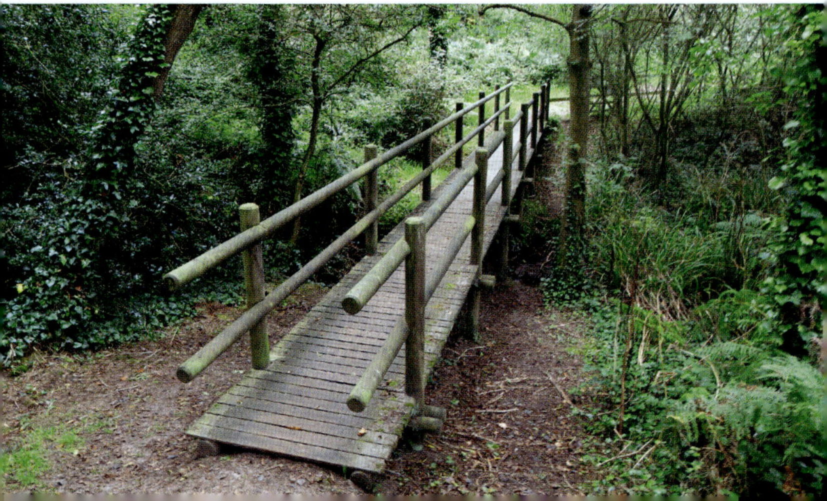

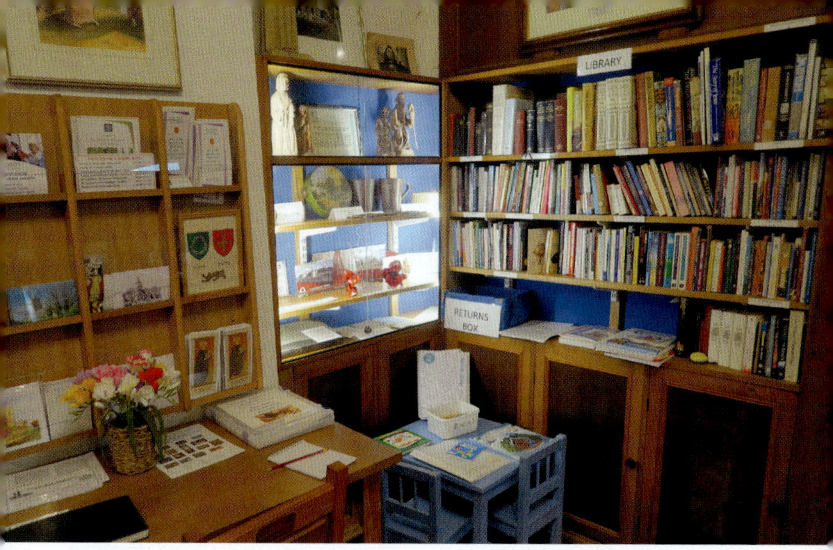

Die Church of St. Saviour überrascht im Inneren mit Wohnzimmer-Ambiente.

120 m bei einem Holzgatter rechts in den Uferpfad (Verbot für Radfahrer und nicht angeleinte Hunde). Durch Wald mit Eichen sowie vorbei an einer Schilfzone erreichen wir die Mündung des Baches Les Padins. Nach Querung des Baches über die **Holzbrücke** ❸ rechts haltend nordwärts am Ufer entlang zur Nordseite des Reservoirs mit dem 200 m langen Staudamm.
Beim Queren des **Damms** ❹ fällt links der Blick über die Wasseraufbereitungsanlage hinweg Richtung Nordküste. Am anderen Ende des Staudamms beim Parkplatz entlang der Zufahrt und bei allen weiteren Straßenabzweigungen rechts. 10 Minuten nach dem Damm vollzieht die Straße eine **Linkskurve** ❺, hier zweigen wir vorbei an einem Holzgatter in den Wald ab. Bei einer Bank und Gedenkstein an die Ortspartnerschaft zwischen St. Saviour und dem normannischen Montebourg bietet sich ein weiter Seeblick.
Nach 150 m erreichen wir wieder die **Kreuzung** ❷, wo der Zugangsweg aus Saint Saviour vom Uferweg abzweigt. Diesem folgen wir geradeaus auf bekanntem Pfad durch den Grünstreifen zurück zur **Church of St. Saviour** ❶.

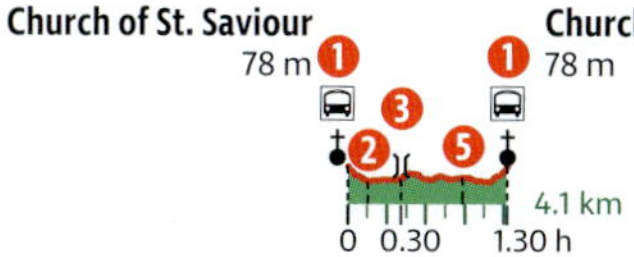

↗ 190 m | ↘ 190 m | 10,9 km

32 Lihou Island – Saint Saviour's Reservoir

3.00 h

Rundwanderung im Nordwesten mit Gezeiteninsel

Diese Rundwanderung erschließt ganz unterschiedliche Höhepunkte im Nordwesten der Insel: Das 16 Hektar große Lihou Island – offiziell die kleinste bewohnte Kanalinsel – ist nur bei Niedrigwasser über einen dammartigen Weg auf dem Meeresboden erreichbar. Weiter landeinwärts liegt das Saint Savoir's Reservoir. Dazwischen laden die abwechslungsreiche Landschaft im Nordwesten der Insel sowie die felsige Nordküste zum Entdecken ein.

Ausgangspunkt: L'Eree Beach mit Bushaltestelle und Parkplatz (Navi: Les Sablons, L'Eree, Guernsey GY7 9LN), alternativ Millennium Car Park am St. Saviour's Reservoir (Navi: St. Saviour's Reservoir, Guernsey GY8 0DS).
ÖPNV: Bushaltestelle L'Eree Hotel am Ausgangspunkt (Linien 60, 61, 91–94), unterwegs weitere Haltestellen: L'Eree Bunker und La Rouque (beide Linien 60, 91, 92) sowie im Landesinnern nach ❺ Moint Saint (Linie 61) und nach ❼ Rue Roucheuse (Linien 60, 61, 71, 94), buses.gg.
Anforderungen: Meist leichte Wanderung großteils über gut ausgebaute Wege und kleine verkehrsarme Straßen, stellenweise auch kleine Pfade. Der Weg nach Lihou Island verläuft über trockengefallenen steinigen Meeresboden sowie auf der Halbinsel über Graswege.
Markierung: Selten Wegweiser.
Einkehr: Nur am Ausgangspunkt.
Varianten: Bei Verzicht auf Lihou Island ist die Tour 3 km kürzer. Auf Lihou Island kann die Inselumrundung durch einen Querweg kurz vor der Ruine abgekürzt werden (500 m kürzer).
Kombi-Tipp: Küstentour 25 von Fort Grey nach Cobo Bay sowie Runde um das St. Saviour's Reservoir (Tour 31).
Hinweis: Der Übergang nach Lihou Island ist nur bei Niedrigwasser möglich; die offiziellen Gehzeiten stehen im Internet: gov.gg/lihou > Causeway Opening Times.

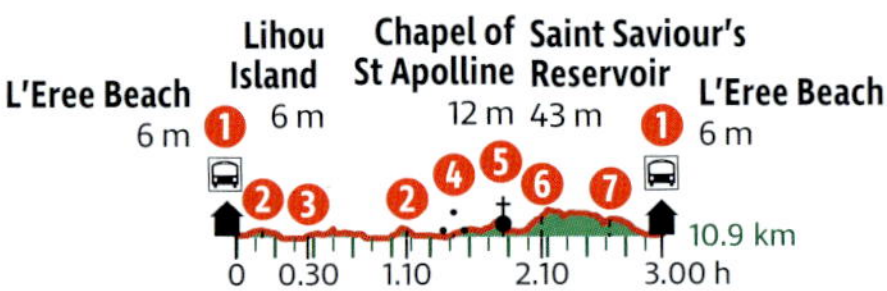

Am **L'Eree Beach** ❶ gehen wir nordwärts auf der Uferpromenade oder unten am Strand und biegen hinter der Bushaltestelle L'Eree Bunker links auf die kleine Zufahrtsstraße nach Lihou Island ab. Nach 150 m führt rechts ein Pfad parallel zur Straße zum jungsteinzeitlichen Ganggrab Le Creux ès Faïes. Beim Parkplatz dahinter rechts zur Küste und bei der Kreuzung mit einem **Holzgatter** ❷ und einem Wegdurchlass links. In der rechten Straßenkurve lohnt sich ein Abstecher zur Panoramaplattform aus napoleonischer Zeit. Danach senkt sich die Straße hinunter zur Küste, wo der Causeway nach Lihou Island beginnt.

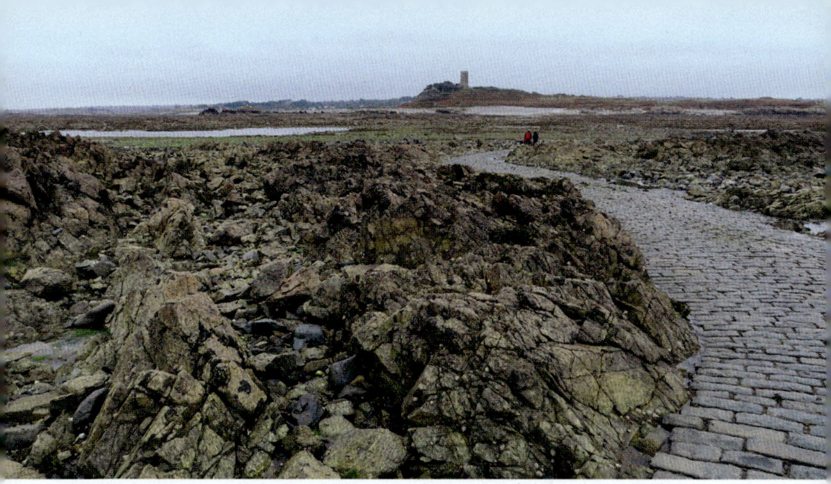

Lihou Island ist nur bei Niedrigwasser erreichbar.

Bei Niedrigwasser setzen wir den Weg zu dem Eiland fort, der teilweise gepflastert ist oder über den felsübersäten Meeresgrund führt. Nach 10 Minuten erreichen wir **Lihou Island** ❸ und umrunden die Insel auf dem deutlich erkennbaren Pfad. Wenn wir im Uhrzeigersinn (links) gehen, passieren wir nach 250 m die Ruine einer spätmittelalterlichen Dependance des bekannten Benediktinerklosters vom Mont Saint Michel.
Ab ❸ geht es auf dem Causeway wieder zurück zum »Festland« von Guernsey, wo wir links dem Küstenweg folgen. Beim Schild »Caution – This headland is crossed by German field defences ...« steigen wir rechts über den niedrigen Steinwall. Der Pfad leitet zu einem Schützengraben vor dem früheren deutschen »Stützpunkt Langenberg« an Stelle des einstigen Forts Saumarez mit einem Martello-Turm.
Der Pfad führt leitet rechts durch den Schützengraben. Rechts haltend erreichen wir wieder die Kreuzung beim **Holzgatter** ❷ und folgen der Straße nach links. An der Küste queren wir den Parkplatz und folgen dem Küstenpfad vorbei an einer Mülltonne.
Vor dem Parkplatz mit Bushaltestelle La Roques erreichen wir wieder die Küstenstraße und nehmen nach dem Parkplatz und Querung der Küstenstraße den landseitig verlaufenden, erst asphaltierten und später geschotterten Parallelweg. An dessen Ende links, dann rechts entlang der Küstenstraße. Nach 80 m nehmen wir vor einer Rechtskurve den rechts aufwärtsführenden Pfad Richtung Le Trepied Dolmen und Mont Chincon Battery. Kurz darauf liegt rechts das jungsteinzeitliche Grab **Le Trepied Dolmen** ❹ mit drei erhaltenen Decksteinen, links die Battery mit zwei rekonstruierten Kanonen.

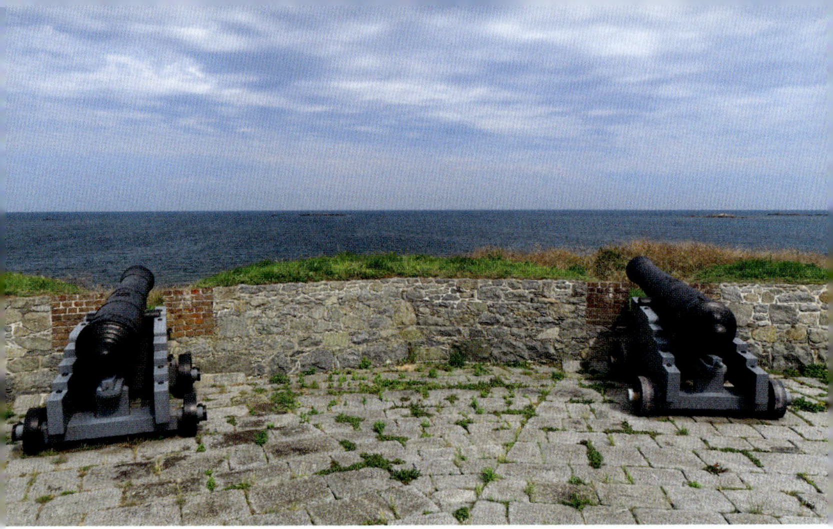

Die Mont Chincon Battery bei den Dolmen war und ist mit zwei Kanonen bestückt.

Wir folgen dem Pfad aussichtsreich zu einer Straßenkreuzung mit Spiegel und gehen dort geradeaus. Bei der folgenden Straßengabelung mit Palme vor einem Haus links und den nächsten beiden Kreuzungen rechts. Eine Abzweigung nach rechts zu den Country Apartments und Cottages beachten wir nicht und biegen bei der folgenden Kreuzung links in die schmale Rue de la Bataille ein.

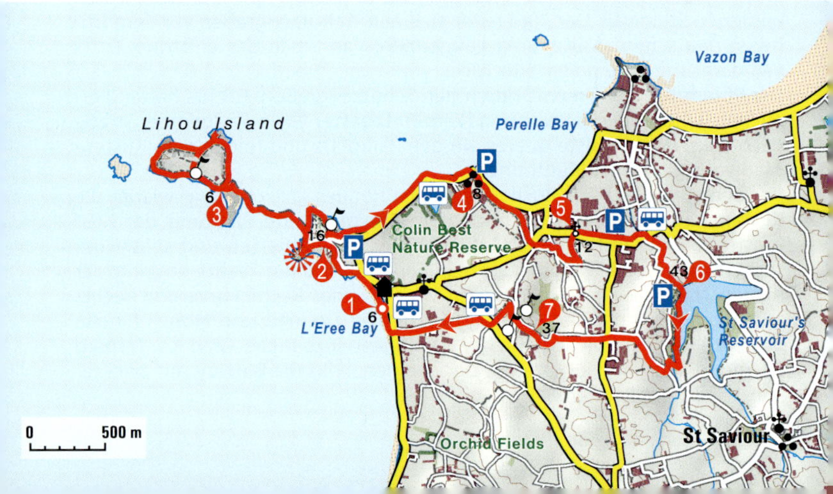

Nach 120 m bietet links der Fußgängerweg Richtung St. Apolline's Chapel über Felder hinweg Meerblicke, ehe wir die spätmittelalterliche **St. Apolline's Chapel** ❺ erreichen.
Vor der Kapelle biegen wir rechts in die Dorfstraße La Grande Rue ab und nach 500 m bei der Bushaltestelle Mont Saint und Straßenspiegeln rechts in die Ruette Tranquille. Nach 5 Minuten entlang der kurvenreichen Straße halten wir uns bei einer Gabelung links und erreichen kurz darauf den Millennium Walk Car Park **Saint Saviour's Reservoir** ❻ am westlichen Ende des Staudamms. Links beginnt der 200 lange Staudamm. Wir gehen hinter dem Parkplatz rechts entlang dem Seeufer. Der Pfad führt durch Wald südwärts und erlaubt schöne Blicke auf den Stausee, an dessen Südwestecke wir vor der Linkskurve und Brücke den rechts hinaufführenden Pfad nehmen. Am Waldende links, nach 70 m rechts entlang der kleinen Straße, 5 Minuten später links in die Rue du Pre Bourdon, danach bei der Kreuzung geradeaus und bei der folgenden Gabelung geradeaus (Verkehrsverbot außer für Anlieger, max. 3 t).
Nach einer Rechtskurve leitet ein schmaler Weg halb links aufwärts und führt rechts an einem umzäunten **Sportplatz** ❼ entlang als Teil einer Grundschule. Bei der folgenden T-Kreuzung mit einer Straße und Tempo-35-Schild rechts. An einer Gabelung mit Pinien nehmen wir die linke Option und zweigen nach 80 m links in den Grasweg mit Gebüsch auf beiden Seiten. Am Ende zweigen wir rechts in eine kleine Straße, die sich kurz darauf bei einer Bushaltestelle und Mauer mit roten Punkten gabelt: Hier gehen wir links und auf der Rue Rocheuse nach einer Linkskurve direkt auf das Meer zu mit dem **L'Eree Beach** ❶ rechts von uns.

Dieser Feldweg zur St. Apolline's Chapel ist nur Fußgängern vorbehalten.

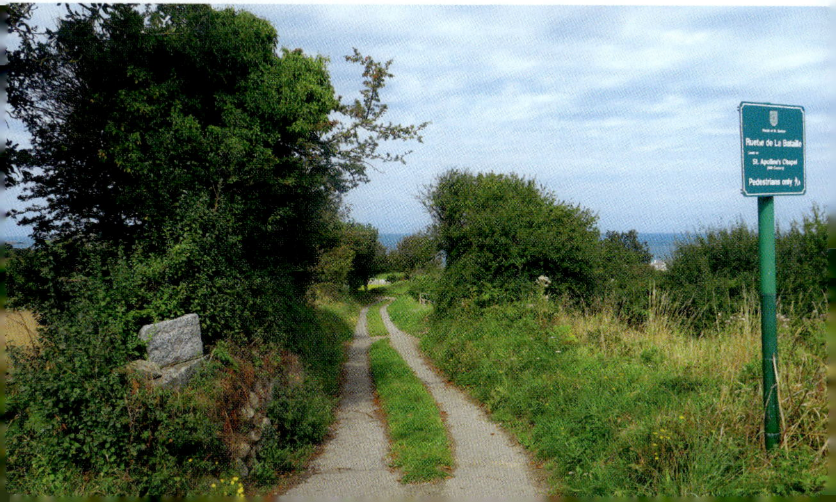

↗ 100 m | ↘ 100 m | 3,1 km

33 Portelet Bay – Pleinmont

1.00 h

Runde auf südwestlicher Landzunge

Diese kurze Rundwanderung führt im Südwesten Guernseys zu einigen der schönsten Aussichtspunkten der Insel, darunter dem kaum übersehbaren früheren Observation Tower aus dem Zweiten Weltkrieg. Die Wanderung bietet außerdem einen alten Pausenplatz der Küstenwacht, eine Festung aus napoleonischer Zeit sowie einen Sandstrand.

Ausgangspunkt: Portelet mit gleichnamigem Kiosk und Parkplatz (Navi: Rue du Portelet, Guernsey GY8 0PS, Guernsey).
ÖPNV: Bushaltestelle Pleinmont am Ausgangspunkt mit Linien 61, 71 sowie 91 bis 94, buses.gg.
Anforderungen: Überwiegend leichte Wanderung auf Pfaden über Felsen, durch Wald sowie kleine Straßen.
Markierung: Stellenweise Wegweiser.
Einkehr: Kiosk und Hotel-Restaurant am Ausgangspunkt.

Varianten: Dank eines dichten Wegenetzes sind zahlreiche abkürzende und verlängernde Varianten auf der Halbinsel Pleinmont möglich.
Kombi-Tipp: Tour 24 als Etappe des Coastal Path zwischen Prevote Tower und Fort Grey.
Tipps: Der Observation Tower MP3 bietet neben einem weiten Blick eine Ausstellung über die deutsche Besatzung mit Karten sowie Gebrauchsgegenständen der deutschen Besatzer während des Zweiten Weltkriegs.

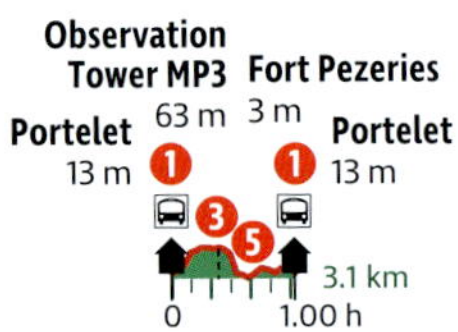

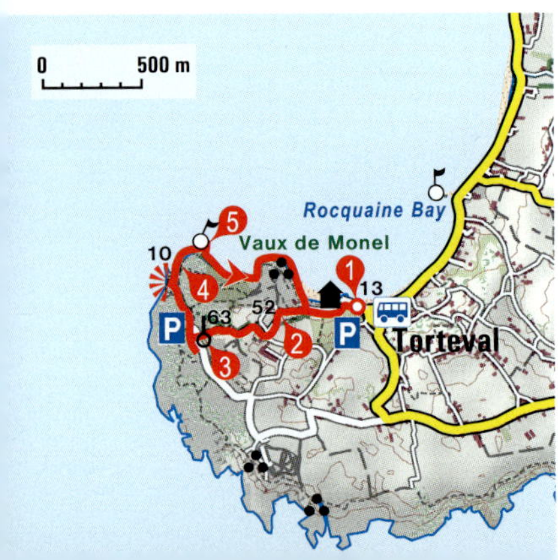

In **Portelet** ❶ orientieren wir uns Richtung Strand und folgen ab dem Kiosk der kleinen asphaltierten Straße durch die Linkskurve, halten uns bei der folgenden Gabelung rechts und gehen auf der kleinen Straße entlang der Portelet Bay Richtung Landspitze. 20 m vor einer Straßensperre mit Verkehrsverbotsschild wechseln wir auf den links zunächst über wenige Stufen aufwärtsführenden Pfad. Auf diesem aufwärts in den Wald, bei einer Steinbank links aufwärts über Stufen und kurz darauf vorbei an einem **Steintisch** ❷ rechts haltend weiter aufwärts.
Nach einem kleinen Parkplatz des National Trust of Guernsey folgen wir der schmalen Straße nach links und zweigen vor einem Haus nach rechts in den leicht ansteigenden

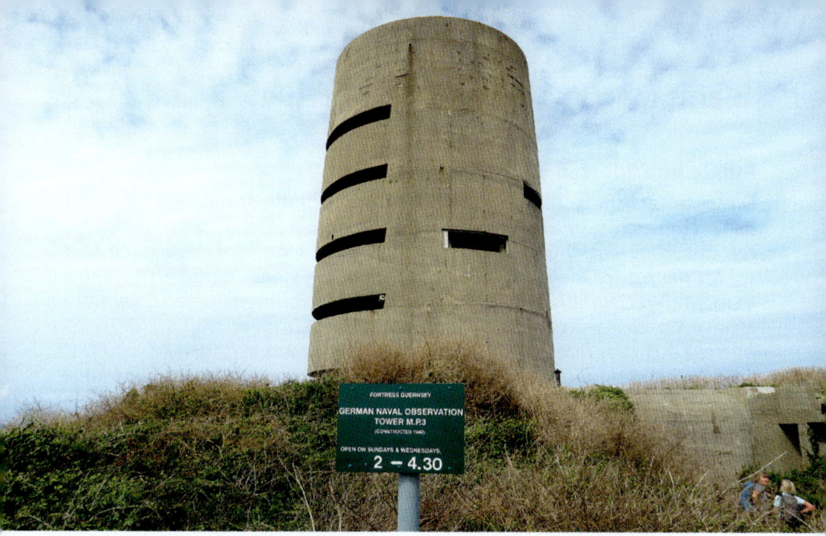

Der Observation Tower MP3 ist mit Ausblick und Ausstellung zu besichtigen.

Spurweg, links vorbei an der Zufahrt Chatsworth. Bei der folgenden T-Kreuzung rechts und nach 50 m links in den Weg zwischen Sträuchern – bald rechts mit weitem Blick über die Wiese auf das Meer. Der Weg mündet in die Zufahrtsstraße zu dem schon länger sichtbaren Betonbeobachtungsturm, der wir links zum siebenstöckigen **Observation Tower MP3** ❸ folgen. Der Turm mit seinen 2 m dicken Mauern aus verstärktem Beton wurde in nur sieben Wochen Bauzeit errichtet und bietet mit Ausguck und Ausstellung eindrucksvolle Küsten- und Einblicke in den Alltag der Turmbesatzung.
Vom Turm gehen wir auf der Zufahrtsstraße abwärts und wechseln nach 120 m beim Parkplatz in den rechts abzweigenden Weg zwischen Sträuchern. Bei der folgenden Wegekreuzung geradeaus Richtung Portelet und Cliff Path. Die nächste Abzweigung nach links ignorieren wir – im Gegensatz zur folgenden für einen Abstecher zu einer Panoramabank. Danach weiter auf dem Cliff Path nord- und abwärts. Beim von der Küstenwacht im 19. Jh. als Steinkreis angelegten **Table des Pions – Fairy Ring** ❹ erreichen wir die kleine Asphaltstraße und folgen ihr Richtung Portelet. Nach 50 m bietet sich links noch ein Abstecher zum **Fort Pezeries** ❺ an, das auf das Jahr 1680 zurückgeht.
Beim weiteren Verlauf entlang der Straße bietet sich nach einer weiter geschwungenen Rechtskurve eine Alternative zum Asphalt an, indem wir dem breiten Grasweg parallel zur Straße folgen, die wir beim Abzweig des Pfads (Hinweg) wieder erreichen. Auf bekanntem Weg gelangen wir zurück nach **Portelet** ❶ mit Kiosk, Parkplatz, Bushaltestelle und Restaurant.

↗ 230 m | ↘ 230 m | 7,6 km

34 Saint Martin's Point – Moulin Huet

2.00 h

Runde im Südosten mit Renoir-Bucht

Diese abwechslungsreiche Rundwanderung erschließt die exponierte Südostspitze Guernseys und damit eine der spektakulärsten Küstenlandschaften der Insel. Entlang der Küste geht es nach Moulin Huet, dessen Landschaft der französische Impressionist Renoir bei einem längeren Aufenthalt in mehreren Gemälden festgehalten hat. Bilderrahmen erinnern vor Ort an Motive. Landeinwärts führen Pfade in ein urwüchsiges Seitental. Diese Tour besteht aus zwei Runden, die durch einen besonders schönen Abschnitt des Cliff Path miteinander verbunden sind, den man gut doppelt gehen kann.

Ausgangspunkt: Hotel Jerbourg (Navi: Jerbourg Point, St. Martin's, Guernsey GY4 6BJ), alternativ Moulin Huet mit Parkplatz (Navi: Rue du Moulin Huet, Guernsey GY4 6DS).
ÖPNV: Bushaltestelle Jerbourg mit Linie 81, buses.gg.
Anforderungen: Überwiegend leichte Wanderung über kleine Straßen und Pfade durch Bachtäler.
Markierung: Straßenschilder sowie selten Wegweiser.
Einkehr: Hotel-Restaurant und Bistro am Ausgangspunkt, Tearoom bei Moulin Huet.
Varianten: Die Tour lässt sich auch auf zwei kleine Runden aufteilen: nur die Halbinsel St. Martin's Point ab ❶ (2,2 km) oder nur die Pfade im Hinterland von Moulin Huet ab ❸ (2,5 km).
Kombi-Tipp: Küstentour 22 zwischen St. Peter Port und Saint Bay.
Tipps: Sausmarez Manor liegt 1,5 km landeinwärts vom Startpunkt, ist aber nur entlang stärker befahrener Straßen erreichbar. Das auf das Mittelalter zurückgehende Manor House kann nur mit Führungen besichtigt werden (ein- bis zweimal täglich), die Subtropical Gardens mit Skulpturenpark sind durchgehend täglich geöffnet, sausmarezmanor.co.uk.

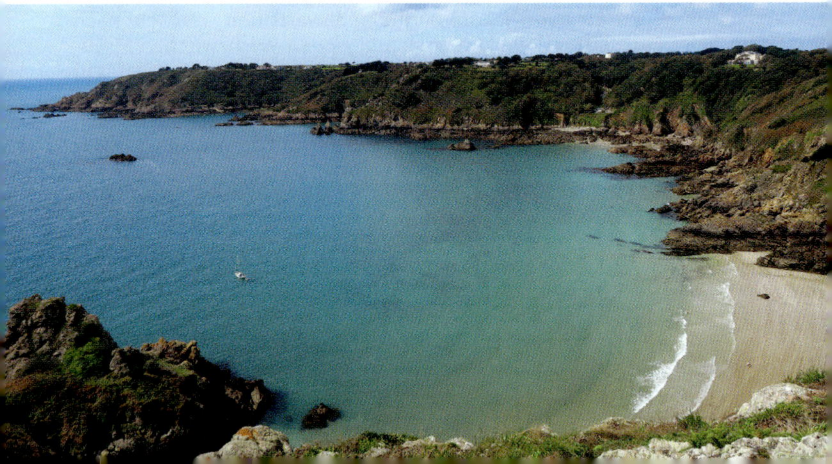

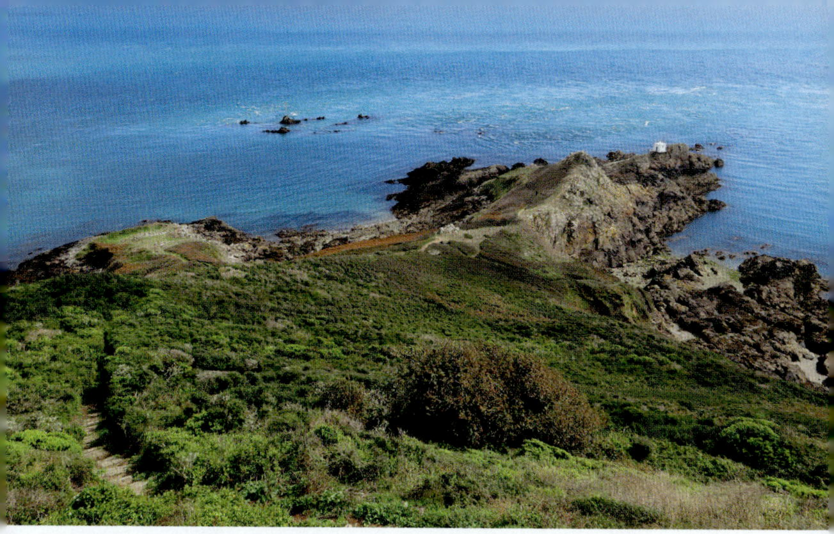

Oben: Das weiße Gebäude bei St. Martins ist ein Leuchtturm mit Nebelhorn.
Links: Malerisch präsentiert sich die Molin Huet Bay.

Vor Beginn dieser Rundwanderung lohnt sich bei **Jerbourg** ❶ ein Blick vom östlich des Parkplatzes gelegenen Aussichtspunkt auf Guernseys Südostküste. Anschließend folgen wir ab dem Parkplatz der Straße südwestwärts. Beim Umgehen der Landspitze bietet der Cliff Path grandiose Aussichten, stellenweise mit kurzen Abstechern zu Panoramapunkten. Bei einem schmalen Fahrweg gehen wir 50 m nach links und danach wieder links. Der Pfad leitet zu einer **Gabelung** ❷ unterhalb vom Parkplatz der Doyle Column, die wir am Rückweg passieren werden.
Wir gehen links Richtung Moulin Huet und ignorieren in der folgenden Rechtskurve den Abzweig links hinunter zum Strand Petit Port. In einem Seitental links abwärts. Nach einigen Stufen mit Geländer folgen wir einem Fahrweg 80 m nach links und zweigen bei einem alten Wassertrog (Abreuveur) scharf nach links. Wir passieren eine Holzsperre und wandern neben einer Mauer durch Wald.
Nach einer weiteren **Holzsperre** ❸ erreichen wir den asphaltierten Zufahrtsweg nach Moulin Huet. 50 m weiter links liegen die gleichnamigen Tearooms, von denen wir auf dem Rückweg kommen werden. Zunächst gehen wir rechts und zweigen beim Parkplatz Moulin Huet mit WC-Häuschen rechts auf den Pfad ab, der rechts neben einem Wasserlauf aufwärtsführt, zuletzt in einem engen Tal.
Am Beginn der Zivilisation erwarten uns mehrere Abzweigungen: 70 m nach einem Seitenwechsel des Baches bei einem weißen Haus geradeaus

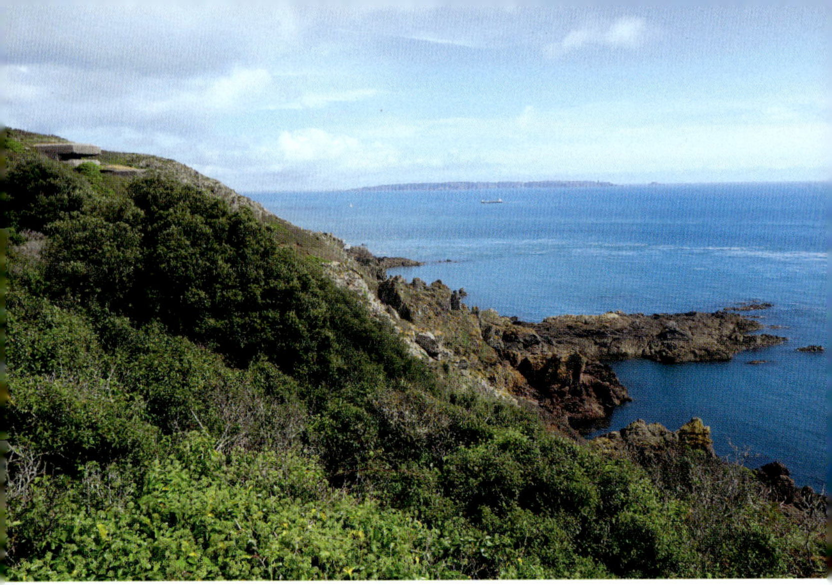

Hinter der zerklüfteten Küste von Jerbourg ist Sark erkennbar.

neben dem Bach, bei der folgenden Kreuzung links, am Wegende rechts in die kleine Straße und bei der folgenden **Kreuzung mit Bambus** ❹ zur Linken links in die Ruette Tranquille.

Bei den beiden folgenden Abzweigungen halten wir uns links und folgen damit einer Ruette Tranquille links Richtung Küste zu einer sich links gabelnden Querstraße. Wir halten uns ganz links und folgen der Rue du Moulin Huet mit dem Wasserkanal zur Linken. Hinter einem kleinen Parkplatz auf der rechten Seite steigen wir bei wenigen Stufen und einem Metallpfahl halb rechts in den Wald auf (Steinwegweiser: »Le Chemin de Haout a Bon Port«). Der Waldpfad

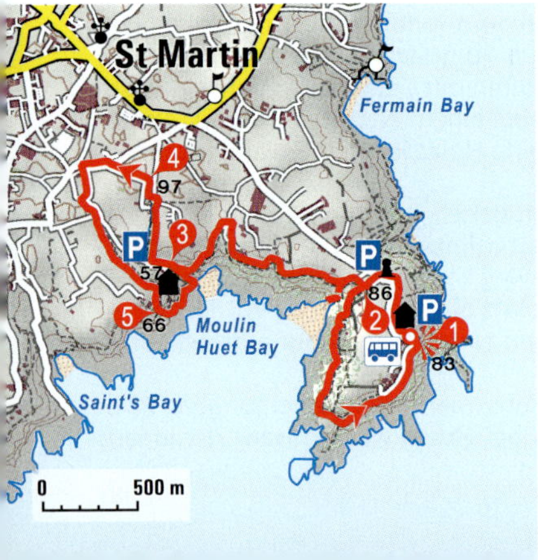

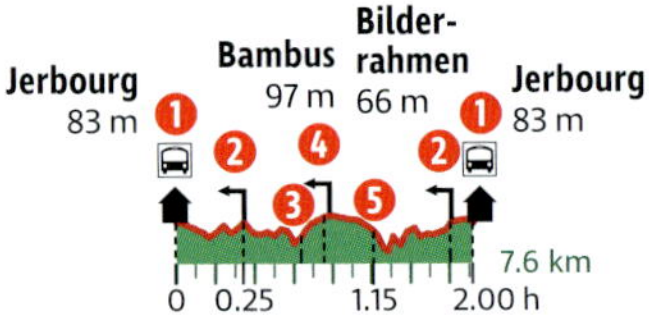

führt am Hang des Seitentals entlang. Links abzweigende Wege bzw. Treppen ignorieren wir.
Nach 500 m bietet sich im Anschluss an eine Rechtskurve bei einem **Bilderrahmen** ❺ ein weiter Blick, Motiv des auf einer Tafel abgebildeten Renoir-Gemäldes »La Côte du Moulin Huet«. Hier kehren wir um und steigen nach 20 m rechts die Treppe (oder die folgende) hinunter nach Moulin Huet, wo weitere Bilderrahmen auf Gemälde bzw. Motive Renoirs hinweisen.
Oberhalb vom steinigen Strand wenden wir uns landeinwärts und passieren die Tearooms. Nach 100 m nehmen wir bei der **Holzsperre** ❸ wieder den rechts spitzwinklig abzweigenden Pfad, Richtung Petit Port. Auf bekanntem Weg gehen wir bei Abzweigungen rechts haltend oberhalb der Küste ostwärts.
Die rechts zu Petit Port hinabführenden Stufen ignorieren wir wieder und halten uns bei der folgenden Abzweigung rechts. Bei der folgenden **Gabelung** ❷ verlassen wir den Cliff Path, indem wir links zum Parkplatz mit WC-Häuschen gehen. Hinter dem Parkplatz schwenken wir rechts auf die Route de Jerbourg. Links erhebt sich das **Doyle-Monument** zum Gedenken an einen früheren Lieutenant Governor von Guernsey. Die Originalsäule von 1820 wurde im Zweiten Weltkrieg von den Deutschen entfernt und 1953 durch die etwas kleinere jetzige Granitsäule ersetzt. Wir folgen der Straße bis zum Ende und erreichen so nach fünf Minuten wieder **Jerbourg** ❶.

Bilderrahmen gewähren originale Renoir-Perspektive bei Molin Huet.

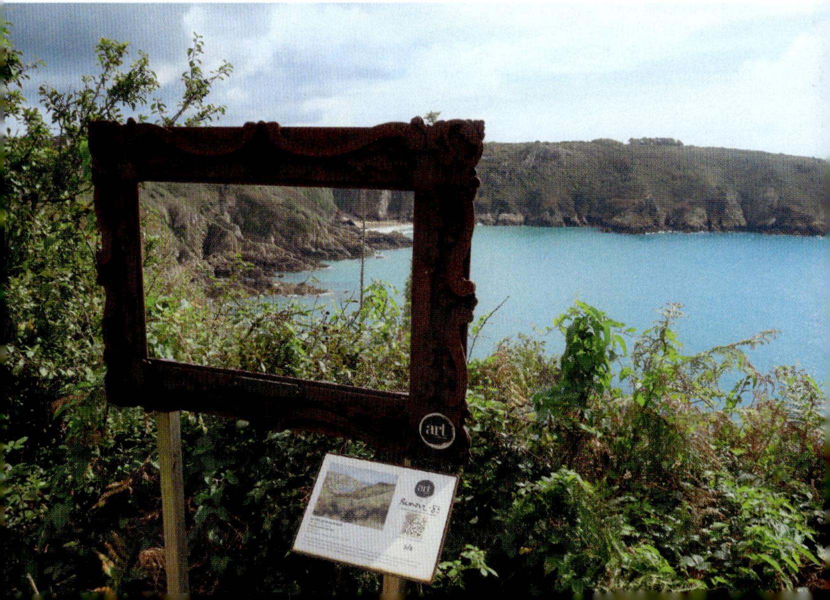

↗ 150 m | ↘ 150 m | 6,6 km

35 Saint Peter Port

2.30 h

Rundwanderung durch die Hauptstadt von Guernsey

Guernseys Hauptort überrascht mit vielen engen und steilen Gassen, die ein wenig an Hafenorte in mediterranen Gebieten erinnern. Die 20.000-Einwohner-Inselmetropole besteht aus einer Unter- und Oberstadt. Der Küstenstreifen mit der Hauptstraße wurde später künstlich angelegt. Die Unterstadt wird vom Hafen, engen Gassen sowie dem Market Square geprägt. Die Wanderung führt außerdem zu den schönsten Aussichtspunkten der Stadt, in die Candie Gardens, die bedeutendste Grünanlage der Stadt und zum Castle Cornet am Hafen, einst auf einer Gezeiteninsel gelegen. Mehrmals begegnen wir Spuren Victor Hugos. Der politisch engagierte französische Dichter lebte von 1856 bis 1870 im politischen Exil in St. Peter Port – während der Herrschaft Napoleons III. in Frankreich.

Ausgangspunkt: Zentraler Busbahnhof Town Terminus am Hafen von St. Peter Port, südlich davon Parkplatz South Esplanade Parking (Navi: Block B, Les Echelons, Guernsey GY1 1AR).
ÖPNV: Vom Ausgangspunkt verkehren Busse zu allen Orten der Insel. Bei 7 und nahe 6 –auf der anderen Seite der Markthalle – halten Busse der Linien 51–52 sowie 91–95, buses.gg.
Anforderungen: Leichte Wanderung über Straßen sowie Fußwege, öfter mit Stufen.
Markierung: Wegweiser und Straßenschilder.

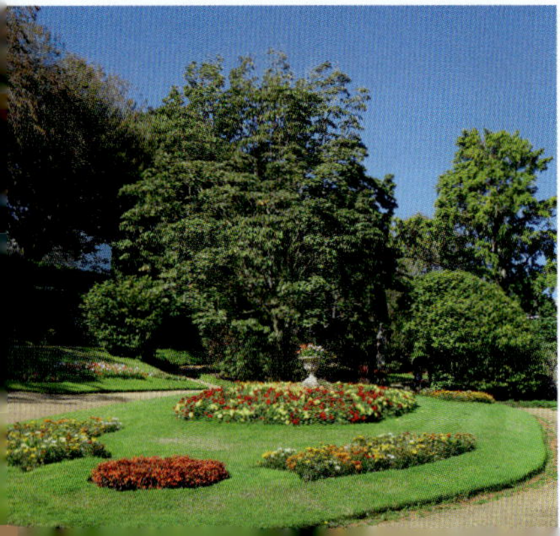

Einkehr: Zahlreiche Einkehrgelegenheiten in der Stadt; stilvoll ist Café Victoria bei 4.
Varianten: Die drei beschriebenen Schleifen lassen sich auch gut einzeln gehen (jeweils etwa 2 bis 3 km).
Kombi-Tipp: Tour 22, die erste Etappe des Küstenpfads zur Saint Bay.
Tipp: Top-Sehenswürdigkeiten in St. Peter Port sind das Guernsey Museum 4 mit Ausstellungen zu Archäologie und Kunst sowie das Victor Hugo House 8; Letzteres kann nur mit Führungen besichtigt werden, maisonsvictorhugo.paris.fr > Guernsey. 300 m nordwestlich von 4 befindet sich German Naval Signals HQ. Das ehemalige Funk-Hauptquartier der deutschen Besatzer lohnt sich für technisch und historisch Interessierte. Sehenswert ist auch der coop-Supermarkt am Market Square 6 in der restaurierten Markthalle.
Hinweis: Der Victoria Tower 5 ist frei zugänglich, aber man muss sich vorher den Schlüssel im Guernsey Museum holen und die Kenntnis der Sicherheitsbestimmungen schriftlich bestätigen.

Die Candie Gardens wurden 1963 durch einen Beatles-Auftritt bekannt.

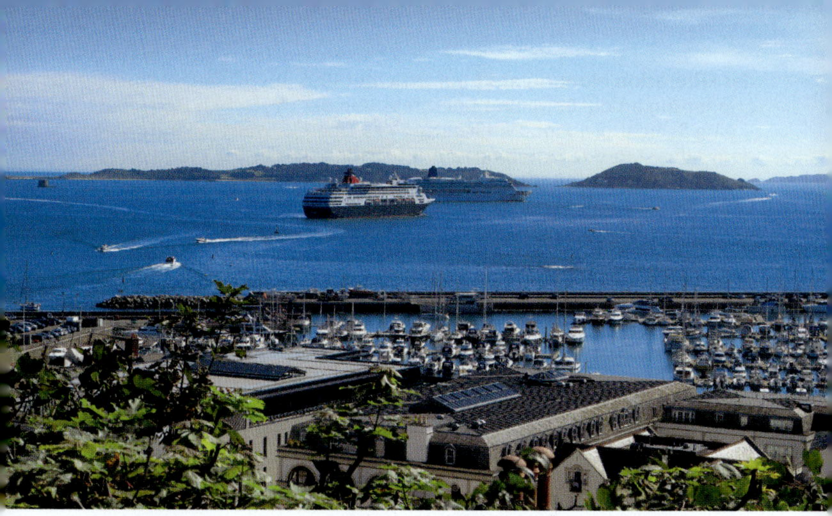

Kreuzfahrtschiffe beeinträchtigen Panorama und Luftqualität bei Saint Peter Port.

Vom zentralen Busbahnhof **Town Terminus** ❶ gehen wir nordwärts Richtung Kreisverkehr mit der Albert-Statue und rechts entlang dem Piquet House mit säulengestützter Veranda, erbaut 1819 als Militärpräsenz am Hafen. Links vom Kreisverkehr queren wir die Cornet und Fountain Street und gehen rechts an der Town Church vorbei, der spätmittelalterlichen Hauptkirche am Hafen (13.–15. Jh.) mit davor einer Bronzestatue Victor Hugos. Hinter der Kirche und vor der Albion House Tavern links und gleich danach rechts in die Haupteinkaufsstraße der Insel.
Vor einem auffälligen Kuppeldachgebäude der Lloyds-Bank bei einer halb links aufwärtsführenden Straße nehmen wir den rechts bei einem Dachbogen abwärtsführenden schmalen Weg mit Stufen Richtung Hafen. Unten an der Straße links, nach 30 m halb links, links vorbei am gut ausgestatteten **Guernsey Tourist Information Centre** ❷ und dahinter einem kleinen palmenbestandenen Park. Halb rechts geht es weiter zur stark befahrenen Küstenstraße, die wir bei der nächsten Ampel nach rechts queren. Zunächst gehen wir Richtung Hafenpier, links vorbei am Ticketschalter der Schiffe nach Herm. Links ragt neben dem Turmgebäude der alten Waage

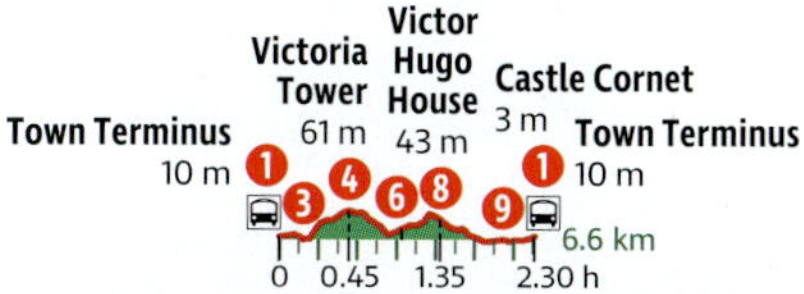

das **Liberation Monument** 3 auf, errichtet 1995 aus 50 Granitschichten als Erinnerung an die Befreiung Guernseys von der deutschen Herrschaft 1945 – eine Schicht pro Jahr. Der Schatten des Obelisks weist alljährlich am 9.5., dem Jahrestag der Befreiung, auf Inschriften an der Rückseite am Sitzbereich hin, die bestimmte Ereignisse am Befreiungstag benennen.
Links haltend umgehen wir rechts den Kreisverkehr, queren dahinter vorsichtig die Küstenstraße und folgen der Querstraße Bosq Lane mit dem Hafen im Rücken aufwärts. Bei Kreuzungen geradeaus, zuletzt die Corbin Steps aufwärts. Am Ende der Treppe links in schmalen Asphaltweg zwischen Mauern. 50 m nach einer Rechtskurve führt der weitere Weg nach links, aber vorher lohnt sich rechts ein 100 m langer Abstecher zu einem schönen Aussichtspunkt über den Hafen.
Südlich der T-Kreuzung knickt die kleine Straße Beauregard Lane zwischen Mauern nach rechts und führt an eine andere Straße (Vaxlaurens) heran. Gleich zu Beginn, noch vor dem Metallgeländer auf der linken Seite, links Stufenweg abwärts, unten schräg rechts über die Straße und durch das Tor in der Mauer. Auf der anderen Seite erwartet uns **Candie Gardens**, ein öffentlicher Blumengarten aus viktorianischer Zeit, bekannt für einen Auftritt der Beatles im Jahr 1963. Im Park geradeaus aufwärts auf dem Hauptweg Richtung Guernsey Museum. Am Ostende links Treppe aufwärts und nach dem Parkausgang – ggf. nach einem kurzen linken Abstecher zum Guernsey Museum für den Schlüssel zum Victoria Tower – rechts. Rechts liegt die Priaulx Library, wo die Kanalinseln und besonders Guernsey mit Büchern, Fotos, Zeitungen und Dokumenten archiviert werden. Nächste Straße links aufwärts (Monument Road) auf den sichtbaren Turm zu. Der 30 m hohe **Victoria Tower** 4 wurde 1846 für damals 2000 £ anlässlich eines Besuchs von Queen Victoria und Prince Albert errichtet und bietet einen weiten Blick über die Westküste von Guernsey.

Castle Cornet schützt seit dem Mittelalter die Hafenzufahrt bei Saint Peter Port.

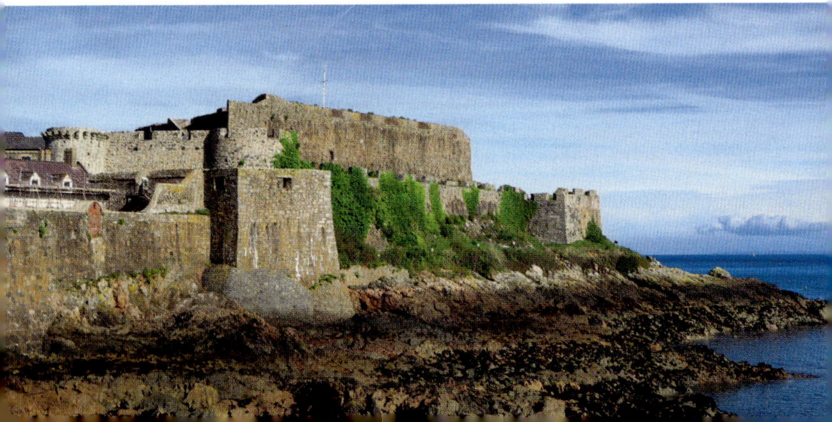

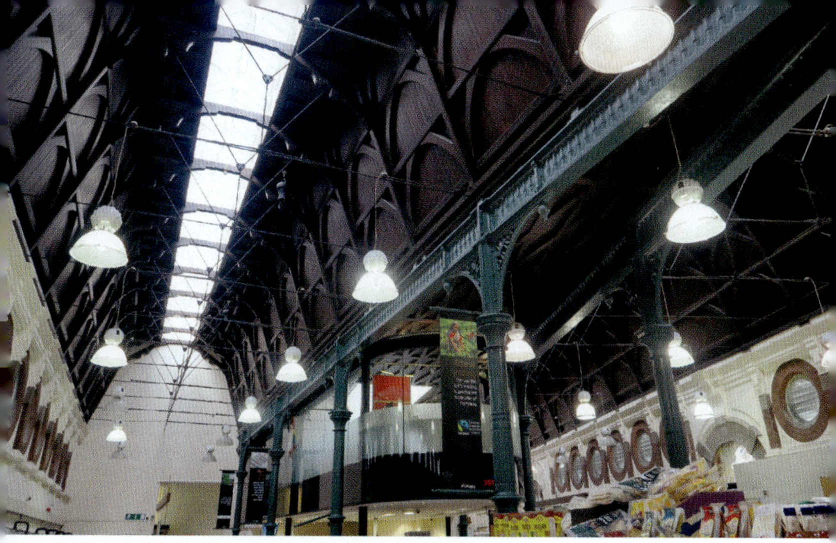

In der alten Market Hall hat sich ein Supermarkt eingerichtet.

Zurück geht es zunächst wie gekommen, wobei sich rechts ein Abstecher auf den aussichtsreichen Kriegsgräberfriedhof anbietet. Vor der Priaulx Library rechts und gleich darauf links haltend zum **Guernsey Museum** ❺. Das Museum bietet passend zum Park Tearooms im viktorianischen Stil, die auch für Nichtmuseumsbesucher zugänglich sind.
Vom Museum gehen wir rechts am Café Victoria vorbei, die Treppe abwärts und vor der Victor-Hugo-Statue nach links. Danach rechts haltend abwärts durch den Park. Bei einer Gabelung 100 m nach der Statue nehmen wir die linke Variante: den betonierten Weg abwärts. Dieser leitet direkt zum unteren Parkausgang. Kurz abwärts, über die Hauptstraße (Hospital Lane), kurz rechts und dann links (Ann's Place). Bei einer Kreuzung mit Grünanlage in der Mitte gehen wir leicht rechts versetzt geradeaus abwärts, bis sich die Straße vor dem ummauerten Biergarten »Prince of Wales« gabelt. Beide Straßen führen hinunter zur Haupteinkaufsstraße, die linke (Forest Lane) ist aber schöner und daher empfohlen: links am Biergarten vorbei, durch eine enge Gasse abwärts.
Unten flanieren wir auf der Haupteinkaufsstraße nach rechts und zweigen nach 200 m, hinter der HSBC-Bankfiliale, nach rechts. Die Einkaufsstraße schwenkt nach links und führt geradeaus zur Kreuzung vor dem alten Markt; hier rechts und rechts am **Market Square** ❻ vorbei.
Hinter der Markthalle nehmen wir die halb rechts aufwärtsführende Gasse zum Old Quarter (Mill Street). Die Straße endet am baumbestanden **Trinity Square** ❼ neben der gleichnamigen Kirche. Hier links über die Hauptstra-

Castle Cornet präentiert sich wehrhaft mit Fallgatter und meterdicken Mauern.

ße und die Park Lane hinauf. Nach 150 m links die Treppe aufwärts und an deren Ende links in die Straße (erst Les Vardes, später Georges Road und Hauteville).

50 m hinter dem Pandora Hotel passieren wir die auffällige modern gestaltete Fassade des **Victor Hugo House** 8, in dem der französische Schriftsteller während seines 15-jährigen Exils auf Guernsey lebte. Die enge Straße Hauteville leitet abwärts. Bei einer Kreuzung mit einer links hinunterführenden Treppe geradeaus und an der folgenden Gabelung leicht links haltend geradeaus zum Panorama-Parkplatz auf dem Mignon Plateau, vermutlich der Parkplatz mit der besten Aussicht Guernseys. Beim Rückweg biegen wir bei der Parkplatz-Zufahrt in den spitzwinklig links abbiegenden Fußweg, der hinunter zur Markthalle führt. Nach Querung der Fountain Street passieren wir die restaurierte Markthalle mit dem coop-Supermarkt in historischem Hallenambiente. Auf der anderen Seite gehen wir rechts über den **Market Square** 6 und erreichen kurz darauf rechts haltend die Town Church und dahinter **Town Terminus** 1.

Für die dritte Schleife queren wir die Küstenstraße über die Ampel Richtung Hafen, gehen rechts am Kai entlang und schwenken nach 100 m links auf den Castle Pier. Der Pier wurde 1859 als Wellenbrecher angelegt und bot damit erstmals eine feste Landverbindung zum mittelalterlichen Castle Cornet. Nach 5 Minuten passieren wir zur Linken ein flaches Wasserbassin, das 1887 als Teich für Modelljachten angelegt wurde und im Ersten Weltkrieg als Basis für Flugboote diente. Nach dem Bassin gelangen wir durch mittelalterliche Mauern und einen gebogenen und damit schwerer einnehmbaren Eingang in den Vorhof vom **Castle Cornet** 9. Diese bedeutendste Festung der Insel wurde im 17. und 18. Jh als Schutz gegen Franzosen erbaut sowie im Zweiten Weltkrieg unter Deutschen erweitert. In den Gebäuden informieren Ausstellungen über Inselgeschichte, Militärwesen und Seefahrt. Von der Burg gehen wir auf dem Pier zurück – zur Abwechslung auf dem südlichen Promenadenweg und Blick auf die Havelet Bay. An der Pierbasis schwenken wir wieder nach rechts und gehen entlang dem Hafenkai zurück zum **Town Terminus** 1.

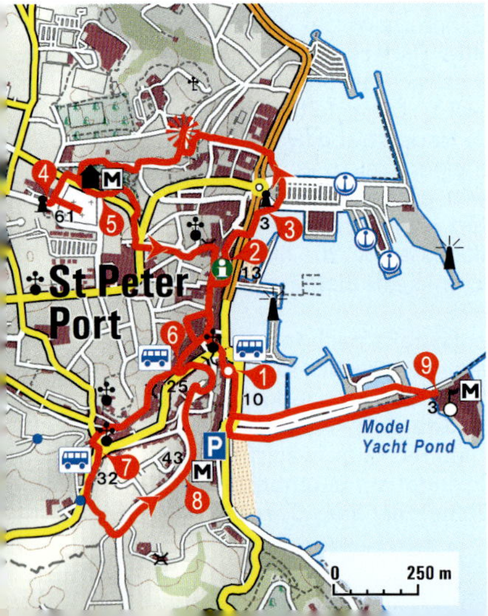

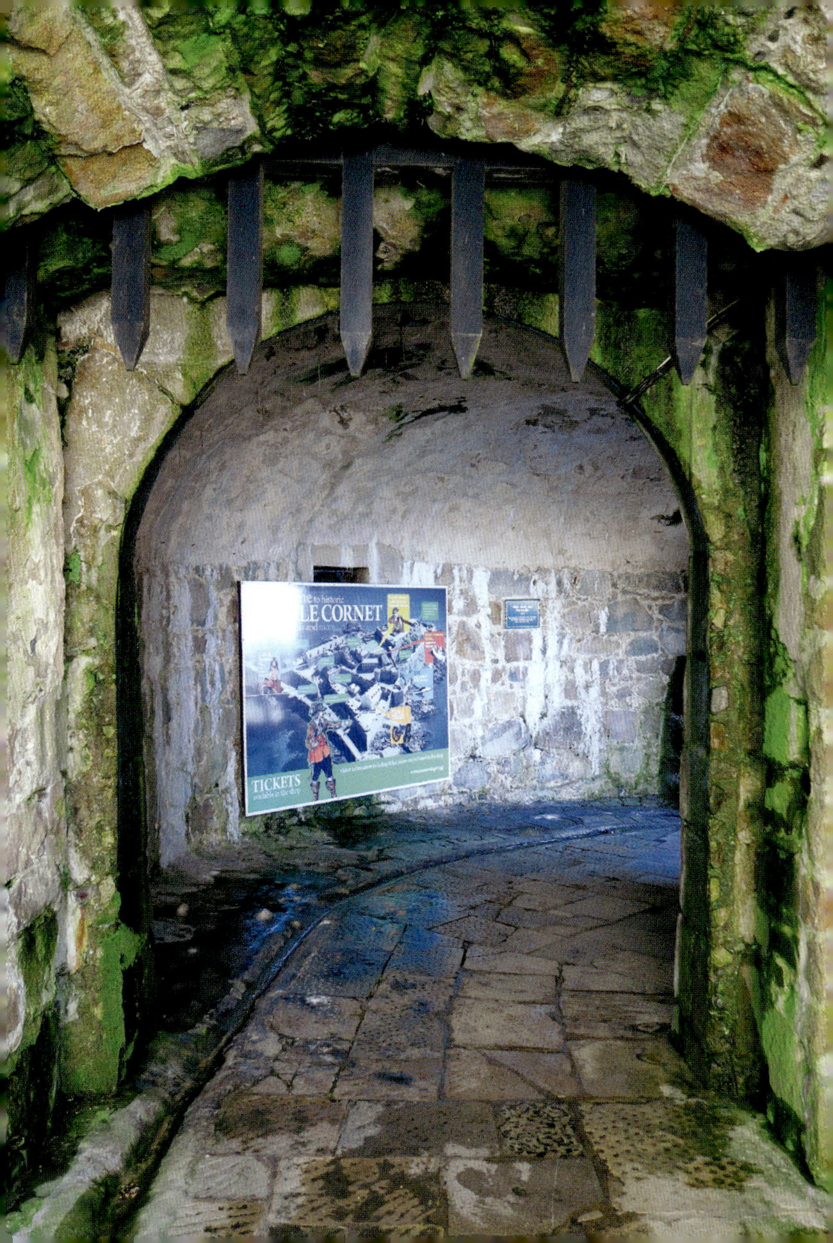
to historic
CORNET
TICKETS

↗ 190 m | ↘ 190 m | 8,1 km

36 Coastpath Herm

2.30 h

Runde um die kleinste Kanalinsel

Die östlich vor Guernsey gelegene fünftgrößte Insel des Archipels bietet auf einer nur 2 x 0,8 Kilometer großen Fläche eine erstaunliche Vielfalt von Landschaften und Küsten: Felsküste, Sandstrände mit klarem Wasser sowie Dünengürtel. Der Rundweg bietet Abwechslung und Ruhe; der überwiegende Teil der Tagesbesucher ist zwischen dem Hafen und Hauptstrand der Insel unterwegs. Die Wege-Infrastruktur geht auf einen früheren deutschen Pächter der Insel vom Anfang des 20. Jahrhunderts zurück: Gebhard Blücher von Wahlstatt, einen Nachfahren des preußischen Feldherrn Blücher aus der Zeit der napoleonischen Kriege. Dieser siedelte seinerzeit auch eine Känguru-Kolonie auf der Insel an, die sich allerdings nicht halten konnte.

Ausgangspunkt: Herm Harbour als Hauptanlandepunkt der Ausflugsboote. Bei Niedrigwasser legen die Schiffe bei Rosaire Steps ❷ an.
ÖPNV: Herm ist nur 20 Fahrminuten mit dem Ausflugsschiff von Guernsey entfernt. Die Schiffe der Firma Travel Trident (Kiosk am Hafen Guernsey) verkehren von April bis Oktober 2- bis 6-mal täglich (Hin- und Rückfahrt etwa 16 £, Tel. +31 1481 721379, traveltrident.com).

Anforderungen: Leichte Wanderung großteils über gut ausgebaute Pfade rund um Herm, im Landesinneren kleine Wege sowie stellenweise Strand.
Markierung: Blaue Wegweiser mit Zeitangaben.
Einkehr: Einkehrgelegenheiten am Hafen ❶ sowie bei an den Stränden bei ❸ und ❹.
Varianten: Mehrere Abkürzungsmöglichkeiten, etwa:

Das Ausschlugsschiff vor der Küste von Herm.

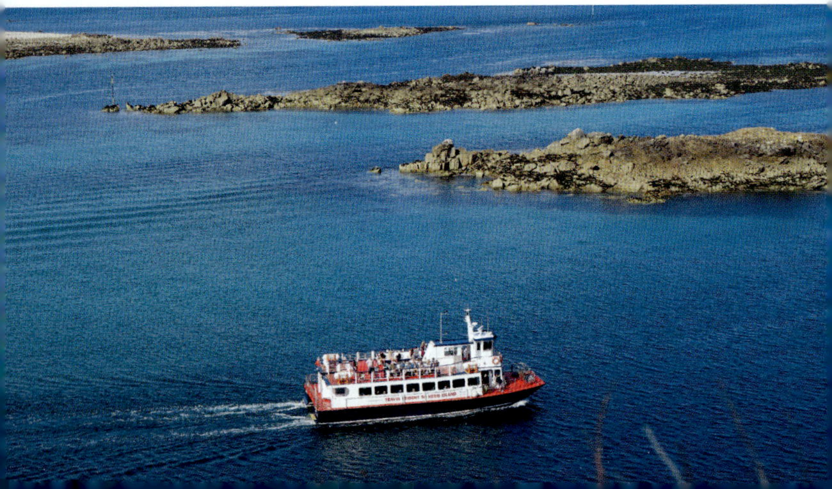

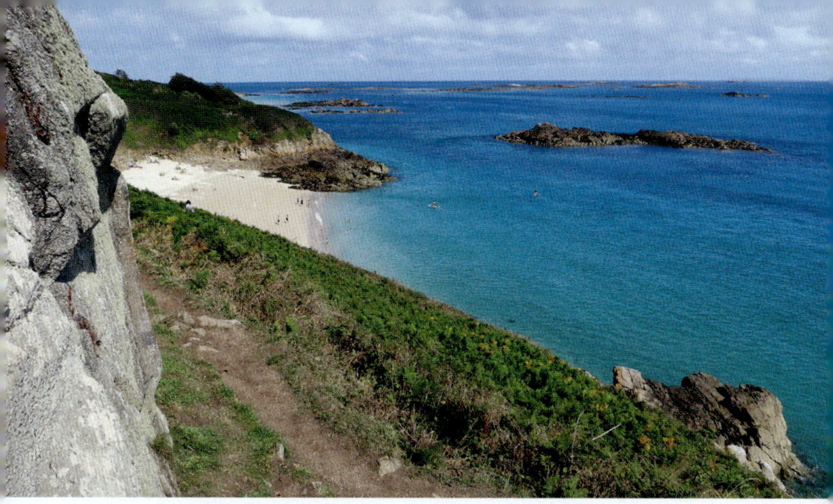

Ab der Belvoir Bay wird die Küste zusehends flacher.

1. ab ❸ links landein- und aufwärts zum Manor Villa und von dort vorbei an ❽ wie beschrieben zu ❶ (gesamt 3,6 km); 2. nach dem Abstieg von ❺ oder von ❼ auf Hauptweg südostwärts nach Manor Village, dort vor Power Station rechts abwärts vorbei an ❽ und wie beschrieben zurück zu ❶ (3 bzw. 1,5 km kürzer); 3. nach dem Abstieg von ❺ bei Roberts Cross halb links abwärts Richtung Harbour Village und weiter auf Küstenweg (2,5 km kürzer).

Bei **Herm Harbour** ❶ weisen blaue Schilder in verschiedene Richtungen; wir gehen rechts Richtung **Rosaire Steps** ❷ mit angegebener Gehzeit von 7 Minuten, wo die Ausflugsschiffe bei Niedrigwasser anlegen. Von den Rosaire Steps bietet sich ein weiter Blick über die felsigen Inselchen vor Herm hinüber nach Guernsey. Oberhalb des Anlegers und der Treppe zweigt nach Süden der ausgewiesene South Cliff Coast Path Belvoir Bay ab und führt anfangs über Stufen und später auf gut gepflegtem Weg aussichtsreich um die einsame Südspitze von Herm herum.
Wie vorher ignorieren wir auch bei der malerischen **Belvoir Bay** ❸ mit Einkehrgelegenheit links abzweigende Wege (→ Variante 1) und folgen dem Küstenpfad geradeaus zum langgestreckten Hauptstrand der Insel: **Shell**

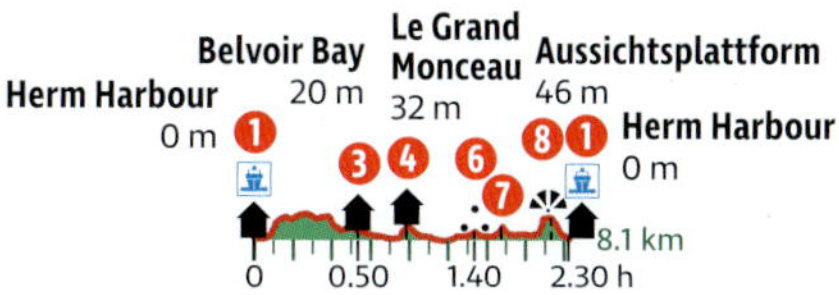

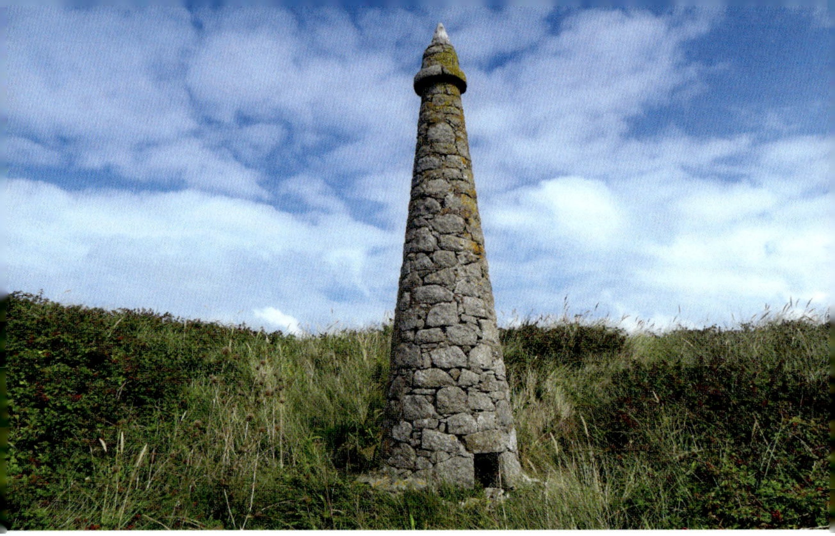

Dieser Obelisk entstand im 19. Jahrhundert als Navigationshilfe für Fischer.

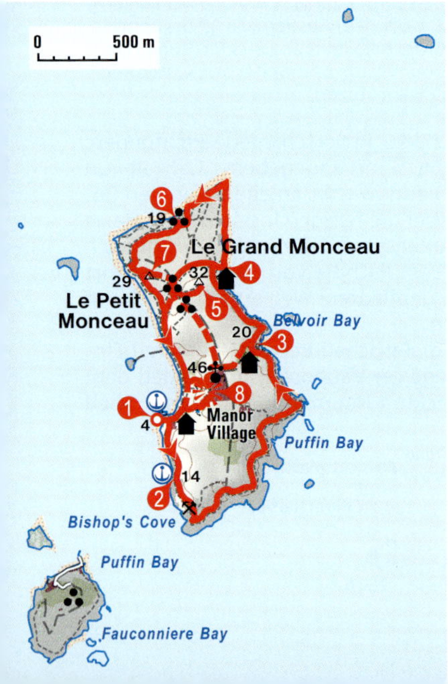

Beach. Von hier sind es immer links haltend nur 10 Minuten zum höchsten Berg der Insel; **Le Grand Monceau** 4, 43 m.

Hinunter geht es denselben oder einen gut erkennbaren parallel verlaufenden Weg zum **Shell Beach Cafe** 5, wo wir links auf den Strand schwenken und nordwärts gehen – je nach Gezeitenstand und persönlicher Vorliebe direkt weit vorgelagert am Wasser oder lieber landwärts. Der Shell Beach verdankt seinen Namen und seine weiße Farbe dem Vorkommen Millionen kleiner Muscheln, größere Muscheln sind aber eher selten.

Nach 10 Minuten folgen wir der Küstenlinie nach links und verlassen 5 Minuten später den Strand, indem wir 300 m nach dem nördlichsten Zipfel der Insel vor Felsen links den in die Dünen führenden sandigen

Pfad nehmen. 50 m nach dem Anstieg zweigt in den Dünen kurz hinter dem Schild »Done Conservation Area« rechts ein etwas verwachsener Pfad ab und führt zum **Obelisk** 6, errichtet im 19. Jh. von Steinhauern als Navigationshilfe für Fischer. An dieser Anhöhe namens »The Common« fanden Archäologen drei von insgesamt 19 vorgeschichtlichen Gräbern auf der Insel.
Der breite Weg führt am Obelisken vorbei westwärts und nähert sich nach einer Linkskurve wieder der Küste an. Dort halten wir uns links und folgen dem Pfad hinauf auf den Hügel **Le Petit Monceau** 7, 29 m, mit nettem Ausblick. Auf demselben Weg hinab und links weiter auf dem sandigen Küstenpfad durch flache Dünen. Dieser mündet nach wenigen Minuten bei einer Infotafel über die Natur in einen breiten Weg ein, dem wir geradeaus folgen. Nach 500 m geht es vor einem umzäunten Campingplatz links in den Grasweg (oder 500 m kürzer geradeaus zum Hafen) und kurz darauf durch Wald in Serpentinen aufwärts. Oben belohnt eine hölzerne **Aussichtsplattform** 8 für den kurzen Anstieg.
Nach einem kurzen Abstecher links zum **Manor Village** mit der mittelalterlichen normannischen **St. Tugual's Chapel** und einem idyllischen Innenhof mit großer Palme führt uns die kleine Fahrstraße abwärts Richtung Hafen. 100 m nach 8 lädt rechts ein schönerer Weg zum Abstieg durch Wald ein. Bei einer Abzweigung halten wir uns rechts und erreichen den Küstenweg beim Campingplatz und einer Einkehrgelegenheit. Nach links sind es nur wenige Minuten zum **Herm Harbour** 1.

Manor Village ist der Mittelpunkt der 60-Einwohner-Insel Herm.

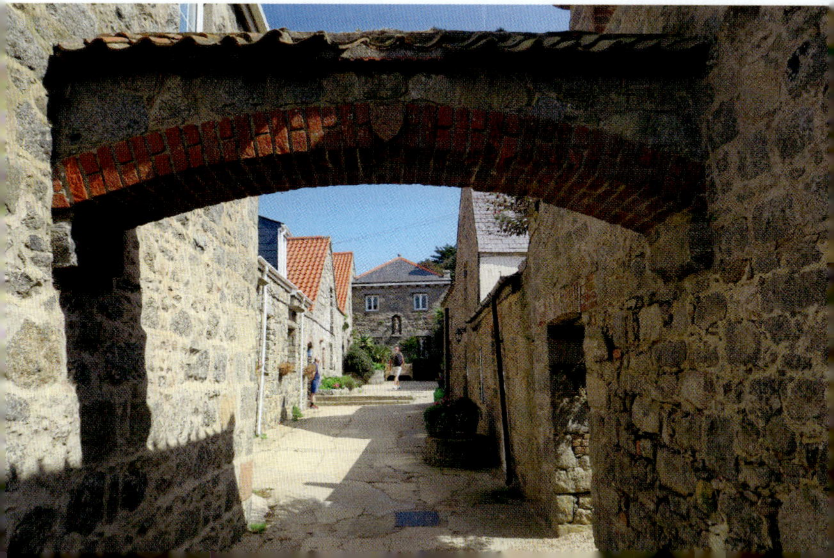

TOP

37 Sark

↗ 410 m | ↘ 410 m | 14,1 km

4.30 h

Sternenförmige Runde mit Felswegen

Sark gehört als eigenständiges Eiland weder zu Großbritannien noch zu den Hauptinseln Jersey und Guernsey. Die 500 Einwohner zählende Insel untersteht direkt der Krone und überweist als Überbleibsel eines historischen »knight fee« jährlich eine Pachtgebühr von 1,79 £ an das britische Königshaus. Sark gilt als letzter Feudalstaat Europas, der erst 2008 in eine Demokratie umgewandelt wurde; der zunächst 28-köpfige und ab 2017 mangels Kandidaten auf 18 Conseiller reduzierte Rat wird alle zwei Jahre gewählt. Der Rat bestimmt u. a., wer öffentliche Aufgaben wie Polizeiwesen oder Müllabfuhr erledigen soll – laut Deutschlandfunk ein »Geschichtslabor«. Im Kriminalbereich wird die Polizeigewalt allerdings durch die Polizei von Guernsey wahrgenommen.

Die Infrastruktur ist ausreichend zum Wandern, aber mit ungewöhnlichen »Mängeln«: Es gibt keine asphaltierten Straßen und keine Beleuchtung – Sark wurde 2011 als erste Insel ein Mitglied von »Dark Sky« – einem Verbund guter Beobachtungsplätze zum Beobachten von Sternen und Planeten. Das Wegenetz erlaubt zahlreiche Variationen und als Fuhrwerke kommen einem höchstens Pferdekutschen und Traktoren entgegen. Letztere sind von dem allgemeinen Autoverbot ausgenommen und daher in erstaunlich hoher Dichte im Einsatz.

Ausgangspunkt: Sark Harbour.
ÖPNV: Nach Sark gibt es von Guernsey von Anfang April bis Ende September täglich jeweils eine bis drei Schiffsverbindungen (je nach Saison), die von den Zeiten als Tagestouren mit bis zu 8 Stunden Aufenthalt auf der Insel ausgelegt sind. Abfahrten ab Guernsey 8.30 oder/und 10.15, manchmal auch 12.00, Rückfahrten immer um 16.00, oft auch 12.00 oder/und 17.45, Fr. 18.15 Uhr (sarkshipping.gg). Von Jersey werden im Sommer Do. und Sa. Tagestouren von Manche Iles Express angeboten (manche-iles.com).
Anforderungen: Mittelschwere Wanderung abwechselnd über ausgebaute Wege sowie Pfade und kleine nicht asphaltierte Straßen.
Markierung: Wegweiser.
Einkehr: Einkehrgelegenheiten bei ❶, ❸, ❺ ❼ sowie nahe ❷.

Varianten: Zahlreiche Variationsmöglichkeiten auf dem dichten Wegenetz zum Verlängern oder Abkürzen:
1. Weglassen von Little Sark (4 km weniger) oder ohne den Abstecher zu ❼ und ❽ (2,7 km weniger);
2. Ab ❻ führt der Hauptweg rechts abwärts zum Hafen, rechts begleitet von einem netten Fußweg (ab ❻ 20 Gehminuten zu ❶);
3. Unterwegs gibt es mehrere Stichwege hinunter zu schönen Badebuchten, etwa nach 1,1 km zur Terrible Bay, nach 2,2 km zur Dixcart Bay, ab ❷ zur Grand Gréve Bay oder ab ❾ zur Greve de la Ville Bay.

Tipps: La Seigneurie Gardens, prächtige Gartenanlage am Sitz der Seigneurs, dessen Nutzgarten auch das benachbarte Hathaway's Restaurant mit Salat und Kräutern beliefert (Ostern bis Oktober täglich 10–17 Uhr, laseigneuriedesercq.uk).

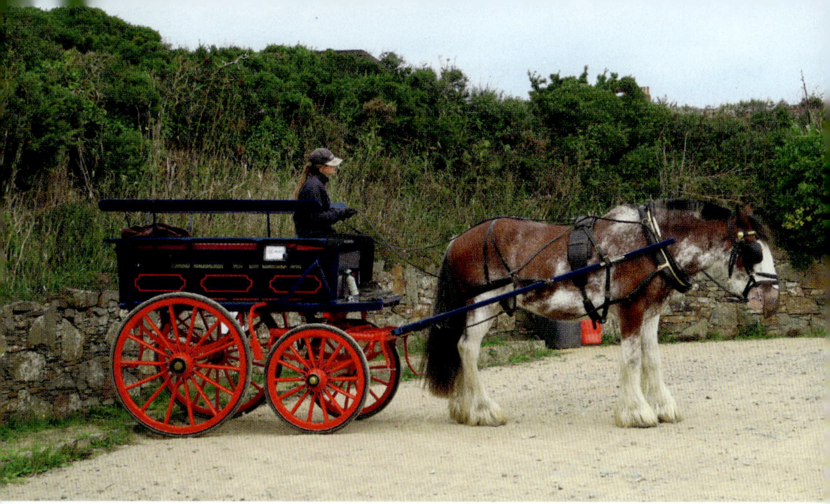

1 PS starker öffentlicher Personennahverkehr auf Sark.

Beim Sarker Fährhafen **Maseline Harbour** ❶ verlassen wir durch den Tunnel das Hafengelände und erreichen einen kleinen Platz, auf dem bei Ankunft des Schiffes oft Traktoren zum Transport von Personen oder Waren warten. Am besten startet man zügig, um den von Traktoren aufgewirbelten Sand der nicht asphaltierten Straße zu meiden.
Nach dem Tunnel folgen wir der kleinen Straße, zweigen 50 m nach dem Hafenplatz links ab in den Pfad und nach 50 m noch einmal – Richtung Rue des Laches. Der Weg führt aufwärts, an einem Gehöft vorbei und durch eine Rechtskurve, ehe wir bei einer Abzweigung links gehen – zunächst Richtung Sark Henge und Derrible Bay. Nach 250 m gabelt sich der Weg oberhalb der Küste: Nach links führt der Abstieg hinter zur Derrible Bay – bei Niedrigwasser ein schöner Badestrand. Wir aber folgen dem Pfad rechts oberhalb der Küste Richtung Hogsback und 100 m nach einem Abstieg über Stufen wieder rechts – Richtung The Avenue. Nach 5 Minuten bei der folgenden Kreuzung halb links in das Dixcart Valley. In diesem bewaldeten Tal halten wir uns zunächst links Richtung Discart Bay und nach 5 Minuten

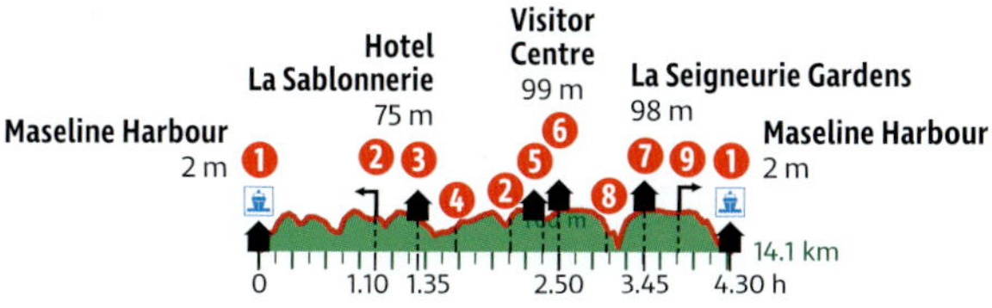

bei einer Gabelung rechts Richtung Cliff Path – links zweigt der Pfad in die unterhalb liegende Discart Bay ab, bei Ebbe der beliebteste Badestrand der Insel.

Der Küstenpfad schwingt nach aussichtsreicher Sitzgelegenheit nach rechts in das Landesinnere und erreicht eine Querstraße, wo wir links den Grasweg am Feldrand neben einem Holzzaun nehmen. Nach einer Sitzbank erreichen wir die bekannte Landbrücke **La Coupée** ❷, die links zur Halbinsel Little Sark hinüberführt – aber vorher lohnt sich links ein kleiner Abstecher auf die Panoramaplattform mit Blick auf den fotogenen Übergang. Die 80 m hohe und 3 m breite Landbrücke wurde im Zweiten Weltkrieg von Kriegsgefangenen betoniert, das beidseitige Geländer geht auf das Jahr 1900 zurück. Nach Querung der Landbrücke folgen wir dem Hauptweg über Little Sark und halten uns nach 1 km bei einer Gabelung beim Gebäude des **Hotels Le Sablonnerie** ❸ mit Restaurant und Tea Garden rechts Richtung Adonis Headland für eine Runde gegen den Uhrzeigersinn um die

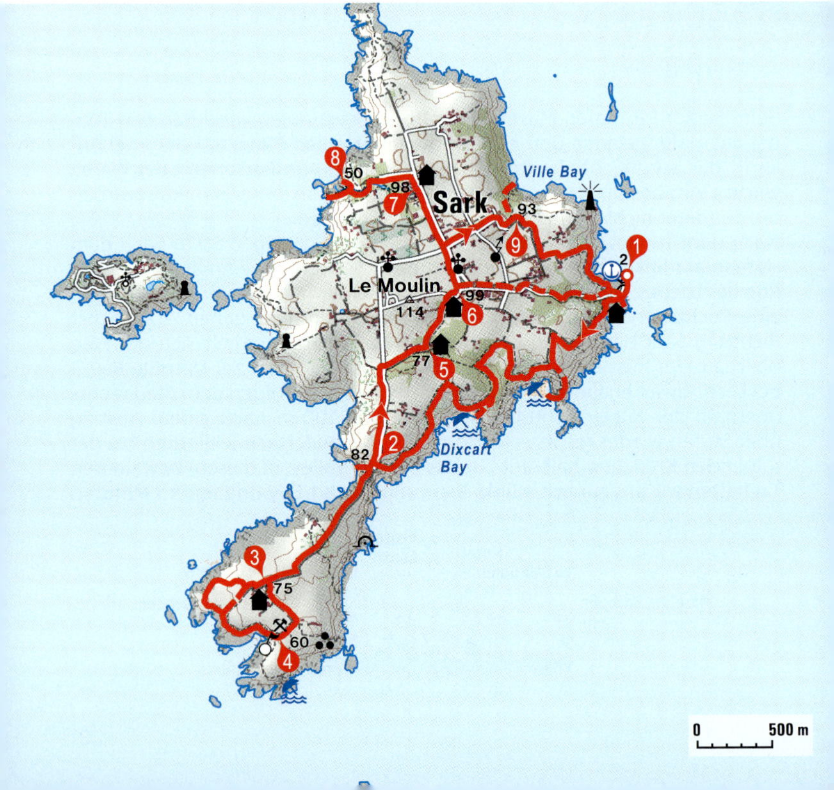

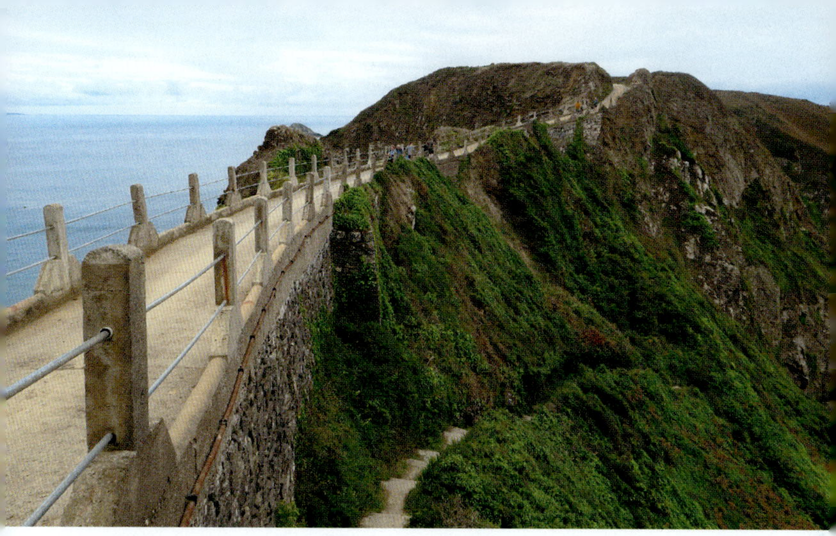

La Coupée verbindet Little Sark mit der Hauptinsel.

Spitze von Little Sark. Vor einem Hof schwenkt der Fahrweg nach rechts. Bei den folgenden Abzweigungen halten wir uns links (Adonis Headland) und gehen auf Graswegen über die von Weiden geprägte aussichtsreiche Südspitze von Little Sark. Übergänge erleichtern das Queren von Zäunen. Bei einem metallenen Durchlass besteht links eine Abkürzungsmöglichkeit. Diese Schleife führt aber durch das enge Metalltor und weiter auf dem Cliff Path. Nach 500 m halten wir uns links – zur Rechten erinnert ein gemauerter Turm an die **Silver Mines** 4, den wenig erfolgreichen Versuch im 19. Jh., mithilfe von Minenarbeitern aus Cornwall hier Silbererz zu schürfen. Nach 100 m halten wir uns noch einmal links und folgen dem Hauptweg zurück zum **Hotel La Sablonnerie** 3 und dort rechts haltend nordwärts wieder zu **La Coupée** 2,

Nach der Landbrücke leitet der Hauptweg geradeaus nordwärts und vorbei am Caragh Chocolates, wo es nicht nur Schokolade gibt, sondern auch Kleinigkeiten zum Verzehr im netten Garten. 5 Minuten nach dem Schokoladencafé zweigen wir rechts in die Dixcard Lane Richtung Hotel Stocks und nach 5 Minuten hinter dem **Hotel Stocks** 5 nach links, rechts vorbei an der gepflegten Hotelanlage aus Naturstein. Der Fußweg mündet in die Mill Lane ein, benannt nach der 200 m entfernt stehenden einzigen Windmühle der Insel. Wir aber gehen rechts und erreichen nach 50 m das **Sark Visitor Centre** 6. Rechts dahinter steht das kleine Inselgefängnis – mit seinen zwei Zellen von jeweils rund 4 m² angeblich das kleinste noch betriebene weltweit. Maximal zwei Tage dürfen Personen laut Inselverfassung

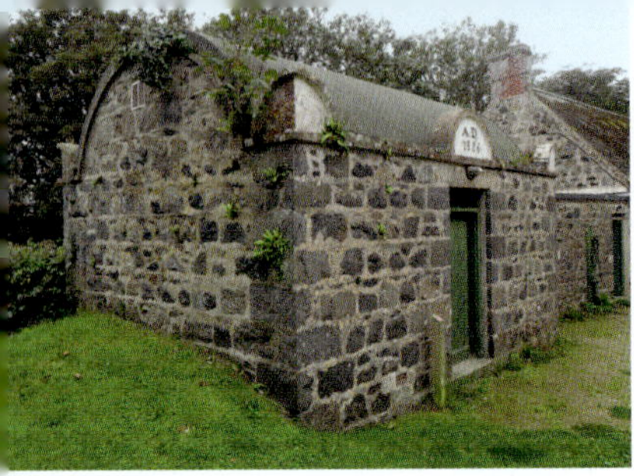

Im Gefängnis stehen jedem Häftling 4 m² Fläche zur Verfügung.

dort inhaftiert sein – in der Praxis soll es eine Art Ausnüchterungszelle sein.

Rechts führt der Hauptweg hinunter zum Hafen, wir aber gehen geradeaus nordwärts, vorbei an der St. Peter's Church und der Insel-Molkerei in einem Hofschuppen (links). 100 m weiter liegt links die gut gepflegte Anlage der Herrscherresidenz von Sark; **La Seugnerie Gardens** ⑦ – mit Haus aus dem 16. Jh. und bekanntem Garten. 50 m danach zweigen wir nach links Richtung Windows in the Rocks. Der Pfad führt durch ein uriges bewaldetes Bachtal zur Küste, vor der sich der Pfad gabelt; beide Varianten führen zu schönen Aussichtspunkten über der Küste, die rechte zum bekannten Felsloch **Windows in the Rocks** ⑧.

Der Blick schweift hinüber zur Nachbarinsel Brecqhou, seit 1993 im Privatbesitz der Familie Barclay mit zwei milliardenschweren Brüdern (von denen einer inzwischen verstorben ist), unter anderem Eigentümer von Hotels, Immobilien, der Einzelhandelsmarke Littlewood und der britischen Tele-

Von der Westküste bei bietet sich ein Blick auf die Privatinsel Brecqhou.

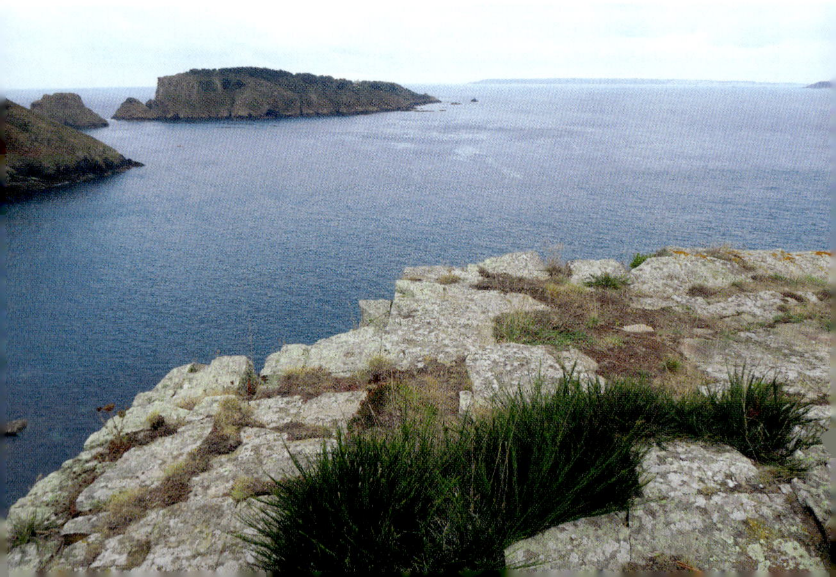

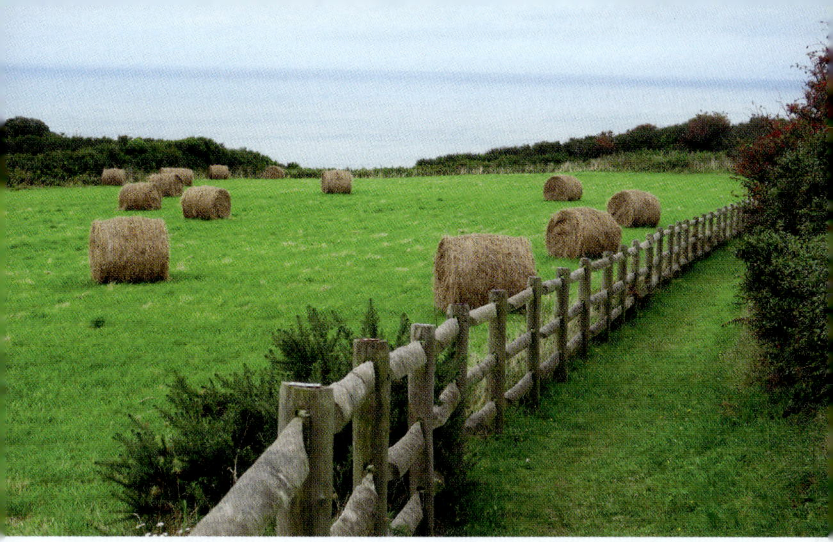

Landidylle auf Sark.

graph Media Group (Daily Telegraph). Nach dem Erwerb der Insel klagten die Brüder beim Europäischen Gerichtshof gegen das Erbrecht auf Sark, nach dem die Insel ihrem ältesten Sohn David und nicht allen vier Kindern zu gleichen Teilen zufallen würde. Damit leiteten sie den Übergang von Sarks feudaler Verfassung zu einer Demokratie mit Gleichberechtigung ein. In der Folge berichteten Medien wie BBC über zunehmende Spannungen und Unzufriedenheit vieler Alteingesessener über den zunehmenden Einfluss der Barclay-Familie.

Zurück zum Fahrweg auf demselben Pfad, dann wieder rechts. Bei der folgenden Kreuzung – kurz vor der Kirche – biegen wir links ab in die Rue Du Sermon. Am Ende kurz rechts, dann wieder links (Rue Pot) und nach 150 m vor einem Haus mit Steinmauer rechts. Nach einer Linkskurve halten wir uns bei einer **Kreuzung** 9 mit Abzweigung zur Badebucht Greve de la Ville (Variante 3) rechts Richtung The Avenue. Bei einer Abzweigung rechts geradeaus und nach 50 m vor einem breiten Gatter links (beide Male Schild »Path to harbour«). Vor einem Privatanwesen beginnt links dieser erneut ausgeschilderte Pfad und leitet zunächst neben einem Zaun, anfangs mit weitem Blick über Wiesen hinaus auf das Meer, dann abwärts durch Wald und später Sträucher mit Farn. Der gut gepflegte Pfad erreicht fünf Minuten nach einer aussichtsreichen Bank über dem Hafen den Fahrweg. Bevor wir links wieder zum **Maseline Harbour** 1 gehen, bietet sich gegenüber durch den anderen Tunnel ein Besuch des Creux Harbour an, laut Aufschrift einer der »smallest working harbours of the world«.

↗ 240 m | ↘ 240 m | 16,6 km

38 Coast Path Alderney

4.30 h

Runde um die entlegenste Kanalinsel

Ein gut markierter Küstenpfad führt rund um die Insel Alderney mit ihrer zerklüfteten Küste, an der zahlreiche Festungen an die viktorianische Zeit und den Zweiten Weltkrieg erinnern. Die Wanderung führt zunächst vom Hafen westwärts Richtung Fort Clonque und von dort ein kurzes Stück landeinwärts. Optional könnte man auch dem abenteuerlichen Küstenpfad entlang der rauen Westküste folgen, bekannt für Basstölpelkolonien. Am felsigen Südufer wandern wir mit Blick auf das rund 15 Kilometer entfernte französische Festland zum Römischen Fort bei der Longis Bay. Bei der anschließenden Umrundung des Nordostzipfels passieren wir mehrere Festungsanlagen aus viktorianischer Zeit, ehe wir wieder den Hafen von Alderney erreichen.

Ausgangspunkt: Hafen von Alderney.
ÖPNV: Tägliche Schiffsverbindungen zwischen Guernsey und Alderney werden nur in der Sommersaison und mit kleinen Schiffen angeboten, etwa Alderney Ferry Service (alderneyferryservices.co.uk) oder Lady Marris II (ladymaris2-alderney.com). In der Sommersaison bietet Manche Iles Express wenige Verbindungen von/nach Guernsey und dem französischen Diélette (manche-iles.com). Eine Alternative sind Flüge ab Guernsey (aurigny.com), ab etwa € 60. Vom Flugplatz sind es 600 m westwärts zum Einstieg in die Route zwischen 3 und 4.
Anforderungen: Meist leichte Wanderung über Küstenpfad, stellenweise

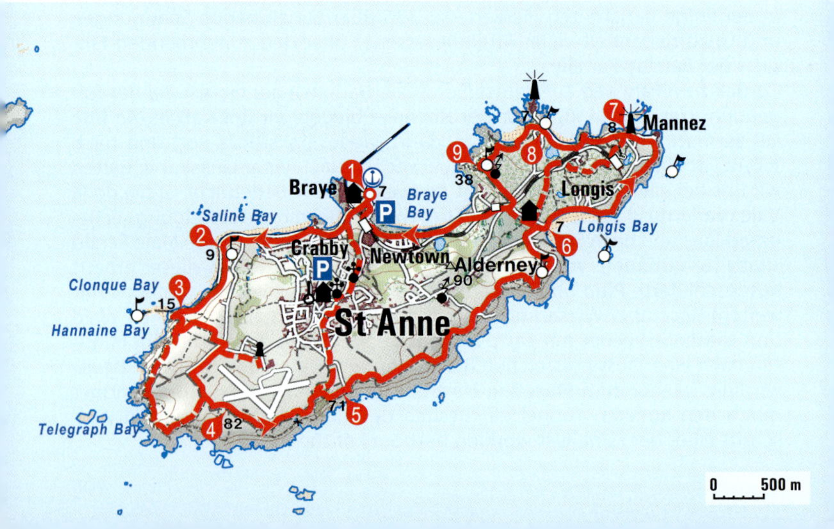

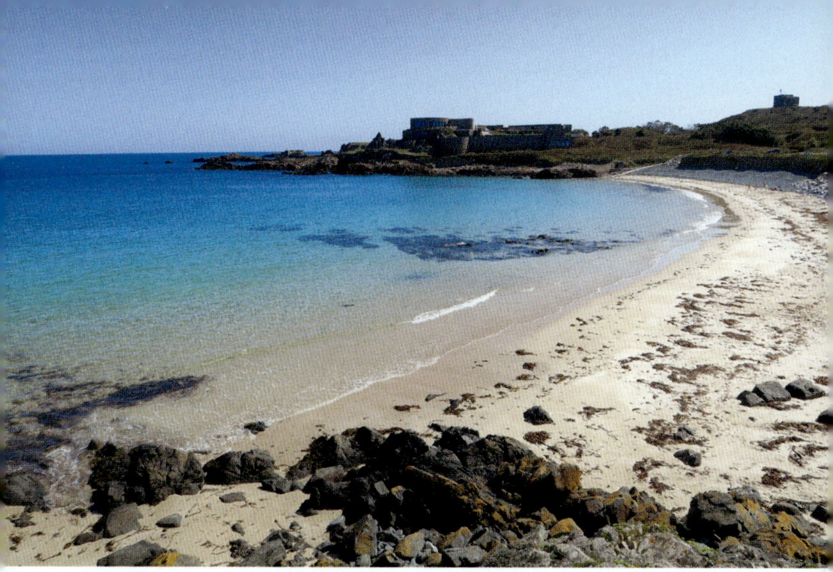

Das viktorianische Fort Corblet wurde im Zweiten Weltkrieg zur »Strandfeste« umgebaut.

auch kleine Straßen sowie Sandstrand.
Markierung: Der Coastpath ist mit Hinweistafeln markiert und darauf Entfernungsangaben zum Hafenort Braye in beiden Richtungen. Die Tafeln sind nummeriert entsprechend den eingetragenen Zahlen einer vor Ort gratis erhältlichen Karte (»Coast Path Challenge«).
Einkehr: Am Hafen; Barnstomers kurz vor 6 mit nettem Garten sowie Braye.
Varianten: 1. Wer die Insel konsequent umrunden möchte, folgt nach 3 nicht dem Pfad durch das Inselinnere nach links, sondern geht auf weniger gut gepflegtem Pfad so küstennah wie möglich in großem Bogen um den Flughafen herum – im Frühjahr lassen sich hier Basstölpel beobachten.
Des Weiteren gibt es mehrere Abkürzungsmöglichkeiten mit Querverbindungen, etwa:
2. zwischen 4 und 5 links hinter dem Flughafen durch St. Anne zurück zum Ausgangspunkt (2,5 km);
3. ab 6 links zur Nordküste bei 9 und links zurück (4,3 km kürzer).
Kombi-Tipp: Die Rundtouren 39 und 40 verlaufen stellenweise entlang der Küste und bieten im Inlandsteil ebenfalls Variationsmöglichkeiten zu dieser Tour.
Tipp: Einige wenige Festungsanlagen sind (frei) zugänglich, etwas das Römische Fort mit kleiner Ausstellung zur Geschichte (täglich 10 – 16.30 Uhr) oder Fort Doyle (täglich 10 – 16 Uhr). Infos zur Natur und Geschichte sowie Vogelblicke gibt es bei 5 im Alderney Wildlife Trust Bunker.

Am **Hafen von Alderney** 1 folgen wir der Hauptstraße geradeaus links am alten Hafenbecken vorbei. Bei der Kreuzung an einer Tankstelle geradeaus (Route de Crabby) und rechts vorbei an dem Elektrizitätswerk der Insel und einem durch Steinabbau entstandenen See. Das Dieselkraftwerk

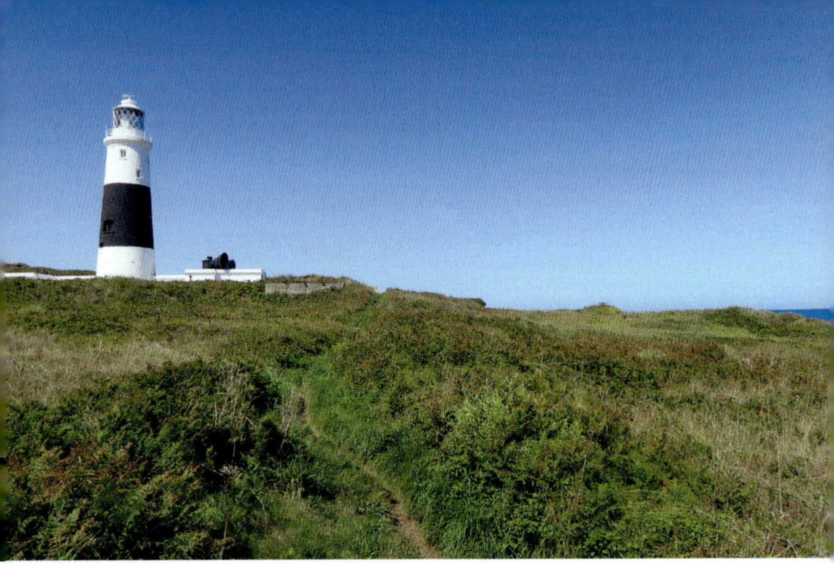

Das 33 Meter hohe Mannez Lighthouse wurde im Jahr 1912 erbaut.

versorgt die Insel mit Strom bei einem jährlichen Verbrauch von rund 700.000 kWh – ein Umstieg auf Wind und Sonne sowie langfristig auch ein Gezeitenkraftwerk sind in Planung.

Nach dem Crabby Bay Steinstrand leitet der Coastpath etwas nach rechts und passiert das Fort Dolye. Dieses wurde zusammen mit 17 anderen Festungsanlagen in viktorianischer Zeit (19. Jh.) zum Schutz gegen das napoleonische Frankreich angelegt und im Zweiten Weltkrieg ausgebaut zur deutschen »Dohlenfeste«.

Der Blick schweift rechts auf die Saline Bay – bis heute wird auf Alderney Meersalz gewonnen. Vor dem von deutscher Bunkerarchitektur überformten **Fort Tourgis** ❷ leitet der Pfad bei Tafel 2 auf eine kleine Straße und umgeht die ehemals viktorianische Festungsanlage rechtsseitig.

Wenige Minuten nach einem Geländer auf der rechten Seite zweigt bei Tafel 3 rechts ein Weg ab, der über einen bei Hochwasser überspülten **Damm zum Fort Clonque** ❸ führt. Jene viktorianische Festung ist allerdings in Privatbesitz und daher nicht zugänglich – mit Ausnahme von Übernachtungsgästen des Landmark Trusts. Wir folgen dem Coastpath geradeaus und nach 100 m bei Tafel 4 nach links. Der Weg steigt in Serpentinen an und führt anschließend durch Wiesenlandschaft in das Landesinnere.

Bei Tafel 5 halten wir uns links und zweigen bei der folgenden Kreuzung (Tafel 6) rechts auf die kleine Straße Richtung »The Gannets«, verweisend auf die Basstölpelkolonien im Westen der Insel. Im Folgenden leitet die

Markierung links haltend am Flughafen Alderney vorbei mit wenigen Abflügen täglich. Bei Tafel 8 passieren wir die Fläche des ehemaligen Konzentrationslagers **Lager Sylt** ❹, eines von vier Arbeitslagern Alderneys für Kriegsgefangene der Deutschen. Rechts steht der markante steinerne Telegrafenturm aus dem Jahr 1809. Dieser sollte mithilfe optischer Signale alle Kanalinseln vor französischen Kriegsschiffen warnen.
Der Coastpath führt geradeaus weiter, allerdings mit einigem Abstand zum Kliff. Mehrere küstennähere Varianten sind möglich, etwa rechts abzweigend 1 km nach Tafel 8. Dieser schönere Pfad erreicht nach 5 Minuten bei Tafel 9 wieder den Coastpath und folgt ihm nach rechts.
Nach einem bewaldeten Seitental (Val du Saou) bietet der **Alderney Wildlife Trust Bunker** ❺ einen guten Einblick in die Vogelwelt. Von dem zugänglichen ehemaligen deutschen Kommunikationsbunker lassen sich Vögel ungestört beobachten. Tafeln erzählen die (Natur-)Geschichte, im Frühjahr brüten hier Schwalben.
500 m nach dem Bunker weist Tafel 10 nach rechts. Der Coastpath leitet oberhalb der Klippen entlang der dünn besiedelten Südküste. 10 Minuten nach Tafel 10 bietet sich rechts haltend eine schönere Option als der geradeaus verlaufende Coastpath. Der Pfad führt küstennäher entlang eines farnbewachsenen Hangs. Bei einer kleinen Straße gehen wir kurz rechts

Die Nordküste ist großteils zerklüftet wie hier nahe dem Manez Lighthouse.

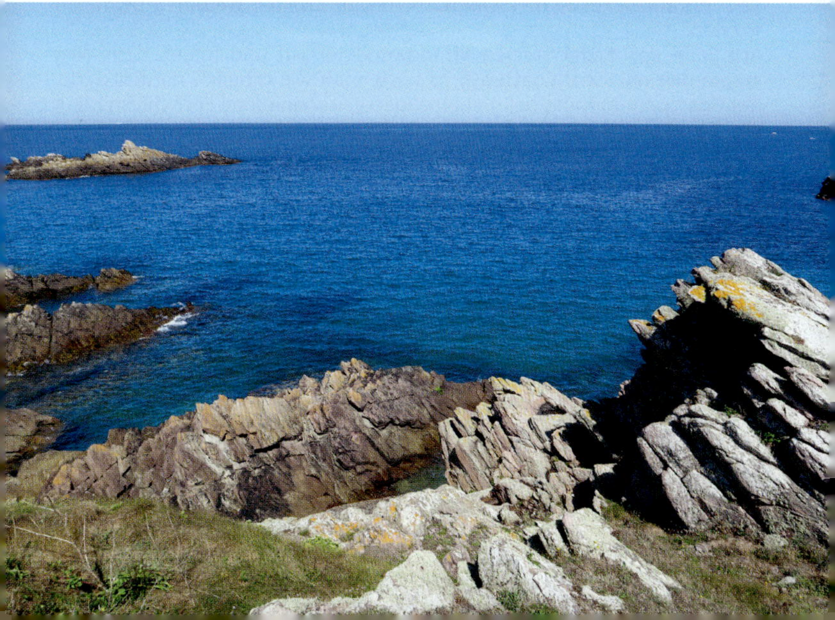

und vor dem Eingangsgatter zu einem Steinbruch links – jetzt wieder auf dem Coastpath. Kurvenreich leitet dieser zu einem Wohnhauskomplex und auf einem Asphaltweg rechts um diesen herum. Das Plateau der Wohnhäuser diente einst als Standort eines Tudor Castle, um 1850 eine Festung, danach Militärhospital und im Zweiten Weltkrieg als Festung namens »Burg Essex«.

Hinter einem Restaurant mit einladendem Garten halten wir uns rechts und zweigen vor dem von deutschen Betonbunkerbauten versteckten **römischen Fort** 6 nach rechts, abwärts zum Strand.

Das alte römische Fort mit nettem Innenhof lässt sich landseitig durch das Tor neben dem deutschen Bunker betreten. Vor rund 2000 Jahren überblickten hier römische Legionäre von einem vermutlich 20 m hohen Turm mit bis zu 3 m dicken Mauern die Longis Bay mit dort ankernden Schiffen. Beim ausgewiesenen Rundgang »Roman Wall Walk« sind Mauerreste aus spätrömischer Zeit (4. Jh.) erkennbar. Das Fort wurde im 18. und 19. Jh. von der britischen Armee und im Zweiten Weltkrieg von Deutschen genutzt und weiter ausgebaut; bei Letzteren unter dem Namen »Piratenschloss«.

Wir gehen über den fast 1 km langen Sandstrand – rechts unterhalb vom Römischen Fort und der folgenden Panzerabwehrmauer. Die Nazis wollten sich mit diesem 6 m hohen Betonbauwerk vor alliierten Seestreitkräften schützen. Der Coastpath verläuft eigentlich asphaltlastig oberhalb der Mauer und zunächst entlang der Straße mit landseitig einem Friedhof, auf dem unzählige russische Zwangsarbeiter im Zweiten Weltkrieg begraben wurden.

Am Ende der Mauer steigen Strandwanderer auf und folgen dem Weg zusammen mit dem Coastpath so küstennah wie möglich nordostwärts. Der Coastpath mündet beim ehemaligen viktorianischen Fort Quesnard in eine Straße, folgt ihr 200 m und verlässt sie geradeaus in einer Linkskurve. Küstennah wandern wir weiter westwärts, rechts vorbei am **Mannez Lighthouse** 7. Der 33 m hohe Leuchtturm wurde 1912 erbaut und wird seit 1996 nicht mehr vor Ort, sondern von Harwich aus gesteuert.

Rechts haltend umgeht der Coastpath nach der folgenden Sandbucht das Fort Corblets. Die einst von 59 Männern besetzte Festung aus dem 19. Jh. wird heute von einer Familie bewohnt, die die zu einer Ruine heruntergekommene Anlage seit 2006 mit lokalen Baumaterialien wieder zum Leben erweckt hat.

Nach einem kurzen Stück auf der rechten Straßenseite verlassen wir die Straße links vom **Fort Château L'Etoc** 8 und wandern geradeaus hinunter zum Strand. Dieses größere – für 128 Soldaten ausgelegte – viktorianische Fort wurde im Zweiten Weltkrieg als Flakbatterie namens »Einsiedlerschloss« umgebaut. Der Coastpath nimmt hier eine andere straßenlastigere Route: kurz landeinwärts und dann rechts über das Gelände des Zeltplatzes, angelegt auf der Fläche des Konzentrationslagers Lager Norderney aus dem Zweiten Weltkrieg mit einst bis 1500 Inhaftierten.

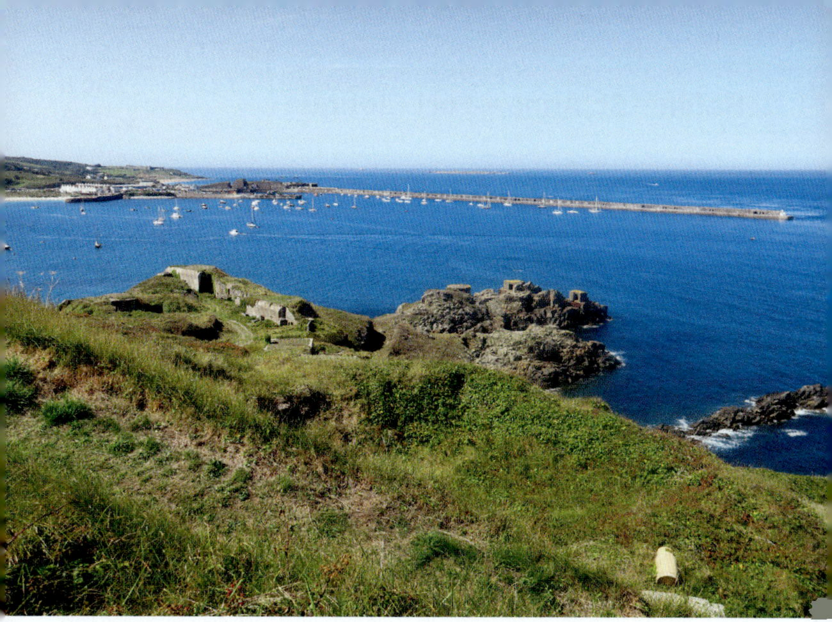

Der Wellenbrecher von Braye Harbour ragt 1 Kilometer weit ins Meer hinaus.

Nach 200 m am Strand gehen wir links aufwärts durch die Dünenkette und folgen danach dem Schotterweg nach rechts, jetzt wieder begleitet vom Coastpath (Tafel 31). Nach 200 m weist Tafel 32 den Weg links aufwärts. Aussichtsreich umgehen wir das links oberhalb liegende **Fort Albert** ❾ aus dem Jahr 1859, das modernste viktorianische Fort der Insel.
Bei der folgenden Straßenkreuzung halten wir uns rechts und begleiten die Straße auf dem Grasstreifen, links vorbei an der Mount Hale Battery. Nach 5 Minuten geht es rechts von der Leitplanke am Ufer entlang, zunächst über Beton, später Gras. Rechts liegt die weite Bucht von Braye Harbour, geschützt seit dem 19. Jh. von einem fast 1 km langen Wellenbrecher.
Der Grasweg steuert auf den Parkplatz am Anfang von Braye zu. Nach dessen Querung führt rechts vor der Häuserreihe ein Fußweg hinunter zur Küste und weiter zu einem Sandstrand vor der Mole am **Hafen von Alderney** ❶.

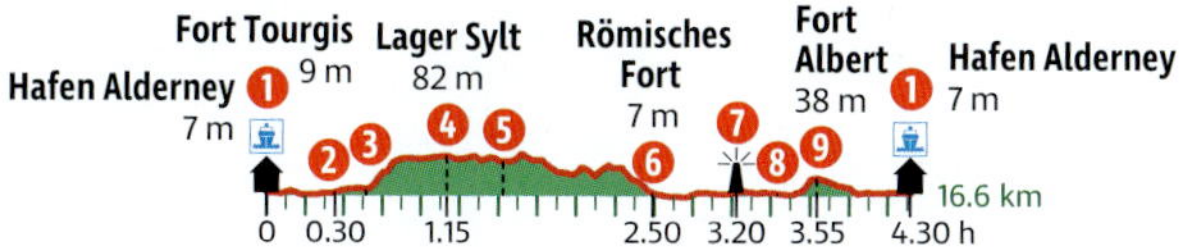

↗ 120 m | ↘ 120 m | 6,8 km

39 Hafen – St. Anne – Fort Clonque

2.00 h

Kurze Runde mit den Basics von Alderney

Wer sich nur wenige Stunden auf Alderney aufhält, ist mit dieser kurzen Rundwanderung bestens bedient. Vom Hafen geht es entlang der Küste zum bekannten Fort Clonque an der rauen Westküste der Insel, von dort aufwärts und vorbei am kleinen Flughafen durch das Inselinnere in den Hauptort St. Anne mit seinen Kopfsteinpflasterstraßen und vielen Häusern aus viktorianischer Zeit. Damals – um 1860 – hatte die Insel mit rund 4900 Einwohnern mehr als doppelt so viele wie heute. Auf aussichtsreichem Pfad gehen wir wieder abwärts zur Küste am Hafen.

Ausgangspunkt: Hafen von Alderney.
ÖPNV: Tägliche Schiffsverbindungen zwischen Guernsey und Alderney werden nur in der Sommersaison und mit kleinen Schiffen angeboten, etwa Alderney Ferry Service (alderneyferryservices.co.uk) oder Lady Maris II (ladymaris2-alderney.com).
In der Sommersaison bietet Manche Iles Express wenige Verbindungen von/nach Guernsey und dem französischen Diélette (manche-iles.com). Eine Alternative sind Flüge ab Guernsey (aurigny.com), ab etwa € 60.
Anforderungen: Leichte Wanderung über Küstenwege und kleine Straßen sowie kurzzeitig Waldweg.
Markierung: Stellenweise Wegweiser für Coastpath sowie Straßenschilder.
Einkehr: Einkehrgelegenheiten am Hafen sowie in St. Anne.
Kombi-Tipp: Tour 38 rund um Alderney; auch sinnvoll als Verlängerung dieser Tour; dazu bei 4 rechts und weiter um die Insel oder nach dem Flughafen links nach St. Anne.
Tipps: Alderney Museum in ehemaliger Schule mit Ausstellungen zur Inselgeschichte (April – Oktober), Fort Doyle (täglich 10 – 16 Uhr).

Kunst am Steinstrand bei Fort Doyle zwischen dem Hafen und Fort Tourgis.

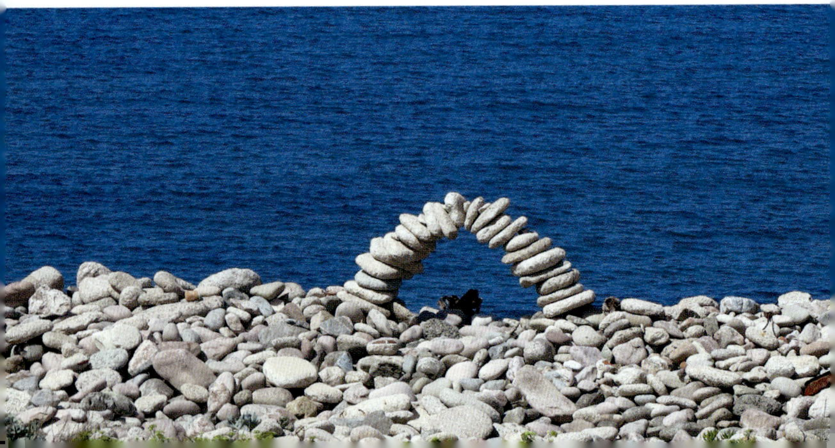

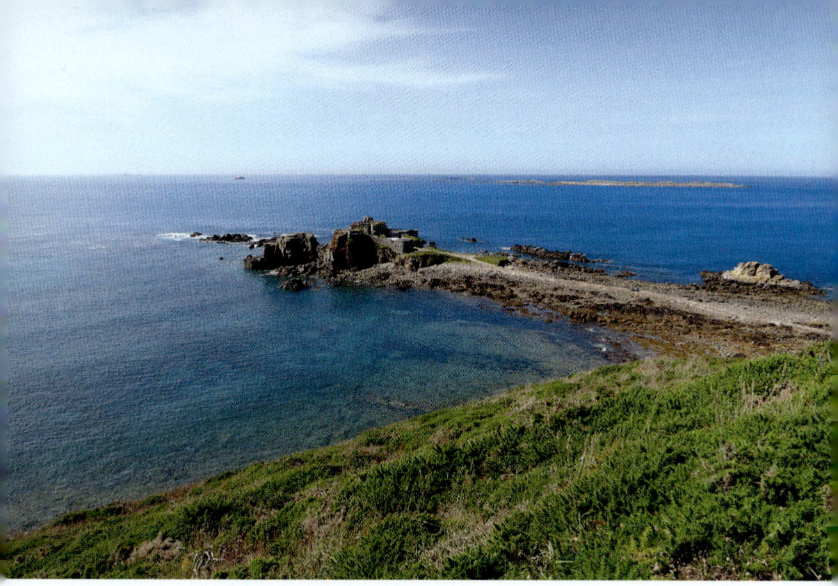

Fort Clonque ist die westlichste Festung Alderneys.

Vom **Hafen von Alderney** ❶ gehen wir geradeaus entlang der Hauptstraße, links am alten Hafenbecken vorbei. Bei der Kreuzung an einer Tankstelle geradeaus (Route de Crabby) und rechts vorbei an dem Dieselkraftwerk zur Stromversorgung der Insel. Ein Umstieg auf erneuerbare Energiequellen wie Wind und Sonne sowie auch auch ein Gezeitenkraftwerk sind in Planung. Der See neben dem Kraftwerk ist der Rest eines Steinbruchs.
Nach dem Crabby Bay Steinstrand halten wir uns etwas rechts und passieren das Fort Doyle. Dieses entstand zusammen mit 17 anderen Festungsanlagen der Insel in viktorianischer Zeit (19. Jh.) zum Schutz gegen Frankreich und wurde im Zweiten Weltkrieg zur deutschen »Dohlenfeste« ausgebaut. Zur Linken bietet sich ein schöner Blick auf die Saline Bay. Vor dem von deutscher Bunkerarchitektur überformten **Fort Tourgis** ❷ erreicht der Pfad bei Tafel 2 eine kleine Straße und umgeht die Festungsanlage seeseitig.

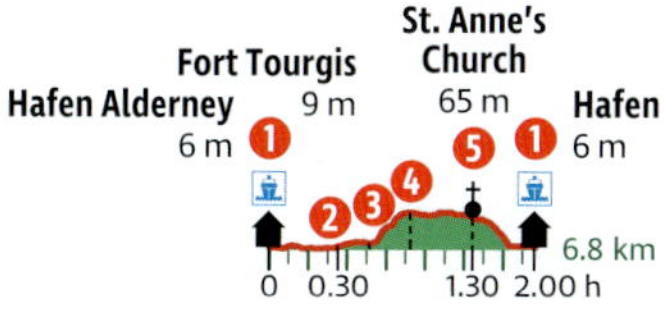

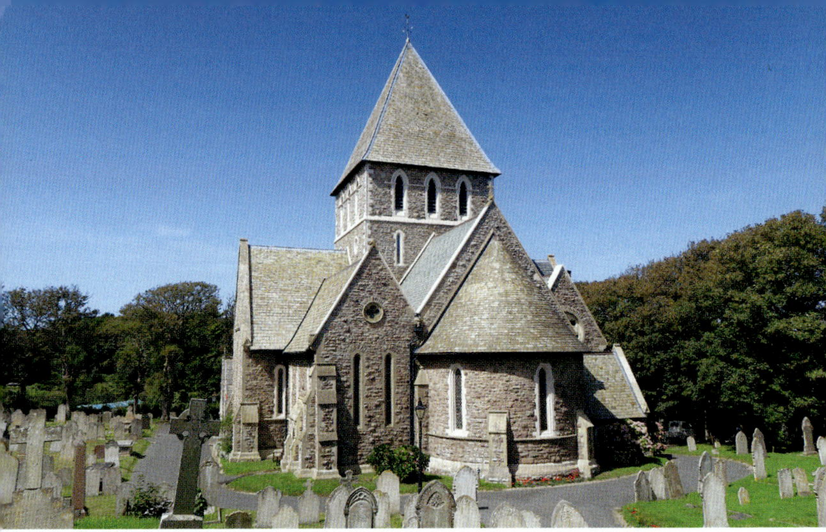

Die St. Anne's Church in der Mitte der Insel geht auf das 19. Jahrhundert zurück.

Wenige Minuten nach einem Geländer auf der rechten Seite ignorieren wir den bei Tafel 3 rechts über einen Damm zum **Fort Clonque** ❸ hinüberführenden Weg. Jene in Privatbesitz befindliche Festung ist allerdings nicht zugänglich – ausgenommen sind Übernachtungsgäste des Landmark Trusts. Der Coastpath leitet geradeaus und nach 100 m bei Tafel 4 nach links. Wir steigen auf diesem Weg in Serpentinen an und wandern zwischen Wiesen

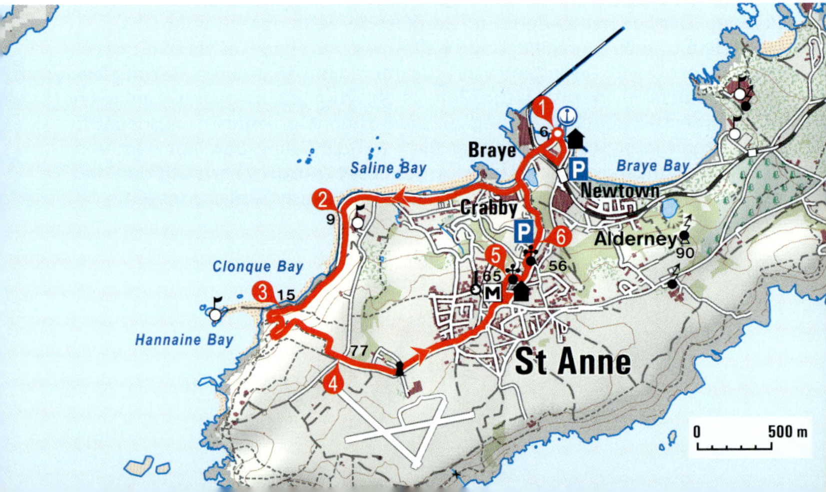

in das Landesinnere. Bei Tafel 5 halten wir uns links und gehen bei der folgenden Kreuzung vor dem Flugplatz bei **Coastpath-Tafel 6** ❹ geradeaus, während der Coastpath hier rechts abzweigt. Die Straße Le Grand Val führt uns am Flughafen vorbei nach St. Anne. Dort am Ortsanfang geradeaus. Die Straße La Trigale mündet in einen kleinen Parkplatz mit dem Restaurant Marais Hall im oberen Ortsteil. Hier links abwärts entlang der Hauptstraße, vorbei an einem kleinen Supermarkt (Le Huret, später High Street) und in einer Rechtskurve dem Alderney Museum. 30 m nach dem Coronation Inn zweigen wir nach links ab (Victoria Street) und kurz darauf noch einmal (Queen Elizabeth II Street). Rechts liegt der Kirchhof, durch den wir auf die **St. Anne's Church** ❺ aus dem Jahr 1850 zusteuern, ehe wir das Kirchengelände rechts durch das steinerne Portal verlassen.
Vorbei am Alderney Wildlife Trust und der Touristinfo leitet uns die kopfsteingepflasterte Victoria Street links abwärts. Bei der nächsten Gelegenheit kurz links, vor der Methodistenkirche rechts (Butes Road), rechts vorbei an einem Parkplatz und danach dem aussichtsreichen **Cricketfeld** ❻. Anschließend steigen wir auf einem Schotter-, später von Bäumen beschatteten Hohlweg ab. Zuletzt führt ein von Zäunen umrandeter Grasweg an die vom Hinweg bekannte Küstenstraße heran. Dort rechts Richtung Hafen.
Zur Abwechslung gegenüber dem Hinweg bietet sich eine kurze Schleife durch Braye an: bei der Kreuzung nach dem Elektrizitätswerk rechts und nach 100 m links in die Braye Street mit mehreren Einkehrgelegenheiten. Unten an der Mole führt die Uferpromenade geradeaus zurück zum Ausgangspunkt am **Hafen von Alderney** ❶.

Beim Abstieg von St. Anne bietet sich ein schöner Blick auf den Hafen.

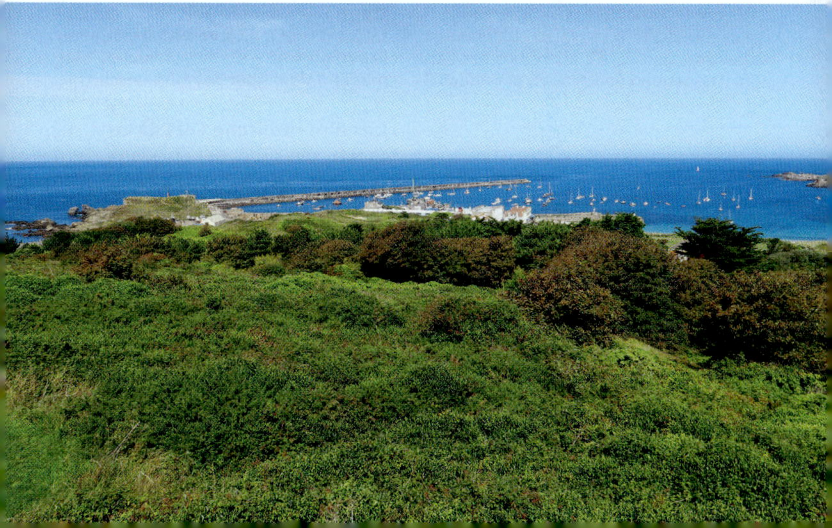

↗ 60 m | ↘ 60 m | 4,5 km

40 Longis Nature Reserve

1.30 h

Runde durch ein Naturparadies im Osten

Der nur wenig besuchte Osten von Alderney birgt in ehemaligen Steinbrüchen ein Naturidyll: Das 90 Hektar große Schutzgebiet von Longis bietet mit dem größten Süßwasserteich Alderneys und seinem Schilfufer seltenen Vögeln Brut- und Rastplätze. Oberhalb davon lädt Odeon, ein Observationsturm aus dem Zweiten Weltkrieg, zu Erkundungen und Panoramablicken Richtung Frankreich ein. Die kurze Rundwanderung beginnt an der Küste bei dem besterhaltenen römischen Fort Englands, das auch Tudors sowie britischen und deutschen Soldaten Schutz bot.

Ausgangspunkt: Longis Bay bei Römischer Festung mit Parkplatz und WC (Navi: Rte des Carrieres, St. Anne, Guernsey GY9 3YB).
ÖPNV: Tägliche Schiffsverbindungen zwischen Guernsey und Alderney werden nur in der Sommersaison und mit kleinen Schiffen angeboten, etwa Alderney Ferry Service (alderneyferryservices.co.uk) oder Lady Marrs II (ladymaris2-alderney.com). In der Sommersaison bietet Manche Iles Express wenige Verbindungen von/nach Guernsey und dem französischen Diélette (mancheiles.com). Auf Alderney verkehrt eine Museumsbahn vom Hafen zu den alten Steinbrüchen bei ❸, allerdings nur Sa. im August und September, alderneyrailway.gg.
Anforderungen: Leichte Wanderung über Feldwege und Pfade, entlang dem Ufer sowie am Schluss Sandstrand (optional Straße).
Markierung: Stellenweise Wegweiser auf Holzschildern und Steinen.
Einkehr: »The Old Barn« 100 m vom Ausgangspunkt (Mo. Ruhetag).
Variante: Am Schluss bei der Longis Bay entlang der Straße oberhalb der Panzerabwehrmauer statt am Strand (100 m kürzer).
Kombi-Tipp: Tour 38 rund um Alderney.
Tipps: Das römische Fort sowie der Observationsturm Odeon sind frei zugänglich (täglich 10 – 16 Uhr); in beiden informieren Tafeln über Bau und Geschichte.

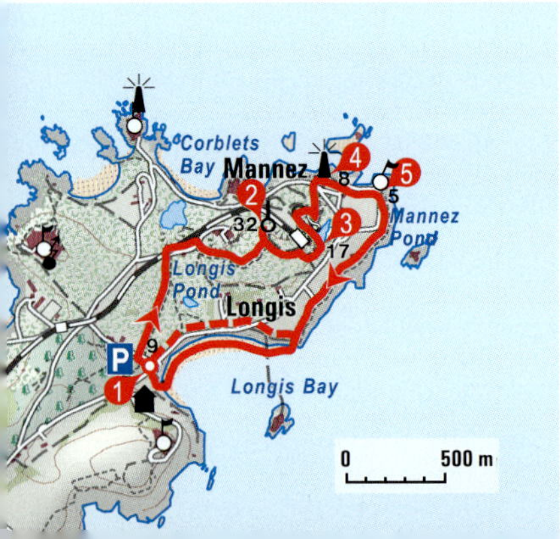

Das alte **römische Fort** ❶ lässt sich durch das Tor neben dem deutschen Bunker betreten; hinter dem Tor liegt ein netter Innenhof als Rest einer seit fast 2000 Jahre militärisch genutzten Festung. Von hier überblickten Römer die Longis Bay, in der Schiffe ankerten. Die römischen Legionäre lebten vermutlich in einem 20 m hohen Turm in der Anlage, dessen Mauern am Fuß 3 m dick waren. Beim ausgewiesenen Rundgang »Roman Wall Walk« sind origi-

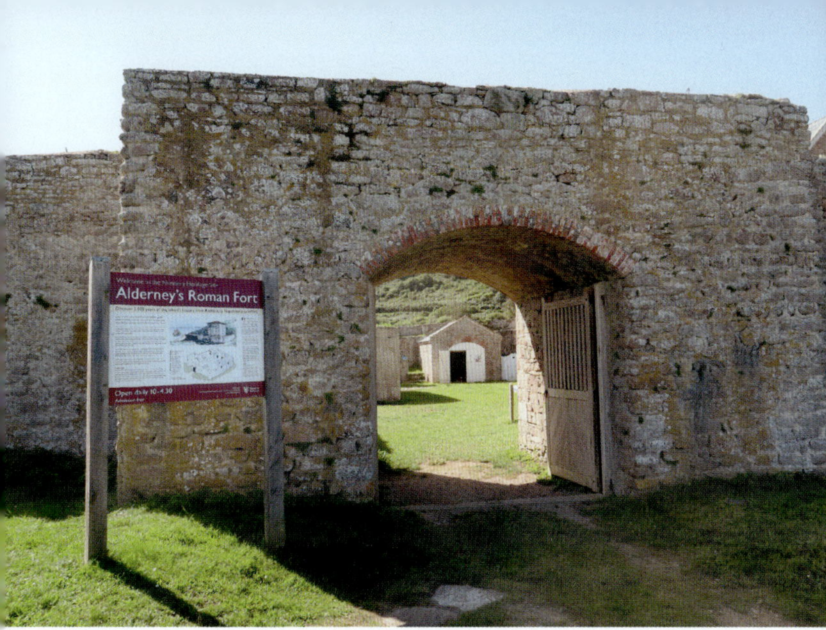

An dieser Stelle patrouillierten vor 2000 Jahren römische Legionäre.

nale Mauerreste aus spätrömischer Zeit (4. Jh.) erkennbar. Das Fort wurde im 18. und 19. Jh. von der britischen Armee und im Zweiten Weltkrieg von Deutschen genutzt und weiter ausgebaut; bei Letzteren unter dem Namen »Piratenschloss«. Im Innern der restaurierten Anlage erzählen Infotafeln die Geschichte der Anlage, die erst seit archäologischen Ausgrabungen von 2008 eindeutig den Römern zugeordnet wurde. Davor wurde die »Nunnery Heritage Site« genannte Festung auf das Mittelalter datiert.

Nach einem Rundgang durch das Fort mit schönem Blick auf den Sandstrand der Longis Bay verabschieden wir uns zunächst von der Küste und gehen landeinwärts entlang der kleinen Asphaltstraße Richtung Braye. Nach 80 m zweigen wir bei Kiefern nach rechts; der zunächst geschotterte Spurweg geht beim letzten Haus in einen Grasweg über. Bei der Einmün-

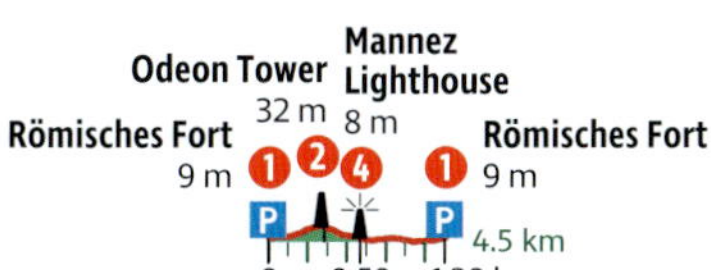

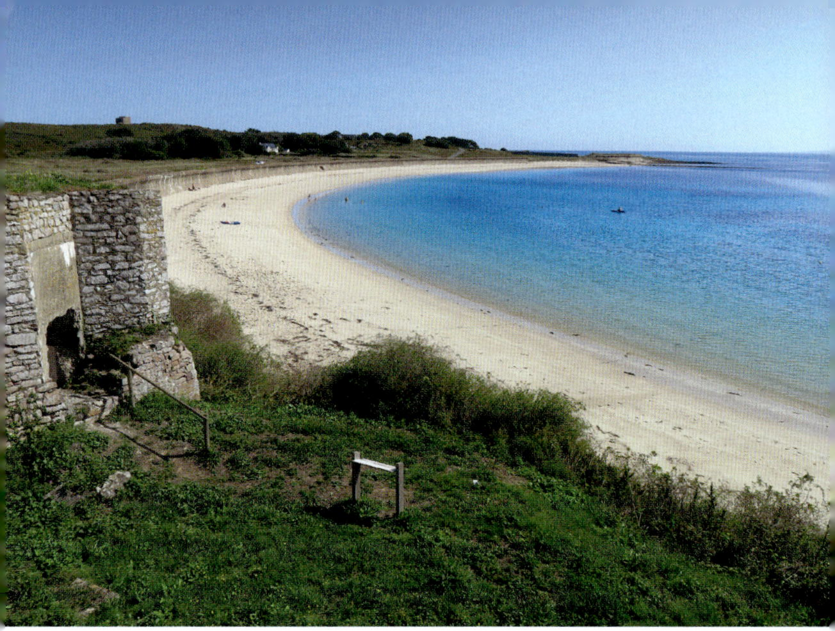

Von der Mauer des römischen Forts lässt sich die Longis Bay gut überlicken.

dung in eine Straße vor kreuzenden Bahngleisen rechts und nach 100 m bei einer Hausruine wieder rechts – auf einen Grasweg mit rechts einem Hundekotbehälter. Bei Gabelungen halten wir uns links, genauso bei einer T-Kreuzung unterhalb von einem Betonturm. Dort links aufwärts zum **Odeon Tower ②**. Der 1943 errichtete Turm war mit dem offiziellen Namen »Marinepeilstand 3« ein wichtiger Beobachtungsposten der deutschen Besatzer. Die vier Etagen sind zugänglich und als Aussichtsturm mit Ausstellung über die Besatzung hergerichtet.
Vom Odeon Tower geht es die Straße abwärts und nach wenigen Minuten, 50 m hinter einer Rechtskurve, nach links auf den Pfad Richtung »Bird Hide«, erst über Gras, dann abwärts in den Wald. Dort halten wir uns rechts für einen lohnenden Abstecher zu einem Vogelbeobachtungspunkt – einer überdachten Hütte mit Infotafeln und Fernglas sowie verstecktem Blick auf den Süßwasserteich **Mannez Pond ③**. Dieses Paradies für Wasservögel sowie alle neun Libellenarten der Insel wird zunehmend bevölkert durch das invasive Nadelkraut (*Crassula helmsii*) aus Australien.
Vom Beobachtungsstand geht es zurück auf dem Waldpfad und diesem folgend rechts an der Mannez Quarry Railway Station vorbei, der Endhaltestelle der im 19. Jh. angelegten Bahn, die von den Steinbrüchen Bauma-

terial zur Errichtung der viktorianischen Festungen und der Anlage des Wellenbrechers am Hafen transportieren sollte. Heute fährt sie in der Sommersaison als Museumsbahn.

Wir halten uns mehrmals rechts und queren kurz darauf zweimal die Gleise einer Miniaturbahn. Nach der zweiten Gleisquerung macht der Pfad eine Linkskurve und führt zum weit sichtbaren **Mannez Lighthouse** 4. Der 1912 erbaute, 33 m hohe Leuchtturm strahlte früher 24 Seemeilen weit – durch Umstellung auf LED's ist es heute nur noch die Hälfte davon. Hinter dem Leuchtturm halten wir uns rechts und folgen von hier dem markierten Coastpath zurück zum Ausgangspunkt: zunächst auf einem Pfad, dann entlang einer Straße. Beim viktorianischen **Fort Quesnad** 5 verlassen wir die Straße in einer Rechtskurve (Markierungstafel 21) nach links auf dem Küstenpfad um die Ostspitze der Insel mit Blicken auf die auf (Halb-)Inseln vorgelagerten viktorianischen Forts: erst Houmet Herbé, später Ile de Raz. Kurz vor dem Verbindungsdamm zum Fort Ile de Raz haben wir die Wahl, entweder kürzer entlang der Straße oder schöner unten auf dem Sandstrand zurück zum Ausgangspunkt. Beide Varianten werden getrennt durch die fast 1 km lange, im Zweiten Weltkrieg angelegte Panzerabwehrmauer, die auch Wanderern unterwegs keine Möglichkeit zum Queren bietet. Am Ende der Anti Tank Wall geht es vom Strand rechts über die Bootsrampe aufwärts zum Parkplatz am **Römischen Fort** 1.

Das Mannez Lighthouse markiert den nördlichsten Punkt von Alderney.

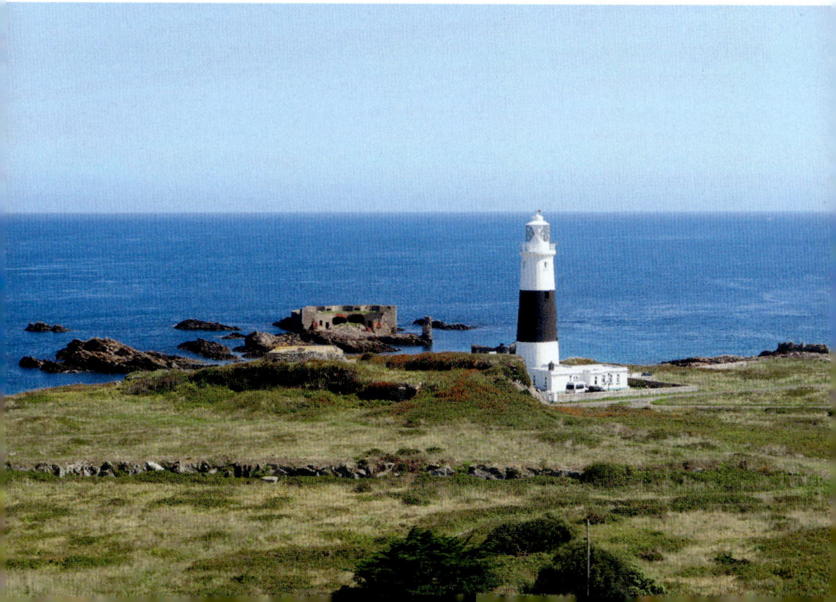

STICHWORTVERZEICHNIS

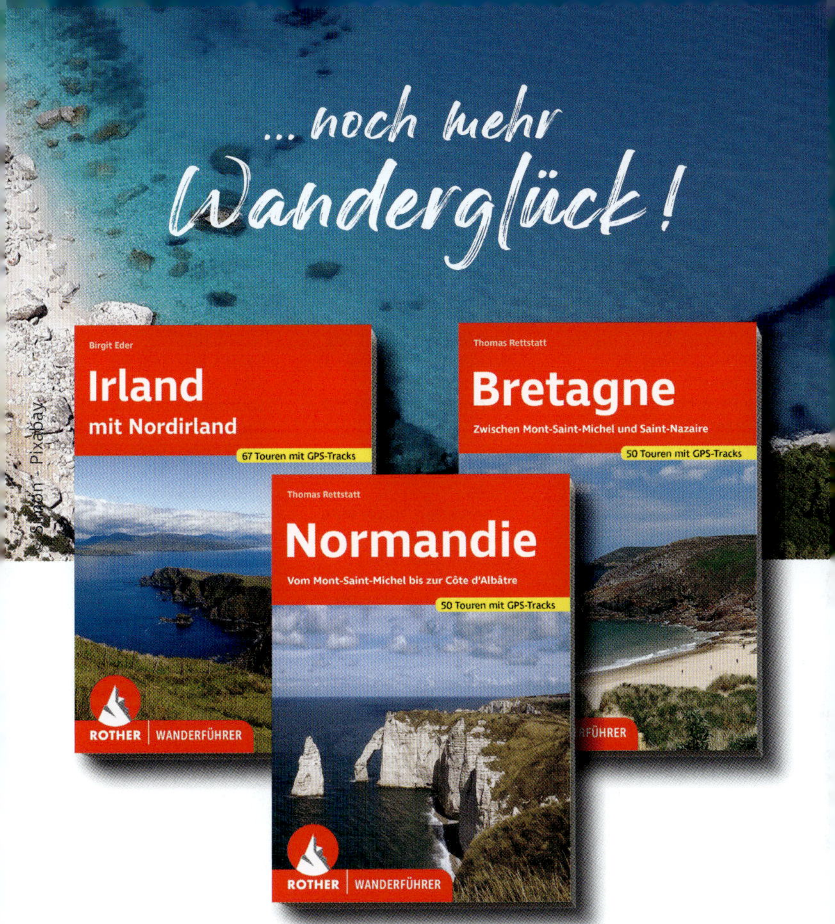

... noch mehr Wanderglück!
Birgit Eder
Irland
mit Nordirland
67 Touren mit GPS-Tracks
ROTHER | WANDERFÜHRER
Thomas Rettstatt
Bretagne
Zwischen Mont-Saint-Michel und Saint-Nazaire
50 Touren mit GPS-Tracks
Thomas Rettstatt
Normandie
Vom Mont-Saint-Michel bis zur Côte d'Albâtre
50 Touren mit GPS-Tracks
ROTHER | WANDERFÜHRER

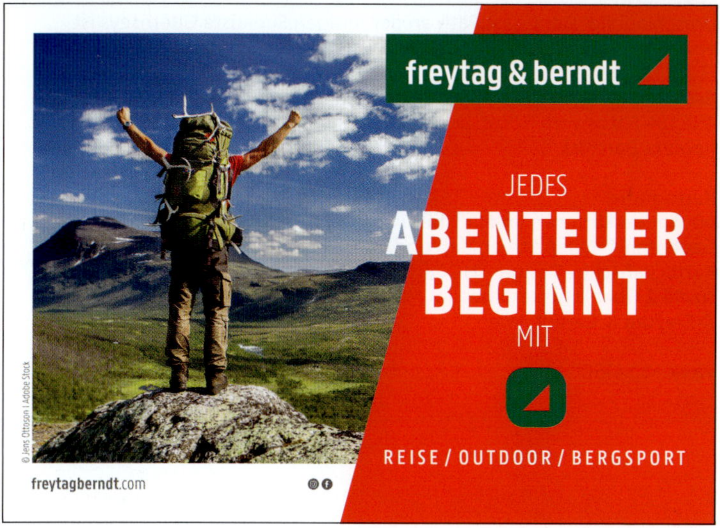
freytag & berndt
JEDES
ABENTEUER
BEGINNT
MIT
REISE / OUTDOOR / BERGSPORT
freytagberndt.com
© Jens Ottoson I Adobe Stock

Umschlagbild: Der Coast Path an der felsigen Südküste Guernseys ist eine der schönsten und anspruchsvollsten Wanderstrecken der Insel (Tour 22).
Bild im Innentitel: Blick auf Gorey mit dem Mont Orgueil Castle.
Alle 184 Fotos vom Autor, ausgenommen die Fotos der Seiten 90 – 99 (Idhuna Barelds).

Kartografie:
40 Wanderkärtchen im Maßstab 1:25.000/1:50.000/1:75.000
Geodaten © Open Street Map und Mitwirkende
Kartografisches Design: SHOCart (CZ), shocart.cz
sowie 2 Übersichtskärtchen im Maßstab 1:500.000 und 1:1 Mio.
© Freytag & Berndt, Wien

Werk-Nr.: 4750

Die Ausarbeitung aller in diesem Führer beschriebenen Wanderungen erfolgte nach bestem Wissen und Gewissen des Autors. Die Benützung dieses Führers geschieht auf eigenes Risiko. Soweit gesetzlich zulässig, wird eine Haftung für etwaige Unfälle und Schäden jeder Art aus keinem Rechtsgrund übernommen.

1. Auflage 2024

ISBN 978-3-7633-4750-6

Wir freuen uns über jeden Korrekturhinweis zu diesem Wanderführer!
Bitte per E-Mail an: leserzuschrift@rother.de

ROTHER BERGVERLAG · Keltenring 17 · D-82041 Oberhaching
Tel. +49 89 608669-0 · rother.de